Os trechos de poesia foram traduzidos por **J. Herculano Pires.**
Cada coleção anual traz o *fac-símile* do frontispício do primeiro número da edição original francesa correspondente ao ano. Reservados todos os direitos de reprodução de acordo com a legislação vigente pela *Editora Cultural Espírita Ltda. – EDICEL.*

4ª edição
Do 6º ao 9º milheiro
3.000 exemplares
Abril/2024

© 2017-2024 by Boa Nova Editora

Capa
Éclat! Comunicação Ltda

Projeto gráfico e diagramação
Juliana Mollinari

Tradução do francês
Julio Abreu Filho

Revisão, inclusive da tradução
João Sergio Boschiroli

Assistente editorial
Ana Maria Rael Gambarini

Coordenação Editorial
Ronaldo A. Sperdutti

Impressão
Lis Gráfica

Todos os direitos reservados. Nenhuma parte desta obra pode ser reproduzida ou transmitida por qualquer forma e/ou quaisquer meios (eletrônico ou mecânico, incluindo fotocópia e gravação) ou arquivada em qualquer sistema ou banco de dados sem permissão escrita da Editora.

O produto da venda desta obra é destinado à manutenção das atividades assistenciais da Sociedade Espírita Boa Nova, de Catanduva, SP.

1ª edição: Fevereiro de 2018 – 2.000 exemplares

REVISTA ESPÍRITA

JORNAL
DE ESTUDOS PSICOLÓGICOS

Contendo:
O relato das manifestações materiais ou inteligentes dos Espíritos, aparições, evocações etc., bem como todas as notícias relativas ao Espiritismo. – O ensino dos Espíritos sobre as coisas do mundo visível e do invisível; sobre as ciências, a moral, a imortalidade da alma, a natureza do homem e o seu futuro. – A história do Espiritismo na Antiguidade; suas relações com o magnetismo e com o sonambulismo; a explicação das lendas e das crenças populares, da mitologia de todos os povos etc.

FUNDADA POR

ALLAN KARDEC

Todo efeito tem uma causa. Todo efeito inteligente tem uma causa inteligente. O poder da causa inteligente está na razão da grandeza do efeito.

OITAVO ANO – 1865

Tradução do francês por
JULIO ABREU FILHO

Revisada e rigorosamente conferida com o texto original pela
EQUIPE REVISORA EDICEL

REVISADA, INCLUSIVE A TRADUÇÃO, POR
JOÃO SERGIO BOSCHIROLI

Dados Internacionais de Catalogação na Publicação (CIP)
(Câmara Brasileira do Livro, SP, Brasil)

Kardec, Allan, 1804-1869
　　Revista Espírita : jornal de estudos psicológicos, ano VIII : 1865 / Allan Kardec ; tradução do francês por Julio Abreu Filho ; [trechos de poesia traduzidos por J. Herculano Pires]. -- Catanduva, SP : Editora Cultural Espírita Edicel, 2018.

　　Título original: Revue Spirite : Journal d'études psychologiques
　　Bibliografia.
　　ISBN 978-85-92793-22-7

　　1. Espiritismo 2. Kardec, Allan, 1804-1869 3. Revista Espírita de Allan Kardec I. Título.

18-12344　　　　　　　　　　　　　　　　CDD-133.901

Índices para catálogo sistemático:

1. Artigos espíritas : Filosofia espírita 133.901
2. Doutrina espírita : Artigos 133.901

REVISTA ESPÍRITA

JORNAL DE ESTUDOS PSICOLÓGICOS

OITAVO ANO – 1865

Editora Cultural Espírita Edicel
Instituto Beneficente Boa Nova
Entidade coligada à Sociedade Espírita Boa Nova
Av. Porto Ferreira, 1.031 | Parque Iracema
Catanduva/SP | CEP 15809-020
www.boanova.net | boanova@boanova.net
Fone 17.3531-4444

REVISTA ESPÍRITA
JORNAL DE ESTUDOS PSICOLÓGICOS

| ANO VIII | JANEIRO DE 1865 | VOL. 1 |

AOS ASSINANTES DA REVISTA ESPÍRITA

A *Revista Espírita* inicia seu oitavo ano. Já é um período bastante longo quando se trata de uma ideia nova, ao mesmo tempo que um desmentido aos que prediziam a morte prematura do Espiritismo. Como nos anos anteriores, a época de renovação das assinaturas é, para a maioria dos leitores que se dirigem diretamente a nós, a ocasião para reiterar a expressão de seu reconhecimento pelos benefícios da doutrina. Não podendo responder a cada um em particular, pedimos-lhes aceitem aqui nossos sinceros agradecimentos pelos testemunhos de simpatia que têm a bondade de nos dar nesta circunstância. Se a doutrina faz o bem, se dá consolações aos aflitos, se fortalece os fracos e ergue a coragem abatida, é a Deus que se deve agradecer, em primeiro lugar, antes que ao seu servidor, e depois aos grandes Espíritos, que são os verdadeiros iniciadores da ideia e os diretores do movimento. Nem por isto nos sentimos menos tocados profundamente pelos votos que nos são dirigidos, para que a força de ir até o fim de nossa tarefa nos seja conservada. É o que nos esforçamos por merecer por nosso zelo e devotamento, que não falharão, a fim de remeter a obra, tão adiantada quanto possível, às mãos daquele que nos deve um dia substituir e realizar com maior força o que ficar inacabado.

UM OLHAR SOBRE O ESPIRITISMO EM 1864

O Espiritismo progrediu ou diminuiu? Esta pergunta interessa tanto aos partidários quanto aos seus adversários. Os primeiros afirmam que cresceu, os outros, que declina. Quais os iludidos? Nem uns, nem outros, porque os que proclamam a sua decadência sabem bem a que se apegam, e o provam a cada instante pelos receios que manifestam e pela importância que lhe atribuem. Alguns, entretanto, agem de boa-fé, pois têm em si uma tal confiança que, por terem desferido um grande golpe no ar, dizem com seriedade: Ele está morto! Ou melhor: Ele deve estar morto!

Os espíritas apoiam-se em dados mais positivos, em fatos que podem constatar. Por nossa posição, podemos julgar ainda melhor o movimento do conjunto, e nos sentimos feliz ao afirmar que a doutrina ganha terreno incessantemente em todas as camadas sociais e que o ano de 1864 não foi menos fecundo que os outros em bons resultados. Na falta de outros indícios, nossa Revista já seria uma prova material do estado da opinião a respeito das ideias novas. Um jornal especial que chega ao seu oitavo ano de existência, e que vê anualmente o número de assinantes crescer em notável proporção; que desde a sua fundação viu três vezes esgotadas as coleções dos anos anteriores, não prova a decadência da doutrina que sustenta, nem a indiferença dos adeptos. Até o mês de dezembro foram recebidas novas assinaturas para o ano findo, e o número dos inscritos a 1º de janeiro de 1865 já era 20% maior do que na mesma época do ano anterior.

Eis aí um fato material, sem dúvida não concludente para os estranhos, mas que para nós é muito mais significativo, porque não solicitamos assinaturas a ninguém, e não as impomos como condição em nenhuma circunstância. Não há *nenhuma* que seja forçada ou que seja o preço de uma condescendência particular. Além disso, não adulamos ninguém para obter sua adesão à nossa causa. Deixamos que as coisas sigam o seu curso natural, dizendo-nos que se nossa maneira de ver e fazer não for boa, nada a fará prevalecer. Sabemos muito bem que, por não havermos incensado certos indivíduos, os afastamos de nós e que eles se voltaram para o lado de onde vinha o incenso. Mas, que nos importa! Para nós, as pessoas sérias são as mais úteis à causa, e não olhamos como sérios aqueles que são atraídos pelo visco do amor-próprio, como vários o provaram. Nós não os queremos, e lastimamos que tenham dado mais valor ao alento das palavras do que à sinceridade.

Temos consciência de que, em toda a nossa vida, jamais ficamos devendo algo à adulação ou à intriga. É por isso que não amealhamos grande coisa, e não é com o Espiritismo que teríamos começado.

Louvamos com felicidade os fatos realizados, os serviços prestados, mas nunca, por antecipação, os serviços que podem ser prestados, ou mesmo que se promete prestar, em primeiro lugar por princípio, e depois porque só temos uma confiança medíocre no valor real dos títulos aceitos por orgulho. Eis por que jamais os sacamos. Quando cessamos de aprovar, não censuramos, mas guardamos silêncio, a menos que o interesse da causa nos leve a rompê-lo.

Aqueles, pois, que vêm a nós, vêm livremente, voluntariamente, atraídos apenas pela ideia que lhes convém, e não por uma solicitação qualquer, ou por nosso mérito pessoal, que é questão secundária, visto que, fosse qual fosse esse mérito, não poderia dar valor a uma ideia que não o tivesse. Por isto dizemos que os testemunhos que recebemos se dirigem à ideia e não à pessoa, e seria tola presunção de nossa parte disso nos envaidecermos. Do ponto de vista da doutrina, esses testemunhos nos vêm, na maior parte, de pessoas que jamais vimos, muitas vezes a quem jamais escrevemos, e às quais certamente jamais fomos o primeiro a escrever. Assim, afastada a ideia de captação ou de camarilha, eis por que dizemos que a situação da *Revista* tem uma significação particular, como indício do progresso do Espiritismo, e foi só por isto que dela falamos.

Além disso, o ano viu nascerem vários órgãos da ideia: o *Sauveur des Peuples*, a *Lumière*, a *Voix d'outre-tombe*, em Bordéus; o *Avenir*, em Paris; o *Médium Évangélique*, em Toulose; em Bruxelas, o *Monde musical* que, sem ser um jornal especial, trata a questão do Espiritismo de maneira séria. Seguramente, se os fundadores dessas publicações tivessem acreditado que a ideia estava em declínio, não se teriam aventurado a semelhantes empreendimentos.

Em 1864 o progresso ainda está marcado pelo aumento do número de grupos e sociedades espíritas que se formaram numa porção de localidades onde não existiam, quer no estrangeiro, quer na França. A cada instante recebemos o aviso da criação de um novo centro. Esse número é ainda muito maior do que parece, pela quantidade de reuniões íntimas e de família, que não têm qualquer caráter oficial. É contra essas reuniões que todos os rigores de uma oposição sistemática são impotentes, mesmo que inquisitoriais, como na Espanha, onde, entretanto, elas existem em mais de trinta cidades e em casa de pessoas da mais alta classe.

Ao lado desses indícios materiais, há o que se revela pelas relações sociais. Hoje é raro encontrar pessoas que não conheçam o Espiritismo, ao menos de nome e, quase que por toda parte, encontram-se os que lhe são simpáticos. Aqueles que não creem falam com mais reserva, e cada um pôde constatar quanto diminuiu o espírito trocista: geralmente ele dá lugar a uma discussão mais raciocinada. Salvo algumas piadas da imprensa e alguns sermões mais ou menos acerbos, os ataques violentos e apaixonados são incontestavelmente mais raros. É que os próprios negadores, repelindo a ideia, sofrem, malgrado seu, o seu ascendente e começam a compreender que ela conquistou seu lugar na opinião. Aliás, a maioria encontra adeptos em suas fileiras e entre seus amigos, que podem troçar na intimidade, mas não ousam atacar publicamente. De resto, cada um notou sob quantas formas as ideias espíritas são hoje reproduzidas na literatura, de maneira séria, sem que a palavra seja pronunciada. Jamais se tinham visto tantas produções desse gênero como nestes últimos tempos. Quer seja convicção ou fantasia da parte dos escritores, não deixa de ser um sinal da vulgarização da ideia, porque se a exploram, é com o pensamento de que ela encontrará eco.

Entretanto, o progresso está longe de ser uniforme. Em certas localidades ainda é mantido em cheque pelos preconceitos ou por uma força oculta, mas muitas vezes surge quando menos se espera. É que em muitos lugares há mais partidários do que se pensa, mas que não se põem em evidência. Tem-se a prova disto pela venda de livros, que nesses lugares ultrapassa em muito o número dos espíritas conhecidos. Então, basta uma pessoa que tenha coragem de manifestar sua opinião para que o progresso, de latente, se torne ostensivo. Deve ter sido assim em Paris, que durante muito tempo ficou atrás de qualquer cidade provinciana. Há dois anos, mas sobretudo há um ano, o Espiritismo aqui se desenvolveu com surpreendente rapidez. Hoje os grupos declarados são numerosos e as reuniões privadas inumeráveis. Certamente não é exagero avaliar o número dos adeptos em cem mil, de alto a baixo da escala.

Em resumo, o progresso durante o ano findo é incontestável, se se considerar o conjunto e não as localidades isoladamente.

Embora ele não se tenha manifestado por nenhum sinal brilhante, nem qualquer acontecimento excepcional, é evidente que a ideia diariamente se infiltra cada vez mais no espírito das massas, e sempre com mais força. Entretanto, não se deve concluir que esteja terminado o período de luta. Não. Nossos adversários não se dão por batidos tão facilmente. Eles erguem novas baterias em silêncio, por isso temos que nos manter em guarda. Sobre isto diremos algumas palavras num próximo artigo.

NOVA CURA DE UMA JOVEM OBSEDADA DE MARMANDE

Transmite-nos o Sr. Dombre o relato seguinte de uma nova cura das mais notáveis, obtida pelo círculo espírita de Marmande. A despeito de sua extensão, julgamos dever publicá-lo de uma vez, dado o alto interesse que ele apresenta e para que se possa melhor captar o encadeamento dos fatos. Pensamos que os leitores nos serão gratos. Apenas suprimimos alguns detalhes que não nos pareceram de importância capital. Os ensinamentos dela decorrentes são numerosos e graves, e lançam uma luz nova sobre essa questão de atualidade e esses fenômenos que tendem a multiplicar-se. Dada a extensão deste artigo, faremos as considerações no próximo número, a fim de lhes dar os desenvolvimentos necessários.

Senhor Allan Kardec,

É com uma força nova e uma confiança em Deus corroborada pelos fatos que me entusiasmam sem me surpreender, que venho fazer-vos o relato de uma cura de obsessão, notável sob vários aspectos. Oh! Muito cego é quem nisto não vê o dedo de Deus! Todos os princípios da sublime doutrina do Espiritismo aí se acham confirmados: a individualidade da alma, a intervenção dos Espíritos no mundo corpóreo, a expiação, o castigo e a reencarnação são demonstrados de maneira chocante nos fatos com os quais vou entreter-vos. Lamento, como já vos disse, ser obrigado a vos falar de mim, do papel que me coube nesta circunstância, como instrumento de que Deus se dignou servir-se para ferir os olhos. Deveria eu manter silêncio acerca dos fatos relacionados comigo? Penso que não. Estais encarregado de controlar, estudar, analisar os fatos e espalhar a luz. Os menores detalhes devem, pois, ser levados ao vosso conhecimento. Deus, que lê no fundo dos corações, sabe que uma vã satisfação do amor-próprio não foi o meu móvel; aliás, não ignoro que aquele que por privilégio é chamado a fazer qualquer bem, em breve é reduzido à impotência se desconhecer um instante a intervenção divina, e será mesmo feliz se não for castigado!

Chego ao relato dos fatos.

Desde os primeiros dias de setembro de 1864, não se cogitava, em certo bairro da cidade, senão das crises convulsivas experimentadas por uma moça, Valentine Laurent, de treze anos. Essas crises, que se repetiam várias vezes por dia, eram de tal violência que cinco homens, que a sustentavam pela cabeça, pelos braços e pelas pernas, tinham dificuldade de mantê-la na cama. Ela encontrava força suficiente para agitá-los e às vezes até para desprender-se de suas mãos. Então suas mãos se agarravam a tudo. Camisas, vestidos, cobertas da cama eram rasgadas num instante; os dentes também exerciam um papel muito ativo em seus furores, apavorando com razão as pessoas que a cercavam. Se não a tivessem segurado, ela teria partido a cabeça na parede, e malgrado os esforços e as precauções, não ficou isenta de cortes e contusões.

Não lhe faltaram os recursos da medicina. Quatro médicos a viram sucessivamente; poções de éter, pílulas, medicamentos de toda a natureza, ela tomava tudo sem repugnância; as sanguessugas atrás das orelhas, os vesicatórios nas coxas também não foram poupados, mas sem sucesso. Durante as crises, o pulso era perfeitamente regular; após as crises, nem a menor lembrança dos sofrimentos, das convulsões, mas muito espanto ao ver a casa cheia de gente e seu leito cercado de homens esbaforidos, alguns dos quais lamentavam uma camisa ou um colete rasgado.

O cura de X..., paróquia situada a dois ou três quilômetros de Marmande, gozando na região de uma celebridade nascente, entre certa gente, como curador de toda espécie de males, foi consultado pelo pai da jovem. O cura, sem conhecer a natureza do mal, lhe deu *inadvertidamente* um pouco de pó branco para a doente tomar, e em seguida ofereceu-se para rezar uma missa. Mas, ah! Nem o pó nem a missa preservaram a jovem Valentine de quatorze crises no dia seguinte, o que jamais lhe havia ocorrido.

Tanto insucesso nos cuidados de toda sorte necessariamente deveriam ter feito nascer no espírito do vulgo ideias supersticiosas. Com efeito, as comadres falavam alto de malefícios e sortilégios lançados sobre a moça.

Durante esse tempo, nós consultamos no silêncio da intimidade os nossos guias espirituais sobre a natureza dessa moléstia, e eis o que nos responderam:

"É uma obsessão das mais graves, cujo caráter mudará muitas vezes de fisionomia. Agi friamente, com calma; observai, estudai e chamai Germaine."

Na primeira evocação, esse Espírito foi pródigo nas injúrias e mostrou uma grande relutância em responder às nossas interpelações. Nenhum de nós tinha entrado na casa da doente e, antes de intervir queríamos deixar a família esgotar todos os meios que a sua solicitude podia inspirar. Só quando a impotência da ciência e da Igreja foi constatada é que induzimos o pai desesperado a vir assistir à nossa reunião para saber a verdadeira causa do mal de sua filha, e o remédio moral a administrar. Essa primeira sessão foi levada a efeito no dia 16 de setembro de 1864. Antes da evocação de Germaine, nossos guias nos deram a seguinte instrução:

"Tende muito cuidado, muito senso de observação e muito zelo. Tratareis com um Espírito mistificador, que alia a astúcia e a habilidade hipócrita a um caráter muito mau. Não cesseis de estudar, de trabalhar pela moralização desse Espírito e de orar com esse propósito. Recomendai aos pais que, em presença da menina, evitem qualquer manifestação de medo por seu estado. Eles devem, ao contrário, fazê-la entregar-se às suas ocupações ordinárias, e sobretudo não ser bruscos com ela. Que lhe digam, sobretudo, que não há feiticeiros: isto é muito importante. O cérebro jovem e flexível recebe as impressões com muita facilidade e seu moral poderia sofrer com isso; que não a deixem entretida com pessoas susceptíveis de lhe contar histórias absurdas, que dão às crianças ideias falsas e por vezes perniciosas. Que os próprios pais tenham a certeza de que a prece sincera é o único remédio que deve libertar a menina.

Nós vos dissemos, espíritas, que o Espírito de Germaine tem habilidade. Ele arranjará sempre crenças ridículas, rumores que circulam em volta da menina; procurará dar-vos o troco. Tirai partido do caso: a obsessão apresentar-se-á em fases novas. Ficai atentos; pensai que deveis trabalhar com perseverança e seguir com inteligência os menores detalhes que vos porão no rastro das manobras do Espírito. Não vos fieis na calma. Se as crises são os efeitos mais chocantes nas obsessões, há consequências muito mais perigosas. Desconfiai da idiotia e da infantilidade de um obsedado que, como neste caso, não sofre fisicamente. As obsessões são tanto mais perigosas quanto mais dissimuladas; muitas vezes são puramente morais. Este não raciocina, aquele perde a lembrança do que disse e do que fez. Entretanto, não se deve julgar muito precipitadamente e tudo atribuir à obsessão. Repito: estudai, discerni, trabalhai seriamente; não espereis tudo de nós; nós vos ajudaremos, pois trabalhamos de acordo, mas não repouseis, crendo que tudo vos será revelado."

1. Evocação de Germaine
– Eis-me aqui.

2. – Tendes algo a nos dizer, em continuação à nossa última conversa?
– Não, nada, senhores.

3. – Sabeis que nos chocastes muito?
– Também vós me falais muito mal.

4. – Nós vos demos conselhos. Refletistes neles?
– Sim, muito, eu vo-lo juro, minhas reflexões foram prudentes. Eu estava louca, convenho. Era delírio, mas eis-me calma.

5. – Então! Quereis dizer-nos por que torturais essa menina?
– É inútil voltar ao esse assunto. Seria muito longo para vos contar. Imagino que isto aqui não seja um tribunal. Não me peçam que me sente no banco dos réus e responda ao interrogatório.

6. – Não, absolutamente; sois completamente livre; é o interesse por vós e pela menina que nos leva a perguntar por que motivo sério ou por que capricho fazeis esses ataques.
– Dizeis capricho? Ah! Deveríeis desejar que fosse apenas um capricho, porque, como sabeis, o capricho é mutável e acaba.

7. – Estais realmente calma?
– Bem o vedes.

8. – Aparentemente sim, mas não disfarçais os vossos sentimentos?
– Não venho lançar-vos ciladas; não preciso disso.

9. – Quereis afirmá-lo ante os Espíritos que nos rodeiam?
– Não ponhamos outras pessoas entre nós. Se temos o que dizer e tratar, que seja de vós para mim. Não gosto da intervenção de terceiros.

10. – Pois bem! Nós acreditamos que agis de boa-fé, e...
– É por isto que vos deveríeis contentar com esta garantia. Aliás, eu vos obrigarei a me acreditar, se fizerdes resistência. Não me faltarão provas para vos convencer de minha sinceridade.

GERMAINE

Ao ouvir o nome de *Germaine*, o pai da obsedada exclamou estupefato: *Oh! É engraçado!* E ao se retirar repetia várias vezes: *É engraçado!*
(Isto será explicado adiante).

No dia seguinte, 17, fui pela primeira vez àquela família, com o desejo de ser testemunha de um ataque do Espírito. Fui servido sob medida. Valentine estava em crise; entrei com gente do bairro, que se precipitava para dentro da casa.

Vi estendida sobre um leito uma jovem magnífica, robusta para a sua idade, e sustentada por oito ou dez braços vigorosos, como descrevi acima. Só a cabeça estava livre, agitando-se e chicoteando no ar, em todos os sentidos, com a cabeleira desarranjada. A boca entreaberta deixava ver duas fileiras de dentes brancos e sobretudo ameaçadores. O olhar estava completamente perdido, e as pupilas, das quais só se viam as bordas, estavam alojadas no ângulo do lado do nariz. Acrescente-se a isto uma espécie de grito selvagem, e imaginai o quadro.

Observei um instante a força das sacudidelas e, inclinando-me sobre o rosto da menina, pus minha mão direita sobre sua fronte e a esquerda sobre o peito. Instantaneamente os movimentos e os esforços convulsivos cessaram, e a cabeça pousou, calma, no travesseiro. Dirigi os dedos da mão direita à boca, que se entreabriu e logo um sorriso aflorou em seus lábios. Suas grandes pupilas negras retomaram seu lugar, e àquela figura satânica sucedeu o mais gracioso rosto. A menina manifestou seu espanto por ver tanta gente em seu redor, dizendo que não estava doente. Eram sempre essas as suas primeiras palavras após as crises. Elevei minha alma a Deus, e senti nas pálpebras duas lágrimas de entusiasmo e reconhecimento.

Isto acabava de se passar na manhã de 17. Voltei pelas cinco da tarde, quando habitualmente se multiplicam as crises, mas elas tinham acontecido antes da hora habitual, e haviam terminado. Às sete horas fui jantar em minha casa, mas, apenas chegado, vieram avisar-me que a menina estava numa crise terrível. Fui para lá imediatamente. Depois de tomar com uma mão, perto dos punhos, os dois braços da menina, disse aos homens que a seguravam: Soltai-a. Depois, com minha outra mão sobre o seu peito, vimos que ela se acalmou de repente. A seguir, levando a mão ao seu rosto, provoquei um sorriso e seus olhos retomaram o estado normal. Tinha-se produzido o mesmo efeito da manhã. Fiquei junto à mocinha uma parte da noite. Ela não teve crises, mas dormia agitada. Sua fisionomia tinha algo de convulsivo; via-se-lhe o branco dos olhos e ela parecia sofrer moralmente. Gesticulava, falava distintamente e exclamava com um tom enérgico e comovida: *Vai-te! Vai-te!... Oh! Que vilã!... E a criança... e a criança... nos rochedos... nos rochedos.* A essa agitação sucedia uma espécie de êxtase; ela chorava e retomava com tom plangente: *Ah! Sofres tormentos do inferno!... E eu, queres fazer-me sofrer sempre!... sempre!... sempre!* E estendendo os braços no ar e buscando erguer-se: *Bem! Me leva, me leva!*

A cada instante o pai soltava sua exclamação: *Ah! É engraçado!* E a mãe acrescentava: *Há um mistério nisto.* A partir de uma hora da madrugada, a menina dormiu em paz até o amanhecer.

Essas agitações, essas censuras, esses êxtases, esse choro se renovaram diariamente após os ataques violentos do Espírito, e duraram muito mais nas noites de 18, 19 e 20 de setembro. Diariamente eu ia para junto da doente e me instalei, por assim dizer, em sua casa. Enquanto eu estava presente, nada se manifestava; mas logo que eu partia, produzia-se nova crise. Eu voltava e a acalmava logo, como se viu. Isto durou vários dias. Certamente era um fenômeno digno de atenção que as crises passassem de súbito pela só imposição das mãos. Havia rumores em toda a cidade, e ali havia matéria para estudo sério; contudo, lamentei não ter visto nenhum dos quatro médicos que haviam tratado a menina virem observá-la.

Durante todo esse tempo, notei na menina, ora uma alegria um pouco exagerada, ora uma espécie de patetice. O pai e a mãe não achavam essas maneiras naturais, o que justificava as previsões de nossos guias.

A 21 de setembro, o pai e a menina foram comigo à sessão. No começo, os guias nos disseram: Chamai Germaine; pedi-lhe que fique junto de vós, e dizei-lhe isto:

"Germaine, sois nossa irmã; esta moça é também nossa irmã e vossa irmã. Se outrora alguma ação funesta vos ligou e fez pesar sobre vós duas a justiça divina, podeis dobrar o juiz supremo. Fazei um apelo à sua misericórdia infinita; pedi-lhe vosso perdão, como nós o pedimos por vós; tocai o Senhor por vossa prece fervorosa e vosso arrependimento. É em vão que buscais calma aos vossos remorsos e um refúgio na vingança; é em vão que procurareis vossa justificação, acabrunhando-a ao peso de vossa acusação. Voltai, pois, à nossa voz. Perdoai e sereis perdoada; não tenteis ludibriar-nos; não creiais que apenas a aparência de franqueza possa seduzir-nos. Sejam quais forem os meios que empregardes, nós os identificaremos e vos oporemos nossa força e nossa vontade. Que vosso coração, enceguecido pelo sofrimento e pelo ódio, se abra à piedade e ao perdão. Não cessaremos de orar ao Eterno e aos bons Espíritos, seus mensageiros fiéis, que derramem sobre vós a consolação e o benefício. O que queremos, Germaine, é vos livrar de vossos sofrimentos. Sereis sempre acolhida por nós como uma irmã; sereis socorrida. Não nos olheis como inimigos, pois queremos a vossa felicidade; não sejais surda às nossas palavras; escutai nossos conselhos e em pouco conhecereis a paz da consciência. O remorso terá fugido para longe, e o arrependimento terá tomado seu lugar. Os bons Espíritos vos acolherão como uma ovelha perdida que terão encontrado. Os maus imitarão vosso exemplo. Nesta família, onde provocais a maldição, só falarão bem de vós e haverá reconhecimento. Esta menina também orará por vós, e se o ódio vos desune, o amor um dia vos reunirá.

"Sempre se é infeliz quando se está sedento de vingança; não há repouso para aquele que odeia. Aquele que perdoa está perto de amar. A felicidade e a tranquilidade substituem o sofrimento e a inquietação. Vinde, Germaine, vinde unir-vos a nós por vossas preces. Queremos que, a exemplo de Jules[1] e de outros Espíritos que como vós viviam no mal, fiqueis perto de nós sob a feliz proteção de nossos guias. Estais só; sede a filha adotiva desta família que ora ao Eterno pelos que sofrem, e ensina a todos a amá-lo para serem felizes. Se vos obstinardes

---

[1] Espírito obsessor da jovem Tereza B..., de Marmande (*Revista* de junho de 1864)

em permanecer cruel para esta menina, prolongareis e agravareis os vossos sofrimentos, e ouvireis a maldição da menina e dos que a cercam.

"Merecei, pois, dos vossos irmãos, a amizade que vos oferecem de bom coração; cessai essas torturas, de onde vos retirais meio morta. Crede em nossa palavra; crede, sobretudo, nos conselhos dos bons Espíritos que nos guiam, e, particularmente, nos da *Pequena Cárita*. Não ficareis surda a esta prece. Dai-nos por prova que acolheis a nossa oferta, a paz e o sono sem perturbação à menina durante alguns dias. Vamos orar por vós e não cessaremos de pedir o fim de vossos males."

Chamamos Germaine e lemos o que acabava de ser ditado.

11. – Ouvistes bem e compreendestes os votos que acabamos de exprimir?

– Sim. Estou mesmo admirada de todas essas promessas. Não mereço tanto. Mas sou um Espírito desconfiado e não ouso nelas crer. Veremos se vossas preces me darão essa calma de que estou privada há tanto tempo. É verdade, estou só e não conheço senão *aquela que procura estraçalhar-me*.[2] Veremos.

12. – Não vedes bons Espíritos junto de vós?

– Mas não espero nada senão de vós.

13. – Então! Em troca do bem que vos queremos fazer, não poderíeis cessar de fazer o mal, de atormentar?

– E eu sou a causa única desse mal? Ela contribui tanto quanto eu. Dizeis atormentar? Nós lutamos, engalfinhamo-nos; a culpabilidade é compartilhada. Ela foi minha cúmplice. Não vejo por que faríeis pesar apenas sobre mim a responsabilidade por esses atos violentos dos quais também eu sou vítima.

14. – Entretanto a menina não vos vai procurar, e se a atormentais, é porque quereis. Tendes o vosso livre-arbítrio.

– Quem vos disse isso? Estais errados. Uma fatalidade nos liga.

15. – Então, contai-nos tudo.

– Não posso. Aqui não se goza de toda a liberdade... Sou franca.

16. – Vamos, Germaine! Vamos orar por vós. Até outra vez!

Terminando, os guias nos disseram:

"Durante estes dias, reuni-vos no maior número possível. Ocupai-vos mais particularmente dela. Vossa franqueza e vosso

---
[2] A continuação do relato permitirá que sejam entendidas estas últimas palavras.

zelo a seu respeito a tocarão, e os resultados que buscamos, assim o esperamos, serão rápidos, graças a essa medida.

O dia 22 passou sem crise. À noite, reunimo-nos, como de costume.

Evocação de Germaine.

17. – Então, Germaine, acreditais em nossa ligação convosco?

– Tenho direito de duvidar, pois dificilmente o pária acredita no beijo fraterno, que lhe dão de passagem. Estou habituada a ver o desdém e o desprezo me perseguindo.

18. – Deus quer que nos amemos uns aos outros.

– Eu não conheço isto. Aqui, aquele a quem o remorso persegue ou abraça é um inimigo, uma serpente que a gente evita, atirando pedras. Credes que isto não seja revoltante para o maldito? Ele se torna, por instinto, o inimigo de todos; a paixão e o ódio o cegam; infeliz do que cai nas garras desse abutre.

19. – Nós, Germaine, vos queremos amar e vos estendemos a mão.

– Por que não me falaram assim mais cedo? Há, entretanto, corações generosos no mundo em que vivo. Então eu lhes causava medo? Por que jamais me disseram: És nossa irmã e podes partilhar a nossa sorte? Ainda tenho o veneno na alma, sobretudo quando penso no passado. O crime merece uma pena, mas esta punição foi muito grande. Parecia que tudo caía em cima de mim para me esmagar. Nesses momentos desconhece-se Deus. A gente blasfema, negando-o, e se revolta contra ele e contra os seus, quando se está abandonado.

OBSERVAÇÃO: Este último raciocínio do Espírito é resultado da superexcitação em que se acha, mas vem levantar uma questão importante. "Por que, no mundo onde estou, não me falaram como vós?" Porque a ignorância do futuro momentaneamente faz parte do castigo de certos culpados; somente quando vencido o seu endurecimento pelo cansaço é que lhes fazem entrever um raio de esperança como alívio às penas. É preciso que voluntariamente eles voltem os olhos para Deus. Mas os bons Espíritos não os abandonam. Eles se esforçam por lhes inspirar bons pensamentos; espiam os menores sinais de progresso, e, desde que veem neles surgir o germe do arrependimento, provocam instruções que, esclarecendo-os, podem conduzi-los ao bem. Essas instruções lhes são dadas pelos Espíritos no devido tempo, e também podem ser dadas pelos encarnados, a fim de mostrar a solidariedade que existe entre os mundos visível e invisível. No caso de que se trata, era útil para a reabilitação de Germaine que o perdão lhe viesse da parte dos que deviam queixar-se dela, o que era, ao mesmo tempo, um mérito para estes últimos. Tal a razão pela qual a intervenção dos homens muitas vezes é requerida para a melhora e o alívio dos Espíritos sofredores, sobretudo nos casos de obsessão. Certamente a dos bons Espíritos lhes poderia bastar, mas a caridade dos homens para com seus irmãos da erraticidade é para eles próprios um meio de avanço que Deus lhes reservou.

20. – O Espírito de Jules, que vedes perto de nós, era também um criminoso, um sofredor e infeliz?...
– Minha posição foi pior. Citai tudo quanto pode lacerar a alma; dizei quanto o veneno queima as entranhas: eu experimentei tudo, e o mais cruel para mim era estar só, abandonada, maldita. Eu não inspirei piedade a ninguém. Compreendeis a raiva que transborda de meu coração? Sofri muito! *Eu não podia morrer; o suicídio não me era possível.* E sempre à minha frente o mais sombrio futuro! Jamais vi surgir um clarão. Nenhuma voz me disse: Espera! Então gritei: Raiva, vingança! A mim, as vítimas! Pelo menos terei companheiras de sofrimento. Não é a primeira vez que a menina sente os meus abraços[3].

OBSERVAÇÃO: Se alguém nos perguntasse por que Deus permite que maus Espíritos saciem sua raiva nos inocentes, diríamos que não há sofrimento imerecido, e que aquele que hoje é inocente e sofre, sem dúvida tem ainda alguma dívida a pagar. Esses maus Espíritos servem, neste caso, de instrumento de expiação. Sua malevolência é, além disso, uma provação para a paciência, a resignação e a caridade.

21. – Agradecei a Deus por vos ter feito sofrer tanto. Esses sofrimentos são a expiação que vos purificou.
– Agradecer a Deus! Pedis muito! Eu sofri demais! O Inferno era preferível ao que eu suportava. Como me ensinaram, os

---
[3] Disseram-nos os pais que realmente a criança, aos seis anos, tinha tido crises que eles não podiam entender.

danados sofrem, choram e gritam juntos; eles podem debater-se e lutar entre si, mas eu estava só. Oh! É horrível! Eu me sinto, ao vos fazer estas descrições, pronta a blasfemar e a cair sobre a minha presa. Não creiais embaraçar-me, pondo entre mim e ela um anjo sorridente. Lutarei com todos, seja quem for.

22. – Seja qual for o sentimento que vos agita, só vos oporemos a calma, a prece e o amor.

– O que mais me agrada é que me falais sem me injuriar, sem me repelir e quereis fazer-me esperar. Oh! Não espereis que eu me entregue imediatamente, porque receio a decepção. Depois de me terdes feito tão belas promessas, tão belas que ainda não posso acreditar, iríeis abandonar-me? Oh! Então o que seria de mim? E eu reflito: Por que essa consolação tão tardia? Por que vós? Seria uma cilada escondida? Vede! Não sei no que crer e o que fazer. Na verdade, isto me parece estranho, surpreendente!

OBSERVAÇÃO: Com efeito, a experiência prova que as palavras duras e malévolas são um meio impróprio para se desembaraçar dos maus Espíritos. Elas os irritam, o que os leva a maior encarniçamento.

23. – Germaine, escutai-me. Vou explicar-vos o que vos surpreende. Desde alguns anos, a imortalidade e a relação das almas com os que ainda estão na Terra nos foram demonstradas de maneira a não deixar qualquer dúvida. O Espiritismo – é o nome desta nova doutrina – põe os seus adeptos no dever de amar e socorrer os seus irmãos. Nós somos espíritas e, por amor a duas irmãs que sofrem, vós e a menina vossa vítima, viemos a vós para vos oferecer nosso coração e o socorro de nossas preces. Compreendeis agora?

– Não muito. Raciocinais como jamais ouvi. Assim, tendes que vos ocupar com os que vivem como vós e em vosso meio, e com os Espíritos que sofrem como eu? É um trabalho a que não deve faltar mérito.

24. – Se tendes o ensejo de nos julgar sinceros, quereis prometer que serão boas as vossas disposições para com a menina?

– Boas *na medida em que tereis sido bons para comigo*. Eu vos julgo todos sinceros. Vossa linguagem me leva a acreditar nisso, mas duvido ainda. Tirai-me essa dúvida e estarei do vosso lado. Vou esforçar-me para fazer o que vou prometer-vos. À medida que se apagar a dúvida, o mal enfraquecerá, e afastada a dúvida, terá cessado o mal na menina. Se brincardes comigo, desgraça! Ela morrerá estrangulada. Uma vítima espera, ou sua liberdade, que depende de vós, ou o golpe que tenho sobre sua cabeça. Não é uma ameaça para vos intimidar: é um aviso de que o ódio e a raiva me cegariam. Chegastes a tempo. Ela talvez já estivesse morta. Como nem sempre podemos conversar, dizei aos vossos amigos que vivem onde vivo, que continuem a conversa; que não me repilam, embora minhas maldades não tenham cessado, porque não me empenhei absolutamente. Não podeis exigir mais do que prometi.

Pedimos aos nossos guias que dessem boa acolhida a Germaine. Eles responderam:
"De antemão, ela é nossa irmã muito amada, tanto mais que tem sofrido muito. Vinde, Germaine. Se jamais uma mão amiga apertou a vossa mão, aproximai-vos; nós vos estenderemos as nossas. Só a vossa felicidade nos ocupa. Em nós sempre encontrareis irmãos, malgrado a fraqueza de que ainda vos sentis capaz. Nós vos lamentaremos e não vos condenaremos. Entrai em vossa família. A felicidade nos sorri. Entre nós não correm lágrimas amargas. A alegria substitui a dor, e o amor o ódio. Irmã, vossas mãos!"

VOSSOS GUIAS

O dia 23 se passou sem crise como a da véspera. À noite a mocinha foi com seu pai à sessão, para ouvir Germaine, pela qual já mostrava muito interesse.
Nossos guias nos disseram:
"Começai vossos trabalhos pela evocação de Germaine. Ela o deseja muito. Deveis provar-lhe que ela vos ocupa especialmente. Evitai tudo quanto possa parecer esquecimento ou indiferença, a fim de afastar todas as suas dúvidas. Pensai que seus ataques foram apenas suspensos. Sede prudentes. Sede felizes sem amor-próprio e sem orgulho, e sobretudo sede fervorosos em vossas preces. Se ela manifestar o desejo de conversar demoradamente, ainda que tome toda a noite, não regateeis o tempo."

VOSSOS GUIAS

25. *Evocação de Germaine.*
— Eis-me aqui, muito mais calma. Eu quero ser justa, creio vo-lo dever. Também vedes que agi como havia dito. As boas relações fazem os bons amigos. Falai-me, pois, já que sois vozes amigas. É tão estranho e tão novo para mim, que me permitireis saborear um entretenimento onde o ódio será substituído pelo... eu ia dizer amor, e não o conheço! Dizei-me o que devo fazer para amar e ser amada, eu, a pobre miserável Germaine, envelhecida pela desgraça, o opróbrio e o crime!... Entre vós batizam? Eis uma neófita.
— O batismo que pedis, Jeanne[4], já o recebestes, respondi eu; está no vosso arrependimento, na vossa resolução de marchar por um novo caminho.

O dia 24 de setembro foi tão calmo quanto o precedente. Na reunião da noite chamamos Germaine.

26. — Germaine, nós vos agradecemos...
— Não me faleis disto, porque me deixais envergonhada. Sou eu que me inclino e peço graça. Devo-te uma grande reparação, pobre menina! A vida de que gozam os Espíritos é eterna. Deus pôs à minha frente os meios e o tempo para reparar as devastações causadas pela cegueira da paixão. Fica tranquila! Ora algumas vezes pela infeliz Germaine, a criminosa que hoje arrependida te pede perdão. Pobre menina, esquece tuas dores e aquela que as causou; não te lembres senão de que agora ela deseja ser tua amiga. Não é mais a mesma Germaine. A prece que derramaram sobre mim tornou minha alma mais limpa; extinguiu-se minha sede de vingança. A lembrança de meu infame passado será minha expiação. Minha prece, junta à vossa, amenizará o remorso que me tortura. Obrigado a vós todos, que me chamastes ao caminho da verdade e do bem, quando eu estava perdida nas profundezas do vício e da impenitência.

"Eu vos acredito agora. A dúvida desapareceu. Amo-vos e vos agradeço por me haverdes salvo e curado. Também vos agradeço por esta pobre menina, a quem restituístes a saúde e a vida.

"Posso dizer-me feliz, porque estou entre bons Espíritos que me consolam e fortalecem por sua moral suave e persuasiva. Não mais estou só; malgrado toda a negrura de minha alma, eles me admitiram em sua bem-aventurada família. Eu sou a

---
[4] Aqui parece-nos que o correto seria *Germaine*. (Nota do revisor Boschiroli)

doente, eles são meus guardiões. Faltam-me expressões para vos dizer tudo o que sinto.

"Dizei-me todos, sobretudo tu, pobre menina, que me perdoais. Necessito ouvir esta palavra sair de teu coração. Por favor, dai-me esta consolação."

A jovem Valentina lhe disse:

– Sim, Germaine, eu vos perdoo; mais ainda: eu vos amo!

– E nós também, disse eu logo, nós vos amamos como uma irmã.

Germaine continuou:

– E eu também começo a amar. A quem devo essa transformação? Àqueles a quem injuriei e que, malgrado todo horror que eu lhes devia inspirar, tiveram piedade de mim, me chamaram sua irmã e provaram que não me enganavam.

"Sim, abris-me o caminho para um futuro feliz. Eu era pobre e abandonada e agora vivo entre os que têm muito: não sou mais lastimável. Os bons Espíritos dizem que vão preparar-me para as provações que sofrerei infalivelmente. Munida desta força, voltarei ao meio das criaturas terrenas. Não mais será para semear a morte em redor de mim, mas para amar e merecer sua benevolência e sua amizade.

"Eu teria muito a dizer, mas não quero ser importuna. Oremos. Parece-me que isto me fará bem.

"Deus todo-poderoso, eterno, misericordioso, ouve minha prece. Perdoa minhas blasfêmias, perdoa meus desvios. Eu não conhecia o caminho que leva ao reino do justo. Meus irmãos da Terra me fizeram conhecê-lo; meus irmãos, os Espíritos, para ele me conduzem. Que a justiça infinita siga o seu curso para a pobre Germaine. Agora ela sofrerá sem se lastimar; nem um murmúrio sairá de sua boca. Reconheço tua grandeza e tua bondade de pai para com os teus bem-aventurados servos, que me vieram tirar do caminho do vício. Que a minha prece suba a ti, e que os anjos que te servem e rodeiam o teu trono possam um dia acolher-me em seu meio, como o fizeram estes bons Espíritos. Hoje compreendo que só a virtude leva à felicidade. Concedei graça, ó meu Deus, aos que, como eu, ainda sofrem. Concedei à menina que torturei as doçuras e as virtudes que constituem a felicidade na Terra."

GERMAINE

"Ajuda-te, e o céu te ajudará, vos foi dito. Os Espíritos que vos guiam não farão o trabalho que o dever vos impõe, mas se fordes trabalhadores, eles abreviarão, tanto quanto puderem, a tarefa empreendida sob a bandeira da imortal caridade. Agi, pois, sem desfalecimento e sem fraqueza. Que vossa fé se afirme, e um dia, talvez, vos perguntareis de onde vos vem essa força. Trabalhai pela moralização dos vossos irmãos encarnados e dos Espíritos atrasados. Não vos contenteis em pregar as consolações do Espiritismo. Mostrai a sua grandeza e poder por vossos atos. É a melhor refutação que podereis opor aos adversários. As palavras voam e os atos fortalecem e levantam. Que a felicidade que entrar na família em companhia da jovem doutrina seja devida aos cuidados e à caridade dos sinceros adeptos. Sede confiantes, sem orgulho do que vos acontecer, sem o que, os frutos que daí deveis retirar serão perdidos para vós."

VOSSOS GUIAS

OBSERVAÇÃO: Como se vê, os Espíritos não são inativos nem indiferentes em relação aos Espíritos sofredores, que é preciso trazer ao bem. Mas quando a intervenção do homem pode ser útil, eles lhes deixam a iniciativa e o mérito, sem deixar de secundá-los com seus conselhos e seu encorajamento.

A partir de 25 de setembro, seguindo os conselhos dos nossos guias, adormeci a jovem Valentina todos os dias pelo sono magnético, para livrá-la completamente da ação dos maus fluidos que a tinham envolvido, e fortalecer o seu organismo. Desde sua libertação, ela experimentava mal-estar, incômodos do estômago, pequenos abalos nervosos, consequência inevitável da obsessão.

OBSERVAÇÃO: Para que teria servido o magnetismo se a causa tivesse subsistido? Para começar, teria sido necessário destruir a causa, antes de atacar os efeitos, ou pelo menos agir sobre ambos simultaneamente.

A menina estava um pouco dengosa pelos cuidados e carícias que lhe tinham prodigalizado durante a moléstia. Ela tinha-se tornado um pouco caprichosa e voluntariosa e com má vontade se dispunha a ser adormecida. Um dia até se recusou e eu fui embora. Logo que cheguei em casa, vieram avisar-me que ela estava com uma crise. "Bem, exclamei, é uma punição de Germaine." Lá voltei imediatamente e encontrei a menina agitando-se na cama. Essa crise não era tão violenta quanto as precedentes, mas tinha os mesmos caracteres. Acalmei-a, como nas outras. Algumas horas depois, teve uma segunda, que eu detive da mesma forma.

À noite reunimo-nos. Germaine veio sem ser chamada; ela disse que tinha querido dar uma lição à menina e adverti-la de que quando ela não fosse razoável fá-la-ia sentir a sua presença. Além disso deu-lhe conselhos muito bons e fez sentir aos pais os inconvenientes de ceder aos caprichos dos filhos.

À fase da cura e da conversão do Espírito sucedeu a das revelações relativas ao drama cujo desenlace era a obsessão violenta de Valentine. Por mais interessante e comovedora que seja esta parte do relato, suprimimos os seus detalhes como estranhos, até certo ponto, ao nosso assunto, e porque trata de assuntos contemporâneos, cuja lembrança penosa ainda está presente e tiveram por testemunhas interessadas pessoas ainda vivas. Nós os resumimos para as conclusões que deles devemos tirar. Pelos mesmos motivos dissimulamos os nomes próprios, que nada acrescentariam à instrução que ressalta desta história.

Dessas revelações feitas na intimidade, fora do grupo, e por meio de outro médium, resulta que Germaine é a avó do Sr. Laurent, pai da jovem obsedada Valentina. Ela tinha uma filha, que teve dois filhos, dos quais um é o próprio Sr. Laurent. O outro foi assassinado por sua avó, que o precipitou num barranco, embaixo dos rochedos de... Por esse assassínio ela foi condenada a dez anos de reclusão, que sofreu na prisão de C... Sobre todos esses fatos ela deu as mais minuciosas informações, indicando com exatidão os nomes, os lugares e as datas, de modo a não deixar qualquer dúvida quanto a sua identidade. Esses detalhes íntimos, só conhecidos pelo Sr. Laurent e sua mulher, foram por eles confirmados. Para ser mais bem reconhecida por seu neto, ela designou-o por seu apelido, ignorado pelo médium, e só lhe falou em dialeto, como em vida.

Não havia, pois, como se enganar. Germaine era mesmo a avó de Laurent, a condenada por infanticídio. Quanto a sua filha, cujo filho foi morto, é hoje a filha de Laurent, a jovem Valentine, que ela vem ainda atormentar por uma cruel obsessão. Ela explicou a causa do ódio que lhe votava. Elas haviam lutado entre si, como Espíritos, e essa luta continuou quando uma delas reencarnou. Um fato vem confirmar esta asserção: As palavras da mocinha, pronunciadas no sono. Compreende-se que seus pais a tivessem deixado sempre ignorar o que se havia passado na família. Estas palavras: *A criança! A criança! Nos rochedos! Nos rochedos!* evidentemente eram o resultado da lembrança que seu Espírito conservava no estado de desprendimento.

– Então, disse eu ao pai de Valentine, estais bem convencido de que é o Espírito de vossa avó?

– Oh! Senhor, respondeu ele, eu já estava convencido antes desta conversa. O nome de Germaine e as palavras de Valentine, em suas crises, não me deixavam a menor dúvida a respeito. Eu o disse logo à minha mulher. Ainda mais, quando me falastes do Espiritismo e da reencarnação, veio-me o pensamento de que minha mãe estava encarnada em Valentine.

Assim se explicam as repetidas exclamações de Laurent: "É engraçado!" E as de sua mulher: "Nisto há um mistério!"

EVOCAÇÃO DE UM SURDO-MUDO ENCARNADO

O Sr. Rul, membro da Sociedade de Paris, transmite-nos o fato seguinte:

"Em 1862, eu conhecia um jovem surdo-mudo de doze a treze anos. Desejoso de fazer uma observação, perguntei aos guias protetores se não seria possível evocá-lo. Tendo tido resposta afirmativa, fiz o rapaz vir ao meu quarto e instalei-o numa poltrona, com um prato de uvas, que ele se pôs a devorar apressadamente. Por meu lado, pus-me a uma mesa, orei e fiz a evocação, como de hábito. Ao cabo de alguns instantes minha mão tremeu e escrevi: Eis-me aqui.

"Olhei para o menino. Ele estava imóvel, os olhos fechados, calmo, adormecido, com o prato sobre os joelhos. Tinha parado de comer. Dirigi-lhe as seguintes perguntas:

P. – Onde estás agora?
R. – Em vosso quarto, em vossa poltrona.
P. – Queres dizer por que és surdo-mudo de nascença?
R. – É uma expiação de meus crimes passados.
P. – Que crimes cometeste?
R. – Fui parricida.
P. – Podes dizer se tua mãe, *a quem amas tão ternamente*, não teria sido, como teu pai ou tua mãe, na existência de que falas, o objeto do crime que cometeste?
"Em vão esperei a resposta. Minha mão ficou imóvel. Levantei de novo os olhos para o menino. Ele acabara de despertar e comia as uvas com apetite. Então, tendo pedido aos guias que me explicassem o que acabava de se passar, foi-me respondido:
"Ele deu os ensinamentos que desejavas e Deus não permitiu que te desse outros."
"Não sei como os partidários da comunicação exclusiva dos demônios nos explicariam esse fato. Para mim, tirei a conclusão de que, se Deus por vezes nos permite evocar um Espírito encarnado, permite-nos igualmente em relação aos desencarnados, quando o fazemos com espírito de caridade."

OBSERVAÇÃO: Por nosso lado, faremos outra observação a respeito. A prova de identidade aqui resulta do sono provocado pela evocação, e da cessação da escrita no momento do despertar. Quanto ao silêncio guardado sobre a última pergunta, prova a utilidade do véu lançado sobre o passado. Com efeito, suponhamos que a mãe atual desse menino tenha sido sua vítima em outra existência, e que este tenha querido reparar seus erros pela afeição que lhe testemunha. A mãe não seria dolorosamente afetada se soubesse que seu filho foi seu assassino? Sua afeição por ele não ficaria alterada? Foi-lhe permitido revelar a causa de sua enfermidade, como assunto de instrução, a fim de nos dar uma prova a mais que as aflições daqui têm uma causa anterior, quando não está na vida presente, e que assim tudo está estabelecido segundo a justiça. Mas o resto era inútil e teria podido chegar aos ouvidos da mãe, por isso os Espíritos o despertaram, talvez no momento em que sem dúvida ele ia responder. Mais tarde explicaremos a diferença que existe entre a posição desse menino e a de Valentine, do relato precedente.

Além disso, o fato prova um ponto capital: Não é somente depois da morte que o Espírito recobra a lembrança de seu passado. Pode-se dizer que não a perde nunca, mesmo na encarnação, porque, durante o sono do corpo, quando goza de certa liberdade, o Espírito tem consciência de seus atos anteriores. Ele sabe por que sofre, e que sofre justamente; a lembrança só se apaga durante a vida exterior de relação. Mas, em falta de uma lembrança precisa que lhe poderia ser penosa e prejudicar suas relações sociais, ele adquire novas forças nos instantes de emancipação da alma, se souber aproveitá-los.

Deve concluir-se do fato que todos os surdos-mudos tenham sido parricidas? Seria uma consequência absurda, porque a justiça de Deus não está circunscrita em limites absolutos, como a justiça humana.

Outros exemplos provam que essa enfermidade por vezes resulta do mau uso que o indivíduo tenha feito da faculdade da palavra. Mas o quê? perguntarão. A mesma expiação para duas faltas tão diferentes na sua gravidade, isso é justo? Mas os que assim raciocinam então ignoram que a mesma falta oferece infinitos graus de culpabilidade, e que Deus mede a responsabilidade pelas circunstâncias? Além do mais, quem sabe se esse menino, supondo seu crime sem escusas, não sofreu duro castigo no mundo dos Espíritos, e se seu arrependimento e seu desejo de reparar não reduziram a expiação terrena a uma simples enfermidade?

Admitindo, a título de hipótese, pois o ignoramos, que sua mãe atual tenha sido sua vítima, se ele não mantivesse para com ela a resolução tomada de reparar sua falta pela ternura, é certo que um castigo mais terrível o esperaria, quer no mundo dos Espíritos, quer em nova existência.

A justiça de Deus jamais falha e, por ser às vezes tardia, nada perde por esperar. Mas Deus, em sua bondade infinita, jamais condena de maneira irremissível, e sempre deixa aberta a porta do arrependimento. Se o culpado demora a aproveitá-lo, sofrerá por mais tempo. Assim, dele sempre depende abreviar os seus sofrimentos. A duração do castigo é proporcional à duração do endurecimento. É assim que a justiça de Deus se concilia com sua bondade e seu amor às criaturas.

VARIEDADES

O PERISPÍRITO DESCRITO EM 1805

Extraído da obra alemã *Os Fenômenos místicos da vida humana*, por MAXIMILIEN PERTY, professor na Universidade de Berne. Leipzig e Heidelberg, 1861.

Sob o título *"Aparição real de minha mulher após sua morte* – Chemnitz, 1804" – o doutor Woetzel publicou um livro que causou grande sensação nos primeiros anos deste século. O autor foi atacado em diversos escritos, sobretudo Wieland o leva a ridículo na *Euthanasia*. Durante uma doença de sua mulher, Woetzel tinha pedido a esta que se mostrasse a ele após sua morte. Ela lhe fez a promessa, mas, um pouco mais tarde, a seu pedido, seu marido a desobrigou desse compromisso. Contudo, algumas semanas depois de sua morte, um vento violento pareceu soprar no quarto, embora estivesse fechado; a luz quase se extinguiu; uma pequena janela na alcova abriu-se e, com a fraca claridade reinante, Woetzel viu a forma de sua mulher que lhe disse com voz doce: "Carlos, eu sou imortal. Um dia nos reveremos." A aparição e essas palavras consoladoras se repetiram mais tarde, uma segunda vez. A mulher mostrou-se de vestido branco, com o aspecto que tinha antes de morrer. Um cão que não se tinha mexido à primeira aparição, agitou-se e descreveu um círculo, como em redor de uma pessoa conhecida.

Numa segunda obra sobre o mesmo assunto (Leipzig, 1805), o autor fala de convites que lhe teriam sido dirigidos para desmentir todo o assunto, "porque do contrário muitos cientistas seriam forçados a renunciar ao que, até então, tinham julgado como opiniões verdadeiras e justas, e porque a superstição aí encontraria um alimento." Mas ele já havia pedido ao conselho da Universidade de Leipzig que lhe permitisse depositar, a respeito, um juramento jurídico. O autor desenvolve sua teoria. Segundo ele, "a alma, depois da morte, seria envolvida por um corpo etéreo, luminoso, por meio do qual poderia tornar-se visível; que ela poderia usar outras vestimentas, por cima desse envoltório luminoso; que a aparição não tinha agido sobre o seu sentido interior, mas unicamente sobre os sentidos exteriores." Como se vê, a esta explicação só falta a palavra *perispírito*. Contudo, Woetzel está errado quando crê que a aparição só atuou nos sentidos exteriores, e não sobre o sentido interior. Sabe-se hoje que é o contrário que se dá. Mas talvez tivesse ele querido dizer que estava perfeitamente desperto, e não em estado de sonho, o que provavelmente lhe teria feito pensar que havia percebido a aparição apenas pela visão corporal, porquanto ele não conhecia nem as propriedades do fluido perispiritual nem o mecanismo da *visão espiritual*.

Aliás, lendo-se a obra científica do Sr. Pezzani sobre a *Pluralidade das existências*, tem-se a prova de que o conhecimento do corpo espiritual remonta à mais alta Antiguidade, e que apenas o nome de perispírito é moderno. São Paulo o descreveu na primeira epístola aos coríntios, capítulo XV. Woetzel o reconheceu apenas pela força do raciocínio. Tendo-o estudado nos numerosos fatos que observou, o Espiritismo moderno descreveu as suas propriedades e deduziu as leis de sua formação e de suas manifestações.

Quanto ao que se refere ao cão, isto nada tem de surpreendente. Diversos fatos parecem provar que certos animais sentem a presença dos Espíritos. Na *Revista Espírita* de junho de 1860 (O Espírito e o cãozinho) citamos um exemplo, que tem notável analogia com o de Woetzel. Não está provado positivamente que eles não podem vê-los. Nada haveria de impossível que, em certas circunstâncias, por exemplo, os cavalos que se amedrontam e obstinadamente se recusam a avançar sem motivo conhecido sofram o efeito de uma influência oculta.

UM NOVO OVO DE SAUMUR

Ao que parece, Saumur é fecunda em maravilhas ovíparas. Lembramo-nos que em setembro último, uma galinha, nativa dessa cidade e domiciliada na Rua da Visitation, punha ovos miraculosos, sobre cuja casca viam-se, em relevo, e claramente desenhados, objetos de santidade e inscrições. Isto fez grande sensação em certos meios, e excitou a veia trocista dos incrédulos. O *Echo Saumurois*, entre outros, divertiu-se muito com o fato. A massa foi ao local; a autoridade comoveu-se e sugeriram que um policial vigiasse a galinha, para esperar o acontecimento.

Não repetiremos a espirituosa e não menos judiciosa explicação dada pelo *Sauveur des Peuples*, de Bordéus, de 18 de setembro de 1864, ao qual remetemos os leitores, para os detalhes circunstanciados do caso.

Há pouco tempo, um dos nossos assinantes de Saumur nos remeteu um outro ovo fenomenal, originário da mesma cidade, pedindo que examinássemos bem a bizarria que ele apresenta, embora não houvesse desenhos nem inscrições. Não que ele acreditasse num prodígio, mas, ao contrário, para ter nossa opinião, a fim de opô-la às pessoas muito crédulas em matéria de milagres, porque parece que, continuando a série do que se havia passado, esse ovo tinha produzido, também, uma certa sensação no público. Não sabemos se é da mesma galinha. Trata-se do seguinte.

O ovo apresenta na ponta uma excrescência, em forma de cordão grosso, enrolado sobre si mesmo, da mesma natureza da casca, colado a ela em toda a sua extensão, que é de 6 a 7 centímetros. Basta conhecer a formação dos ovos para se dar conta desse fenômeno. Sabe-se que o ovo é formado de uma simples membrana semelhante a uma bacia, na qual se desenvolvem a clara e a gema, germe e alimento do futuro pinto. Alguns por vezes são postos nesse estado. Antes da postura, essa película se cobre de uma camada de carbonato de cálcio, que forma a casca. No caso de que se trata, não sendo o conteúdo suficiente para encher a membrana vesicular, resultou que a parte vazia, formando colo de bacia, ficou contraída, rebatendo-se e se enrodilhando sobre o próprio corpo do ovo. O depósito calcário, formado depois, endureceu o todo, o que deu lugar a essa excrescência anormal. Se toda a capacidade se tivesse enchido, o ovo teria sido monstruoso para um ovo de galinha, porque teria cerca de 10 centímetros em seu maior diâmetro, ao passo que ele tem uma grossura ordinária.

Que relação pode ter tudo isto com o Espiritismo? Absolutamente nenhuma. Se dele falamos, é porque seus detratores quiseram envolver seu nome no primeiro caso, não sabemos bem a que título, a não ser, segundo seu hábito, o de procurar todas as ocasiões de ridicularizá-lo, mesmo nas coisas que lhe são mais estranhas. Quisemos provar uma vez mais que os espíritas não são tão crédulos quanto o dizem. Se um fenômeno insólito se apresenta, eles procuram antes de tudo a explicação no mundo tangível, e não misturam os Espíritos em tudo quanto é extraordinário, porque sabem em que limites e segundo que leis sua ação se exerce.

NOTÍCIAS BIBLIOGRÁFICAS

A PLURALIDADE DAS EXISTÊNCIAS DA ALMA

Por André Pezzani, advogado na corte imperial de Lyon

Esta obra, anunciada há algum tempo e esperada com impaciência, acaba de aparecer na casa dos Srs. Didier & Cia.[5] Todos os que conhecem o autor, sua vasta erudição e seu judicioso espírito de análise e investigação, não duvidavam que esta grave questão da pluralidade das existências fosse por ele tratada de acordo com sua importância. Sentimo-nos feliz ao dizer que ele não falhou na tarefa. Contudo, ele ligou-se pouco ao trabalho de demonstrar essa grande lei da Humanidade pelo seu próprio raciocínio, embora devotando-se a ela. Por mais sábio que seja, ele é modesto, mesmo muito modesto, o que raramente é corolário do saber. Diz ele que sua opinião pessoal pouco pesaria na balança, por isto mais se apoia nas alheias que na sua. Ele quis demonstrar que esse princípio tinha sido entrevisto pelos maiores gênios de todos os tempos; que é encontrado em todas as religiões, por vezes clara e categoricamente formulado, mas muitas vezes velado sob a alegoria, que é implicitamente a primeira fonte de uma porção de dogmas. Ele prova, por documentos autênticos, que a teoria da imortalidade e da progressão da alma fazia parte do ensino secreto, só reservado aos iniciados nos mistérios. Nesses tempos remotos isto poderia ter utilidade, como ele demonstra, por

[5] Um vol. in 8º, à venda. Preço 6 francos. No prelo, ed. in 12, preço 3 francos.

ocultar do vulgo certas verdades que as massas não estavam maduras para compreender, e que as teriam confundido, sem esclarecê-las. Sua obra é, pois, rica de citações, desde os livros sagrados dos indus, dos persas, dos judeus, dos cristãos, dos filósofos gregos, dos neoplatônicos, das doutrinas druídicas, até os escritores modernos Charles Bonnet, Ballanche, Fourier, Pierre Leroux, Jean Reynaud, Henri Martin e outros, e, como conclusão e última expressão, os livros espíritas.

Nesse vasto panorama, ele passa em revista todas as opiniões, as teorias diversas sobre a origem e os destinos da alma. A doutrina da metempsicose animal aí é tratada largamente e de maneira nova. Ele demonstra que a da pluralidade das existências humanas a precedeu e que a transmigração em corpos de animais é apenas uma derivação alterada e não o princípio. Era a crença reservada ao vulgo, incapaz de compreender as altas verdades abstratas, e como freio às paixões. A encarnação nos animais era uma punição, uma espécie de inferno visível, atual, que devia impressionar mais que o medo de um castigo moral num mundo espiritual. Eis o que a respeito diz Timeu de Locres, que Cícero assegura ter sido o mestre de Platão:

"Se alguém é vicioso e viola as leis do Estado, é preciso que seja punido pelas leis e pelas censuras; deve-se, então, espantá-lo pelo medo do inferno, pela apreensão das penas contínuas, dos castigos, e pelos terrores e punições inevitáveis que são reservadas aos infelizes criminosos embaixo da terra.

"Louvo muito o poeta jônico (Homero) por haver tornado religiosos os homens, por fábulas antigas e úteis, porque, assim como curamos os corpos com remédios malcheirosos, se eles não cedem aos remédios mais agradáveis, assim também reprimimos as almas por discursos falsos, se elas não se deixarem levar pelos verdadeiros. É pela mesma razão que se deve estabelecer penas passageiras baseadas na crença da transmigração das almas, de sorte que as almas dos homens tímidos passem, após a morte, por corpos de mulheres expostas ao desprezo e às injúrias; as almas dos assassinos, por corpos de animais ferozes, para aí receberem sua punição; as dos impudicos, pelos dos porcos e javalis; as dos inconstantes e dos levianos, pelos dos pássaros que voam nos ares; as dos preguiçosos, dos inativos, dos ignorantes e dos loucos, pela forma dos animais aquáticos. É a deusa Nêmesis que julga todas essas coisas, no segundo período, isto é, no círculo da segunda região em torno da Terra, com os demônios, vingadores dos crimes, que são os inquisidores terrestres das ações humanas, a quem o Deus condutor de todas as coisas conferiu a administração do mundo cheio de deuses, de homens e de outros animais que foram produzidos segundo a imagem excelente da forma improduzida e eterna." Ressalta daí e de vários outros documentos que a maioria dos filósofos professavam ostensivamente a metempsicose animal, como meio, pois nela nem eles próprios acreditavam, e que eles tinham uma doutrina secreta mais racional sobre a vida futura. Tal parece ter sido, também, o sentimento de Pitágoras, que não é, como se sabe, o autor da metempsicose, pois ele foi apenas o seu propagador na Grécia, depois de tê-la encontrado entre os indianos. Aliás, a encarnação na animalidade era apenas uma punição temporária de alguns milhares de anos, mais ou menos conforme a culpabilidade, uma espécie de prisão, da qual, ao sair, a alma entrava na Humanidade. A encarnação animal não era, portanto, uma condição absoluta, mas ela se aliava, como se vê, à reencarnação humana. Era uma espécie de espantalho para os simples, muito mais que um artigo de fé nos filósofos. Assim como se diz às crianças: "Se vocês forem más, o lobo vos comerá", os Antigos diziam aos criminosos: "Tornar-vos-eis lobos."

A doutrina da pluralidade das existências, saída das fábulas e dos erros dos tempos de ignorância, tende hoje, de maneira evidente, a entrar na filosofia moderna, abstração feita do Espiritismo, porque os pensadores sérios aí encontram a única solução possível dos maiores problemas da moral e da vida humana. A obra do Sr. Pezzani vem, pois, muito a propósito, lançar a luz da história sobre essa importante questão. Ela poupará pesquisas laboriosas, difíceis e muitas vezes impossíveis para muita gente. O autor não a escreveu do ponto de vista do Espiritismo, que só figura de maneira acessória e como ensinamento. Ele a escreveu do ponto de vista filosófico, de maneira a lhe abrir as portas que lhe teriam sido fechadas se lhe tivesse dado a etiqueta de nova crença. É o complemento da *Pluralidade dos mundos habitados*, do Sr. Flammarion, que, por seu lado, vulgarizou um dos grandes princípios de nossa doutrina, sem dela falar.

Voltaremos a falar sobre a obra do Sr. Pezzani, fazendo-lhe várias citações.

O MÉDIUM EVANGÉLICO

NOVO JORNAL ESPÍRITA DE TOULOUSE[6]

O último mês do ano findo viu nascer um novo órgão do Espiritismo, o que vem corroborar nossas reflexões contidas no artigo acima sobre o estado do Espiritismo em 1864. Conforme seu início e a carta que seu diretor teve a bondade de nos escrever antes de sua publicação, devemos contar com um novo campeão para a defesa dos verdadeiros princípios da doutrina. Queremos falar dos que hoje são sancionados pelo grande controle da concordância. Que ele seja bem-vindo.

Esperando que tenhamos podido julgá-lo por suas obras, diremos que se o ditado *Nobreza obriga* for verdadeiro, com mais forte razão pode dizer-se que o *título obriga*. O de *Médium evangélico* é todo um programa e um belo programa, que impõe grandes obrigações mas que, entretanto, poderia entender-se de duas maneiras. Poderia significar que o jornal ocupar-se-á principalmente de controvérsias religiosas, do ponto de vista dogmático, ou que, compreendendo o objetivo essencial do Espiritismo, que é a moralização, será redigido conforme o espírito evangélico, que é sinônimo de caridade, tolerância e moderação. No primeiro caso não o seguiremos, porque o próprio interesse da doutrina exige uma extrema reserva no desenvolvimento de suas consequências e porque muitas vezes a gente recua por querer ir muito depressa: "Não adianta correr; deve-se partir na hora." No segundo, estaremos inteiramente com ele. Aliás, eis um resumo de sua profissão de fé, posta no alto do primeiro número:

"O jornal que empreendemos fundar, sob o título de *Médium evangélico*, tem por objetivo entrar em caminhos novos com os quais o mundo hoje se preocupa, quero dizer, nas vias

---

[6] O *Médium evangélico* sai todos sábados, desde 15 de dezembro. Preço: Toulouse. 8 francos por ano, 4,50 francos por semestre. – Departamentos, 9 francos e 5 francos. – Assinaturas em Toulouse, Rua de la Pomme, 34; em Paris, Boulevard St. Germain, 68.

do Espiritismo. Este jornal nos pareceu necessário em Toulouse, na hora em que os espíritas já são incontáveis entre nós, na hora em que seus numerosos grupos diariamente engrossam muito. Com efeito, a publicidade será um meio de fazer melhor conhecer o resultado do trabalho desses diversos grupos e de torná-los mais úteis à grande causa do progresso moral ao *qual nos convidam todos os nossos destinos.*

"Contudo, a fim de não flutuar ao sabor dos ventos da doutrina, nesses caminhos ainda difíceis, julgamos dever arvorar um estandarte sob cujo auspícios queremos sincera e resolutamente marchar, certos de que o grande princípio da renovação moral está onde não mais há gregos nem romanos, isto é, judeus, protestantes, católicos, mas uma grande família, unida pelos laços da fraternidade, e tendendo para um objetivo comum, na sua ardente carreira através das solidões misteriosas da vida. Esse estandarte vós o conheceis. Não é a cruz de ouro, filha do orgulho e dos vãos pensamentos dos homens, mas a cruz de madeira, filha do devotamento e do sacrifício, digamo-lo, filha da verdadeira caridade."

Lamentamos que a falta de espaço nos impeça de citar por inteiro a profissão de fé. Mas sem dúvida teremos ocasião de a ela voltar.

ALFABETO ESPÍRITA

PARA ENSINAR A SER FELIZ

Sob este título, o nosso mui honrado irmão no Espiritismo, Sr. Delhez, de Viena, Áustria, cujo zelo pela causa da doutrina é infatigável, acaba de publicar um opúsculo em língua alemã, uma parte do qual contém a tradução francesa. É uma interessante coletânea de comunicações mediúnicas em prosa e verso, recebidas na Sociedade Espírita de Viena, sobre diferentes assuntos de moral, colocadas em ordem alfabética. O opúsculo é encontrado em Viena, em casa do autor, Singerstrasse, 7, e em todas as livrarias. Preço: I florim. O Sr. Delhez é o tradutor do *Livro dos Espíritos* para a língua alemã.

INSTRUÇÕES DOS ESPÍRITOS

(SOCIEDADE DE ANTUÉRPIA – 1864)

I

Reconhecei a grandeza e a misericórdia de Deus para com todas as suas criaturas. A voz do Altíssimo se fez ouvir! Inclinai-vos e sede humildes, porque o poder do Senhor é grande. A Terra inteira deve abalar-se sob sua mão misericordiosa, e os que se submeterem às suas leis serão abençoados, como outrora Abraão, que marchava para uma terra desconhecida, porque a voz do Eterno falava em seu coração.

O Altíssimo vos sustentará, a vós que marchais sob o seu olhar paternal, humildes e crentes. Deixai-vos tratar como pobres de espírito, e o Deus forte vos atrairá a si por sua graça. Sede firmes trabalhando em sua vinha, e desprezai o desdém dos ímpios, porque o Eterno vos tocou com sua mão protetora. Sede corajosos e marchai sem saber aonde ele vos conduz. Ele protege os que apoiam a própria fraqueza em sua força. O Criador é grande. Admirai-o em suas obras.

O Espiritismo espalha-se na Terra, semelhante ao orvalho benéfico da noite, que refresca uma terra muito seca. Ele espalhará em vossas almas o orvalho celeste, e pela unção da graça divina, vossos corações produzirão bons frutos, e vossos trabalhos publicarão sua glória e sua grandeza.

Deus é todo-poderoso, e quando conduzia por sua força o braço de Moisés, as tábuas da lei não abalaram a Terra? Que temeis? Deus vos abandonará à vossa fraqueza, quando deu sua força a Moisés? O Altíssimo não enviou o maná, no deserto? Será ele menos misericordioso para convosco do que foi para com os filhos de Israel, deixando que vossos corações se sequem pela ignorância?

Deus é tão justo quão grande. Apoiai-vos nele e ele vos inundará de sua graça. Vossos corações expandir-se-ão e tornar-se-ão o asilo da fé e da caridade, porque a verdade luziu sobre a Terra, e o Altíssimo vos tocou com a mão benfeitora. Coragem, espíritas! O Deus forte vos olha. Que vossos corações sejam as tábuas onde ele escreve suas leis, e que nada de impuro manche o templo do Eterno, a fim de que vos torneis dignos de publicar seus mandamentos. Não temais marchar nas trevas, quando a luz divina vos conduz.

Os tempos designados pelo Todo-Poderoso são chegados. As trevas desaparecerão da Terra para darem lugar aos raios divinos que inundarão vossas almas, se não repelirdes a voz de Deus.

A força do Altíssimo espalhar-se-á sobre o seu povo, e os seus filhos o bendirão cantando louvores pela pureza de seus corações. Que nada vos detenha. Que nada vos faça desanimar. Sede firmes nas obras de Deus. Sede todos filhos de uma grande família, e que o olhar do vosso Pai Celeste vos conduza e faça frutificarem os vossos trabalhos.

II

Aproxima-se o reino do Cristo. Os precursores o anunciam; as guerras surdas aumentam; os Espíritos encarnados se agitam ao sopro impuro do príncipe das trevas: é o demônio do orgulho, que lança o seu fogo, semelhante à cratera de um vulcão em erupção. O mundo invisível ergue-se ante a cruz, e toda a hierarquia celeste está em marcha para o combate divino. Espíritas, erguei-vos; dai a mão aos vossos irmãos, os apóstolos da fé, para que sejais fortes ante o exército tenebroso que vos quer engolir. Curvai-vos ante a cruz, que é vossa salvaguarda no perigo, o prêmio da vitória. A luta está eivada de perigos, não o escondemos, mas os combates são necessários para tornarem mais brilhante e mais sólido o triunfo da fé, e para que se cumpram as palavras do Cristo: As portas do inferno não prevalecerão contra ela.

III

O homem nunca é mais forte do que quando ele sente a sua fraqueza, pois tudo pode empreender sob o olhar de Deus. Sua força moral cresce em razão de sua confiança, porque sente necessidade de dirigir-se ao Criador, para pôr sua fraqueza ao abrigo das quedas a que a imperfeição humana pode arrastá-lo. Aquele que põe sua vontade na de Deus pode enfrentar impunemente o Espírito do mal, sem se julgar temerário. Se o Ser Supremo permite a luta entre o anjo e o demônio, é para dar à criatura ocasião para triunfar e sacrificar-se nos combates. Quando São Paulo sentiu vibrar em si a voz de Deus, exclamou: "Tudo posso naquele que me fortalece." E o maior pecador tornou-se o mais zeloso apóstolo da fé. Abandonado à fraqueza de sua natureza ardente e apaixonada, Santo Agostinho sucumbe; torna-se forte aos olhos de Deus, que sempre dá força àquele que a pede para resistir ao mal. Mas o homem, em sua cegueira, julga-se poderoso por si mesmo, e abandonando o socorro de Deus, cai no abismo cavado pelo amor-próprio. Coragem, pois, porque, por mais forte que seja o Espírito que barra o caminho, apoiados na cruz, nada tendes a temer; ao contrário, tudo tereis a ganhar para a vossa alma, que crescerá aos raios divinos da fé. Deixai-vos conduzir através das tempestades e chegareis ao termo de vossa marcha, onde Jesus vos espera.

Todo homem necessita de conselhos. Infeliz aquele que se julga bastante forte por suas próprias luzes, porque terá numerosas decepções. O Espiritismo está cheio de escolhos, mesmo nos grupos, e com mais forte razão, no isolamento. O medo excessivo que tendes de serdes enganados é um bem para vós, porque foi a vossa salvaguarda em muitas circunstâncias. Contudo, vossas comunicações necessitam de controle; não bastam algumas apreciações. Eis por que vossos Espíritos protetores vos aconselharam a vos dirigirdes ao chefe espírita, a fim de serdes esclarecidos sobre o seu valor.

É preciso provar, pela união, que todos os adeptos sérios trabalham em concerto na vinha do Senhor, que vai estender seus ramos sobre o mundo inteiro. Quanto mais se reunirem os obreiros, mais depressa será formada a grande cadeia espírita, e também mais depressa a família humana será inundada pelos eflúvios divinos da fé e da caridade, que regenerarão as almas sob o poder do Criador.

Que cada um de vós leve sua pedra ao edifício, na medida de suas forças, mas se cada um quiser construir à sua vontade, sem levar em conta as instruções que temos dado e que formam a sua base; se não houver entendimento entre vós; se não tiverdes ligação, então fareis uma torre de Babel. Nós vos mostramos este ponto. Que cada um de vós, dele faça o seu objetivo único. Nós vos demos este sinal. Que cada um de vós o inscreva em sua bandeira, e então vos reconhecereis todos e vos estendereis as mãos. Mas Deus dispersará os presunçosos que não tiverem escutado sua voz. Ele cegará os orgulhosos, que se julgam bastante fortes por si mesmos, e os que se afastarem do caminho que lhes é traçado perder-se-ão no deserto.

Espíritas, sede fortes em coragem, perseverança e firmeza, mas humildes de coração, segundo o preceito do Evangelho, e Jesus vos conduzirá através das tormentas e abençoará os vossos trabalhos.

Cada luta enfrentada corajosamente sob o olhar de Deus é uma prece fervorosa, que sobe a ele como o incenso puro e de odor agradável. Se bastasse formular palavras para se dirigir a Deus, os inoperantes apenas teriam que tomar um livro de preces para satisfazer a obrigação de orar. O trabalho, a atividade da alma, é a única boa prece que a purifica e a faz crescer.

FÉNELON

ALLAN KARDEC

REVISTA ESPÍRITA

JORNAL DE ESTUDOS PSICOLÓGICOS

| ANO VIII | FEVEREIRO DE 1865 | VOL. 2 |

TEMOR DA MORTE[1]

O homem, seja qual for o grau da escala social a que pertença, a partir do estado selvageria, tem o sentimento inato do futuro. Diz-lhe a intuição que a morte não é a última palavra da existência e que aqueles que lamentamos não estão perdidos para sempre. A crença no futuro é intuitiva e infinitamente mais geral que a no nada. Como é, pois, que, entre os que creem na imortalidade da alma, ainda se encontra tanto apego às coisas da Terra, e tão grande temor da morte?

O temor da morte é efeito da sabedoria da Providência, e uma consequência do instinto de conservação comum a todos os seres vivos. Ela é necessária enquanto o homem não for bastante esclarecido quanto às condições da vida futura, como contrapeso ao arrastamento que sem esse freio o levaria a deixar prematuramente a vida terrestre e a negligenciar o trabalho daqui, que deve servir para seu próprio adiantamento.

É por isto que nos povos primitivos o futuro não é mais que uma vaga intuição, depois uma simples esperança, e mais tarde, enfim, uma certeza, mas ainda contrabalançada por um secreto apego à vida corporal.

À medida que o homem melhor compreende a vida futura, diminui o temor da morte, mas, ao mesmo tempo, melhor compreendendo sua missão na Terra, ele espera seu fim com mais calma, resignação e sem medo. A certeza da vida futura dá outro curso a suas ideias, outro objetivo a seus trabalhos. Antes de ter essa certeza, ele só trabalha para o presente; com essa certeza ele trabalha em vista do futuro, sem negligenciar o presente, porque sabe que seu futuro depende da direção mais

---

[1] Texto inserido no livro *O Céu e o Inferno*, 1ª parte, capítulo II. (Nota do revisor Boschiroli)

ou menos boa que der ao presente. A certeza de reencontrar os amigos após a morte; de continuar as relações que teve na Terra; de não perder o fruto de nenhum trabalho e de crescer incessantemente em inteligência e em perfeição, lhe dá paciência para esperar e coragem para suportar as momentâneas fadigas da vida terrena. A solidariedade que vê estabelecer-se entre os mortos e os vivos lhe faz compreender a que deve existir entre os vivos, e a partir de então, a fraternidade tem sua razão de ser e a caridade um objetivo no presente e no futuro.

Para libertar-se das apreensões da morte, deve poder encará-la sob seu verdadeiro ponto de vista, isto é, ter penetrado por pensamento no mundo invisível e dele ter feito uma ideia tão exata quanto possível, o que denota no Espírito encarnado um certo desenvolvimento e uma certa aptidão para se desprender da matéria. Naqueles que não são suficientemente avançados, a vida material ainda predomina sobre a vida espiritual. Ligando-se ao exterior, o homem só vê vida no corpo, ao passo que a vida real está na alma. Estando o corpo privado de vida, a seus olhos tudo está perdido e ele se desespera. Se, em vez de concentrar o pensamento na vestimenta externa, ele a voltasse para a própria fonte da vida, sobre a alma, que é o ser real a tudo sobrevivente, lamentaria menos o corpo, fonte de tantas misérias e dores. Mas para isto é preciso uma força que o Espírito só adquire com a maturidade.

O temor da morte tem sua razão de ser, portanto, na insuficiência das noções sobre a vida futura, mas denota a necessidade de viver, e o medo que a destruição do corpo seja o fim de tudo. É, assim, provocado pelo secreto desejo da sobrevivência da alma, ainda velada pela incerteza.

O temor enfraquece à medida que cresce a certeza; desaparece quando a certeza é completa.

Eis o lado providencial da questão. Era sábio não perturbar o homem cuja razão ainda não era bastante forte para suportar a perspectiva, muito positiva e muito sedutora, de um futuro que lhe tivesse feito negligenciar o presente necessário ao seu adiantamento material e intelectual.

Esse estado de coisas é alimentado e prolongado por causas puramente humanas, que desaparecerão com o progresso. A primeira é o aspecto sob o qual é apresentada a vida futura, aspecto que podia bastar a inteligências pouco adiantadas, mas que não poderia satisfazer às exigências da razão dos homens que refletissem. Dizem eles que se lhes apresentam como verdades absolutas princípios contraditados pela lógica e pelos dados positivos da Ciência, é que não são verdades. Daí a incredulidade de alguns e, num grande número, uma crença mesclada pela dúvida. A vida futura é para eles uma ideia vaga, antes uma probabilidade que uma certeza absoluta; creem nela, quereriam que assim fosse e, malgrado seu, dizem para si mesmos: "E se não for assim! O presente é uma certeza. Para começar, ocupemo-nos com ele. O futuro virá por acréscimo."

E depois acrescentam: "Definitivamente, o que é a alma? É um ponto, um átomo, uma centelha, uma chama? Como ela sente? Como ela vê? Como ela percebe?"

Para eles a alma não é uma realidade efetiva. É uma abstração. Os seres que lhe são caros, reduzidos ao estado de átomos, em seu pensamento, estão para eles, por assim dizer, perdidos, e aos seus olhos não mais têm as qualidades que lhes davam a capacidade de amar. Eles não compreendem o amor de uma centelha, nem o que se pudesse ter por ela, e eles próprios ficam satisfeitos por serem transformados em mônadas. Daí a volta ao positivismo da vida terrena, que tem algo de mais substancial. O número daqueles que são dominados por essas ideias é considerável.

Outra razão que liga às coisas terrenas até mesmo aqueles que acreditam mais firmemente na vida futura se deve à impressão, que eles conservam, do ensino que lhes foi dado desde a infância.

O quadro que dela faz a religião, é forçoso convir, não é muito sedutor nem muito consolador. De um lado veem-se as contorções dos danados que expiam nas torturas e nas chamas sem fim os seus erros de um momento. Para esses, séculos se sucedem a séculos, sem esperança de abrandamento nem de piedade, e o que é ainda mais impiedoso, é que para eles o arrependimento é ineficaz. De outro lado, as almas lânguidas e sofredoras do purgatório, esperando sua libertação, que depende da boa vontade dos vivos que orarem, ou mandarem orar por elas, e não de seus esforços para progredir. Estas duas categorias compõem a imensa maioria da população de Além-Túmulo. Acima, paira a muito restrita categoria dos eleitos, gozando, durante a eternidade, de uma beatitude contemplativa. Essa eterna inutilidade, sem dúvida preferível ao nada, não deixa de ser de uma fastidiosa monotonia. Assim, nas pinturas que retratam os bem-aventurados, veem-se figuras angélicas, mas que respiram mais aborrecimento do que verdadeira felicidade.

Esse estado não satisfaz às aspirações nem à ideia instintiva do progresso, o único que parece compatível com a felicidade absoluta. Tem-se dificuldade de conceber que o selvagem ignorante, obtuso no sentido moral, só porque recebeu o batismo, esteja no mesmo nível daquele que chegou ao mais alto grau do conhecimento e da moralidade prática, após longos anos de trabalho. É ainda menos concebível que o menino falecido em tenra idade, antes de ter consciência de si mesmo e de seus atos, goze dos mesmos privilégios, tão somente por força de uma cerimônia na qual sua vontade não tomou parte.

Esses pensamentos não deixam de agitar os mais fervorosos, por pouco que reflitam. O trabalho progressivo que a gente realiza na Terra nada valendo para a felicidade futura; a facilidade com a qual creem adquirir essa felicidade por meio de algumas práticas exteriores; a própria possibilidade de comprá-la com dinheiro, sem reforma séria do caráter e dos hábitos, deixa aos prazeres do mundo todo o seu valor. Mais de um crente diz, no seu foro íntimo que, considerando-se que seu futuro está assegurado pela prática de certas fórmulas, ou por dons póstumos que de nada o privam, seria supérfluo impor-se sacrifícios ou um aborrecimento qualquer em proveito de outrem, pois se consegue a salvação cada um trabalhando para si.

Certamente tal não é o pensamento de todos, pois há grandes e belas exceções, mas é incontestável que esse é o pensamento da maioria, sobretudo das massas pouco esclarecidas, e que a ideia feita das condições para ser feliz no outro mundo não têm ligação com os bens deste, o que tem por consequência o egoísmo.

Ajuntemos a isto que tudo, nos costumes, concorre para que a vida terrestre seja lamentada e a passagem da Terra ao Céu seja temida. A morte não é cercada senão de cerimônias lúgubres que mais aterrorizam do que provocam esperanças. Se se representa a morte, é sempre sob um aspecto repelente, e jamais como um sono de transição. Todos os seus símbolos lembram a destruição do corpo e o mostram horrível e descarnado. Nenhum simboliza a alma se desprendendo radiosa de seus laços terrenos. A partida para esse mundo mais feliz não é acompanhada senão pelas lamentações dos sobreviventes, como se acontecesse a maior desgraça aos que se vão. Dizem-lhe um eterno adeus, como se jamais voltariam a vê-los. O que lamentam por eles são os gozos daqui de baixo, como se eles não devessem encontrar gozos maiores no Além-Túmulo. Que desgraça, dizem, morrer quando se é moço, rico, feliz e se tem pela frente um brilhante futuro! A ideia de uma situação mais feliz aflora debilmente ao pensamento, porque não tem raízes. Tudo, pois, concorre para inspirar o pavor da morte em vez de fazer nascer a esperança. O homem sem dúvida levará muito tempo para se desfazer desses preconceitos, mas lá chegará à medida que se firmar sua fé e que ele fizer uma ideia mais sã da vida espiritual.

A Doutrina Espírita muda inteiramente a maneira de encarar o futuro. A vida futura não é mais uma hipótese, mas uma realidade; o estado das almas após a morte não é mais um sistema, mas um resultado da observação. O véu está levantado; o mundo invisível nos aparece em toda a sua realidade prática. Não foram os homens que o descobriram pelo esforço de uma concepção engenhosa, mas foram os próprios habitantes desse mundo que nos vieram descrever sua situação. Nós aí os vemos em todos os graus da escala espiritual, em todas as fases da felicidade e da desgraça. Nós assistimos a todas as peripécias da vida de Além-Túmulo. Aí está para os espíritas a causa da calma com que encaram a morte, da serenidade de seus últimos instantes na Terra. O que os sustenta não é somente a esperança, é a certeza. Eles sabem que a vida futura é apenas a continuação da vida presente em melhores condições, e a esperam com a mesma confiança com que esperam o nascer do sol após uma noite de tempestade. Os motivos dessa confiança estão nos fatos de que são testemunhas e na concordância desses fatos com a lógica, a justiça e a bondade de Deus e as aspirações íntimas do homem.

Além disso, a crença vulgar coloca as almas em regiões só acessíveis ao pensamento, onde elas se tornam de certo modo estranhas aos sobreviventes. A própria Igreja põe entre elas e estes últimos uma barreira intransponível, pois declara que todas as relações são rompidas e toda comunicação é impossível. Se estiverem no inferno, toda esperança de revê-las está perdida para sempre, a menos que se vá também para lá; se estiverem entre os eleitos, estarão totalmente absorvidas

por sua beatitude contemplativa. Tudo isto estabelece entre os mortos e os vivos uma tal distância, que se olha a separação como eterna, por isto ainda preferem tê-las perto de si, sofrendo na Terra, do que vê-las partirem, mesmo para o Céu. Ademais, a alma que está no Céu é realmente feliz ao ver, por exemplo, *seu filho, seu pai, sua mãe ou seus amigos* queimando eternamente?
Para os espíritas a alma não é mais uma abstração. Ela tem um corpo etéreo que dela faz um ser definido que o pensamento abarca e concebe. Isto já é muito para fixar as ideias sobre sua individualidade, suas aptidões e suas percepções. A lembrança dos que nos são caros repousa sobre algo real. Eles não são mais representados como chamas fugidias que nada lembram ao pensamento, mas sob uma forma concreta, que no-los mostra melhor como seres vivos. Depois, em vez de estarem perdidos nas profundezas do espaço, estão em redor de nós. O mundo visível e o mundo invisível estão em relações perpétuas e se apoiam mutuamente. Não mais sendo permitida a dúvida sobre o futuro, o temor da morte não tem mais razão de ser. Ela é encarada com sangue frio, como uma libertação, como a porta da vida, e não como a porta do nada.

DA PERPETUIDADE DO ESPIRITISMO

Num artigo anterior, falamos dos incessantes progressos do Espiritismo. Serão esses progressos duráveis ou efêmeros? É um meteoro que brilha com luz passageira, como tantas outras coisas? É o que vamos examinar em poucas palavras.
Se o Espiritismo fosse uma simples teoria, uma escola filosófica fundada numa opinião pessoal, nada garantiria a sua estabilidade, porque ele poderia agradar hoje e não agradar amanhã; num dado tempo poderia não estar mais em harmonia com os costumes e o desenvolvimento intelectual, e então cairia, como todas as coisas superadas que não acompanharam o movimento; enfim poderia ser substituído por algo de melhor. Assim é com todas as concepções humanas, todas as legislações, todas as doutrinas puramente especulativas.

O Espiritismo apresenta-se em condições completamente outras, como tantas vezes temos ressaltado. Ele repousa sobre um fato, o da comunicação entre o mundo visível e o invisível. Ora, um fato não pode ser anulado pelo tempo, como uma opinião. Sem dúvida, ainda não é admitido por todos, mas que importam as negações de alguns, quando ele é constatado diariamente por milhões de indivíduos, cujo número cresce incessantemente, e que não são nem mais tolos nem mais cegos que outros? Virá, pois, um momento em que ele não encontrará mais negadores, assim como atualmente não há mais negadores do movimento da Terra.

Quanta oposição não levantou este último fato! Durante muito tempo não faltaram aos incrédulos boas razões aparentes para contestá-lo. "Como crer, diziam eles, na existência dos antípodas, caminhando de cabeça para baixo? E se a Terra gira, como pretendem, como crer que nós próprios estejamos, de vinte e quatro em vinte e quatro horas, nessa posição incômoda sem nos apercebermos? Nesse estado, não mais poderíamos ficar ligados à Terra, a não ser que caminhássemos contra um teto, com os pés no ar, à maneira de moscas. E depois, que aconteceria aos mares? A água não se derrama quando se inclina o vaso? A coisa é simplesmente *impossível*, portanto é absurda, e Galileu é um louco."

Entretanto, sendo essa coisa absurda um fato, ela triunfou sobre todas as razões contrárias e sobre todos os anátemas. Que faltava para admitir a sua possibilidade? O conhecimento da lei natural sobre a qual ela repousa. Se Galileu se tivesse contentado em dizer que a Terra gira, ainda agora não acreditariam nele, mas as denegações caíram ante o conhecimento do princípio.

O mesmo se dará com o Espiritismo. Considerando-se que ele repousa sobre um fato material existente em virtude de uma lei explicada e demonstrada que lhe tira todo caráter sobrenatural e maravilhoso, ele é imperecível. Aqueles que negam a possibilidade das manifestações estão no mesmo caso dos que negaram o movimento da Terra. A maioria nega a causa primeira, isto é, a alma, sua sobrevivência e sua individualidade. Então não é de surpreender que neguem o efeito. Eles julgam pelo simples enunciado do fato, e o declaram absurdo, como outrora declaravam absurda a crença nos antípodas. Mas, que pode sua opinião contra um fenômeno constatado pela observação e demonstrado por uma lei da Natureza?

Sendo o movimento da Terra um fato puramente científico, sua demonstração não estava ao alcance do vulgo; foi preciso aceitar a autoridade dos argumentos dos cientistas. Mas o Espiritismo tem a mais, em seu favor, poder ser constatado por todo mundo, o que explica sua rápida propagação.

Toda descoberta nova de alguma importância tem consequências mais ou menos graves. A do movimento da Terra e da lei da gravitação que rege esse movimento as teve, e incalculáveis. A Ciência viu abrir-se à sua frente um novo campo de exploração, e não se poderiam enumerar todas as descobertas, as invenções e as aplicações que foram sua consequência. O progresso da Ciência acarretou o da indústria, e o progresso da indústria mudou a maneira de viver, os hábitos, numa palavra, todas as condições de ser da Humanidade. O conhecimento das relações do mundo visível e do mundo invisível tem consequências ainda mais diretas e mais imediatamente práticas, porque está ao alcance de todas as individualidades e interessa a todos. Devendo cada homem necessariamente morrer, ninguém pode ser indiferente ao que acontecerá com ele após a morte. Pela certeza que o Espiritismo dá do futuro, ele muda a maneira de ver e influi sobre a moralidade. Abafando o egoísmo, ele modificará profundamente as relações sociais de indivíduo a indivíduo e de povo a povo.

Muitos reformadores de pensamento generoso formularam doutrinas mais ou menos sedutoras, mas, em sua maioria, elas apenas tiveram um sucesso de seita, temporário e circunscrito. Foi assim e assim será sempre com as teorias puramente sistemáticas, porque não é dado ao homem, na Terra, conceber algo de completo e perfeito. O Espiritismo, ao contrário, apoiando-se não numa ideia preconcebida, mas em fatos patentes, está ao abrigo dessas flutuações e não poderá senão crescer à medida que os fatos forem vulgarizados, mais conhecidos e mais bem compreendidos. Ora, nenhuma força humana poderia impedir a vulgarização de fatos que todos podem constatar. Constatados os fatos, ninguém poderá impedir as consequências resultantes dos mesmos. Estas consequências são aqui uma revolução completa nas ideias e na maneira de ver as coisas deste mundo e do outro. Antes que este século tenha passado, ela será realizada.

Mas, dirão, ao lado dos fatos tendes uma teoria, uma doutrina; quem vos diz que essa teoria não sofrerá variações; que daqui a alguns anos a de hoje será a mesma?

Sem dúvida ela pode sofrer modificações em seus detalhes, à vista de novas observações, mas, uma vez estabelecido o princípio, ele não pode variar, e menos ainda ser anulado. Eis o essencial. Desde Copérnico e Galileu tem-se calculado melhor o movimento da Terra e dos astros, mas o fato do movimento ficou sendo o princípio.

Dissemos que o Espiritismo é, antes de tudo, uma ciência de observação. É o que constitui a sua força contra os ataques de que é objeto e dá aos seus adeptos uma fé inquebrantável. Todos os raciocínios que se lhe opõem caem diante dos fatos, e esses raciocínios têm tanto menos valor aos seus olhos quanto mais eles sabem que são fruto do interesse. Em vão se lhes diz que isto não é, ou é outra coisa, pois eles respondem: Não podemos negar a evidência. Se se tratasse de apenas um indivíduo, poder-se-ia julgar que ele fosse vítima de uma ilusão, mas quando milhões de indivíduos veem a mesma coisa, em todos os países, conclui-se logicamente que são os negadores que estão equivocados.

Se os fatos espíritas só tivessem como resultado satisfazer a curiosidade, certamente ocasionariam apenas uma preocupação momentânea, como tudo o que é inútil. No entanto, as consequências que deles decorrem tocam o coração; tornam as pessoas felizes; satisfazem às aspirações; enchem o vazio cavado pela dúvida; lançam luz sobre a temível questão do futuro; mais ainda, neles se vê uma causa poderosa de moralização para a Sociedade. Elas têm, pois, um grande interesse. Ora, a gente não renuncia facilmente ao que é uma fonte de felicidade. Certamente não é com a perspectiva do nada, nem com a das chamas eternas que arrancarão os espíritas de sua crença.

O Espiritismo não se afastará da verdade e nada terá a temer das opiniões contraditórias, enquanto sua teoria científica e sua doutrina moral forem uma dedução dos fatos escrupulosa e conscientemente observados, sem preconceitos nem sistemas preconcebidos. Foi diante de uma observação mais completa que todas as teorias prematuras e aventurosas surgidas na origem dos fenômenos espíritas modernos caíram e vieram fundir-se na imponente unidade que hoje existe e contra a qual só se obstinam raras individualidades, que diminuem dia a dia. As lacunas que a teoria atual pode ainda conter encher-se-ão da mesma maneira. O Espiritismo está longe de haver dito sua última palavra, quanto às suas consequências, mas é inamolgável em sua base, porque essa base está assentada nos fatos.

Assim, que os espíritas nada receiem, pois o futuro lhes pertence; que deixem os adversários se debatendo sob a influência da verdade que os ofusca, porque toda denegação é impotente contra a evidência que inevitavelmente triunfa pela força das coisas. É uma questão de tempo, e neste século o tempo marcha a passos de gigante, sob o impulso do progresso.

OS ESPÍRITOS INSTRUTORES DA INFÂNCIA

CRIANÇA AFETADA DE MUTISMO

Transmite-nos uma senhora o seguinte:
"Uma de minhas filhas tem um menino de três anos que desde o nascimento lhe tem dado as mais vivas inquietudes. Restabelecida sua saúde em fins de agosto último, ele caminhava com dificuldade e dizia *papá, mamã*, e o resto de sua linguagem era uma mistura de sons inarticulados. Há cerca de um mês, depois de infrutíferas tentativas para que pronunciasse as palavras mais usuais, tentativas sempre renovadas sem sucesso, estando minha filha deitada, muito triste com essa espécie de mutismo, desolada sobretudo porque seu marido, capitão de longo curso, retornando após uma ausência que terá durado mais de um ano, não acharia mudança na maneira de falar de seu filho, quando, às cinco da manhã, foi despertada pela voz da criança, que articulava distintamente as letras A, B, C, D, que jamais tinham tentado fazer que ele pronunciasse. Crendo sonhar, sentou-se na cama e com a cabeça inclinada para o berço, o rosto perto da criança que dormia, ouviu-a repetir em voz alta, por diversas vezes, marcando cada uma por um leve movimento da cabeça, as letras A, B, C, e, após um pequeno intervalo, carregando a pronúncia, D.

"Quando entrei em seu quarto, às seis horas, a criança ainda dormia, mas a mãe, toda feliz ainda e comovida por ter ouvido o filho pronunciar essas letras, não tinha dormido. Quando o menino acordou, e a partir de então, em vão tentamos fazê-lo dizer essas letras (que ele jamais tinha ouvido dizer, quando as disse no sono, pelo menos nesta existência), todas as nossas tentativas foram inúteis. Mesmo ainda hoje ele diz A e B, mas tem sido impossível obter para o C e o D mais que dois sons, um da garganta, outro do nariz, que de modo algum lembram as letras que queríamos que ele dissesse.

"Não é a prova de que esse menino já viveu? Paro aqui e não me sinto bastante instruída para ousar concluir. Preciso aprender mais e ler muito tudo quanto trata do Espiritismo, não para me convencer: o Espiritismo responde a tudo, ou, pelo menos, a quase tudo; mas, repito, senhor, não sei o suficiente. Isto virá, pois não me falta o desejo. Deus, que não me abandonou desde que fiquei viúva, há dezessete anos; Deus, que me ajudou a educar os filhos e encaminhá-los; Deus, em quem tenho fé, proverá o que me falta, porque nele espero e lhe peço com todo o coração para que permita aos bons Espíritos que me esclareçam e me guiem para o bem. Orai também por mim, senhor, que estou em comunhão de pensamento convosco, e que acima de tudo desejo trilhar o bom caminho."

Este fato é, sem sombra de dúvida, resultado de conhecimentos adquiridos anteriormente. Se há uma aptidão inata, é aquela que se revela espontaneamente durante o sono do corpo, quando nenhuma circunstância tinha podido desenvolvê-la no estado de vigília. Se as ideias fossem um produto da matéria, por que uma ideia nova iria surgir quando a matéria estivesse entorpecida, ao passo que não só é nula, mas impossível de exprimir quando os órgãos estão em atividade? A causa primeira não pode, pois, estar na matéria. É assim que a cada passo o materialismo se choca contra os problemas cuja solução ele não pode dar. Para que uma teoria seja verdadeira e completa, é preciso que ela não seja desmentida por nenhum fato. O Espiritismo não formula nenhuma teoria prematuramente, a menos que o faça a título de hipótese, caso em que se furta a dá-la como verdade absoluta, mas que dá apenas como assunto de estudo. É por essa razão que ele marcha com passo firme.

No caso de que se trata, é, pois, evidente que não tendo o Espírito aprendido durante a vigília o que diz durante o sono, é preciso que tenha aprendido algures. Se não foi nesta vida, deve ter sido em outra e, além do mais, numa existência terrena, na qual falava francês, pois pronuncia letras francesas. Como explicarão este fato os que negam a pluralidade das existências ou a reencarnação na Terra? Mas resta saber como é que o Espírito, desperto, não pode dizer o que articula no sono. Eis a explicação dada por um Espírito à Sociedade de Paris:

(24 de novembro de 1864 – Médium Sra. Cazemajour)

"É uma inteligência que poderá ainda ficar velada por algum tempo, pelo sofrimento material da reencarnação, à qual esse Espírito teve muita dificuldade em submeter-se, e que momentaneamente lhe aniquilou suas faculdades. Mas o seu guia o ajuda com terna solicitude a sair desse estado pelos conselhos, o encorajamento e as *lições* que lhe dá durante o sono do corpo, lições que não são perdidas e que se *acharão vivazes* quando essa fase de entorpecimento houver passado, e que será determinada por um choque violento, uma emoção extrema. Para isto é necessária uma crise desse gênero. Há que esperar, mas não temer a idiotia, pois não é o caso."

Há aqui um ensinamento importante e, até certo ponto, novo: o da primeira educação dada a um Espírito encarnado por um Espírito desencarnado. Sem dúvida certos cientistas desdenhariam esse fato como muito pueril e sem importância, pois nele veriam apenas uma bizarria da Natureza, ou o explicariam por uma superexcitação cerebral que momentaneamente dilata as faculdades, pois é assim que explicam todas as faculdades mediúnicas. Sem dúvida, em certos casos poder-se-ia conceber a exaltação numa pessoa adulta, cuja imaginação aumenta em razão do que ela vê ou ouve, mas não se compreenderia o que pudesse excitar o cérebro de uma criança de três anos, que dorme. Eis, pois, um fato inexplicável por essa teoria, ao passo que ele acha solução natural e lógica pelo Espiritismo. O Espiritismo não desdenha nenhum fato, por insignificante que seja em aparência. Ele os espia, observa-os e os estuda todos. É assim que progride a ciência espírita, à medida que os fatos se apresentam para confirmar ou completar sua teoria. Se eles a contradizem, ele lhes busca outra explicação.

Uma carta de 30 de dezembro de 1864, escrita por um amigo da família, diz o seguinte:

"Disseram os Espíritos que uma crise determinada por um choque violento, uma emoção extrema livrará a criança do entorpecimento de suas faculdades. Os Espíritos disseram a verdade. A crise ocorreu, por um choque violento, e eis como. A criança deu causa a um tombo terrível de sua avó, no qual ela por pouco não partiu a cabeça, esmagando a criança. Desde esse abalo o menino surpreende os pais a cada instante, pronunciando frases inteiras como, por exemplo, esta: "Cuidado, mamã, para não cair."

A articulação das letras durante o sono do menino era, muito evidentemente, um efeito mediúnico, pois resultava do exercício que o Espírito fazia com ele. Numa sessão posterior da Sociedade, na qual não se ocupavam do caso em questão, foi dada espontaneamente a dissertação seguinte, que vem confirmar e desenvolver o princípio desse gênero de mediunidade.

MEDIUNIDADE DA INFÂNCIA

(Sociedade de Paris, 6 de janeiro de 1865)
(Médium, Sr. Delanne)

Quando, após ter sido preparado pelo anjo guardião, o Espírito que acaba de se encarnar, isto é, de sofrer novas provações em vista de seu melhoramento, então começam a se estabelecer os laços misteriosos que o unem ao corpo para manifestar sua ação terrestre. Aí está todo um estudo sobre o qual não me estenderei. Falarei apenas do papel e da disposição do Espírito durante o período da infância no berço.

A ação do Espírito sobre a matéria, nesse tempo de vegetação corpórea, é pouco perceptível. Assim, os guias espirituais procuram aproveitar esses instantes, em que a parte carnal não obriga à participação inteligente do Espírito, a fim de preparar este último e encorajá-lo nas boas resoluções de que sua alma está impregnada.

É nesses momentos de desprendimento que o Espírito, saindo da perturbação que teve de passar para sua encarnação presente, compreende e se lembra dos compromissos contraídos para o seu adiantamento moral. É então que os Espíritos protetores vos assistem e ajudam a vos reconhecerdes. Assim, estudai o rosto da criancinha que dorme. Vê-lo-eis, muitas vezes, "sorrindo para os anjos", como se diz vulgarmente, expressão mais justa do que se pensa. Com efeito, ele sorri para os Espíritos que o cercam e devem guiá-lo.

Vede esse pequeno acordado. Tanto ele olha fixamente, parecendo reconhecer seres amigos, quanto balbucia palavras, e seus gestos alegres parecem dirigir-se a rostos amados. E como Deus jamais abandona as suas criaturas, esses mesmos Espíritos lhe dão, mais tarde, boas e salutares instruções, quer durante o sono, quer por inspiração, no estado de vigília. Daí podeis ver que todos os homens possuem, pelo menos em estado de germe, o dom da mediunidade.

A infância propriamente dita é uma longa série de efeitos mediúnicos, e se crianças de um pouco mais de idade, quando o Espírito adquiriu mais força, por vezes não temessem as imagens das primeiras horas, poderíeis constatar esses efeitos muito melhor.

Continuai a estudar, e a cada dia, como crianças grandes, aumentará a vossa instrução, se não vos obstinardes em fechar os olhos ao que vos cerca.

UM ESPÍRITO PROTETOR

PERGUNTAS E PROBLEMAS

OBRAS-PRIMAS POR VIA MEDIÚNICA

Por que os Espíritos dos grandes gênios que brilharam na Terra não produzem obras-primas por via mediúnica, como fizeram em vida, considerando-se que sua inteligência nada perdeu?

Esta pergunta é, ao mesmo tempo, uma daquelas cuja solução interessa à ciência espírita, como assunto de estudo, e uma objeção oposta por certos negadores à realidade das manifestações. "Essas obras superiores, dizem estes últimos, seriam uma prova de identidade própria para convencer os mais recalcitrantes, ao passo que os produtos mediúnicos assinados pelos mais ilustres nomes quase não se elevam acima da vulgaridade. Até agora não se cita nenhuma obra capital que possa aproximar-se das dos grandes literatos e dos grandes artistas. "Quando eu vir, acrescentam alguns, o Espírito de Homero dar uma nova *Ilíada*, o de Virgílio uma nova *Eneida*, o de Corneille um novo *Cid*, o de Beethoven uma nova sinfonia em *la* ou um sábio, como Laplace, resolver um desses problemas inutilmente procurados, como a quadratura do círculo, por exemplo, então poderei crer na realidade dos Espíritos. Mas como quereis que neles creia, quando vejo dar seriamente, sob o nome de Racine, poesias que um aluno de quarto ano corrigiria; atribuir a Béranger versos que não passam de finais mal rimados, sem espírito e sem sal, ou emprestar a Voltaire e Chateaubriand uma linguagem de cozinheira?"

Há nesta objeção um lado sério, é o que contém a última parte, mas que não denota menos a ignorância dos primeiros princípios do Espiritismo. Se os que a fazem não julgassem antes de havê-lo estudado, poupar-se-iam de uma tarefa inútil.

Como se sabe, a identidade dos Espíritos é uma das grandes dificuldades do Espiritismo prático. Ela não pode ser constatada de maneira positiva senão para os Espíritos contemporâneos, cujo caráter e hábitos são conhecidos. Então eles se revelam por uma porção de particularidades, nos fatos e na linguagem, que não podem deixar qualquer dúvida. São esses cuja identidade nos interessa mais, pelos laços que a eles nos unem.

Muitas vezes um sinal, uma palavra é bastante para atestar a sua presença, e essas particularidades são tanto mais significativas quanto mais similitude há na série de conversas familiares que se tem com os Espíritos. Além disto, há que considerar que quanto mais os Espíritos estiverem próximos de nós, pela época de sua morte terrestre, menos estarão despojados do caráter, dos hábitos e das ideias pessoais que no-los tornam conhecidos.

Já é diferente com os Espíritos que, de certo modo, só são conhecidos através da História. Para esses não existe qualquer prova material de identidade; pode haver presunção, mas não certeza absoluta da personalidade. Quanto mais afastados de nós estiverem os Espíritos pela época em que viveram, menor essa certeza, visto que suas ideias e seu caráter podem ter-se modificado com o tempo. Em segundo lugar, os que atingiram uma certa elevação formam famílias similares pelo pensamento e pelo grau de adiantamento, cujos membros todos estão longe de ser nossos conhecidos. Se um deles se manifestar, fá-lo-á sob um nome nosso conhecido, como indício de sua categoria. Se, por exemplo, Platão for evocado, pode ser que ele responda ao apelo, mas se ele não puder, um Espírito da mesma classe responderá por ele. Será seu pensamento, mas não sua individualidade. Eis o de que importa bem compenetrar-se.

Aliás, os Espíritos superiores vêm para nos instruir. Sua identidade absoluta é questão secundária. O que eles dizem é bom ou mau, racional ou ilógico, digno ou indigno da assinatura, eis toda a questão. No primeiro caso, aceita-se; no segundo, rejeita-se como apócrifa.

Aqui se apresenta o grande escolho da intromissão dos Espíritos levianos ou ignorantes, que se enfeitam com grandes nomes para fazerem aceitar suas tolices e utopias. Nesse caso, a distinção exige tato, observação e, quase sempre, conhecimentos especiais. Para julgar uma coisa é preciso ter competência. Como aquele que não é versado em literatura e poesia pode apreciar as qualidades e os defeitos das comunicações desse gênero? A ignorância, neste caso, por vezes leva a tomar como belezas sublimes a ênfase, os floreios de linguagem, as palavras sonoras que escondem o vazio das ideias; não pode identificar-se como o gênio particular do escritor, para julgar o que pode e o que não pode ser dele. Assim, muitas vezes veem-se médiuns que se orgulham de receber versos com a assinatura de Racine, Voltaire ou Béranger não sentirem dificuldade em considerá-los autênticos, por mais detestáveis que sejam. Felizes ainda aqueles que não se zangam com as pessoas que se permitem pô-los em dúvida.

Consideramos, pois, perfeitamente justa a crítica que se opõe a semelhantes coisas, porque ela está em concordância com nossa opinião. O erro não está no Espiritismo, mas nos que aceitam mui facilmente o que vem dos Espíritos. Se aqueles que transformam isto em arma contra a doutrina a tivessem estudado, saberiam o que ela admite e não lhe imputariam o que ela recusa, nem os exageros de uma credulidade cega e irrefletida. O erro é ainda maior quando se publicam, sob nomes conhecidos, coisas indignas da origem que lhes é atribuída. É oferecer o flanco à crítica fundada e prejudicar o Espiritismo. É necessário que se saiba que o Espiritismo racional absolutamente não patrocina essas produções, e não assume a responsabilidade pelas publicações feitas com mais entusiasmo do que prudência.

A incerteza quanto à identidade dos Espíritos, em certos casos, e a frequência da intromissão dos Espíritos levianos, provam algo contra a realidade das manifestações? De modo algum, porque o fato das manifestações é tão bem provado pelos Espíritos inferiores quanto pelos superiores. A abundância dos primeiros prova a inferioridade moral do nosso globo, e a necessidade de trabalhar pela nossa melhora, para dela sairmos o mais cedo possível.

Resta, agora, a questão principal: Por que os Espíritos dos homens de gênio não produzem obras-primas pela via mediúnica?

Antes de tudo, é preciso ver a utilidade das coisas. Para que serviria isto? Dirão que para convencer os incrédulos. Mas, quando os vemos resistirem à mais palpável evidência, uma obra-prima não lhes provaria melhor a existência dos Espíritos, porque eles a atribuiriam, como todas as produções mediúnicas, à superexcitação cerebral. Um Espírito familiar, um pai, uma mãe, um filho, um amigo, que vêm revelar circunstâncias desconhecidas do médium; que vêm dizer essas palavras que vão ao coração, provam muito mais que uma obra-prima, que poderia sair do próprio cérebro. Um pai, cujo filho que chora vem atestar a sua presença e a sua afeição, não fica mais convencido do que se Homero viesse fazer uma nova *Ilíada*, ou Racine uma nova *Fedra*? Por que, então, lhes pedir prodígios de força que mais espantariam do que convenceriam, quando eles se revelam por milhares de fatos íntimos ao alcance de todos? Os Espíritos buscam convencer as massas, e não este ou aquele indivíduo, porque a opinião das massas faz lei, ao passo que os indivíduos são unidades perdidas na multidão. Eis por que eles dão pouco valor aos obstinados que querem levá-los à força. Eles sabem muito bem que mais cedo ou mais tarde terão de curvar-se ante a força da opinião. Os Espíritos não se submetem aos caprichos de ninguém. Para convencer, empregam os meios que querem, conforme os indivíduos e as circunstâncias. Tanto pior para os que não se contentam com isto; sua vez chegará mais tarde. Eis por que também dizemos aos adeptos: Ligai-vos aos homens de boa-fé, porque não falhareis, mas não percais vosso tempo com os cegos que não querem ver, e os surdos que não querem ouvir. Agir assim é faltar à caridade? Não, pois para estes será apenas um retardamento. Enquanto perdeis tempo com eles, negligenciais dar consolações a uma porção de gente necessitada e que aceitaria com alegria o pão da vida que lhes oferecêsseis. Pensai, ainda, que os refratários, que resistem às vossas palavras e às provas que lhes dais, cederão um dia sob o ascendente da opinião que se formará em volta deles. Seu amor-próprio sofrerá menos com isto.

A questão das obras-primas liga-se ainda ao princípio que rege as relações dos encarnados com os desencarnados. Sua solução depende do conhecimento deste princípio. Eis as respostas dadas a respeito na Sociedade Espírita de Paris.

(6 de janeiro de 1865 — Médium Sr. d'Ambel

Há médiuns que, por suas aquisições anteriores, por seus estudos particulares, na existência que hoje percorrem, tornaram-se mais aptos, senão mais úteis que outros. Aqui a questão moral nada tem a ver: é uma simples questão de capacidade intelectual. Mas não se deve ignorar que a maior parte desses médiuns não são pródigos e que se recebem da parte dos Espíritos comunicações de uma ordem elevada, só a eles são proveitosas. Mais de uma obra-prima da literatura e das artes é produto de uma mediunidade inconsciente. Sem isto, de onde viria a inspiração? Afirmai ousadamente que as comunicações recebidas por Delphine de Girardin, Auguste Vaquerie e outros estavam à altura do que se tinha o direito de esperar dos Espíritos que se comunicavam por eles. Nessas ocasiões, infelizmente muito raras em Espiritismo, as almas dos que queriam comunicar-se tinham à mão bons, excelentes instrumentos, ou antes, médiuns cuja capacidade cerebral fornecia todos os elementos de palavras e de pensamentos necessários à manifestação dos Espíritos inspiradores. Ora, na maior parte das circunstâncias em que os Espíritos se comunicam, os grandes

Espíritos, bem entendido, estão longe de ter sob a mão os elementos suficientes para a emissão de seu pensamento na forma, com a fórmula que eles lhe teriam dado em vida. É isso um motivo para não receber suas instruções? Certamente não, porque se algumas vezes a forma deixa a desejar, o fundo é sempre digno do signatário das comunicações. Além disso, são querelas de palavras. Existe ou não existe a comunicação? Tudo está nisto. Se existe, que importa o Espírito e o nome que este toma! Se não se acredita, importa ainda menos com ela se preocupar. Os Espíritos tratam de convencer; quando não o conseguem, é um inconveniente sem importância; é apenas porque o encarnado ainda não está pronto para ser convencido. Contudo, estou bem à vontade para afirmar aqui que em cem indivíduos de boa-fé que experimentam por si mesmos ou por médiuns que lhes são estranhos, mais de dois terços se tornam partidários sinceros da Doutrina Espírita, porque nesses períodos excepcionais, a ação dos Espíritos não se circunscreve ao ato do médium apenas, mas se manifesta por mil facetas materiais ou espirituais sobre o próprio evocador.

Em suma, nada é absoluto e sempre chegará uma hora mais fecunda, mais produtiva que a hora precedente. Eis em duas palavras minha resposta à pergunta feita por vosso presidente.

ERASTO

(20 de janeiro de 1865 – Médium Srta. M. C.)

Perguntais por que os Espíritos que na Terra brilharam pelo gênio, não dão aos médiuns comunicações à altura de suas produções terrenas, quando deveriam antes as dar superiores, pois o tempo decorrido desde sua morte deve ter aumentado suas faculdades. Eis a razão:

Para se fazer ouvir, os Espíritos devem agir sobre os instrumentos que estejam ao nível de sua ressonância fluídica. Que pode fazer um bom músico com um instrumento detestável? Nada. Então! Muitos, senão a maioria dos médiuns, são para nós instrumentos muito imperfeitos. Compreendei que em tudo é necessária similitude, tanto nos fluidos espirituais quanto nos fluidos materiais. Para que os Espíritos adiantados possam se vos manifestar, necessitam de médiuns capazes de vibrar com eles em uníssono; do mesmo modo, para as manifestações físicas, é preciso que os encarnados possuam fluidos materiais da mesma natureza que os dos Espíritos errantes, tendo ainda ação sobre a matéria. Assim, Galileu não poderá manifestar-se realmente senão a um astrônomo capaz de compreendê-lo e transmitir sem erro os seus dados astronômicos; Alfred de Musset e outros poetas terão necessidade de um médium amante e entendedor da poesia; Beethoven, Mozart procurarão músicos dignos de poder transcrever seus pensamentos musicais; os Espíritos instrutores que vos desvendam os segredos da Natureza, segredos pouco conhecidos ou ainda ignorados, precisam de médiuns que já compreendam certos efeitos magnéticos e que tenham estudado bem a mediunidade.

Compreendei isto, meus amigos; refleti que não encomendais uma roupa ao chapeleiro, nem vossas cabeleiras a um alfaiate. Deveis compreender que necessitamos de bons intérpretes e que alguns de nós, por não encontrar esses intérpretes, se recusem à comunicação. Mas então o lugar é ocupado. Não esqueçais que os Espíritos levianos são um grande número, e que eles se aproveitam das vossas faculdades com tanto mais facilidade quanto muitos dentre vós, envaidecidos pelas assinaturas notáveis, pouco preocupados em se informarem sobre a fonte verdadeira e confrontar o que obtêm com o que deveriam ter obtido. Regra geral: quando quiserdes um calculador, não vos dirijais a um dançarino.

UM ESPÍRITO PROTETOR

OBSERVAÇÃO: Esta comunicação repousa num princípio verdadeiro, que resolve perfeitamente a questão, do ponto de vista científico, mas que não poderia ser tomado num sentido muito absoluto. À primeira vista, o princípio parece contradizer os fatos tão numerosos de médiuns que tratam de assuntos fora de seus conhecimentos e pareceria implicar, para os Espíritos superiores, a possibilidade de só se comunicarem com médiuns à sua altura. Ora, isto só se deve entender quando se trata de trabalhos especiais e de uma importância muito alta. Concebe-se que se Galileu quiser tratar de uma questão científica; se um grande poeta quiser ditar uma obra poética, tenham necessidade de um instrumento que responda ao seu pensamento, mas isto não quer dizer que para outras coisas, uma simples questão de moral, por exemplo, um bom conselho a dar, não poderão fazê-lo por um médium que não seja cientista nem poeta. Quando um médium trata com facilidade e superioridade assuntos que lhe são estranhos, é um indício de que o seu Espírito possui um desenvolvimento inato e faculdades latentes, fora da educação que recebeu.

O RAMANENJANA

Os *Annales de la propagacion de la foi*, de setembro de 1864, nº 216, contêm um relato minucioso dos acontecimentos ocorridos em Tananarive, Madagascar, no correr do ano de 1863, entre outros o da morte do rei Radama II. Aí encontramos a seguinte história:

O mais grave dos fatos ocorridos em Tananarive em 1863 é, sem contradita, a morte de Radama II. Mas, antes de contar o fim trágico desse infeliz príncipe, é necessário lembrar um outro fato que quase teve a mesma repercussão que o primeiro, que teve por testemunho mais de duzentos mil homens, e que pode ser encarado como o prelúdio ou o prólogo do atentado cometido contra a pessoa real do infortunado Radama. Quero falar do *Ramanenjana*.

O que é o Ramanenjana?

Esta palavra, que significa *tensão*, exprime uma doença estranha, que a princípio se declarou ao sul de Emirne. Dela se teve conhecimento em Tananarive cerca de um mês antes. A princípio era apenas um vago rumor que circulava entre o povo. Assegurava-se que numerosos bandos de homens e mulheres, atingidos por uma afecção misteriosa, subiam do sul para a capital, para falar ao rei, da parte de sua mãe, a defunta rainha. Dizia-se que esses bandos se encaminhavam em pequenas jornadas, cada noite acampando nas aldeias e engrossando, ao longo do caminho, com todos os recrutas que fazia no seu trajeto.

Mas ninguém teria imaginado que o Ramanenjana estivesse tão perto da cidade real quando, de repente, ele fez sua primeira aparição, alguns dias antes do domingo de Ramos. Eis o que a respeito nos escrevem:

"No momento em que o julgávamos ainda muito afastado, o Ramanenjana, ou Ramena-bé, como outros também o chamam, veio estourar como uma bomba. Não há rumor na cidade senão de convulsões e convulsionários. Eles estão por todos os lados; seu número é avaliado em mais de dois mil. Acampam neste momento em Machamasina, campo de Marte situado junto da capital. O barulho que fazem é tal que não nos deixa dormir. Julgai como deve ser forte, para que a uma légua de distância chegue até aqui e perturbe o sono!

"Na terça-feira santa havia uma grande revista em Soanerana. Quando os tambores rufaram, eis que mais de mil soldados deixaram bruscamente as fileiras e começaram a dançar o Ramanenjana. Por mais que os chefes gritassem e ameaçassem, tiveram que renunciar a passar revista."

Caráter do Ramanenjana

Esta doença age especialmente sobre os nervos, sobre os quais exerce tal pressão que logo provoca convulsões e alucinações, das quais apenas se dá conta do ponto de vista da Ciência.

Os que são atingidos, a princípio sentem dores violentas na cabeça, na nuca e depois no estômago. Ao cabo de algum tempo começam os acidentes convulsivos; é então que os vivos entram em comunicação com os mortos: Eles veem a rainha Ranavalona, Radama I, Adrian Ampoïnemerina e outros, que lhes falam e lhes dão incumbências. A maior parte dessas mensagens são dirigidas a Radama II.

Os Ramanenjana parecem especialmente deputados pela velha Ranavalona, para exprimir a Radama que ele deve voltar ao antigo regime, fazer cessar a prece, despedir os brancos, interditar os porcos na cidade santa etc., etc.; senão, do contrário, grandes males o ameaçam, e que ela o renegará como seu filho.

Um outro efeito dessas alucinações é que a maior parte dos que lhes são vítimas imaginam-se carregando pesados fardos que levam seguindo os mortos; que imaginam ter à cabeça uma caixa de sabão ou um cofre, um colchão, fuzis, chaves, bacias de prata etc., etc.

É preciso que essas aparições andem muito depressa, porque os infelizes que estão às suas ordens fazem o maior esforço do mundo para segui-las, embora vão sempre em passo de corrida.

Eles não receberam mais cedo sua missão de Além-Túmulo, porque se põem a sapatear, a gritar, a pedir graça, agitando a cabeça e os braços, sacudindo as extremidades do *lambá* ou um pedaço de pano que lhes cobre o corpo. Depois, ei-los se atirando, sempre gritando, dançando, saltando e se agitando convulsivamente. Seu grito mais comum é: *Ekalá!* e este outro: *Izahay maikiá!* (estamos com pressa). Na maioria das vezes uma multidão os acompanha cantando, batendo palmas e tocando tambores. Dizem que é para excitá-los ainda mais e apressar o fim da crise, como se vê o cavaleiro hábil afrouxar as rédeas de seu cavalo fogoso e, longe de procurar retê-lo, o estimular, ao contrário, com gritos e com as esporas, até que este, tremendo sob a mão que o conduz, resfolgando, coberto de suor, acabe parando por si mesmo, exaurido.

Ainda quando essa doença atinja especialmente os escravos, é certo dizer que não poupa ninguém. É assim que um filho de Radama e de Maria, sua concubina, de repente se viu vítima das alucinações do Ramanenjana, e ei-lo a gritar, a se agitar, a dançar e a correr como os outros. No primeiro momento de terror, o próprio rei se pôs a persegui-lo, mas nessa corrida precipitada, feriu-se ligeiramente na perna, o que o levou a dar ordens para que fosse mantido sempre um cavalo selado, para o caso de novo acidente.

As corridas desses energúmenos nada têm de bem determinado. Uma vez impelidos não sei por que força irresistível, espalham-se no campo, uns para um lado, outros para outro.

Antes da Semana Santa, iam aos túmulos, onde dançavam e ofereciam uma moeda.

Mas no próprio dia de Ramos, por singular coincidência, uma nova moda ganhou a preferência deles: ir à parte baixa da cidade, cortar uma cana de açúcar. Eles a carregam triunfalmente ao ombro e vêm depositá-la sobre a pedra sagrada de Mahamasin, em homenagem a Ranavalona. Aí dançam, agitam-se com todas as convulsões e contorções de hábito; depois depõem a cana e uma moeda, e voltam correndo, dançando, saltando, assim como foram.

Alguns levam uma garrafa d'água na cabeça, para beber e se borrifar; e, coisa surpreendente! Malgrado tanta agitação e evoluções convulsivas, a garrafa se mantém equilibrada; dir--se-ia pregada e selada no crânio.

Uma nova fantasia acaba de tomá-los, escrevem-nos ainda, a de exigir que se tire o chapéu quando eles passam. Infelizes aqueles que se recusem a obedecer a essa injunção, por mais absurda que seja!

Disso já resultaram muitas lutas, que o pobre Radama julgou poder coibir impondo multa de 150 francos aos recalcitrantes. Para não infringir esse novo gênero de determinação real, a maioria dos brancos decidiu sair sem chapéu. Um dos nossos padres viu-se exposto a uma situação muito mais grave. Tratava-se nada mais nada menos que fazê-lo tirar a batina, pois o Ramanenjana pretendia que a cor preta o ofuscava. Felizmente o padre conseguiu escapar e entrar em casa, sem ser obrigado a ficar em camisa.

Os acessos dos convulsionários não são contínuos. Muitos, depois de haver feito suas piruetas diante da pedra sagrada sobre a qual fazem subir o herdeiro do trono para apresentá-lo ao povo, vão atirar-se à água, depois sobem tranquilamente para ir repousar até nova crise.

Outros por vezes caem esgotados no caminho ou na rua, adormecem e acordam curados. Há os que ficam doentes por dois ou três dias antes de se libertarem completamente. Em muitos casos o mal é mais tenaz e por vezes dura uns quinze dias.

Durante o acesso, o indivíduo atingido pelo Ramanenjana não reconhece ninguém. Quase não responde às perguntas que lhe fazem. Depois do acesso, se se lembra de alguma coisa, é vagamente e como num sonho.

Uma particularidade bastante notável é que, em meio às suas evoluções mais estafantes, as mãos e os pés ficam frios como gelo, ao passo que o resto do corpo sua em bica e a cabeça está em ebulição.

Agora, qual pode ser a causa dessa doença singular? Aqui todos estão de acordo. Vários a atribuem pura e simplesmente ao demônio, que se revelou como antes se havia revelado nas mesas girantes, pensantes etc. Eis por que, pouco preocupados de saudar essa diabólica majestade, muitos se resignaram a andar sem chapéu.

ESTUDO SOBRE O FENÔMENO DO RAMANENJANA

Teria sido muito de admirar se o nome do Espiritismo não tivesse sido envolvido neste caso. Muito felizes ainda os seus adeptos por não terem sido acusados como seus causadores. Que não teriam dito se esses pobres malgaxes tivessem lido o *Livro dos Espíritos*! Não teriam deixado de afirmar que ele lhes tinha virado a cabeça. Quem, pois, sem o Espiritismo, lhes ensinou a crer nos Espíritos e na comunicação dos vivos com as almas dos mortos? É que o que está na Natureza se produz tão bem nos selvagens quanto nos homens civilizados; no ignorante quanto no sábio; na aldeia como na cidade. Como há Espíritos por toda parte, por toda parte ocorrem manifestações, com a diferença que nos homens próximos da Natureza, o orgulho do saber ainda não embotou as ideias intuitivas, que aí estão vivazes e em toda a sua ingenuidade, motivo pelo qual neles não se encontra a ingenuidade erigida em sistema. Eles podem julgar mal as coisas, dada a estreiteza de sua inteligência, mas a crença no mundo invisível neles é inata e entretida pelos fatos que testemunham.

Tudo prova, pois, que lá, como em Morzine, esses fenômenos são o resultado de uma obsessão ou possessão coletiva, verdadeira epidemia de maus Espíritos, como se produziu ao tempo do Cristo e em muitas outras épocas. Cada população deve fornecer ao mundo invisível ambiente Espíritos similares que, do espaço, reagem sobre essas mesmas populações, das quais, por força de sua inferioridade, eles conservaram os hábitos, as inclinações e os preconceitos. Os povos selvagens e bárbaros estão, pois, cercados por uma massa de Espíritos ainda selvagens e bárbaros, até que o progresso os tenha levado a se encarnarem num meio mais adiantado. É o que resulta da comunicação abaixo.

O relato acima foi lido numa reunião íntima e um dos guias espirituais da família ditou espontaneamente o que segue.

(Paris, 12 de janeiro de 1865 – Médium, Sra. Delanne)

Esta noite eu vos ouvi ler os fatos de obsessão passados em Madagascar. Se o permitis, emitirei minha opinião sobre esse assunto.

OBSERVAÇÃO: O Espírito não tinha sido evocado. Ele lá estava, pois, em meio à Sociedade, escutando o que aí se dizia, sem ser visto. É assim que, sem o suspeitar, incessantemente temos testemunhas invisíveis de nossas ações.

Essas alucinações, como as denomina o correspondente do jornal, não são senão uma obsessão, embora de um caráter diverso daquelas que conheceis. Aqui é uma obsessão coletiva, produzida por uma plêiade de Espíritos atrasados que, tendo conservado suas antigas opiniões políticas, vêm por manifestações tentar perturbar os seus compatriotas, a fim de que, tomados de pavor, eles não ousem apoiar as ideias de civilização que começam a implantar-se nesses países onde o progresso começa a raiar.

Os Espíritos obsessores que impelem essas pobres criaturas a tantas manifestações ridículas são os dos antigos malgaxes, que ficam furiosos, repito, por verem os habitantes dessas regiões admitindo as ideias de civilização que alguns adiantados, encarnados, têm a missão de implantar entre eles. Assim, muitas vezes os ouvis dizer: "Nada de preces; abaixo os brancos etc." Cabe-vos fazer compreender que eles são antipáticos a tudo quando pode vir dos europeus, isto é, do centro intelectual.

Essas manifestações, à vista de toda a gente, não são uma confirmação dos vossos princípios? Elas são produzidas menos para essa gente meio selvagem do que para sanção dos vossos trabalhos. As possessões de Morzine têm um caráter mais particular, ou melhor, mais restrito. Pode-se estudar *in loco* as fases de cada Espírito. Observando os detalhes, cada individualidade oferece um estudo especial, ao passo que as manifestações de Madagascar têm a espontaneidade e o caráter nacional. É toda uma população de antigos Espíritos atrasados que veem com despeito sua pátria sofrer o impulso do progresso. Eles próprios, não tendo progredido, buscam entravar a marcha da Providência.

Os Espíritos de Morzine são comparativamente mais adiantados. Embora brutos, eles julgam melhor que os malgaxes; distinguem o bem do mal, pois sabem reconhecer que a forma da prece nada é, mas o pensamento é tudo. Aliás, mais tarde vereis, pelos estudos que fareis, que eles não são tão atrasados quanto parecem à primeira vista. Aqui, é para mostrar que a Ciência é impotente para curar esses casos por seus meios materiais. Lá, é para atrair a atenção e confirmar o princípio.

UM ESPÍRITO PROTETOR

POESIA ESPÍRITA

Inspiração de um ex incrédulo, a propósito do *Livro dos Espíritos*

Pelo Dr. Niéger

27 de dezembro de 1864

Como aquele infeliz, vítima de um naufrágio,
Em meio dos destroços a nado se salvando,

Quebrado de fadiga e perdida a esperança,
Dirigindo à terra que não deve mais ver
a última lembrança, orando por su'alma;
Quando, súbito, na vaga aparece o clarão
De uma terra ignota indicando os rebordos,
O pobre semimorto os esforços redobra,
E logo abordando a riba tutelar,
Ao Senhor se apressa em mandar uma prece,
E sentindo, a seguir, renascer sua fé
Promete ao Salvador sua lei respeitar!

Tal eu senti um dia, ao ler a vossa obra,
No peito desolado renascer a coragem.
Sempre preocupado em buscar os segredos
Do humano organismo via só os efeitos,
Mas nada de atingir a ignota causa
Que para sempre, sempre à vista me escapava.
Vosso livro ao me abrir os novos horizontes
De repente ao meu trabalho deu novo objetivo.

Aí me vi, de repente, seguindo errada via,
E a fé do coração a dúvida expulsou.
O homem, ao sair das mãos do Criador,
Não pode ser lançado para sua desgraça,
Pois uma santa lei, dada mesmo por Deus,
De todo o Universo o destino regula!
Seu nome é progresso e é para o impelir
Que os homens entre si devem reunir-se.

Que quadro encantador, que páginas brilhantes
Neste livro que segue o homem nas idades,
Que mostra, de saída, os primeiros humanos,
Buscando o bem-estar no trabalho das mãos!
Só o instinto, dirão, a guiá-lo na vida!
Sim, mas o instinto transforma-se no gênio.
Ele verá nascer em si o fogo sagrado.
O espírito inspira e, mais bem inspirado,

Quebrando as cadeias do diabo vencido,
Andará pela arena em passos de gigante.
Lá, em frágil barco, os bravos marinheiros
Do mar enfurecido as ondas desafiam.
Atiram-se!... E a vaga destemida
Ante tal desafio recua espavorida.
Ali, da águia imitando o voo audacioso,
Vê-se o homem tentar o domínio do céu!
Além, sobre um rochedo, com máxima coragem
Do profundo do céu ousa sondar o espaço;
Do imenso Universo a lei já descobriu,
E em breve do mundo, sozinho será o rei!

Aí ainda não para o seu ardor incrível:
Encerrando num tubo o vapor indomável,
Ele avança montando esse dragão de fogo;
O mais duro trabalho se muda num brinquedo;
Marcando em toda parte o traço de seu gênio,
Ou dominando a morte, faz renascer a vida.
Parece que aqui seu avanço termina,
Mas uma eterna lei lhe pede ainda mais,
E logo mais veremos esse dono da Terra
Arrancar o trovão à nuvem inflamada,
Transformando o furor em dócil instrumento
E fazendo do poste humilde servidor!

Limites não há para o saber humano.
Do homem o Universo fez Deus o seu domínio;
Cabe-lhe encontrar, num esforço constante,
Entre o corpo e a alma as belas relações.
E assim abandonando o caminho batido
Separar, finalmente, esta desconhecida,
Que esteve desde sempre aos seus olhos velada.
Ergamos, pois, do progresso o lábaro brilhante,
E sem tardança abordemos a grande e vasta mina
Aberta ao nosso esforço... O amor e a prece:

As sagradas palavras sobre nossa bandeira!
Por elas protegidos, levemos os trabalhos.
Se um dia for preciso em luta sucumbir,
Nós pedimos, Senhor, que ao menos na queda,
Aos filhos inspirando a coragem e a fé,
Eles, por fim, garantam o reino de tua lei.

DISCURSO DE VICTOR HUGO AO PÉ DO TÚMULO DE UMA JOVEM

Embora esta tocante oração fúnebre tenha sido publicada por diversos jornais, encontra lugar igualmente nesta *Revista*, em razão da natureza dos pensamentos que encerra, e cujo alcance todos poderão compreender. O jornal do qual a tiramos dá conta da cerimônia fúnebre nestes termos:

"Uma triste cerimônia reunia, quinta-feira última, uma multidão dolorosamente comovida no cemitério dos independentes, em Guernesey. Inumavam uma jovem que a morte havia surpreendido em meio às alegrias da família, cuja irmã se casara dias antes. Era uma mocinha feliz, a quem um dos filhos do grande poeta, Sr. François Hugo, tinha dedicado o décimo quarto volume de sua tradução de Shakespeare. Ela morreu na véspera do lançamento desse volume.

"Como acabamos de dizer, a assistência era numerosa nesses funerais, numerosa e simpática, e é com viva tristeza, com lágrimas que a amizade fazia correr, que ela ouviu as palavras de adeus, pronunciadas sobre esse túmulo tão prematuramente aberto, pelo ilustre exilado de Guernesey, o próprio Victor Hugo.

"Eis o discurso pronunciado pelo poeta:

"Em algumas semanas ocupamo-nos de duas irmãs. Casamos uma e sepultamos a outra. Eis o perpétuo movimento da vida.

"Inclinemo-nos, meus irmãos, ante o severo destino, mas inclinemo-nos com esperança. Nossos olhos não foram feitos para chorar, mas para ver; nosso coração não foi feito para sofrer, mas para crer. A fé numa outra existência brota da faculdade de amar. Não esqueçamos que nesta vida inquieta e garantida pelo amor, é o coração que crê. O filho espera encontrar seu pai; a mãe não consente em perder o filho para sempre. Essa recusa do nada é a grandeza do homem.

"O coração não pode errar. A carne é um sonho, porque ela se dissipa. Se esse desaparecimento fosse o fim do homem, tiraria à nossa existência toda sanção. Não nos contentamos com esta fumaça que é a matéria. Necessitamos de uma certeza. Quem quer que ame, sabe e sente que nenhum dos pontos de apoio do homem está na Terra. Amar é viver além da vida. Sem essa fé, nenhum dom perfeito do coração seria possível. Amar, que é o objetivo do homem, seria o seu suplício. Este paraíso seria o inferno. Não! Digamos bem alto que não, pois a criatura amante exige a criatura imortal. O coração necessita da alma.

"Há um coração neste esquife, e esse coração está vivo. Neste momento ele escuta minhas palavras.

"Emily de Putron era o suave orgulho de uma respeitável família patriarcal. Seus amigos e seus próximos tinham por encantamento sua graça e por festa seu sorriso. Ela era como uma flor de alegria que se derramava pela casa. Desde o berço todas as ternuras a rodeavam; ela cresceu feliz, e recebendo felicidade dava felicidade; amada, amava. Ela acaba de partir.

"Para onde foi? Para a sombra? Não. Nós é que estamos na sombra. Ela? Ela está na aurora. Ela está na glória, na verdade, na realidade, na recompensa. Essas jovens mortas, que nenhum mal fizeram na vida, são bem-vindas do túmulo, e suas cabeças se erguem suavemente fora da sepultura, para uma coroa misteriosa.

"Emily de Putron foi procurar lá em cima a serenidade suprema, complemento das existências inocentes. Ela se foi: mocidade, para a eternidade; beleza, para o ideal; esperança, para a certeza; amor, para o infinito; pérola, para o oceano; Espírito, para Deus.

"Vai, alma!

"O prodígio desta grande partida celeste que chamam morte, é que os que partem não se afastam. Estão num mundo de claridade, mas assistem, como testemunhas enternecidas, ao nosso mundo de trevas. Estão no alto, e muito perto. Ó, quem quer que sejais, que vistes desaparecer no túmulo um ser querido, não vos julgueis abandonados por ele. Ele está sempre aqui. Ele está ao vosso lado mais do que nunca. A beleza da morte é a presença. Presença inexprimível das almas amadas, sorrindo aos nossos olhos em lágrimas. O ser chorado desapareceu, mas não partiu. Não mais percebemos o seu rosto suave... Os mortos são invisíveis, mas não estão ausentes. "Rendamos justiça à morte. Não sejamos ingratos para com ela. Ela não é, como se diz, um aniquilamento, um embuste. É um erro crer que aqui, nesta obscuridade da fossa aberta, tudo se perde. Aqui tudo se reencontra. A tumba é um lugar de restituição. Aqui a alma retoma o Infinito; aqui ela recobra a sua plenitude; aqui ela entra na posse de sua misteriosa natureza; ela é desligada do corpo, desligada da necessidade, desligada do fardo, desligada da fatalidade. A morte é a maior das liberdades. Ela é, também, o maior dos progressos. A morte é a ascensão de tudo o que viveu em grau superior. Ascensão deslumbrante e sagrada. Cada um recebe o seu aumento. Tudo se transfigura na luz e pela luz. Aquele que foi apenas honesto na Terra torna-se belo; aquele que só foi belo torna-se sublime; aquele que só foi sublime torna-se bom.

"E eu que falo, por que estou aqui? O que é o que eu trago a esta fossa? Com que direito venho dirigir a palavra à morte? Quem sou eu? Nada. Engano-me, sou alguma coisa. Sou um proscrito. Exilado pela força ontem, exilado voluntário hoje. Um proscrito é um vencido, um caluniado, um perseguido, um ferido no destino, um deserdado da pátria. Um proscrito é um inocente sob o peso de uma maldição. Sua bênção deve ser boa. Eu abençoo este túmulo.

"Abençoo o ser nobre e gracioso que está nesta fossa. No deserto encontramos oásis; no exílio encontramos almas. Emily de Putron foi uma dessas encantadoras almas encontradas. Venho pagar-lhe a dívida do exílio consolado. Eu a abençoo na profundeza sombria. Em nome das aflições sobre as quais ela brilhou suavemente; em nome das provações do destino, para ela terminadas, continuadas para nós; em nome de tudo o que ela esperou outrora e de tudo o que obtém hoje, em nome de tudo o que ela amou, eu abençoo esta morta, eu a abençoo na sua beleza, na sua juventude, na sua doçura, na sua vida e na sua morte; eu a abençoo na sua branca túnica sepulcral; na sua casa que ela deixa desolada; no seu caixão, que sua mãe encheu de flores e que Deus vai encher de estrelas!"

A estas palavras notáveis não falta absolutamente nada além da palavra *Espiritismo*. Não são apenas a expressão de uma crença vaga na alma e na sua sobrevivência; ainda menos o frio nada, sucedendo à atividade da vida, enterrando para sempre, sob seu manto de gelo, o espírito, a graça, a beleza, as qualidades do coração. Também não é a alma abismada nesse oceano do infinito que se chama o todo universal. É efetivamente o ser real, individual, presente em nosso meio, sorrindo aos que lhe são caros, vendo-os, escutando-os, falando-lhes pelo pensamento. Que de mais belo, de mais verdadeiro que estas palavras: "Amar é viver além da vida. Sem esta fé, nenhum dom perfeito do coração seria possível, pois amar, que é o objetivo do homem, seria o seu suplício. Este paraíso seria o inferno. Não. Digamos bem alto que não. A criatura amante exige a criatura imortal. O coração necessita da alma."

Que ideia da morte é mais justa do que esta: "O prodígio desta grande partida celeste que chamam morte, é que os que partem não se afastam. Eles estão num mundo de claridade, mas assistem, como testemunhas enternecidas, ao nosso mundo de trevas. Estão no alto, e muito perto. Ó, quem quer que sejais, que vistes desaparecer no túmulo um ser querido, não vos julgueis abandonados por ele. Ele está sempre aqui. Ele está ao vosso lado mais do que nunca... É um erro crer que aqui, nesta obscuridade da fossa aberta, tudo se perde. Aqui tudo se reencontra. A tumba é um lugar de restituição. Aqui a alma retoma o Infinito; aqui ela recobra a sua plenitude."

Não é exatamente o que o Espiritismo ensina? Mas aos que pudessem julgar-se vítimas de uma ilusão, ele vem juntar à teoria a sanção do fato material, pela comunicação dos que partiram com os que ficam. Que há, pois, de desarrazoado em crer que esses mesmos seres que estão ao nosso lado, com um corpo etéreo, possam entrar em relação conosco?

Ó vós, cépticos, que rides de nossas crenças, ride, pois, destas palavras do poeta filósofo cuja alta inteligência conheceis! Direis que é um alucinado? Que é louco quando crê na manifestação dos Espíritos? É louco quem escreve: "Tenhamos compaixão dos castigados. Ah! Quem somos nós mesmos? Quem sou eu, eu que vos falo? Quem sois vós, vós que me escutais? De onde viemos? É certo que nada fizemos antes de nascer? A Terra não deixa de assemelhar-se a uma prisão. Quem sabe se o homem não é um reincidente da justiça divina?

Olhai a vida de perto. Ela é feita de tal modo que por toda parte se sente a punição." (*Os Miseráveis*, 7º volume, livro VII, capítulo 1º).

Não está aí a preexistência da alma; a reencarnação na Terra; a Terra, mundo de expiação? (Vide *A Imitação do Evangelho*, nº 27, 46, 47).

Vós que negais o futuro, que estranha satisfação é a vossa de vos comprazerdes com a ideia do aniquilamento do vosso ser e daqueles a quem amastes? Oh! Tendes razão de temer a morte, pois para vós é o fim de todas as esperanças.

Lido o discurso acima na sessão de 27 de janeiro de 1865, na Sociedade Espírita de Paris, o Espírito da jovem Emily de Putron, que sem dúvida o escutava e partilhava da emoção da assembleia, manifestou-se espontaneamente pela Sra. Costel, e ditou as seguintes palavras:

"As palavras do poeta correram sobre esta assembleia como um sopro sonoro. Elas fizeram vossos espíritos estremecerem; elas evocaram minha alma, que ainda flutua incerta no espaço infinito!

"Ó poeta, revelador da vida, bem conheces a morte, pois não coroas com ciprestes aqueles que tu choras, mas ligas às suas frontes as trêmulas violetas da esperança! Eu passei rápida e ligeira, apenas aflorando as enternecidas alegrias da vida, e ao declinar do dia, fui arrebatada sobre o trêmulo raio que morria no seio das ondas.

"Ó minha mãe, minha irmã, minhas amigas, grande poeta! Não choreis mais, mas ficai atentos! O murmúrio que acaricia os vossos ouvidos é o meu; o perfume da flor inclinada é meu hálito. Misturo-me à grande vida para melhor penetrar o vosso amor. Nós somos eternos! O que não teve começo não pode acabar, e o teu gênio, ó poeta, semelhante ao rio que corre para o mar, encherá a Eternidade com o poder que é força e amor!"

EMILY

NOTÍCIAS BIBLIOGRÁFICAS

LA LUCE

JORNAL DO ESPIRITISMO EM BOLONHA (ITÁLIA)

O Espiritismo conta com um novo órgão na Itália. *A LUZ, jornal do Espiritismo em Bolonha* aparece em edições mensais. (10 francos por ano para a Itália.)
Eis a tradução de seu programa:

"Surgiu a aurora de um grande dia e já resplandece nos céus. O Espiritismo, esse fato surpreendente, e para muitos incrível, fez sua aparição em todas as partes do mundo, e marcha com força irresistível. Hoje seus adeptos se contam por milhões, e estão espalhados em toda parte.

"Importantes obras e numerosos jornais especiais, devidos a inteligências de escol, são publicados sobre essa sublime filosofia, principalmente na França, onde numerosas sociedades dela se ocupam. Várias cidades da Itália também fazem reuniões espíritas; sociedades de cientistas existem em Nápoles e em Turim; a dessa última cidade publica o excelente jornal *Os Anais do Espiritismo em Turim*.

"Os que ignoram os princípios dessa nova ciência em vão se esforçam em ridicularizá-la e fazer passar seus adeptos por sonhadores e alucinados. As comunicações entre o mundo invisível e o mundo corporal estão na natureza das coisas; elas existiram em todos os tempos. Eis por que se encontram os seus traços em todos os povos e em todas as épocas. Essas comunicações, hoje mais gerais e mais espalhadas, patentes a todos, têm um objetivo: Os Espíritos vêm anunciar que os tempos preditos pela Providência para uma manifestação universal estão chegados; eles têm por missão instruir os homens, abrindo-lhes uma era nova, para a regeneração da Humanidade.

"É em vão que se agitam os fariseus da época e que a incredulidade se arma de um soberbo sorriso, pois eles não deterão a estrela do Espiritismo. Quanto mais ela avança, mais cresce sua força e vem abater o orgulhoso materialismo, que ameaça invadir todas as classes da Sociedade.

"Se, pois, nos centros mais inteligentes, nas maiores cidades, nas capitais, estudam há vários anos com interesse esses fenômenos que, fora das leis da ciência vulgar, se manifestam por todos os lados, é que reconheceram a sua realidade e neles viram a ação de uma vontade livre e inteligente.

"O jornal *A Luz* foi fundado com o objetivo de propagar essa nova ciência, e apoiando-se nas mais especiais obras instrutivas, entre as quais colocamos em primeira linha as de Allan Kardec, o douto presidente da Sociedade Espírita de Paris, que nos fornecerão a matéria da parte filosófica e a teoria da parte experimental. *Estudo e boa vontade* são as duas condições necessárias para chegar a experimentar por si mesmo. Na segunda parte, nosso jornal conterá os ditados dos Espíritos, uns sobre a mais consoladora filosofia e a mais pura moral, e os outros, embora familiares, serão escolhidos entre os mais adequados a inspirar a fé, o amor e a esperança. Além disso, passando em revista as obras e jornais espíritas, publicaremos todos os fatos de natureza a interessar os nossos leitores. Nenhuma discussão será entabulada com pessoas que desconheçam os princípios do Espiritismo.

"A fé e a coragem tornarão menos penoso o nosso dever e mais fácil o caminho para chegar à verdade."

O MUNDO MUSICAL

JORNAL DA LITERATURA E DAS BELAS-ARTES

Publicado sob a direção dos senhores *Malibran e Roselli*
Administrador, Sr. Vauchez
Escritório em Bruxelas, Rua *de la Montagne*, 51

Esse jornal, do qual demos notícia no número de dezembro de 1864, acaba de se constituir em sociedade em comandita, com o capital de 60.000 francos, dividido em 2.400 ações de 25 francos. Juros das ações, 6% ao ano; parte do dividendo anual de 40% sobre o lucro. Sai todos os domingos, com o formato dos grandes jornais. Assinatura: Bélgica 4 francos por ano; 10 cêntimos o número. Para a França, 10 francos por ano. Assinaturas em Paris, Rua Ribouté, 8.

As simpatias do jornal pelo Espiritismo o recomendam a todos os adeptos. Cada número contém um ótimo artigo sobre a doutrina. Embora sejamos alheios à sua direção, a administração da *Revista* encarrega-se, por pura gratidão, de receber assinaturas e subscrição de ações.

Correspondência

Obrigado ao espírita anônimo de São Petersburgo que nos mandou 50 francos para a pobre operária de Lyon, a pedido de Cárita. Se os homens não sabem o seu nome, Deus o sabe.

ALLAN KARDEC

REVISTA ESPÍRITA

JORNAL DE ESTUDOS PSICOLÓGICOS

| ANO VIII | MARÇO DE 1865 | VOL. 3 |

ONDE É O CÉU?[1]

O vocábulo céu se diz, em geral, do espaço indefinido que circunda a Terra e, mais particularmente, da parte que está acima do nosso horizonte. Vem do latim *coelum*, formado do grego *coilos*, oco, côncavo, porque o céu parece aos nossos olhos como uma imensa concavidade. Os Antigos acreditavam na existência de vários céus superpostos, compostos de matéria sólida e transparente, formando esferas concêntricas, das quais a Terra era o centro. Girando em torno da Terra, essas esferas arrastavam consigo os astros, que se achavam em seu circuito.

Essa ideia, devida à insuficiência de conhecimentos astronômicos, foi a de todas as teogonias, que fizeram dos céus, assim escalonados, os diversos graus da beatificação. O último era a morada da suprema felicidade. Segundo a opinião mais comum, havia sete, daí a expressão *Estar no sétimo céu* para exprimir a felicidade perfeita. Os Muçulmanos admitem nove, em cada um dos quais aumenta a felicidade dos crentes. O astrônomo Ptolomeu[2] considerava a existência de onze, dos quais o último era chamado Empíreo[3], devido à deslumbrante luz que ali reina. É ainda hoje o nome poético, dado ao lugar da eterna beatitude. A teologia cristã reconhece três céus: o primeiro é o da região do ar e das nuvens; o segundo é o espaço onde se movem os astros; o terceiro, além da região dos astros, é a morada do Altíssimo, a casa dos eleitos que contemplam Deus face a face. É em vista dessa crença que se diz que São Paulo foi levado ao terceiro céu.

---

[1] Vide *O Céu e o Inferno*, Primeira parte, Capítulo III. (Nota do revisor Boschiroli)
[2] Ptolomeu viveu em Alexandria, Egito, no 2º século da era cristã.
[3] Do grego *pur* ou *pyr*, fogo.

As diversas doutrinas concernentes à morada dos bem-aventurados repousam todas no duplo erro de considerar a Terra como centro do Universo e a região dos astros limitada. Foi para além deste limite imaginário que todas colocaram essa morada feliz e a morada do Todo-Poderoso. Singular anomalia que coloca o autor de todas as coisas, o que as governa todas, nos confins da criação, em vez de colocá-lo no centro, de onde a radiação de seu pensamento poderia estender-se a tudo!

Com a inexorável lógica dos fatos e da observação, a Ciência levou seu facho até as profundezas do espaço e mostrou a inanidade de todas essas teorias. A Terra já não é o pivô do Universo, mas um dos menores astros rodando na imensidade. O próprio Sol não passa de centro de um turbilhão planetário. As estrelas são inumeráveis sóis, em torno dos quais circulam mundos incontáveis, separados por distâncias acessíveis apenas ao pensamento, embora pareçam tocar-se. Nesse conjunto, regido por leis eternas nas quais se revelam a sabedoria e a onipotência do Criador, a Terra não aparece senão como um ponto imperceptível e um dos menos favorecidos para a habitabilidade. Isto posto, perguntamos por que Deus teria feito dela a única sede da vida e para aí teria relegado suas criaturas prediletas. Tudo, ao contrário, indica que a vida está por toda parte, e que a Humanidade é infinita como o Universo. Revelando-nos a Ciência mundos semelhantes à Terra, Deus não poderia tê-los criado sem objetivo. Deve tê-los povoado por seres capazes de governá-los.

As ideias do homem estão na razão do que ele sabe. Como todas as descobertas importantes, a da constituição dos mundos deve ter-lhes dado outro curso. Sob o império desses novos conhecimentos, suas crenças devem ter-se modificado. O céu foi deslocado, e a região das estrelas, não tendo limites, não mais lhe pode servir. Onde está ele? Diante de tal questão, todas as religiões ficam mudas.

O Espiritismo vem resolvê-la, demonstrando o verdadeiro destino do homem. A natureza deste último e os atributos de Deus tomados como ponto de partida, levam à conclusão.

O homem é composto de corpo e Espírito. O Espírito é o ser principal, o ser racional, o ser inteligente; o corpo é o envoltório material que reveste temporariamente o Espírito para a execução de sua missão na Terra e para o trabalho necessário ao seu adiantamento. Uma vez gasto, o corpo se destrói e o

Espírito sobrevive à sua destruição. Sem o Espírito, o corpo é apenas matéria inerte, como um instrumento privado do braço que o maneja; sem o corpo, o Espírito é tudo: vida e inteligência. Deixando o corpo, ele retorna ao mundo espiritual de onde havia saído para encarnar-se.

Existe, portanto, o *mundo corporal*, composto de Espíritos encarnados, e o *mundo espiritual*, formado pelos Espíritos desencarnados. Os seres do mundo corporal, em consequência de seu envoltório material, estão presos à Terra, ou a um globo qualquer. O mundo espiritual está por toda parte, em redor de nós e no espaço. Nenhum limite lhe é marcado. Em razão da natureza fluídica de seu envoltório, os seres que o compõem, em vez de se arrastarem penosamente no solo, transpõem as distâncias com a rapidez do pensamento. A morte do corpo é a ruptura dos laços que os retinham cativos.

Os Espíritos são criados simples e ignorantes, mas com aptidão para tudo adquirir e para progredir, em virtude de seu livre-arbítrio. Pelo progresso, adquirem novos conhecimentos, novas faculdades, novas percepções e, em consequência, novos prazeres desconhecidos aos Espíritos inferiores. Eles veem, ouvem, sentem e compreendem o que os Espíritos atrasados não podem ver nem ouvir nem sentir nem compreender. A felicidade é proporcional ao progresso realizado, de sorte que, de dois Espíritos, um pode não ser tão feliz quanto o outro, unicamente porque não é tão adiantado intelectual e moralmente, sem que haja necessidade de se achar cada um deles num lugar distinto. Embora estejam um ao lado do outro, um pode estar nas trevas, enquanto tudo é resplendente em redor do outro, absolutamente como para um cego e um vidente que se dessem as mãos: um percebe a luz, que não exerce qualquer impressão sobre seu vizinho. A felicidade dos Espíritos é inerente às qualidades que possuem. Assim, eles a desfrutam onde quer que se encontrem, na superfície da Terra, entre encarnados, ou no espaço.

Uma comparação vulgar dará melhor ainda a compreender esta situação. Se num concerto estiverem dois homens, um deles bom músico e de ouvido educado e o outro sem conhecimento de música e com o ouvido pouco delicado, o primeiro experimenta uma sensação de satisfação, ao passo que o segundo ficaria insensível, porque um compreende e percebe o que no outro não causa nenhuma impressão. Assim se dá com todos os prazeres dos Espíritos, que estão na razão da aptidão para senti-los. O mundo espiritual tem esplendores em toda parte, harmonias e sensações que os Espíritos inferiores, ainda submetidos às influências da matéria, nem mesmo entreveem, pois só são acessíveis aos Espíritos depurados.

O progresso dos Espíritos é fruto de seu próprio trabalho. Mas, como são livres, eles trabalham por seu adiantamento com maior ou menor intensidade ou negligência, conforme sua vontade. Assim, eles apressam ou retardam seu progresso, e, por isto mesmo, sua felicidade. Enquanto uns avançam rapidamente, outros se arrastam por longos séculos nas categorias inferiores. Eles são, portanto, os próprios artífices de sua situação, feliz ou infeliz, conforme as palavras do Cristo: "A cada um segundo as suas obras." Todo Espírito que fica para trás não pode lamentar-se senão de si mesmo, da mesma forma que aquele que avança tem todo o mérito do próprio esforço. A felicidade que ele conquistou tem mais valor aos seus olhos.

A felicidade suprema só é partilha dos Espíritos perfeitos, isto é, dos puros Espíritos. Eles só a atingem depois de haver progredido em inteligência e moralidade. O progresso intelectual e o progresso moral raramente marcham juntos, mas o que o Espírito não faz num tempo, fá-lo-á em outro, de sorte que os dois progressos acabam por atingir o mesmo nível. Eis a razão pela qual, por vezes, se veem homens inteligentes e instruídos muito pouco adiantados moralmente, e vice-versa.

A encarnação é necessária ao duplo progresso moral e intelectual do Espírito: Ao progresso intelectual, pela atividade que ele é obrigado a desenvolver no trabalho; ao progresso moral, pela necessidade que os homens têm uns dos outros. A vida social é a pedra de toque das boas e das más qualidades. A bondade, a maldade, a suavidade, a violência, a benevolência, a caridade, o egoísmo, a avareza, o orgulho, a humildade, a sinceridade, a franqueza, a lealdade, a má-fé, a hipocrisia, numa palavra, tudo o que constitui o homem de bem ou o homem perverso, tem por móvel, por objetivo e por estimulante as relações do homem com os seus semelhantes. Por isto, quem vivesse sozinho não teria vícios nem virtudes. Se, pelo isolamento, ele se preserva do mal, anula a possibilidade de fazer o bem.

Uma única existência corporal é manifestamente insuficiente para que o Espírito possa adquirir tudo o que lhe falta em bem e se desfazer de tudo o que em si é mau. O selvagem, por exemplo, poderia, numa só encarnação, atingir o nível moral e intelectual do mais adiantado europeu? Isto é materialmente impossível. Deve ele ficar eternamente na ignorância e na barbárie, privado dos prazeres que só o desenvolvimento das faculdades pode proporcionar? O simples bom senso repele tal suposição, que seria, ao mesmo tempo, a negação da justiça e da bondade de Deus e a da lei progressiva da Natureza. Eis por que Deus, que é soberanamente justo e bom, concede ao Espírito do homem tantas existências quantas forem necessárias para que ele atinja o objetivo, que é a perfeição. Em cada nova existência, ele traz o que adquiriu nas precedentes em aptidão, em conhecimentos intuitivos, em inteligência e em moralidade. Cada existência é, assim, um passo à frente na via do progresso, a menos que, pela preguiça, por sua despreocupação ou por sua obstinação no mal, ele não a aproveite, caso em que deve recomeçar. Dele depende, pois, aumentar ou diminuir o número de suas encarnações, sempre mais ou menos penosas e laboriosas.

No intervalo das existências corpóreas, o Espírito reingressa, por um período mais ou menos longo, no mundo espiritual, onde é feliz ou infeliz, conforme o bem ou o mal que haja feito. O estado espiritual é o estado normal do Espírito, pois esse deve ser seu estado definitivo, tendo em vista que o corpo espiritual não morre. O estado corporal é apenas transitório e passageiro. É sobretudo no estado espiritual que ele recolhe os frutos do progresso realizado por seu trabalho na encarnação. É também nesse estado que ele se prepara para novas lutas e toma resoluções que se esforça para pôr em prática, ao voltar à humanidade.

A reencarnação pode dar-se na Terra ou em outros mundos. Entre os mundos, uns são mais adiantados que os outros, e neles a existência se realiza em condições menos penosas do que na Terra, física e moralmente, mas onde não são admitidos senão Espíritos que atingiram um grau de perfeição compatível com o estado desses mundos.

A vida nos mundos superiores já é uma recompensa, porque aí se está isento dos males e das vicissitudes a que se está exposto aqui. Os corpos, menos materiais, quase fluídicos, ali não estão sujeitos nem às doenças nem às enfermidades nem às necessidades. Estando excluídos os maus Espíritos, os homens ali vivem em paz, sem outro cuidado senão o de seu adiantamento pelo trabalho da inteligência. Ali reina a verdadeira fraternidade, pois não há egoísmo; a verdadeira liberdade, pois não há desordens a reprimir, nem ambiciosos procurando oprimir o fraco. Comparados à Terra, esses mundos são verdadeiros paraísos. São as etapas da rota do progresso que conduz à morada definitiva. Sendo a Terra um mundo inferior, destinado à depuração de Espíritos imperfeitos, essa é a razão pela qual o mal aqui domina até que a Deus apraza dela fazer a morada de Espíritos mais adiantados.

Assim é que o Espírito, progredindo gradualmente, à medida que se desenvolve, chega ao apogeu da felicidade. Entretanto, antes de haver atingido o ponto culminante da perfeição, ele goza de uma felicidade relativa ao seu adiantamento, assim como a criança, que gosta dos prazeres da primeira infância, mais tarde aprecia os da juventude, e finalmente os mais sólidos da idade madura.

A felicidade dos Espíritos bem-aventurados não está na ociosidade contemplativa, que seria, como muitas vezes já foi dito, uma eterna e fastidiosa inutilidade. Em todos os graus, a vida espiritual é, ao contrário, uma atividade constante, mas isenta de fadigas. A suprema felicidade consiste no gozo de todos os esplendores da criação, que nenhuma linguagem humana poderia pintar, e que a mais fecunda imaginação não poderia conceber; no conhecimento e na penetração de todas as coisas; na ausência de todo cansaço físico e moral; numa satisfação íntima, uma serenidade de alma, que nada altera; no amor que une todos os seres, devido à ausência de todo atrito pelo contacto dos maus; e acima de tudo pela visão de Deus e pela compreensão de seus mistérios revelados aos mais dignos. Ela está também nas funções por cujo encargo se sentem felizes. Os puros Espíritos são os messias ou mensageiros de Deus, para transmissão e execução de suas vontades. Eles realizam as grandes missões, presidem à formação dos mundos e à harmonia geral do Universo, encargo glorioso ao qual só se chega pela perfeição. Somente os da ordem mais elevada compreendem os segredos de Deus e se inspiram em seu pensamento, do qual são os representantes diretos.

As atribuições dos Espíritos são proporcionais ao seu adiantamento, às luzes que possuem, à sua capacidade, à sua experiência e ao grau de confiança que inspiram ao soberano Mestre. Aí não há privilégios ou favores que não sejam o preço do mérito. Tudo é medido pelos critérios da estrita justiça. As mais importantes missões não são confiadas senão àqueles que são reconhecidamente capazes de desempenhá-las e incapazes de falhar ou de comprometê-las. Enquanto sob os olhos do próprio Deus os mais dignos compõem o conselho supremo, a chefes superiores é confiada a direção de um turbilhão planetário; a outros é confiada a de um mundo especial. Vêm a seguir, na ordem de adiantamento e de subordinação hierárquica, as atribuições mais restritas dos que são prepostos à marcha dos povos, à proteção das famílias e dos indivíduos, ao impulso de cada ramo do progresso, às diversas operações da Natureza, até aos mínimos detalhes da criação. Nesse vasto e harmonioso conjunto, há ocupação para todas as capacidades, todas as aptidões, todas as boas-vontades, ocupações aceitas com alegria, solicitadas com ardor, porque é um meio de adiantamento para os Espíritos que aspiram elevar-se.

A encarnação é inerente à inferioridade dos Espíritos. Ela deixa de ser necessária para aqueles que transpuseram o seu limite e que progridem no estado espiritual, ou em existências corporais em mundos superiores que nada mais têm da materialidade terrestre. Para esses ela é voluntária, com vistas a exercer sobre os encarnados uma ação direta, para a realização da missão de que estão encarregados junto daqueles. Eles aceitam as suas vicissitudes e os sofrimentos por devotamento.

Ao lado das grandes missões confiadas aos Espíritos superiores, há outras de todos os graus de importância, confiadas aos de todas as ordens, pelo que pode-se dizer que cada encarnado tem a sua, isto é, deveres a cumprir para o bem de seus semelhantes, desde o pai de família, a quem incumbe o cuidado de fazer os filhos progredirem, até o homem de gênio, que lança na Sociedade novos elementos de progresso. É nessas missões secundárias que muitas vezes se encontram fracassos, prevaricações, renúncias, mas que só prejudicam o indivíduo, e não o conjunto.

Todas as inteligências concorrem, pois, para a obra geral, seja qual for o grau que tenham atingido, e cada uma na medida de suas forças, umas no estado de encarnação, outras no de Espírito. Por toda parte a atividade, de baixo ao alto da escala, todas se instruindo, se entreajudando, se prestando mútuo apoio, se dando as mãos para chegarem ao topo.

Assim se estabelece a solidariedade entre o mundo espiritual e o mundo corporal, isto é, entre os homens e os Espíritos, entre os Espíritos livres e os Espíritos cativos. Assim se perpetuam e se consolidam, pela depuração e pela continuidade das relações, as verdadeiras simpatias, as afeições santas.

Por toda parte, pois, há vida e movimento. Nenhum recanto do espaço infinito que não esteja povoado; nenhuma região que não seja incessantemente percorrida por inumeráveis legiões de seres radiosos, invisíveis para os sentidos grosseiros dos encarnados, mas cuja vista deslumbra de admiração e de alegria as almas desprendidas da matéria. Por toda parte, enfim, há uma felicidade relativa para todos os progressos, para todos os deveres cumpridos. Cada um leva consigo os elementos de sua felicidade, na razão da categoria onde o coloca seu grau de adiantamento.

A felicidade depende das qualidades próprias dos indivíduos e não o estado material do meio em que se acham; está, pois, em toda parte onde haja Espíritos capazes de ser felizes; nenhum lugar circunscrito lhes é determinado no Universo. Em qualquer lugar onde se encontrem, os puros Espíritos podem contemplar a majestade divina, porque Deus está em toda parte.

Entretanto, a felicidade não é pessoal. Se a encontrássemos apenas em nós mesmos, sem poder compartilhá-la com os outros, ela seria egoísta e triste. Ela está também na comunhão de pensamentos que une os seres simpáticos. Os Espíritos felizes, atraídos uns para os outros pela similitude das ideias, dos gostos, dos sentimentos, formam vastos grupos ou famílias homogêneas, no seio das quais cada individualidade irradia suas próprias qualidades e se penetra dos eflúvios serenos e benéficos que emanam do conjunto, cujos membros tanto se dispersam para se entregarem às suas missões, quanto se reúnem num ponto qualquer do espaço para compartilhar o resultado de seus trabalhos, ou se reúnem em torno de um Espírito de ordem mais elevada, para receber conselhos e instruções.

Embora estejam os Espíritos por toda parte, os mundos são os lugares onde de preferência se reúnem, em razão da analogia que existe entre eles e aqueles que os habitam. Em torno dos mundos adiantados abundam os Espíritos superiores; em torno dos atrasados pululam os Espíritos inferiores. A Terra é ainda um destes últimos. Cada globo, pois, de certo modo, tem sua população própria de Espíritos encarnados e desencarnados, que se realimenta, em sua maioria, pela encarnação e desencarnação dos mesmos Espíritos. Essa população é mais estável nos mundos inferiores, onde os Espíritos são mais ligados à matéria, e mais flutuante nos mundos superiores. Mas, dos mundos que são focos de luz e de felicidade, destacam-se Espíritos para mundos inferiores, a fim de ali semearem os germes do progresso e para ali levarem a consolação e a esperança; para ali levantarem os ânimos abatidos pelas provações da vida. Por vezes eles aí se encarnam para cumprir sua missão com mais eficácia.

Nessa imensidão sem limites, onde, pois, está o Céu? Por toda parte. Nenhum muro o limita. Os mundos felizes são as últimas estações que a ele conduzem. As virtudes abrem o seu caminho e os vícios barram o seu acesso.

Ao lado deste quadro grandioso, que povoa todos os recantos do Universo, que dá a todos os objetos da criação um objetivo e uma razão de ser, como é pequena e mesquinha a doutrina que circunscreve a Humanidade a um imperceptível ponto do espaço; que no-la mostra começando num dado instante, para terminar igualmente num dia, com o mundo que a leva, não abarcando, assim, senão um minuto na Eternidade! Como é triste, fria, glacial, quando nos mostra o resto do Universo antes, durante e depois da Humanidade terrena, sem vida, sem movimento, como um imenso deserto mergulhado no silêncio! Como é desesperadora, pelo quadro que apresenta do pequeno número dos eleitos votados à perpétua contemplação, enquanto a maioria das criaturas é condenada a sofrimentos sem fim! Como é pungente para os corações amantes, pela barreira que põe entre os vivos e os mortos! Dizem que as almas felizes só pensam em sua felicidade e as infelizes em suas dores. É de espantar que o egoísmo reine na Terra, quando o mostram no Céu? Assim, quão estreita é a ideia que ela dá da grandeza, do poder e da bondade do Criador!

Ao contrário, quão sublime é a que o Espiritismo apresenta! Como sua doutrina, amplia as ideias e alarga o pensamento! – Mas quem diz que ele é verdadeiro? Primeiro a razão, depois a revelação, e finalmente a concordância com o progresso da Ciência. Entre duas doutrinas das quais uma apequena e a outra amplia os atributos de Deus; das quais uma está em desacordo e a outra em harmonia com o progresso; das quais uma fica para trás e a outra avança, diz o bom senso de que lado está a verdade. Que em presença das duas, cada um, em seu foro íntimo, interrogue as suas aspirações, e uma voz íntima lhe responderá. As aspirações são a voz de Deus, que não pode enganar os homens. Mas, então, por que, desde o princípio, Deus não lhes revelou toda a verdade? Pela mesma razão pela qual não se ensina à criança o que se lhe ensina na idade madura. A revelação restrita era suficiente durante um certo período da Humanidade. Deus a concede na medida das forças do Espírito. Os que hoje recebem uma revelação mais completa são os *mesmos Espíritos* que noutros tempos receberam apenas uma parcela, mas que depois cresceram em inteligência. Antes que a Ciência lhes tivesse revelado as forças vivas da Natureza, a constituição dos astros, o verdadeiro papel e a formação da Terra, teriam eles compreendido a imensidão do espaço e a pluralidade dos mundos? Teriam podido identificar-se com a vida espiritual? Teriam podido conceber, depois da morte, uma vida feliz ou infeliz, a não ser num lugar circunscrito e sob uma forma material? Não! Compreendendo mais pelos sentidos do que pelo pensamento, o Universo era demasiado vasto para seu cérebro. Era preciso reduzi-lo a menores proporções, para adequá-lo ao seu ponto de vista, com a possibilidade de ampliá-lo mais tarde. Então, uma revelação parcial tinha sua utilidade. Era sábia. Hoje é insuficiente. O erro é daqueles que, não levando em conta o progresso das ideias, creem poder governar homens maduros com as andadeiras da infância.

A.K.

NOTA: Este artigo, bem como o do número precedente, sobre o *temor da morte*, são extraídos da nova obra que o Sr. Allan Kardec publicará proximamente. Os dois fatos seguintes vêm confirmar este quadro do Céu.

NECROLOGIA

SENHORA VIÚVA FOULON

O jornal *le Siècle*, na seção de necrologia de 13 de fevereiro de 1865, publicou a nota seguinte, reproduzida pelo jornal do Havre e pelo de Antibes:

"Uma artista amada e apreciada no Havre, a Sra. Viúva Foulon, hábil miniaturista, faleceu no dia 3 de fevereiro em Antibes, onde tinha ido buscar, num clima mais suave, o restabelecimento da saúde alterada pelo trabalho e pela idade."

Tendo conhecido pessoalmente e muito intimamente a Sra. Foulon, sentimo-nos feliz por poder completar a justa mas curtíssima notícia acima. Nisto cumprimos um dever de amizade, ao tempo que prestamos uma homenagem merecida a virtudes ignoradas e a um salutar exemplo para todo mundo e para os espíritas em particular, que aqui encontrarão preciosos ensinamentos.

Como artista, a Sra. Foulon tinha um talento notável. Suas obras, justamente apreciadas em muitas exposições, lhe valeram numerosas recompensas honorificas. É, sem dúvida, um mérito, mas que nada tem de excepcional. O que a fazia amada e estimada, o que torna sua memória cara a todos os que a conheceram, é a amenidade de seu caráter; são suas qualidades privadas, cuja extensão só podiam apreciar os que conheciam sua vida íntima, porque, como todos aqueles nos quais é inato o sentimento do bem, ela não os exibia e nem mesmo os suspeitava. Se há alguém sobre quem o egoísmo não tinha o menor domínio, era ela, sem dúvida. Talvez jamais o sentimento de abnegação pessoal tenha ido mais longe. Sempre pronta a sacrificar o repouso, a saúde, os interesses por aqueles a quem podia ser útil, sua vida não foi senão uma longa série de dedicações, assim como não foi, desde a juventude, senão uma longa série de rudes e cruéis provações ante as quais sua coragem, sua resignação e sua perseverança jamais faliram. Não lhe tendo deixado os reveses da fortuna senão o talento como único recurso, foi só com os pincéis, quer dando lições, quer fazendo retratos, que ela educou uma numerosa família e assegurou uma honrosa posição a todos os filhos. É preciso ter conhecido sua vida íntima para saber tudo o que ela suportou de fadigas e privações; todas as dificuldades contra as quais teve de lutar para atingir seu objetivo. Mas, ah! Sua vista, gasta pelo trabalho fatigante da miniatura, extinguia-se dia a dia; ainda mais algum tempo, e a cegueira, já avançada, teria sido completa.

Quando, há alguns anos, a Sra. Foulon teve conhecimento da Doutrina Espírita, foi para ela um raio de luz. Pareceu-lhe que um véu era retirado de algo que lhe não era desconhecido, mas de que tinha apenas uma vaga intuição. Então, ela o estudou com ardor, mas ao mesmo tempo com essa lucidez de espírito, essa justeza de apreciação que era peculiar à sua alta inteligência. É necessário conhecer todas as perplexidades de sua vida, perplexidades que sempre tinham por móvel, não ela própria, mas os seres que lhe eram caros, para compreender todas as consolações que obteve nessa sublime revelação que lhe dava uma fé inabalável no futuro e lhe mostrava o nada das coisas terrenas. Sem o respeito devido às coisas íntimas, quão grandiosos ensinamentos sairiam do último período dessa vida tão fecunda em emoções! Assim, não lhe faltou a assistência dos bons Espíritos. As instruções e os ensinamentos que houveram por bem prodigalizar a essa alma de escol formam uma coletânea das mais edificantes, mas muito particular, da qual tivemos, mais de uma vez, a felicidade de ser o agente provocador. Também sua morte foi digna de sua vida. Ela viu sua aproximação sem nenhuma apreensão penosa. Para ela era a libertação dos laços terrenos que devia abrir-lhe essa vida espiritual bem-aventurada, com a qual se havia identificado pelo estudo do Espiritismo.

Morreu com calma, porque tinha consciência de ter cumprido a missão que tinha aceitado ao vir à Terra; de ter escrupulosamente cumprido seus deveres de esposa e de mãe de família, porque, também, durante a vida, tinha abjurado todo ressentimento contra aqueles dos quais podia lastimar-se e que a tinham pago com ingratidão. Ela sempre havia retribuído o mal com o bem, e deixou a vida perdoando a todos, entregando-se por si mesma à bondade e à justiça de Deus. Enfim, morreu com a serenidade que dá uma consciência pura e a certeza de estar menos separada de seus filhos que durante a vida corporal, pois doravante poderia estar com eles em Espírito, em qualquer ponto do globo onde eles estivessem; ajudá-los com seus conselhos e estender-lhes a sua proteção. Agora, qual a sua sorte no mundo onde se encontra? Os espíritas já o pressentem. Deixemos, porém, que ela mesma relate suas impressões.

Como se viu, ela morreu a 3 de fevereiro. Recebemos a notícia no dia 6 e nosso primeiro desejo foi o de nos comunicarmos com ela, se fosse possível. No momento, estávamos acometido por uma doença grave, o que explica algumas de suas palavras. É importante ressaltar que o médium não a conhecia e ignorava as particularidades de sua vida, da qual ela fala espontaneamente. Eis sua primeira comunicação, de 6 de fevereiro.

(6 de fevereiro de 1865 – Médium: Sra. Cazemajour)

Eu estava certa de que teríeis o pensamento de me evocar logo após o meu trespasse e mantinha-me pronta para vos responder, pois não conheci a perturbação. Só os que têm medo são envolvidos por suas espessas trevas.

Então, meu amigo, agora estou feliz. Estes pobres olhos que se tinham enfraquecido e só me deixavam a lembrança dos prismas que tinham colorido minha juventude com seu brilho cambiante, abriram-se aqui e reencontraram os esplêndidos horizontes que, em suas vagas reproduções, alguns dos vossos grandes artistas idealizam, mas cuja realidade majestosa, severa, e contudo cheia de encantos, é marcada pela mais completa realidade.

Apenas há três dias estou morta, e sinto que sou artista. Minhas aspirações para o ideal da beleza na Arte não eram senão a intuição de uma faculdade que eu tinha estudado e adquirido em outras existências e que se desenvolveram na última. Mas, o que tenho a fazer para reproduzir uma obra-prima digna da grande cena que impressiona o espírito ao chegar à região da luz? Pincéis! Pincéis! E provarei ao mundo que a arte espírita é o coroamento da arte pagã, da arte cristã, que periclita, e que só ao Espiritismo está reservada a glória de fazê-la reviver em todo o seu brilho no vosso mundo deserdado.

Basta para a artista. É a vez da amiga.

Por que, boa amiga (Sra. Allan Kardec), vos afetar assim pela minha morte? Sobretudo vós, que conheceis as decepções e as amarguras de minha vida, deveríeis alegrar-vos, ao contrário, por ver que agora não mais devo beber a taça amarga das dores terrenas, que esvaziei até o fim. Crede-me, os mortos são mais felizes que os vivos e chorá-los é duvidar da verdade do Espiritismo. Tende certeza de que voltareis a ver-me; parti primeiro, porque aqui embaixo minha tarefa estava acabada; cada um tem a sua a cumprir na Terra, e quando a vossa estiver acabada, vireis repousar um pouco junto a mim, para recomeçar em seguida, se for preciso, tendo em vista que não está na natureza ficar inativo. Cada um tem suas tendências e a elas se curva; é uma lei suprema que prova o poder do livre-arbítrio. Assim, boa amiga, indulgência e caridade, de que todos necessitamos reciprocamente, quer no mundo visível, quer no invisível. Com tal divisa, tudo vai bem.

Não me diríeis para parar de falar. Sabeis que falo longamente pela primeira vez! Assim vos deixo. É a vez do meu excelente amigo Sr. Kardec. Quero agradecer-lhe as afetuosas palavras que teve a bondade de dirigir à amiga que o precedeu no túmulo, porque deixamos de partir juntos para o mundo onde me encontro, meu bom amigo! (Tínhamos adoecido a 31 de janeiro). Que teria dito a bem-amada companheira dos vossos dias, se os bons Espíritos não tivessem nisto posto boa ordem? Então ela teria gemido e chorado! Eu o compreendo, mas também é preciso que ela vele para que não vos exponhais de novo ao perigo antes de ter acabado o vosso trabalho de iniciação espírita, sem o que vos arriscais a chegar entre nós demasiado cedo, e a não ver, como Moisés, a Terra Prometida senão de longe. Portanto, mantende-vos em guarda. É uma amiga que vos previne.

Agora me vou. Volto para junto de meus caros filhos, depois vou ver, além dos mares, se minha ovelha viajante enfim chegou ao porto, ou se ela é joguete da tempestade. Que os bons Espíritos a protejam. Vou juntar-me a eles para isto. Voltarei a conversar convosco, pois sou uma faladora infatigável. Vós vos lembrais disto. Até à vista, bons e caros amigos. Até breve.

VIÚVA FOULON

OBSERVAÇÃO: Sua ovelha viajante é uma de suas filhas, residente na América, que acabara de fazer longa e penosa viagem.

Não se teme a morte senão pela incerteza do que se passa nesse momento supremo e do que será de nós no Além. A crença vaga na vida futura nem sempre basta para acalmar a apreensão do desconhecido. Todas as comunicações que visam iniciar-nos aos detalhes e impressões da passagem tendem a dissipar esse medo, à medida que nos familiarizam e nos identificam com a transição que em nós se opera. Deste ponto de vista, as comunicações da Sra. Foulon e as do Dr. Demeure, que vão adiante, são eminentemente instrutivas. A situação dos Espíritos após a morte é essencialmente variável, segundo a diversidade de aptidões, qualidades e caráter de cada um. Assim, é pela multiplicidade dos exemplos que se pode chegar a conhecer o estado real do mundo invisível.

(8 de fevereiro de 1865)

Espontânea. Eis-me entre vós, mais cedo do que pensava e muito feliz por vos rever, sobretudo agora que estais melhor e que em breve, assim espero, estareis completamente restabelecido. Mas quero que me dirijais as perguntas que vos interessam, pois assim as responderei melhor. Sem isto, arrisco-me a falar demais, e é necessário que falemos de coisas puramente sérias. Não é isto, meu bom mestre espírita?

P. – Cara Sra. Foulon, fiquei muito contente com a comunicação que destes outro dia, e com a promessa de continuar nossas conversas.

Eu vos reconheci perfeitamente na comunicação. Ali falais de coisas desconhecidas da médium, e que não podem vir senão de vós. Depois, vossa linguagem afetuosa a nosso respeito é bem característica de vossa alma amorosa, mas há em vossa linguagem uma segurança, um aprumo, uma firmeza que eu ignorava enquanto vivíeis. Sabeis que a este respeito eu me permiti mais de uma admoestação em certas circunstâncias.

R. – É verdade, mas desde que me vi gravemente doente, recobrei a firmeza de espírito, perdida pelas mágoas e vicissitudes que por vezes me tinham tornado medrosa durante a minha vida. Eu disse para mim mesma: Tu és Espírito. Esquece a Terra e prepara-te para a transformação de teu ser e vê, pelo pensamento, o caminho luminoso que tua alma deve seguir, ao deixar o corpo, e que a conduzirá, feliz e liberta, às esferas celestes onde doravante viverás.

"Dir-me-eis que era um pouco presunçoso de minha parte contar com uma felicidade perfeita ao deixar a Terra, mas eu tinha sofrido tanto, que devia ter expiado minhas faltas desta existência e das existências precedentes. Essa intuição não me havia enganado, e foi ela que me deu coragem, calma e firmeza nos últimos instantes. Essa firmeza naturalmente aumentou quando, após o meu trespasse, vi minhas esperanças realizadas.

P. – Podeis descrever-nos agora vossa passagem, vosso despertar e vossas primeiras impressões?

R. – Eu sofri, mas meu Espírito foi mais forte que o sofrimento material que o desprendimento lhe fazia experimentar. Encontrei-me, *após o supremo suspiro*, como em síncope, sem consciência de meu estado, não pensando em nada, e numa vaga sonolência que não era nem sono do corpo nem despertar da alma. Fiquei assim bastante tempo. Depois, como se saísse de um longo desmaio, despertei pouco a pouco entre irmãos que não conhecia. Eles me prodigalizaram cuidados e carícias; mostraram-me um ponto no espaço, que parecia uma estrela brilhante, e me disseram: "É para lá que irás conosco, pois não pertences mais à Terra." Então recobrei a memória, apoiei-me neles, e como um gracioso grupo que se lança para esferas desconhecidas, mas com a certeza de lá encontrar a felicidade... subimos, subimos, e a estrela crescia: Era um mundo feliz, um mundo superior, onde vossa amiga vai, enfim, encontrar o repouso. Quero dizer o repouso em relação às fadigas corporais que suportei e às vicissitudes da vida terrestre, mas não a indolência do Espírito, porque a atividade do Espírito é um prazer.

P. – Deixastes definitivamente a Terra?

R. – Deixo aqui muitos seres que me são caros para abandoná-la definitivamente. Aqui voltarei, portanto, como Espírito, porque tenho missão a cumprir junto aos meus netos. Aliás, bem sabeis que nenhum obstáculo se opõe a que os Espíritos que estacionam em mundos superiores à Terra venham visitá-la.

P. – A posição em que estais parece que deverá enfraquecer vossas relações com os que deixastes aqui.

R. – Não, meu amigo. O amor aproxima as almas. Crede-me, na Terra pode-se estar mais próximo dos que atingiram a perfeição do que daqueles cuja inferioridade e egoísmo fazem turbilhonar em volta da esfera terrestre. A caridade e o amor são dois motores de uma poderosa atração. São o laço que cimenta a união das almas ligadas uma a outra, que persistem a despeito da distância e dos lugares. Só há distância para os corpos materiais. Ela não existe para os Espíritos.

P. – Conforme o que dissestes na comunicação precedente, sobre os vossos instintos de artista e sobre o desenvolvimento da arte espírita, eu pensava que numa nova existência seríeis um dos seus principais intérpretes.

R. – Não. É como guia e Espírito protetor que devo dar provas ao mundo da possibilidade de fazer obras-primas na arte espírita. As crianças serão médiuns pintores, e na idade em que só se fazem esboços informes, elas pintarão, não coisas da Terra, mas coisas dos mundos onde a Arte atingiu toda a sua perfeição.

P. – Que ideia fazeis agora de meus trabalhos concernentes ao Espiritismo?

R. – Acho que tendes encargo de almas e que o fardo é difícil de carregar, mas vejo o objetivo e sei que o atingireis. Se possível, ajudar-vos-ei com meus conselhos de Espírito, para que possais superar as dificuldades que vos serão suscitadas, a propósito induzindo-vos a tomar certas medidas adequadas a ativar, em vida, o movimento renovador ao qual leva o Espiritismo. Vosso amigo Demeure, unido ao Espírito de Verdade, vos prestará um concurso ainda mais útil. Ele é mais sábio e mais sério do que eu, mas, como sei que a assistência dos bons Espíritos vos fortalece e sustenta em vosso trabalho, crede que o meu vos será assegurado sempre e em toda parte.

P. – Poderíamos deduzir de algumas de vossas palavras que não me dareis uma colaboração pessoal muito ativa à obra do Espiritismo.

R. – Enganai-vos. Mas eu vejo tantos Espíritos mais capazes do que eu de tratar dessa importante questão, que um invencível sentimento de timidez me impede, no momento, de vos responder conforme o vosso desejo. Talvez isto virá. Terei mais coragem e esperteza, mas antes é preciso que os conheça melhor. Estou morta há apenas quatro dias, e ainda estou sob o encanto do deslumbramento que me rodeia. Não compreendeis, meu amigo? Não consigo exprimir as novas sensações que experimento. Tive que violentar-me para me livrar da fascinação que sobre o meu ser exercem as maravilhas que ele admira. Não posso senão bendizer e adorar Deus em suas obras. Mas isto passará. Os Espíritos me asseguram que em breve estarei acostumada a todas essas magnificências, e que então poderei, com minha lucidez de Espírito, tratar todas as questões relativas à renovação terrestre. Depois, com tudo isto, pensai que sobretudo neste momento eu tenho uma família a consolar. O entusiasmo invadiu minha alma, e espero que ele arrefeça um pouco para vos entreter com o Espiritismo sério, e não com o Espiritismo poético, que não é bom para os homens, pois eles não o compreenderiam.

Adeus, e até breve.

De vossa boa amiga que vos ama e sempre vos amará, meu mestre, pois é a vós que ela deve a única consolação durável e verdadeira que experimentou na Terra.

VIÚVA FOULON

OBSERVAÇÃO: Todo espírita sério e esclarecido facilmente tirará destas comunicações os ensinamentos que delas mesmas ressaltam. Assim, só chamaremos a atenção para dois pontos. O primeiro é que este exemplo nos mostra a possibilidade de não mais encarnar na Terra e passar daqui a um mundo superior, sem sermos por isto separados dos seres queridos que aqui deixamos. Aqueles, pois, que temem a reencarnação por causa das misérias da vida, podem delas libertar-se fazendo o que é preciso, isto é, trabalhando para a sua melhora. Aquele que não quer vegetar nas camadas inferiores deve instruir-se e trabalhar para subir de grau.

O segundo ponto é a confirmação desta verdade: Depois da morte estamos menos separados dos seres que nos são caros do que durante a vida. Há alguns dias apenas, a Sra. Foulon, retida pela idade e pela enfermidade *numa* cidadezinha do Sul, tinha a seu lado apenas uma parte da sua família. Estando a maioria de seus filhos e de seus amigos dispersos e ao longe, obstáculos materiais impediam que ela pudesse vê-los tão frequentemente quanto uns e outros teriam desejado. O grande afastamento tornava até mesmo a correspondência rara e difícil para alguns. Apenas desembaraçada do pesado envoltório, ligeira, ela acorre para junto de cada um, transpõe as distâncias sem fadiga, com a rapidez da eletricidade, os vê, assiste às suas reuniões íntimas, cerca-os com a sua proteção e pode, pela mediunidade, entreter-se com eles a cada instante, como quando viva. E dizer que a este pensamento consolador há quem prefira uma separação indefinida!

NOTA: Recebemos muito tarde para poder publicá-lo, o interessante necrológico detalhado publicado no *Journal du Havre* de 10 de fevereiro. Nosso número já estava composto e completo, pronto para a impressão.

O DOUTOR DEMEURE

FALECIDO EM ALBI, TARN, A 26 DE JANEIRO DE 1865

Mais uma alma de escol acaba de deixar a Terra! O Sr. Demeure era um médico homeopata muito distinto de Albi. Seu caráter, tanto quanto seu saber, lhe tinha granjeado a estima e a veneração de seus concidadãos. Só o conhecemos através da correspondência sua e de seus amigos, mas isso bastou para nos revelar toda a grandeza e toda a nobreza de seus sentimentos. Sua bondade e sua caridade eram inesgotáveis e, a despeito de sua idade avançada, nenhuma fadiga o detinha para ir socorrer os pobres doentes. O preço de suas consultas era a menor das suas preocupações. Ele se preocupava mais com os infelizes do que com aqueles que podiam pagar, porque, dizia ele, estes últimos, na falta dele, sempre poderiam recorrer a outro médico. Aos primeiros ele não somente dava os remédios gratuitamente, mas muitas vezes deixava com que enfrentarem as necessidades materiais, o que, por vezes, é o mais útil dos medicamentos. Pode-se dizer que ele era o Cura d'Ars da medicina.

O Sr. Demeure havia abraçado com ardor a Doutrina Espírita, na qual tinha encontrado a chave dos mais sérios problemas cuja solução em vão tinha pedido à Ciência e a todas as filosofias. Seu espírito profundo e investigador fê-lo compreender imediatamente todo o seu alcance e, assim, foi um de seus mais zelosos propagandistas. Embora jamais nos tivéssemos visto, dizia-nos em uma de suas cartas que tinha a convicção que não éramos estranhos um ao outro e que havia relações anteriores entre nós. Sua pressa em vir até nós assim que morreu, sua solicitude por nós e os cuidados que nos dispensou na situação em que nos encontrávamos no momento, o papel que ele parece ter sido chamado a desempenhar, parecem confirmar essa previsão que ainda não pudemos verificar.

Soubemos de sua morte no dia 30 de janeiro, e nosso primeiro pensamento foi o de nos comunicarmos com ele. Eis a comunicação que nos deu naquela mesma noite, por intermédio da Sra. Cazemajour, médium.

"Eis-me aqui. Em vida me havia prometido que logo que estivesse morto viria, se isso me fosse possível, apertar a mão do meu caro mestre e amigo Sr. Allan Kardec.

"A morte havia dado à minha alma esse pesado sono que denominamos letargia, mas meu pensamento velava. Sacudi esse torpor funesto que prolonga a turbação que segue a morte, despertei e de um salto fiz a viagem.

"Como sou feliz! Não sou mais velho nem enfermo. Meu corpo era apenas um disfarce imposto. Sou jovem e belo, belo dessa eterna juventude dos Espíritos cujo rosto não é sulcado pelas rugas e cujos cabelos não embranquecem sob a ação do tempo. Sou leve como o pássaro que em voo rápido atravessa o horizonte do vosso céu nebuloso e admiro, contemplo, bendigo, amo e me inclino, átomo, ante a grandeza, a sabedoria, a ciência de nosso Criador, ante as maravilhas que me rodeiam.

"Eu estava junto de vós, caro e venerado amigo, quando o Sr. Sabò falou em fazer a minha evocação, e eu o segui.

"Eu sou feliz! Eu estou na glória! Oh! Quem poderia jamais traduzir as esplêndidas belezas da terra dos eleitos: os céus, os mundos, os sóis, seu papel no grande concerto da harmonia universal? Pois bem! Eu tentarei, ó meu mestre. Vou fazer o seu estudo e virei depor junto a vós a homenagem de meus trabalhos de Espírito que antecipadamente vos dedico. Até breve.

"DEMEURE"

OBSERVAÇÃO: As duas comunicações seguintes, dadas a 1º e 2 de fevereiro, são relativas à doença de que nos atingiu subitamente a 31 de janeiro. Embora sejam pessoais, reproduzimo-las porque provam que o Sr. Demeure é tão bom como Espírito quanto era como homem e porque elas oferecem, além disso, um ensinamento. É um testemunho de gratidão que devemos à solicitude de que fomos objeto, de sua parte, nessa circunstância:

"Meu bom amigo, tende confiança em nós e muita coragem. Esta crise, embora fatigante e dolorosa, não será longa, e com os cuidados prescritos, podereis, conforme o vosso desejo, completar a obra que foi o principal objetivo da vossa existência. Entretanto, sou eu que estou sempre aqui, ao vosso lado, com o Espírito de *Verdade*, que me permite tomar a palavra em seu nome, como o último de vossos amigos vindos entre os Espíritos! Eles me fazem as honras das boas-vindas. Caro mestre, como estou feliz por ter morrido a tempo de estar com eles neste momento! Se eu tivesse morrido mais cedo, talvez tivesse podido evitar esta crise que eu não previa. Havia muito pouco tempo que eu estava desencarnado para me ocupar de outra coisa senão espiritual, mas agora velarei por vós, caro mestre. É vosso irmão e amigo que está feliz de ser Espírito para estar junto de vós e vos proporcionar cuidados na vossa moléstia. Mas conheceis o provérbio: "Ajuda-te, e o Céu te ajudará." Ajudai, pois, os bons Espíritos nos cuidados que vos dispensam, conformando-vos estritamente às suas prescrições.

"Faz muito calor aqui. Este carvão é fatigante. Enquanto estiverdes doente, não o queimeis, porque ele continua a aumentar a vossa opressão. Os gases que dele se desprendem são deletérios.

"Vosso amigo, DEMEURE"

"Sou eu, Demeure, o amigo do Sr. Kardec. Venho dizer-lhe que eu estava ao seu lado quando lhe ocorreu o acidente que poderia ter sido funesto sem uma intervenção eficaz para a qual tive a honra de contribuir. Segundo minhas observações e os ensinamentos que colhi em fonte fidedigna, é-me evidente que quanto mais cedo se der a sua desencarnação, tanto mais cedo poderá dar-se a sua reencarnação na qual ele virá completar a sua obra. Contudo, é preciso que ele dê, antes de partir, a última demão nas obras que devem completar a teoria doutrinária da qual ele é o iniciador, e ele será considerado culpado de homicídio voluntário pelo fato de contribuir, por excesso de trabalho, com a deficiência de sua organização que o ameaça de uma súbita partida para os nossos mundos. É preciso não ter medo de dizer-lhe toda a verdade, para que ele se guarde e siga as prescrições rigorosamente.

"DEMEURE"

A comunicação seguinte foi obtida em Montalban, a 1º de fevereiro, no círculo dos amigos espíritas que ele tinha naquela cidade.

"Antoine Demeure. Não estou morto para vós, meus bons amigos, mas para os que não conhecem, como vós, esta santa doutrina que reúne os que se amavam na Terra e que tiveram os mesmos pensamentos e os mesmos sentimentos de amor e caridade.

"Eu sou feliz. Sou mais feliz do que podia esperar, porque gozo de uma lucidez rara nos Espíritos há pouco tempo desprendidos da matéria. Tende coragem, meus bons amigos! Estarei muitas vezes junto de vós, e não deixarei de vos instruir sobre muitas coisas que ignoramos quando ligados à nossa pobre matéria que nos oculta tantas magnificências e tantos prazeres. Orai pelos que estão privados dessa felicidade, pois não sabem o mal que fazem a si mesmos.

"Hoje não continuarei por muito tempo, mas vos direi que não me acho nada estranho neste mundo dos invisíveis. A mim me parece que sempre o habitei. Aqui me sinto feliz porque vejo os meus amigos e posso comunicar-me com eles sempre que o deseje.

"Não choreis, meus amigos. Vós me faríeis lamentar por ter-vos conhecido. Dai tempo ao tempo, e Deus vos conduzirá a esta morada, onde devemos todos nos reunirmos.

"Boa noite, meus amigos. Que Deus vos console. Estou aqui, ao vosso lado.

"DEMEURE"

OBSERVAÇÃO: A situação do Sr. Demeure, como Espírito, é exatamente aquela que sua vida tão dignamente e tão utilmente vivida poderia permitir que fosse pressentida, mas um outro fato não menos instrutivo ressalta de suas comunicações, isto é, a atividade que ele desenvolve, quase que imediatamente após a sua morte, para ser útil. Por sua alta inteligência e por suas qualidades morais, ele pertence à ordem dos Espíritos muito adiantados. Ele é muito feliz, mas sua felicidade não é a inação. Há poucos dias ele cuidava de doentes como médico e tão logo desencarnado, apressa-se em dedicar-se a eles como Espírito. O que se ganha, então, em estar no outro mundo, perguntarão certas pessoas, se ali não se goza de repouso? A isto lhe perguntaremos, de saída, se não é nada não ter mais preocupações nem necessidades nem as enfermidades da vida; ser livre e poder, sem fadiga, percorrer o espaço com a rapidez do pensamento, ir ver os seus amigos a toda hora, seja qual for a distância a que se encontrem? Depois acrescentaremos: Quando estiverdes no outro mundo, nada vos forçará a fazer seja o que for. Estareis perfeitamente livres de ficar numa ociosidade beata, tanto tempo quanto quiserdes, mas em breve vos cansareis dessa ociosidade egoísta. Sereis os primeiros a pedir uma ocupação. Então vos será respondido: Se vos aborreceis por nada fazerdes, buscai vós mesmos algo para fazer. As ocasiões para ser útil não faltam nem no mundo dos Espíritos nem entre os homens. É assim que a atividade espiritual não é um constrangimento. Ela é uma necessidade, uma satisfação para os Espíritos que procuram as ocupações em relação com seus gostos e aptidões, e escolhem de preferência as que possam ajudar no seu adiantamento.

O PROCESSO HILLAIRE

Um assunto sobre o qual tínhamos guardado um silêncio facilmente compreensível, acaba de ter um desenlace que o coloca no domínio público. Tendo sido publicado por vários jornais das localidades vizinhas, por isso julgamos oportuno falar, a fim de prevenir as falsas interpretações da malevolência relativamente à Doutrina Espírita, e provar que esta doutrina não acoberta com seu manto nada que seja repreensível. Aliás, nosso nome estando envolvido nisso, é importante que se conheça a nossa maneira de ver. Este assunto concerne ao médium Hillaire, de Sonnac (Charente-Inférieure), sobre o qual já tivemos ocasião de falar aos nossos leitores.

Hillaire é um homem moço, casado, pai de família, simples trabalhador, quase iletrado. A Providência o dotou de notável faculdade mediúnica muito variada, cujos detalhes podem ser lidos na obra do Sr. Bez, intitulada *Les Miracles de nos jours*, que tem muita semelhança com a do Sr. Home. Naturalmente, essa faculdade chamou a atenção sobre ele. Ela lhe havia granjeado uma celebridade local, ao mesmo tempo que havia valido a simpatia de uns e a animadversão de outros. Os elogios um pouco exagerados de que era objeto, nele produziram sua má influência habitual. O sucesso do Sr. Home lhe havia subido à cabeça, como o atestam as cartas que ele nos escreveu. Ele sonhava com um teatro maior que a sua aldeia, contudo, a despeito de suas instâncias para que o mandássemos vir a Paris, jamais lhe quisemos dar a mão. Certamente, se nisso tivéssemos visto uma utilidade qualquer, tê-lo-íamos favorecido, mas estávamos convencido, com base nas suas ideias e no seu caráter, que conhecíamos, que ele não tinha a qualificação necessária para representar um papel muito preponderante em seu próprio interesse. Aliás, muito recentemente tínhamos visto um triste exemplo dessas ambições que empurram para a capital e que acabam em cruéis decepções. Colocando-o sobre um pedestal, prestaram-lhe um mau serviço. Sua missão era local. Num raio limitado, e sobre uma certa população, ele poderia prestar grandes serviços à causa do Espiritismo, com a ajuda dos notáveis fenômenos que se produziam sob sua influência. Ele os prestou propagando as ideias espíritas em sua terra, mas podia prestá-los ainda maiores, se se tivesse limitado à sua modesta esfera, sem abandonar o trabalho de que vivia, e se com mais prudência tivesse conciliado seu trabalho com o exercício da mediunidade. Infelizmente, para ele, a importância que a si mesmo atribuía o tornava pouco acessível aos conselhos da experiência. Como muita gente, ele os teria aceitado de boa vontade se estivessem de acordo com as suas ideias. Disso nos davam prova suas cartas! Vários indícios nos fizeram prever sua queda, mas estávamos longe de suspeitar a causa que a provocaria. Apenas nossos guias espirituais nos advertiram mais de uma vez para que agíssemos com ele com grande circunspecção e não nos antecipássemos, evitando sobretudo fazê-lo vir a Paris.

Por muita presunção de um lado e muita fraqueza do outro, ele destruiu sua missão no momento em que ela poderia ganhar o maior brilho. Cedendo a perigosos arrastamentos, e talvez, somos levados a crer, a pérfidas insinuações propositadas, ele cometeu uma falta, em seguida à qual deixou a região, e da qual, mais tarde, teve que prestar contas à Justiça. Longe de sofrer com isto, como se vangloriavam os nossos adversários, o Espiritismo saiu são e salvo dessa prova, como se verá em pouco. Desnecessário dizer que queriam fazer passar todas as manifestações do infeliz Hillaire como insignes trapaças.

Neste triste negócio, o lesado, um dos que mais o tinham aclamado ao tempo de sua glória passageira e que o tinha favorecido com o seu patrocínio, escreveu-nos, após a fuga dos culpados, para nos dar conta detalhada dos fatos e pedir nosso concurso e o de nossos correspondentes, a fim de que eles fossem presos. E terminou dizendo: "É preciso tirar-lhes todos os recursos, a fim de fazê-los voltarem à França, e então poderemos fazer que sejam castigados pela justiça dos homens, esperando que a desse Deus de misericórdia os castigue também, pois fazem um grande mal ao Espiritismo. Esperando uma resposta de vosso próprio punho, vou orar a Deus para que sejam descobertos. Sou todo vosso, vosso irmão em Deus etc."

Eis a resposta que lhe demos, sem suspeitar que se tornaria uma das peças do processo:

Senhor,

De volta de uma longa viagem que acabo de fazer, encontrei a carta que me escrevestes sobre Hillaire. Deploro tanto quanto qualquer outro esse triste fato, pelo qual, entretanto, o Espiritismo não pode receber nenhum ataque, pois ele não poderia ser responsabilizado pelos atos dos que o compreendem mal. Quanto a vós, o mais lesado nessa circunstância, compreendo vossa indignação e o primeiro momento de arroubo que vos deve ter agitado, mas espero que a reflexão tenha dado mais calma ao vosso espírito. Se fordes realmente espírita, deveis saber que devemos aceitar com resignação todas as provações que a Deus apraz enviar-nos, e que são, elas próprias, expiações que fizemos por merecer por faltas passadas. Não é pedindo a Deus, como fazeis, para nos vingar daqueles de quem temos queixas, que adquirimos o mérito das provas que ele nos manda. Dessa forma, pelo contrário, perdemos os seus frutos e atraímos provas ainda maiores. Não é uma contradição de vossa parte dizer que orais ao *Deus de misericórdia* para fazer que os culpados sejam presos, a fim de serem entregues à justiça dos homens? Dirigir-lhe semelhantes preces é ofendê-lo, quando nós necessitamos, uns mais, outros menos, de sua misericórdia para nós próprios, esquecendo que ele disse: *Sereis perdoados como tiverdes perdoado aos outros*. Tal linguagem não é cristã nem espírita, porque o Espiritismo, a exemplo do

Cristo, nos ensina a indulgência e o perdão das ofensas. Esta é uma bela ocasião para nós, de mostrarmos grandeza e magnanimidade e de provar que estais acima das misérias humanas. Eu desejo, por vós, que não a deixeis escapar. Pensais que esse acontecimento fará mal ao Espiritismo. Repito que ele não sofrerá com isto, malgrado o ardor dos seus adversários em explorar esta circunstância em seu proveito. Se devesse prejudicá-lo, seria apenas um efeito local e momentâneo, e nisso teríeis vossa parte de responsabilidade, pelo entusiasmo com que o divulgastes. Tanto por caridade quanto pelo interesse que dizeis ter pela doutrina, deveríeis ter feito o que estava em vosso poder para evitar o escândalo, ao passo que, pela repercussão que lhe destes, fornecestes armas aos nossos inimigos. Os espíritas sinceros vos teriam sido gratos por vossa moderação, e Deus vos teria levado em conta esse bom sentimento.

Lamento tenhais podido pensar que eu servisse, fosse no que fosse, aos vossos desejos de vingança, tomando providências para que os culpados fossem entregues à justiça. Era enganar-vos singularmente quanto ao meu papel, ao meu caráter e à minha compreensão dos verdadeiros interesses do Espiritismo. Se, como dizeis, sois realmente meu irmão em Deus, crede-me, implorai sua clemência e não a sua cólera, pois aquele que chama a cólera sobre outrem corre o risco de fazê-la cair sobre si mesmo.

Tenho a honra de vos saudar cordialmente, com a esperança de vos ver voltar a ideias mais dignas de um espírita sincero.

A. K.

Eis, agora, o relatório que nos foi enviado:
"Iniciado sexta-feira, o caso Hillaire terminou sábado, à meia-noite. Retirando Vitet sua queixa no momento em que ia ser pronunciado o julgamento, sua mulher foi inocentada. Só Hillaire ficava sob a espada da justiça. O ministério público concluiu pela culpabilidade e reclamou a aplicação dos artigos 336, 337, 338 etc., do Código Penal. O Tribunal, *declinando de sua competência no que toca à apreciação de todos os transportes e outros fatos medianímicos*, fazendo aplicação do Artigo 463, condenou Hillaire a um ano de prisão e multas.

Aos nossos olhos, esse julgamento é uma justa aplicação da lei escrita, embora tenha sido reputado um pouco severo por pessoas que absolutamente não são espíritas.

"Se fomos testemunhas do desenrolar de tristes torpezas a que podem conduzir as fraquezas humanas, por outro lado assistimos a um belo espetáculo, quando ouvimos ser proclamada solenemente a ortodoxia da moral espírita; quando, nos intervalos e à saída das audiências, ouvimos estas palavras, repetidas em público: "Devemos invejar a felicidade daqueles cuja fé os põe constantemente em presença daqueles a quem amaram, e dos quais o próprio túmulo não pode mais separar."

"Com efeito, vede essa multidão que logo o pretório não poderá conter. Aí se comprimem membros de todas as posições sociais, desde a mais ínfima até a mais alta. Pensais que esses homens vêm apenas assistir aos vulgares debates de uma sórdida ocorrência da polícia correcional? À vergonha de dois infelizes que confessaram e contaram todas as circunstâncias de sua falta? Oh! não. O assunto em questão tem um alcance muito mais alto. O Espiritismo está em jogo. Eles vêm ouvir as revelações que contra a nova doutrina terá trazido um inquérito de três meses. Eles vêm gozar o ridículo que não deixará de cair sobre esses pobres alucinados, mas suas esperanças pouco caridosas foram desvanecidas pela sabedoria do tribunal.

"O presidente começa proclamando a mais absoluta liberdade de consciência. Recomenda a todos o respeito pela crença religiosa de cada um, e vai, ele próprio, até o fim, por esse caminho. Apresenta-se o momento de ler a carta de nosso mestre a Vitet (carta publicada acima). Ele a segura e observa, após a leitura, que nela reconhece uma voz digna dos primeiros Pais da Igreja; que jamais foi pregada mais bela moral em mais bela linguagem.

"Vinte testemunhas foram unânimes sobre a veracidade dos transportes; nenhuma manifestou a menor dúvida. Daí a declaração de incompetência do tribunal. Somente Vitet e seu criado Muson contestaram a marcha miraculosa, mas, no mesmo instante, lhes foi contraposto um depoimento redigido nesse mesmo dia por Vitet, escrito de próprio punho, com as assinaturas de Vitet e Muson. Dois membros de nossa sociedade foram ouvidos. O presidente não teve receio de fazer com que surgissem discussões por causa de seus depoimentos sobre certos pontos de doutrina. Um e outro responderam perfeitamente e triunfaram, para satisfação de todos os espíritas.

"O advogado de Hillaire foi, e não podia deixar de ter sido, muito sucinto no que se referia especialmente ao objeto central da acusação. Mas sobre a doutrina, sobre os seus ensinamentos, suas consequências e seus progressos no mundo; sobre a perseverança desses homens da localidade, pelo menos nossos iguais em conhecimento, em inteligência, em moralidade e em posição social, dizia ele; sobre os fatos diariamente publicados pela imprensa; sobre a multiplicidade das obras, dos jornais especializados, ele sempre falou com eloquência e convicção. Seu último golpe foi a leitura de uma carta do Sr. Jaubert. Nessa carta o Sr. Jaubert diz que ele próprio e seus amigos, ocupando-se de manifestações físicas, *viram e viram bem*, à luz das lâmpadas, bem como à luz do dia, fatos análogos aos obtidos por Hillaire, fatos que ele relata nos mínimos detalhes. Essa leitura, seguida da leitura em tom solene da profissão de fé do próprio Sr. Jaubert, um magistrado, vice-presidente em exercício de um tribunal civil em capital de Departamento, essa leitura comoveu todo o auditório. (O *Journal de Saint-Jean-d'Angély* de 12 de fevereiro analisa essa notável defesa. Ver também a *Revue de l'Ouest*, de Niort, de 18 de fevereiro).

"Na sua acusação, o promotor naturalmente difama o acusado. Quanto aos fatos das manifestações, explica-os por meios vulgares: Cada um, diz ele, em sua sala, pode produzi-los à vontade, com a maior facilidade; a menor habilidade é suficiente. Ele cita fatos mediúnicos históricos, para os quais conclui pela alucinação. No que concerne à Doutrina, ele sempre foi digno e respeitoso para com os adeptos dedicados. Sobretudo aplaudiu calorosamente a coragem, a sinceridade e a boa-fé das testemunhas que vieram afirmar sua crença, sem serem detidos nem pelo temor dos sarcasmos e pilhérias, nem por seus interesses materiais, que com isto podem ser prejudicados."

O Espiritismo não saiu apenas são e salvo desta prova, mas dela saiu com as honras da guerra. É verdade que o julgamento não proclamou a realidade das manifestações de Hillaire, mas colocou-as fora de questão, por sua declaração de incompetência, e por isto mesmo não as declarou fraudulentas. Quanto à Doutrina, ela ali obteve um sufrágio brilhante. Para nós é o ponto essencial, porque o Espiritismo está menos nos fenômenos materiais do que em suas consequências morais. Pouco nos importa que neguem fatos que são constatados diariamente em todos os pontos da Terra, porque não está longe o dia em que todos serão forçados a render-se à evidência. O principal é que a doutrina daí decorrente seja reconhecida como digna do Evangelho, sobre o qual ela se apoia. Certamente o senhor substituto não é espírita; o presidente também não o é, ao que saibamos, mas ficamos feliz por constatar que sua opinião pessoal nada tira à sua imparcialidade.

Os elogios feitos às testemunhas são uma homenagem brilhante prestada à coragem da opinião e à sinceridade da crença. Devíamos a esses firmes sustentáculos de nossa fé um testemunho especial. Apressamo-nos em dá-lo através da mensagem seguinte, que lhes remetemos.

Paris, 21 de janeiro de 1865.

DO SR. ALLAN KARDEC, AOS ESPÍRITAS DEVOTADOS NO CASO HILLAIRE

Caros Irmãos em Espiritismo,

Venho, em meu nome pessoal e no da Sociedade Espírita de Paris, pagar um justo tributo de elogios a todos quantos, na triste circunstância que nos afligiu a todos, sustentaram sua fé e defenderam a verdade com coragem, dignidade e firmeza. Um brilhante e solene testemunho lhes foi prestado pelos órgãos da justiça. O de seus irmãos em crença não lhes podia faltar. Pedi a sua lista, tão exata e completa quanto possível, para inscrever os seus nomes ao lado dos demais que bem mereceram essa homenagem do Espiritismo. Não é para lhes dar uma publicidade que feriria sua modéstia e que, aliás, na hora que passa, seria mais nociva do que útil, mas nosso século está tão preocupado que é esquecido. É preciso que a memória dos devotamentos verdadeiros, livres de qualquer segunda intenção de interesse, não fique perdida para os que vierem depois de nós. Os arquivos do Espiritismo lhes dirão os que têm direito legítimo ao seu reconhecimento.

Aproveito a ocasião, caros irmãos, para conversar um instante convosco sobre o que nos preocupa.

Antes de mais nada, podia-se temer as consequências desse caso para o Espiritismo. Jamais me inquietei com isso, como o sabeis, porque ele não podia, em todo caso, produzir senão uma emoção local e momentânea; porque a nossa doutrina, assim como a religião, não pode ser responsável pelas faltas dos que não a compreendem. É em vão que os nossos adversários se esforçam em apresentá-la como malsã e imoral; seria necessário provar que ela provoca, desculpa ou justifica um só ato repreensível, ou que ao lado de seus ensinos ostensivos, ela os tenha secretos, sob os quais a consciência possa abrigar-se. Mas como no Espiritismo tudo se passa à luz do dia e ele não prega senão a moral do Evangelho, à prática da qual tende a conduzir os homens que dela se afastam, só uma intenção malévola lhe poderia imputar tendências perniciosas. Considerando-se que cada um pode julgar por si mesmo os seus princípios altamente proclamados e claramente formulados em obras ao alcance de todos, só a ignorância ou a má-fé poderiam desnaturá-lo, assim como fizeram com os primeiros cristãos, acusados de todas as desgraças e de todos os acidentes que atingiram Roma, e de corromper os costumes. O Cristianismo, com o Evangelho na mão, só poderia sair vitorioso de todas essas acusações e da luta terrível contra ele desencadeada. Assim se dá com o Espiritismo, que também tem por bandeira o Evangelho. Para sua justificação, basta-lhe dizer: Vede o que ensino, o que recomendo e o que condeno. Ora, o que é que eu condeno? Todo ato contrário à caridade, que é a lei ensinada pelo Cristo.

O Espiritismo não está apenas na crença na manifestação dos Espíritos. O erro dos que o condenam é crer que só consista na produção de fenômenos estranhos, e isto porque, não se dando ao trabalho de estudá-lo, só lhe veem a superfície. Esses fenômenos só são estranhos para os que não conhecem a sua causa. Mas, quem quer que os aprofunde, neles não vê senão os efeitos de uma lei, de uma força da Natureza que não se conhecia e que, por isto mesmo, não são maravilhosos nem sobrenaturais. Esses fenômenos provam a existência dos Espíritos, que outra coisa não são senão as almas dos que viveram. Consequentemente, provam a existência da alma, sua sobrevivência ao corpo, a vida futura com todas as suas consequências morais. A fé no futuro, assim apoiada em provas materiais, torna-se inabalável e triunfa sobre a incredulidade. Eis por que, quando o Espiritismo tornar-se a crença de todos, não haverá mais incrédulos, nem materialistas, nem ateus. Sua missão é combater a incredulidade, a dúvida, a indiferença. Assim, ele não se dirige aos que têm fé e a quem basta essa fé, mas aos que em nada creem, ou que duvidam. Ele não diz a ninguém que deixe a sua religião; respeita todas as crenças, quando estas são sinceras. Aos seus olhos, a liberdade de consciência é um direito sagrado; se não a respeitasse, faltaria ao seu primeiro princípio, que é a caridade. Neutro entre todos os cultos, ele será o laço que os reunirá sob uma mesma bandeira, a da fraternidade universal. Um dia eles se darão as mãos, em vez de se anatematizarem.

Longe de serem a parte essencial do Espiritismo, os fenômenos apenas são um acessório, um meio suscitado por Deus para vencer a incredulidade que invade a Sociedade, e que consiste, sobretudo, na aplicação de seus princípios morais. É nisto que se reconhecem os espíritas sinceros. Os exemplos de reforma moral provocada pelo Espiritismo já são bastante numerosos para que se possa prever os resultados que produzirá com o tempo. É preciso que sua força moralizadora seja muito grande para triunfar dos hábitos inveterados pela idade, e da leviandade da juventude.

O efeito moralizador do Espiritismo, assim, tem por causa primeira o fenômeno das manifestações, que deu a fé. Se esses fenômenos fossem uma ilusão, como o pretendem os incrédulos, seria preciso abençoar uma ilusão que dá ao homem a força para vencer seus maus pendores.

Mas se, após dezoito séculos, ainda se veem tantas criaturas que professam o Cristianismo e o praticam tão pouco, é lícito admirar que em menos de dez anos todos os que creem no Espiritismo dele não tenham tirado todo o proveito desejável? Entre eles, há os que apenas viram o fato material das manifestações e nos quais foi mais excitada a curiosidade do que tocado o coração. Eis por que nem todos os espíritas são perfeitos. Isto nada tem de surpreendente em seu começo, e se uma coisa deve causar admiração, é o número de reformas operadas nesse curto intervalo. Se nem sempre o Espiritismo vence as más inclinações de maneira completa, um resultado parcial não deixa de ser um progresso a ser levado em conta, e como cada um de nós tem seu lado fraco, isto nos deve tornar indulgentes. O tempo e as novas existências acabarão o que está começado. Felizes os que se pouparem novas provações!

Hillaire pertence a essa classe que o Espiritismo de certo modo apenas faz aflorar, por isso faliu. A Providência o havia dotado de uma notável faculdade, com cujo auxílio ele muito fez de bem. Poderia fazer ainda muito mais se não tivesse, por sua fraqueza, rompido a missão. Não podemos condená-lo nem absolvê-lo, pois só a Deus cabe julgá-lo por não haver cumprido sua tarefa até o fim. Possa a expiação que ele sofre e uma séria guinada sobre si mesmo merecer a clemência de Deus!

Irmãos, estendamos-lhe nossas mãos compassivas e oremos por ele.

NOTÍCIAS BIBLIOGRÁFICAS

UM ANJO DO CÉU NA TERRA[4]

Eis o relatório sobre a obra acima, feito na *Sociedade Espírita de Paris* por nosso colega Sr. Feyteau, advogado:

Sob este título, o Sr. Benjamin Mossé escreveu um livro cheio de poesia, no qual, sob duplo ponto de vista, a caridade é progressivamente ensinada pelos mais tocantes fatos. O assunto deste pequeno poema em prosa começa no Céu, desenvolve-se na Terra e termina no Céu, onde começou.

Os anjos, os arcanjos, os serafins, os ofanins, todos os seres sagrados, na expressão do Sr. Mossé, estão reunidos e cantam louvores ao Altíssimo, que os reuniu para lhes dar a missão de andar entre as almas da Terra, a fim de reconduzi-las à via do bem, da qual as desviam incessantemente os apetites e as paixões terrenas.

Um desses anjos, o mais puro, foi o único a ficar após a partida de todos os outros. Esse anjo é *Zadécia*. Prosternada aos pés do trono do Eterno, ela implora para si o favor de uma exceção à regra geral imposta aos seus irmãos. Ela dizia, súplice: "Senhor, escuta a minha prece, antes que eu obedeça

---

[4] Por Benjamin Mossé, rabino de Avignon. – I vol. in-12; 3,50 francos. Em Avignon, Bonnet e Filhos.

à tua voz! Vou descer à Terra, de acordo com a tua vontade. Subtraio-me, porquanto tu ordenas, à felicidade de que nos inundas; vou falar disto aos habitantes da morada inferior; vou inspirar-lhes a esperança, para sustentá-los em sua penosa caminhada. Mas digna-te conceder às minhas súplicas a graça que imploro! Permite, ó meu Deus, que afastada de teu palácio, jamais eu esqueça as suas delícias! Permite que o envoltório de que me vou revestir jamais seja obstáculo a meus voos para ti! Que eu fique sempre senhora de mim mesma; que jamais algo de impuro venha alterar minha nobreza! Permite, Senhor, que minha ausência da morada bem-aventurada não tenha longa duração! Permite que minha missão seja cumprida prontamente; que eu aqueça com minha chama um coração generoso; que eu cative com meus encantos esse coração já abençoado por tua mão; que meu amor o eleve, o aperfeiçoe, complete a sua virtude, a fim de que ele receba minhas inspirações, que ele aceite a minha mensagem, que ele se torne para a Humanidade uma consolação, uma luz, e que então eu possa, ó meu Deus, voltar à minha morada celeste, orgulhosa de deixar na Terra um nobre continuador de minha missão, animado por meu olhar, adorando minha imagem e sempre se elevando para mim, para buscar em meu seio a força para continuar sua obra, para cuja realização eu lhe prodigalizarei o encorajamento de meu amor, até a hora em que, por tua vontade, ele vier encontrar-me e receber em meus braços, aos pés do teu trono, tuas bênçãos eternas."

– "Acolho a tua prece, ó minha filha! – respondeu-lhe a voz divina. – Vai, vai sem medo, levar aos humanos os tesouros de tua chama. O fogo que te anima nada perderá de sua santidade na Terra, onde tua passagem será rápida, onde uma alma digna de ti já tomou um envoltório terrestre para cumprir a grande missão que lhe queres confiar. Tão ardentemente quão pura, ela enobrecer-se-á com teu amor. Ela será santificada por tua presença, pelos laços que a unirão ao teu destino imortal. Nessa união que abençoo antecipadamente, essa alma receberá tua missão, da qual se resgatará como tu mesma. Então regressarás a estas regiões supremas, de onde velarás sobre teu esposo bem-amado da Terra, que se tornará, ao terminar sua tarefa, teu bem-amado esposo no Céu!"

A estas palavras, Zadécia desceu radiosa das moradas infinitas para o meio dos humanos; depôs um beijo na fronte do menino que mais tarde deveria atrair a si pelo himeneu; depois, submetendo-se às condições necessárias da existência terrena, envolveu-se numa forma material na qual devia brilhar a sua beleza ou resplandecerem suas virtudes e encantos!!!

É nestas condições particularmente abençoadas que a alma de Zadécia empreende sua missão, cuja primeira fase é sua encarnação na criatura dada à luz dolorosamente por uma jovem e piedosa mãe. Na segunda fase de sua missão, Zadécia é um anjo de inocência, e sua beleza, que irradia como uma emanação divina, purifica tudo o que dela se aproxima. Na terceira fase, Zadécia é anjo de resignação pela paciência com que suporta os sofrimentos físicos. Na quarta, é anjo de piedade pelos exemplos de caridade e de abnegação que dá. Na quinta, é anjo de amor pela afeição simpática que se desenvolve entre ela e o jovem Azariel. Na sexta, é o anjo do amor conjugal por sua união com Azariel. Na sétima, ela é o anjo do amor maternal. A oitava fase, enfim, é sua volta ao Céu, deixando na Terra seu esposo e sua filha, para continuar sua obra de santificação.

Sem contradita, esses diversos quadros contêm exemplos edificantes e são de leitura atraente, mas o triunfo muito previsto de Zadécia sobre todas as provas a que sua encarnação está submetida lhes tira esse caráter de ensinamento útil que não pode resultar realmente senão dos esforços da luta. Essa condição em que se acha Zadécia, ao deixar o Céu, de conservar a pureza e a incorruptibilidade dos anjos, quase não permite interesse por ela além da atração que o autor deu, pela forma e pela expressão dos pensamentos, às etapas de sua viagem à Terra. Assim, depois de ter lido este livro e ter-lhe concedido o justo tributo de elogios que merecem o estilo e o conjunto realmente harmonioso do assunto, é forçoso lamentar que o autor pareça alheio aos princípios reais da natureza dos Espíritos, e jamais ter pensado em se dar conta da influência que eles exercem sobre as diversas condições sociais da Humanidade, pelo melhoramento progressivo que suas várias encarnações desenvolvem.

Há uma preocupação natural no homem sério. Quer perscrute ele, aos múltiplos clarões da filosofia, as peripécias da vida humana, quer sonde, com o facho das religiões, as misteriosas profundezas da morte, sua preocupação é chegar a uma conclusão que o esclareça sobre seu verdadeiro destino, mostrando-lhe o caminho que deve seguir. Sem dúvida esse caminho nem sempre é o verdadeiro, mas cada um segue o sulco traçado pela charrua da vontade no campo do pensamento, conforme tenha atrelado bons ou maus princípios. Para uns, sistemas preconcebidos tomam o lugar das verdades; deles fazem uma lei, esgotando-se em discussões para fazê-la prevalecer e impô-la. Para outros, é o próprio Deus que eles têm a pretensão de traduzir, interpretar e comentar de tantas maneiras e em tantos debates tempestuosos, quando não sangrentos, que os textos sagrados da palavra divina ficam enterrados sob os escombros de suas disputas.

O livro do Sr. Mossé, se não revela a preocupação que aí gostaríamos de ver sobre a natureza dos Espíritos, não revela nenhuma das que a excluem ou a combatem. Diremos até que mais se aproxima do que se afasta, e que, com um passo a mais, elas marchariam unidas, porque tendem para um fim comum: a prática da caridade como condição da vida bem-aventurada. É, pois, um bom livro que o Espiritismo deve acolher como um aliado que pode tornar-se irmão.

FEYTEAU

Advogado

ALLAN KARDEC

REVISTA ESPÍRITA

JORNAL DE ESTUDOS PSICOLÓGICOS

| ANO VIII | ABRIL DE 1865 | VOL. 4 |

DESTRUIÇÃO RECÍPROCA DOS SERES VIVOS

A destruição dos seres vivos uns pelos outros é uma das leis da Natureza que à primeira vista parece conciliar-se menos com a bondade de Deus. Pergunta-se por que teria ele estabelecido como lei a necessidade se destruírem mutuamente para se alimentarem uns à custa dos outros.

Para aquele que apenas vê a matéria, que limita sua visão à vida presente, isto parece, com efeito, uma imperfeição na obra divina, e daí os incrédulos tiram a conclusão que não sendo Deus perfeito, não há Deus. É que eles julgam a perfeição de Deus a partir de seu ponto de vista. Seu próprio julgamento é a medida de sua sabedoria, e eles pensam que Deus não poderia fazer melhor do que eles próprios fariam. Não lhes permitindo sua curta visão julgar o conjunto, não compreendem que um bem real possa derivar de um mal aparente. Só o conhecimento do princípio espiritual, considerado em sua verdadeira essência, e da grande lei de unidade que constitui a harmonia da criação, pode dar ao homem a chave desse mistério, e mostrar-lhe a sabedoria providencial e a harmonia precisamente onde ele não via senão uma anomalia e uma contradição. Dá-se com esta verdade o mesmo que se dá com muitas outras, pois o homem não é apto para sondar certas profundezas senão quando seu Espírito chega a um suficiente grau de maturidade.

A verdadeira vida, tanto do animal quanto do homem, não está mais no envoltório corporal do que na roupa. Ela está no princípio inteligente que preexiste e sobrevive ao corpo. Esse princípio necessita do corpo para se desenvolver pelo trabalho que ele deve realizar sobre a matéria bruta. O corpo se desgasta nesse trabalho, mas o Espírito não; ao contrário, dele sai cada vez mais forte, mais lúcido e mais capaz. Que importa, pois, se o Espírito muda mais vezes ou menos vezes de envoltório? Ele não deixa de ser Espírito por esse motivo. Acontece absolutamente como se um homem renovasse o seu vestuário cem vezes em um ano. Nem por isso ele deixaria de ser o mesmo homem. Pelo espetáculo incessante da destruição, Deus ensina aos homens o pouco caso que devem fazer do envoltório material, e neles suscita a ideia da vida espiritual, fazendo-os desejá-la como uma compensação.

Perguntarão se Deus não poderia chegar ao mesmo resultado por outros meios, sem submeter os seres vivos a se destruírem mutuamente. Bem esperto aquele que pretendesse penetrar os desígnios de Deus! Se tudo é sabedoria em sua obra, devemos supor que essa sabedoria não esteja mais ausente neste ponto do que nos outros. Se não o compreendemos, devemos culpar o nosso pouco adiantamento. Contudo, podemos tentar encontrar a razão disto tomando por bússola este princípio: *Deus deve ser infinitamente justo e sábio*. Busquemos, pois, em tudo, sua justiça e sua sabedoria.

Uma primeira utilidade que se apresenta dessa destruição, utilidade sem dúvida puramente física, é esta: Os corpos orgânicos não se mantêm senão à custa de matérias orgânicas, as únicas que contêm os elementos nutritivos necessários à sua transformação. Como os corpos, instrumentos de ação do princípio inteligente, precisam ser incessantemente renovados, a Providência faz com que eles sirvam à sua mútua manutenção. É por isso que os seres se nutrem uns dos outros, isto é, que o corpo se nutre do corpo. No entanto, o Espírito não é aniquilado nem alterado. Ele apenas é despojado de seu envoltório.

Além disso há considerações morais de ordem mais elevada.

A luta é necessária ao desenvolvimento do Espírito, porque é na luta que ele exercita suas faculdades. Aquele que ataca para obter seu alimento e aquele que se defende para conservar sua vida fazem exercícios de astúcia e de inteligência e aumentam, consequentemente, suas forças intelectuais. Um dos dois sucumbe. Mas o que foi que, na realidade, o mais forte ou mais apto tirou do mais fraco? Sua vestimenta de carne, e nada mais. O Espírito, que não morreu, mais tarde tomará outra.

Nos seres inferiores da criação, naqueles em que o senso moral não existe, nos quais a inteligência ainda está no estado de instinto, a luta não poderia ter por móvel senão a satisfação de uma necessidade material. Ora, uma das mais imperiosas necessidades materiais é a da alimentação. Assim, eles lutam unicamente para viver, isto é, para apanhar ou defender uma presa, pois não poderiam ser estimulados por um móvel mais elevado. É nesse primeiro período que a alma se elabora e se prepara para a vida. Quando atingiu o grau de maturidade necessário à sua transformação, ela recebe de Deus novas faculdades: o livre-arbítrio e o senso moral, numa palavra, a centelha divina, que dá um novo curso às suas ideias, dotando-a de novas percepções. Mas as novas faculdades morais de que ela é dotada só se desenvolvem gradativamente, pois nada é brusco na Natureza; há um período de transição, no qual o homem mal se distingue do bruto. Nas primeiras idades domina o instinto animal e a luta ainda tem por móvel a satisfação das necessidades materiais. Mais tarde, o instinto animal e o sentimento moral se contrabalançam; então o homem luta, não mais para se alimentar, mas para satisfazer sua ambição, seu orgulho, a necessidade de dominar. Para isto ainda lhe é necessário destruir. Mas, à medida que o senso moral preponderá, desenvolve-se a sensibilidade e diminui a necessidade de destruição, acabando mesmo por se tornar odiosa e apagar-se. O homem adquire horror ao sangue. Contudo, a luta é sempre necessária ao desenvolvimento do Espírito porque, mesmo tendo chegado a esse ponto, que nos parece culminante, ele está longe de ser perfeito; só ao preço de muita atividade ele adquire conhecimentos e experiência, e se despoja dos últimos vestígios da animalidade. A luta, que era sangrenta e brutal, se torna puramente intelectual. O homem, então, luta contra as dificuldades e não mais contra os seus semelhantes.

NOTA: Esta explicação, como se vê, se liga ao grave problema do futuro dos animais. Nós trataremos desse problema proximamente e a fundo, porquanto nos parece que ele está suficientemente elaborado, e cremos que se pode, desde já, considerá-lo como resolvido, em princípio, pela concordância do ensino.

SERMÃO SOBRE O PROGRESSO

Escrevem-nos de Montauban:
"Nestes dias passou-se em nossa cidade um fato que impressionou de diferentes maneiras a população. Um pregador protestante, o Sr. Rewile, capelão do rei da Holanda, num discurso pronunciado perante duas mil pessoas, afirmou-se claramente partidário das ideias novas. Sentimo-nos feliz ao ouvir, pela primeira vez, estas sublimes verdades proclamadas do alto de um púlpito cristão, e desenvolvidas com um talento e uma eloquência excepcionais. Ele deve ter sido brilhante, pois os fanáticos se apressaram em lhe dar o título de anticristo. Lamento não poder transmitir o sermão inteiro, mas tentarei analisar algumas passagens.

"O orador tinha tomado como tema o texto: 'Não vim destruir a lei e os profetas, mas dar-lhes cumprimento. Amai-vos de todo o vosso coração, de toda a vossa alma, de todo o vosso entendimento e ao vosso próximo como a vós mesmos.'

"Segundo o Sr. Rewile, a missão do Cristo entre os homens foi uma missão de caridade e de espiritualidade; sua doutrina parecia, pois, estar em oposição à dos judeus, cujo princípio era: 'Observância estrita da lei', princípio que engendraria o egoísmo. Entretanto, a expressão *dar-lhes cumprimento* explica essa contradição aparente, porque significa completar, tornar mais perfeita. Ora, substituir o egoísmo pela caridade e o culto da matéria pelo culto da espiritualidade era dar cumprimento, completar a lei. Em vão o Cristo tentou fazer essa nação romper as cadeias da matéria, elevando o seu pensamento e fazendo-a encarar seu destino a partir de um ponto de vista mais alto. Ela jamais pôde compreender a profundidade de sua moral. Assim, quando ele quis atacar os abusos de toda sorte, as práticas exteriores, e suavizar os rigores da lei mosaica, foi acusado e covardemente condenado. Os judeus esperavam um messias conquistador que, armado de um cetro de ferro, deveria dar-lhes em partilha o poder temporal, e não compreendiam o que havia de grande, de sublime naquele que, com um frágil caniço na mão, vinha trazer à Humanidade, como dádiva de sua força espiritual, a lei do amor e da caridade.

"Mas os desígnios de Deus sempre se realizam, malgrado todas as resistências, e se os judeus, como obreiros de má vontade, recusaram-se a trabalhar na vinha, nem por isso a

Humanidade avançou menos e avançará menos, arrastando em sua passagem tudo o que constitui obstáculo para chegar ao progresso. Sob pena de fracasso, a Igreja cristã deve seguir essa marcha ascendente, *porque a Humanidade não foi feita para a Igreja, mas a Igreja para a Humanidade.* Infeliz de quem resistisse, pois seria pulverizado pela mão do progresso. O passado não foi construído para responder pelo futuro?

"Que os filhos do século dezenove, contrariamente à conduta dos judeus antigos, compreendam e realizem sua obra! Eles já não experimentam esse frêmito involuntário que agita todas as inteligências de escol e que as impele espontaneamente para a conquista das ideias de espiritualidade, garantia única de felicidade para a Humanidade, porque sem espiritualidade só existe matéria e sem liberdade só há escravidão? *Por que, então, resistir por mais tempo a esses nobres impulsos da alma e atribuir ao demônio esses novos sinais dos tempos modernos? Por que não ver aí as inspirações dos mensageiros celestes de um Deus de amor e de caridade, anunciando-nos a renovação da Humanidade?*

"Que a Igreja cristã volte ao espírito. Com efeito, que é a Igreja sem o espírito, senão um cadáver, um verdadeiro cadáver na acepção da palavra?... Quem tiver ouvidos que ouça! A verdadeira Igreja, nestes dias críticos, tem o direito de contar com seus filhos... Vamos, de pé, e à obra! Que cada um faça o seu dever. Deus assim o quer! Deus o quer!

"Se o Cristo veio para dar cumprimento, isto é, para completar a lei pela prática do amor a Deus e aos homens, é que ele considerava este preceito como resumo da perfeição humana. A lei de amor a Deus e aos homens é, como ensina o próprio Cristo, uma lei maior, à qual estão subordinadas todas as outras. É, pois, necessário praticá-la na sua mais larga acepção, a fim de se aproximar dele e, consequentemente, de Deus, de que ele foi a mais alta expressão na Terra. Para amar a Deus é preciso amar a verdade, o belo e o bem; é necessário sentir-se transportado interiormente para esses atributos da perfeição moral, mas também é preciso amar a seus irmãos, seus semelhantes, em quem Deus se reflete no que há de verdade, de belo e de bem.

"Por que o Cristo amou a Humanidade até dar a vida por ela? Porque sendo também a mais alta expressão da perfeição humana, ele sentiu no mais alto grau os efeitos dessa lei de amor a Deus e aos homens, e teve que praticá-la de maneira sublime... Praticar a caridade, amar, é marchar a passos largos no caminho da verdade, do belo, do bem. É caminhar para Deus! Amar é viver, é avançar para a imortalidade!"

Segundo estou informado, o Sr. Rewile teria abordado com sucesso a questão das manifestações, em duas conferências para os alunos da Faculdade. Teria respondido vitoriosamente a todas as objeções. Lamento não ter podido ouvi-lo nessa circunstância tão interessante.

OBSERVAÇÃO: Bem tinham dito os Espíritos que o Espiritismo iria encontrar defensores nas próprias fileiras adversárias. Um tal discurso na boca de um ministro da religião e pronunciado do alto do púlpito é um acontecimento sério. Esperemos ver outros, porque o exemplo da coragem de opinião é contagioso. As ideias novas não tardarão mais a encontrar campeões confessos na alta ciência, na literatura e na imprensa. Elas aí já têm mais simpatias do que se crê. Só o primeiro passo é difícil. Até os dias de hoje pode-se dizer que, com exceção dos órgãos especiais do Espiritismo, que não se dirigem à massa do público indiferente, somente os nossos adversários estiveram com a palavra, e Deus sabe se a usaram! Agora trava-se a luta. Que dirão eles quando virem nomes justamente honrados e estimados saírem de suas fileiras para tomar abertamente nas mãos a bandeira da doutrina? Está dito que tudo se cumprirá.

GOLPE DE VISTA SOBRE O ESPIRITISMO E SUAS CONSEQUÊNCIAS

EXTRAÍDO DO JOURNAL DE SAINT-JEAN D'ANGÉLY
DE 5 DE MARÇO DE 1865

Sociedade de Estudos Espíritas de Saint-Jean d'Angely

Existe uma secreta harmonia contínua entre o mundo visível e o mundo dos Espíritos. Essa harmonia e suas manifestações possíveis, eis, sem contradita, uma das grandes questões de nossa época. Dela nos propomos tratar nas colunas deste jornal. Dirigimos a todos, sem dúvida, mas mais particularmente àqueles cujas ocupações diárias impedem de se entregarem ao estudo contínuo, nas grandes obras, dos fatos tão comoventes que, assinalados de um a outro extremo do Universo, são proclamados e atestados pelos homens mais instruídos. Demonstrar a possibilidade desses fatos pela revelação de leis naturais até agora desconhecidas; despojá-los do epíteto irônico de pretensos milagres com que pretendem diminuí-lo aos olhos daqueles que nada sabem sobre isto; iniciá-los no conhecimento da doutrina daí decorrente e deduzir dessa doutrina as consequências tão consoladoras que a mesma contém, eis o nosso objetivo.

Falam de milagres. Se um há, incompreensível aos nossos olhos, é o da frieza e da indiferença, reais ou simuladas, de homens inteligentes e probos, em presença das manifestações que surgem em todos os recantos do mundo e que são diariamente publicadas em profusão.

Se a reprodução daquilo que tantos outros viram apenas conduzisse à satisfação de uma curiosidade infantil, ou não tivesse como resultado senão a utilização dos momentos que não podiam ser mais bem empregados, oh! então compreenderíamos o desdém e as leviandades de linguagem.

Já não pode ser assim quando pensamos que se trata não apenas do mais importante objetivo de nossa existência, ou seja, a solução, pela prova palpável da imortalidade de nossas almas, da questão por tanto tempo discutida de nossos destinos futuros, mas que se trata também, e sobretudo, do chamamento, pela convicção dessas grandes verdades, daqueles que delas se afastam para o cumprimento de seus deveres para com Deus, para com os seus semelhantes e para consigo mesmos.

Observai bem: Sois membros de um júri. Testemunhas que desconheceis, que jamais vistes, vêm afirmar o fato mais inverossímil: o assassinato de um pai pelo filho, ou de um filho pelo pai. Acreditais e condenais o miserável autor de semelhante crime, e fazeis bem. Mas, sondemos a questão com a mão na consciência. Pensais que se esse infeliz tivesse acreditado num Deus poderoso e justo; se ele há muito tempo tivesse compreendido que seu ato horrível teria infalivelmente sua punição numa outra existência; pensais que ele não teria recuado ante a realização de seu crime? Não, não pensais. Como nós, dizeis: Sim, a crença, mas a crença firme e sem restrições, a crença absoluta num Deus justo, nas penas e recompensas numa outra vida, onde cada um receberá conforme suas obras aqui, eis o freio que deve ser o mais difícil de quebrar; e ainda tendes razão.

Infelizmente, estas crenças, para a quase universalidade das pessoas, são *desconhecidas* do grande problema da moralidade universal.

Parai um pouco! – grita a maioria delas. – Deixamos de estar de acordo. Há muito a nossa inteligência e os nossos estudos nos deram a conhecer a solução que indicais. Para nós, vossas pretensas novas provas são inúteis. *Nós somos e sempre fomos crentes.*

É precisamente esta a linguagem que nos liga a todos os mártires.

Dizeis que sempre acreditastes, pelo menos nos assegurais. Tanto melhor para vós, senhores. Se é preciso confessá-lo, nós não duvidamos. Recebei nossas sinceras felicitações. Ficaríamos realmente felizes se pudéssemos afirmar outro tanto. Francamente concordamos que malgrado o favor de todas as boas condições que puderam contribuir para elevar as nossas ideias, restava-nos muito caminho a percorrer para termos feito tanto quanto vós fizestes. Quantos de nossos irmãos, com mais forte razão, puderam ficar na retaguarda, privados que estavam por suas posições sociais das vantagens do estudo e eventualmente de alguns bons exemplos?

Sim, a fé está morta. Todos os doutores da lei o confessam e gemem por isto. Jamais, a despeito de seus esforços, jamais a incredulidade foi mais profunda, mais geral. Segui um pouco esta longa fila de homens que acabam de conduzir, como eles dizem, um dos seus à última morada, e ouvireis oitenta e cinco por cento deles repetirem: *Mais um no fim das penas.* Tristes palavras, triste e ao mesmo tempo grande prova da insuficiência dos meios empregados em nossos dias para a propagação da única e verdadeira felicidade de que os homens poderiam desfrutar em nossa Terra, para a propagação da fé.

Deus seja louvado! Um novo farol brilha para todos. Abaixo o privilégio! Lugar para os homens de boa vontade! Sem esforços da inteligência, sem estudos difíceis e custosos, o mais humilde, o menos instruído, como todos os seus irmãos, pode contemplar, se quiser, a luz divina. Só não a verão aqueles que não quiserem ver.

Se assim é, repetimos, os homens mais honestos, os mais instruídos, cujos nomes citaremos por falanges, dão o testemunho mais autêntico. Se assim é, dizemos nós, por que aventurar-se a pôr a luz debaixo do velador? Por que, pelo simples fato de não sentirmos necessidade deles para nós, rejeitar sem exame fenômenos cujo conhecimento e apreciação podem, senão sempre, pelos menos muitas vezes, deter a criatura sobre desfiladeiros fatais para os quais impelem a dúvida e a incredulidade; podem, em todo caso, e por tão pouco, reerguer pela esperança a coragem prestes a sucumbir ao peso do infortúnio?

Eis os benefícios que, pelo exemplo, tão facilmente podemos espalhar em redor de nós, mas que a indiferença, tanto quanto a oposição, podem retardar o seu progresso e a sua difusão.

(Continua)

A. CHAIGNEAU

D. – M. – P.

OBSERVAÇÃO: Nossa previsão emitida no artigo precedente a propósito do sermão de Montauban começa a realizar-se. Eis aqui um jornal que não é órgão do Espiritismo e que hoje acolhe, o que certamente não teria feito há um ano, não o relato dos fatos, mas artigos de fundo, desenvolvendo os princípios da doutrina. E de quem são esses artigos? De um desconhecido? De um ignorante? Não. Eles são de um médico que desfruta na região de uma reputação de saber justamente merecida e de uma consideração devida às suas eminentes qualidades. Mais um exemplo que terá imitadores.

Conhecemos mais de um jornal que não teria repugnância de falar favoravelmente do Espiritismo; que falaria mesmo de boa vontade, se não fosse o medo de desagradar certos leitores e comprometer seus próprios interesses. Esse medo poderia ter fundamento há algum tempo, mas hoje já não tem. Há alguns anos a opinião mudou muito a respeito do Espiritismo. Já não é uma coisa desconhecida. Dele se fala em toda parte, e já não riem tanto. De tal modo a ideia está vulgarizada, que se há alguma coisa que cause espanto é ver a imprensa indiferente a uma questão que preocupa as massas e que conta os seus partidários por milhões em todos os países do mundo e nas mais esclarecidas camadas da sociedade; é, sobretudo, por ver homens de inteligência criticá-la sem dela saber a primeira palavra. É, então, uma questão fútil essa que levanta a cólera de todo um partido? Esse partido comover-se-ia se nela visse apenas um mito sem consequências? Ele riria dela, mas considerando-se que se zanga, que troveja, que acende os seus autos-de-fé, com a esperança de matar a ideia, é que existe algo de sério. Ah! Se todos os que se dizem representantes do progresso se dessem ao trabalho de aprofundar a questão, é provável que não a tratassem com tanto desdém.

Seja como for, nosso objetivo aqui não é fazer a sua apologia. Apenas queremos registrar, como um fato constatado, que a ideia espírita tomou posição entre as doutrinas filosóficas; que ela constitui uma opinião cujos representantes se multiplicam de tal modo que seus adversários são os primeiros a proclamá-la. A consequência natural disto é que os jornais que forem francamente simpáticos a esta causa terão as simpatias de seus aderentes, e estes são bastante numerosos para compensar amplamente algumas defecções que eles pudessem experimentar, se é que as experimentariam.

Do ponto de vista da ideia espírita, o público se divide em três categorias: os partidários, os indiferentes e os antagonistas. É evidente que as duas primeiras constituem a imensa maioria. Os partidários a procurarão por simpatia; os indiferentes ficarão satisfeitos por encontrar numa discussão imparcial os meios de esclarecer aquilo que ignoram. Quanto aos antagonistas, em maioria, contentar-se-ão em não ler os artigos que lhes não convêm, mas, por este motivo, não renunciarão a um jornal que lhes agrade sob outros aspectos: suas tendências políticas, sua redação, seus folhetins, ou a variedade de notícias diversas. Aliás, os adversários natos do Espiritismo têm seus jornais especiais. Ema suma, é certo que, no estado atual da opinião, com isto mais ganhariam do que perderiam.

Sem dúvida dirão, e com razão, que a convicção não se impõe, e que um jornal, assim como um indivíduo, não pode abraçar ideias que não sejam as suas. Isto é muito justo, mas não impede a imparcialidade. Ora, até hoje, com pequeníssimo número de exceções, os jornais abriram suas colunas à crítica, tão largamente quanto possível, assim como aos ataques, à própria difamação contra uma numerosa classe de cidadãos, lançando sem escrúpulo o ridículo e o desprezo sobre as pessoas, ao passo que as fecharam impiedosamente à defesa. Quantas vezes a lei não deu à réplica direitos que foram ignorados! Seria necessário, então, recorrer a medidas de rigor, intentar processos? Estes teriam sido aos milhares, de dez anos para cá. Perguntamos se há nisso imparcialidade, justiça, da parte das folhas que incessantemente proclamam a liberdade de pensamento, a igualdade de direitos e a fraternidade. Compreende-se a refutação de uma doutrina que se não compartilha; a discussão raciocinada e de boa-fé dos seus princípios, mas o que não é justo nem leal, é desnaturá-la e fazê-la dizer o contrário do que ela diz, visando desacreditá-la. Ora, é isto o que fazem diariamente os adversários do Espiritismo. Admitir a defesa depois do ataque, a retificação das inexatidões, não seria esposar os princípios. Seria apenas imparcialidade e lealdade. Um jornal poderia mesmo ir mais longe. Sem renunciar às suas convicções e com toda reserva de suas opiniões pessoais, ele poderia admitir a discussão do pró e do contra. Assim, poria seus leitores em condições de julgar uma questão que vale bem a pena, pela repercussão que ela adquire dia a dia.

Devemos, pois, elogios à imparcialidade do jornal que acolhe os artigos do Sr. Chaigneau. Devemo-los, também, ao autor que, como um dos primeiros, entra na arena da publicidade oficial, para aí sustentar a nossa causa, com a autoridade de um homem de Ciência. O artigo referido acima é apenas a introdução ao seu trabalho. O número de 12 de março contém a entrada da matéria. É uma exposição sabiamente embasada do histórico do Espiritismo moderno. Lamentamos que sua extensão não nos permita reproduzi-la.

CORRESPONDÊNCIA DE ALÉM-TÚMULO

ESTUDO MEDIÚNICO

Para a compreensão do fato principal de que se trata, extraímos a passagem seguinte da carta de um assinante. Além disto, é uma simples e tocante expressão das consolações que os aflitos encontram no Espiritismo:

"Permiti que vos diga quanto alívio me deu o Espiritismo, dando-me a certeza de rever num mundo melhor um ser que eu havia amado com um amor sem limites, um irmão querido, falecido na flor da idade. Como é consolador este pensamento que aquele cuja morte choramos, muitas vezes está perto de nós, sustentando-nos quando estamos acabrunhados ao peso da dor, alegrando-se quando a fé no futuro nos deixa entrever um encontro certo! Iniciado há alguns anos nos admiráveis preceitos do Espiritismo, eu tinha aceitado todas as suas verdades e tinha me esforçado por viver aqui de maneira a apressar o meu adiantamento. Minhas boas resoluções tinham sido tomadas muito sinceramente, entretanto, confesso que, não possuindo os elementos necessários para fortalecer e entreter minha crença na comunicação dos Espíritos, pouco a pouco me havia habituado, não a rejeitá-la, mas a encará-la com mais indiferença. É que a desgraça até então me era desconhecida. Hoje, que a Deus aprouve enviar-me uma prova dolorosa, colhi no Espiritismo preciosas consolações, e experimento a necessidade de vo-lo agradecer muito particularmente, como o primeiro propagador desta santa doutrina.

"Não sendo a doutrina do Espiritismo simples hipótese, mas apoiando-se em fatos patentes e ao alcance de todos, as consolações que proporciona não só consistem na certeza de rever pessoas amadas, mas também, e sobretudo, na possibilidade de corresponder-se com elas e delas obter salutares ensinamentos."

Nesta convicção, o irmão vivo escreveu esta carta ao irmão morto, solicitando a resposta através de um médium.

N..., 14 de março de 1865.
Meu irmão muito amado,
É-me impossível dizer-te quanto fiquei feliz ao ler a carta que me endereçaste através do médium de C... Eu a transmiti aos nossos pobres pais, que afligiste muito, deixando-os de maneira

tão inesperada. Eles me pedem que te escreva de novo, que te peça novos detalhes sobre tua existência atual, a fim de poderem crer, por novas provas que darás facilmente, na realidade do ensino dos Espíritos. Mas, antes de tudo, vem para junto deles muitas vezes; inspira-lhes a resignação e a fé no futuro; consola-os, pois necessitam, feridos que estão por um golpe tão imprevisto. Quanto a mim, ó meu irmão bem-amado, ficarei sempre feliz quando te for permitido dar notícias tuas. Hoje venho pedir-te novamente detalhes sobre a tua moléstia, tua morte e teu despertar no mundo dos Espíritos.

– Quais os Espíritos que vieram receber-te à entrada do mundo invisível? – Reviste o nosso avô? Ele é feliz? – Reviste e reconheceste nossos parentes falecidos antes de ti, mesmo os que não conheceste na Terra? – Assististe ao teu enterro? Que impressão sentiste? Peço-te detalhes sobre essa triste cerimônia, que não permitam aos nossos pais duvidar de tua identidade. – Poderias dizer-me se algum membro de nossa família poderá tornar-se médium? Não desejarias comunicar-te através de um de nós?

Não posso compreender que não queiras continuar teus estudos de música, que cultivavas com tanto ardor na Terra. Seria um suave consolo para nós se quisesses terminar, através de um médium, os salmos que começaste a musicar em Paris.

Pudeste constatar o vazio imenso causado por tua morte no coração de todos nós. Peço-te que inspires a teus pais a coragem necessária para não sucumbirem nesta prova terrível. Sê muitas vezes com eles e dá-lhes tuas notícias.

Quanto a mim, Deus sabe quanto chorei. Malgrado minha crença no Espiritismo, há momentos em que não posso habituar-me à ideia de não mais te rever nesta Terra, e em que daria a vida para poder apertar-te ao coração.

Adeus, meu nobre amigo. Pensa algumas vezes naquele cujos pensamentos estão constantemente dirigidos para ti, e que fará o possível para ser julgado digno de um dia estar unido a ti.

Abraço-te e te aperto ao coração.
Teu irmão muito devotado, B...

NOTA: Numa comunicação anterior, dada aos pais, através de outro médium, tinha sido dito que o jovem não queria continuar com os estudos de música no mundo dos Espíritos.

Resposta do irmão morto ao irmão vivo.

Eis-me aqui, meu bom irmão, mas tu exiges demais. Com a melhor boa vontade, não posso responder, numa única evocação, às numerosas perguntas que me diriges. Não sabes que por vezes é muito difícil aos Espíritos transmitirem o pensamento através de certos médiuns pouco aptos a receber claramente, em seu cérebro, a impressão fotográfica dos pensamentos de certos Espíritos, e que, desnaturando-os, lhes dão um cunho de falsidade que leva a maioria dos interessados à negação mais formal das manifestações, o que é muito pouco lisonjeiro e entristece profundamente aqueles que, na falta de instrumentos adequados, são impotentes para dar suficientes sinais de identidade?

Crê-me, bom irmão, evoca-me em família, e tu mesmo, com um pouco de boa vontade e alguns ensaios perseverantes, poderás conversar comigo à vontade. Estou quase sempre junto a ti, porque sei que és espírita e espero em ti. É certo que simpatia atrai simpatia e que não se pode ser expansivo com um médium que se vê por primeira vez. Contudo, vou tentar satisfazer-te.

Minha morte, que vos aflige, era o termo do cativeiro de minha alma. Vosso amor, vossa solicitude, vossa ternura, tinham tornado suave meu exílio na Terra. Mas, nos meus mais belos momentos de inspiração musical, eu voltava meu olhar para as regiões luminosas onde tudo é harmonia, e me esquecia a escutar os acordes longínquos da melodia celeste que me inundava com suas doces vibrações. Quantas vezes fiquei absorvido nesses devaneios estáticos aos quais devia o sucesso de meus estudos de música, que continuo aqui! Seria um erro estranho crer que a aptidão individual se perde no mundo espírita. Ao contrário, ela se aperfeiçoa, para em seguida levar esse aperfeiçoamento aos planetas onde esses Espíritos são chamados a viver.

Não choreis mais, vós todos, bem-amados parentes! Para que servem as lágrimas? Para enervar. Para desencorajar as almas. Parti primeiro, mas vireis encontrar-me. Esta certeza não é bastante poderosa para vos consolar? A rosa, que exalou seus perfumes no carvalho, morre como eu, depois de ter vivido pouco, juncando o solo de pétalas murchas. Mas o carvalho morre, por sua vez, e tem a sorte da rosa que ele chorou e cujas cores vivas se harmonizam com sua sombria folhagem.

Ainda algum tempo, e vireis a mim. Então cantaremos o cântico dos cânticos e louvaremos a Deus em suas obras, porque juntos seremos felizes, se vos resignardes à provação que vos atinge.
Aquele que foi teu irmão na Terra e te ama sempre,

B...

Vários ensinamentos importantes ressaltam desta comunicação. O primeiro é a dificuldade experimentada pelo Espírito para se exprimir com o auxílio do instrumento que lhe era dado. Conhecemos pessoalmente esse médium, que há muito tempo deu provas de força e de flexibilidade da faculdade, sobretudo no caso de evocações particulares; é o que se pode chamar um médium seguro e bem assistido. De onde vem, então, esse impedimento? É que a facilidade das comunicações depende do grau de afinidade fluídica existente entre o Espírito e o médium. Cada médium está, assim, mais ou menos apto para receber a impressão ou a *impulsão* do pensamento de tal ou qual Espírito. Ele pode ser um bom instrumento para um e mau para outro, sem que isto permita pressupor qualquer coisa contra suas qualidades, pois a condição é mais orgânica que moral. Assim, os Espíritos buscam, de preferência, os instrumentos com os quais vibram em uníssono. Impor-lhes o primeiro que surge e crer que dele possam servir-se indiferentemente, seria como se se impusesse a um pianista tocar violino, sob a alegação de que se ele conhece música, deve saber tocar todos os instrumentos.

Sem esta harmonia, a única que pode levar à assimilação fluídica, *tão necessária na tiptologia quanto na escrita*, as comunicações são incompletas, ou impossíveis, ou falsas. Em falta do Espírito, que não podemos ver, se ele não pode manifestar-se livremente, não faltarão outros, sempre prontos a aproveitar a ocasião, e que pouco se preocupam com a verdade do que dizem. Essa similitude fluídica por vezes é totalmente impossível entre certos Espíritos e certos médiuns; outras vezes, e é o caso mais ordinário, ela só se estabelece gradualmente e com o tempo, o que explica por que de hábito os Espíritos que se manifestam por um médium, o fazem com mais facilidade, e por que as primeiras comunicações quase sempre atestam uma certa dificuldade e são menos explícitas.

Assim, está demonstrado ao mesmo tempo pela teoria e pela experiência que não há mais médiuns universais para as evocações senão pela aptidão aos diversos gêneros de manifestações. Aquele que pretendesse receber à vontade e em hora marcada as comunicações de todos os Espíritos e, consequentemente, poder satisfazer os legítimos desejos de todos os que querem entreter-se com os seres que lhes são caros, ou daria prova de uma ignorância radical dos mais elementares princípios da ciência, ou de charlatanismo e, em todos os casos, de uma presunção incompatível com as qualidades essenciais de um bom médium. Pudemos acreditar nisso durante algum tempo, mas hoje os progressos da ciência teórica e prática demonstram que isso, em princípio, é impossível. Quando um Espírito se comunica pela primeira vez por um médium sem qualquer dificuldade, isto se deve a uma afinidade fluídica excepcional ou anterior, entre o Espírito e seu intérprete.

É, pois, um erro impor um médium ao Espírito que se quer evocar. É preciso deixar-lhe a liberdade de escolha de seu instrumento. Mas, perguntarão, como fazer quando só se tem um médium, o que é muito frequente? Para começar, contentar-se com o que se tem e privar-se do que se não tem. Não está na alçada da ciência espírita mudar as condições normais das manifestações, assim como à química mudar as da combinação dos elementos.

Entretanto, há aqui um meio de atenuar a dificuldade. Em princípio, quando se trata de uma evocação nova, o médium deve sempre previamente evocar seu guia espiritual e perguntar se ela é possível. Em caso afirmativo, perguntar ao Espírito evocado se ele encontra no médium a aptidão necessária para receber e transmitir seu pensamento. Se houver dificuldade ou impossibilidade, pedir-lhe que o faça através do guia do médium ou que aceite a sua assistência. Neste caso, o pensamento do Espírito só chega de segunda mão, isto é, depois de haver atravessado dois meios. Compreende-se, então, o quanto é importante que o médium seja bem assistido, porque se o for por um Espírito obsessor, ignorante ou orgulhoso, a comunicação será alterada. Aqui, as qualidades pessoais do médium forçosamente representam um papel importante, pela natureza dos Espíritos que ele atrai para si. Os mais indignos médiuns podem ter poderosas faculdades, mas os mais seguros são os que a essa força juntam as melhores simpatias no mundo invisível. Ora, essas simpatias não são *absolutamente* garantidas pelos nomes mais ou menos imponentes dos Espíritos que assinam as comunicações, mas pela natureza constantemente boa das comunicações que eles recebem.

Esses princípios são fundados simultaneamente na lógica e na experiência. As próprias dificuldades que apresentam provam que a prática do Espiritismo não deve ser tratada levianamente. Outro fato ressalta igualmente da comunicação acima. É a confirmação do princípio segundo o qual os Espíritos inteligentes prosseguem na vida espiritual os trabalhos e estudos que tinham empreendido na vida corpórea.

É assim que nas comunicações que publicamos damos preferência àquelas de onde pode sair um ensinamento útil.

Quanto à carta do irmão vivo ao irmão morto, é uma ingenuidade e uma tocante expressão da fé sincera na sobrevivência da alma, na presença dos seres que nos são caros, e da possibilidade de continuar com essas relações de afeição que a eles nos uniam.

Sem dúvida os incrédulos rirão daquilo que aos seus olhos é uma credulidade pueril. Por mais que façam, o nada que preconizam jamais terá encanto para as massas, porque quebra o coração e as mais santas afeições; gela, em vez de aquecer; espanta e desespera, em vez de fortalecer e consolar.

Suas diatribes contra o Espiritismo têm por pivô essa doutrina apavorante do nada, então não é de admirar a sua impotência para desviar as massas das novas ideias. Entre uma doutrina desesperadora e outra consoladora, a escolha da maioria não podia ser duvidosa.

Depois da espantosa catástrofe da igreja de Santiago do Chile, em 1864, encontraram na igreja uma caixa de cartas, na qual os fiéis depositavam aquelas que dirigiam à Santa Virgem. Seria possível estabelecer uma paridade entre a carta acima e estas últimas, que desencadearam a verve dos trocistas? Por certo que não. Contudo, o erro não era daqueles que acreditavam na possibilidade de corresponder-se com o outro mundo, mas daqueles que exploravam essa crença, dando respostas compatíveis com o pagamento prévio anexado à carta de solicitação. Há poucas superstições que não têm seu ponto de partida numa verdade desnaturada pela ignorância. Acusado de ressuscitá-las, o Espiritismo, ao contrário, vem reduzi-las ao seu justo valor.

PODER CURATIVO DO MAGNETISMO ESPIRITUAL

ESPÍRITO DO DOUTOR DEMEURE

Em nosso artigo do mês passado sobre o Dr. Demeure, prestamos uma justa homenagem às suas eminentes qualidades como homem e como Espírito. O fato seguinte é uma nova prova de sua benevolência, ao mesmo tempo que constata o poder curativo da magnetização espiritual.

Escrevem-nos de Montauban:

O Espírito do bom pai Demeure, vindo engrossar o número de nossos amigos invisíveis que cuidam de nossa moral e do nosso físico, quis manifestar-se desde os primeiros dias por um benefício. A notícia de sua morte ainda não era conhecida dos nossos irmãos de Montauban, quando ele empreendeu espontânea e diretamente a cura de um deles por meio do magnetismo espiritual, apenas pela ação fluídica. Vedes que ele não perdia tempo e continuava como Espírito, assim como dizeis, sua obra de alívio da Humanidade sofredora. Entretanto, há aqui uma importante distinção a fazer. Certos Espíritos continuam vinculados às suas ocupações terrenas, sem consciência de seu estado, julgando-se ainda vivos. Isso é próprio dos Espíritos pouco adiantados, ao passo que o Sr. Demeure se reconheceu imediatamente e age voluntariamente como Espírito, com a consciência de ter maior força nesse estado.

Tínhamos ocultado a morte do Sr. Demeure à Sra. G..., médium vidente e sonâmbula muito lúcida, para poupar sua extrema sensibilidade, e o bom doutor, sem dúvida percebendo nosso ponto de vista, tinha evitado manifestar-se a ela. A 10 de fevereiro último, estávamos reunidos a convite de nossos guias que, diziam eles, queriam aliviar a Sra. G... de um entorse de que ela sofria cruelmente desde a véspera. Não sabíamos mais que isto, e estávamos longe de esperar a surpresa que nos preparavam. Imediatamente depois de ter entrado em estado sonambúlico, a dama soltou gritos lancinantes, mostrando o seu pé. Eis o que se passava:

A Sra. G... via um Espírito curvado sobre sua perna, mas as suas feições ficavam ocultas. Ele operava fricções e massagens, fazendo de vez em quando uma tração longitudinal sobre a parte doente, absolutamente como teria feito um médico. A operação era tão dolorosa que a paciente por vezes vociferava e fazia movimentos desordenados. Mas a crise não teve longa duração. Ao cabo de dez minutos, todos os traços de entorse haviam desaparecido. Não havia mais inflamação, e o pé tinha retomado sua aparência normal. A Sra. G... estava curada.

Quando se pensa que para curar completamente uma afecção desse gênero, os mais bem dotados magnetizadores e os mais exercitados, sem falar da medicina oficial que ainda não chegou a uma conclusão sobre tais casos, precisam de um tratamento cuja duração nunca é de menos de trinta e seis horas, para isso consagrando três sessões espirituais diárias de uma hora, esta cura em dez minutos, pelo fluido espiritual, pode bem ser considerada como instantânea, com tanto mais razão, como diz o próprio Espírito numa comunicação que se encontra a seguir, que era de sua parte uma primeira experiência, feita visando uma aplicação posterior, em caso de êxito.

Entretanto, o Espírito continuava desconhecido da médium e persistia em não mostrar suas feições. Ele dava mesmo a impressão de querer fugir, quando, de um pulo, nossa doente, que minutos antes não podia dar um passo, se lança no meio da sala para apertar a mão do seu médico espiritual. Ainda essa vez, o Espírito havia desviado a face, deixando apenas sua mão na dela. Nesse momento a Sra. G... solta um grito e cai no chão extenuada. Ela acabara de reconhecer o Sr. Demeure no Espírito curador. Durante a síncope, ela recebeu os cuidados dedicados de vários Espíritos simpáticos. Enfim, readquirida a lucidez sonambúlica, ela conversou com os Espíritos, trocando fortes apertos de mão, principalmente com o Espírito do doutor, que respondia a seus testemunhos de afeição, penetrando-a de um fluido reparador.

Não é uma cena empolgante e dramática, na qual parecia serem vistas todas as personagens representando seu papel na vida humana? Não é uma prova entre mil que os Espíritos são seres perfeitamente reais, tendo um corpo e agindo como faziam na Terra? Estávamos felizes por encontrar o nosso amigo espiritualizado, com seu excelente coração e sua delicada solicitude. Em vida ele tinha sido médico da médium; conhecia sua extrema sensibilidade e a tinha conduzido como se fosse sua filha. Esta prova de identidade dada àqueles a quem o Espírito amava não é tocante e apta a fazer encarar a vida futura sob seu aspecto mais consolador? Eis a comunicação recebida do Sr. Demeure, no dia seguinte a esta sessão:

"Meus bons amigos, estou ao vosso lado e vos amo sempre como no passado. Que felicidade poder comunicar-me com os que me são caros! Como fiquei feliz, ontem à noite, por me tornar útil e aliviar nossa cara médium vidente! É uma experiência que me servirá e que porei em prática no futuro, sempre que se apresentar uma ocasião favorável. Hoje seu filho está muito doente, mas espero que logo o curemos. Tudo isto lhe dará coragem para perseverar no estudo do desenvolvimento de sua faculdade. (O filho da Sra. G... realmente foi curado de uma angina inflamatória, com medicação homeopática ordenada pelo Espírito).

"Daqui a algum tempo poderemos fornecer-vos ocasião de testemunhardes fenômenos que ainda não conheceis, e que serão de grande utilidade para a ciência espírita. Ficarei feliz em poder contribuir pessoalmente nessas manifestações, que teria tido muito prazer em ver quando vivo, mas, graças a Deus, hoje as assisto de maneira muito particular e que me prova evidentemente a verdade do que se passa entre vós. Crede, meus bons amigos, que sinto sempre um verdadeiro prazer em me tornar útil aos meus semelhantes, e em ajudá-los a propagar estas belas verdades que devem mudar o mundo, trazendo-o a melhores sentimentos.

"Adeus, meus amigos. Até à vista.

"ANTOINE DEMEURE"

Não é curioso ver um Espírito, já sábio na Terra, como Espírito fazer estudos e experiências para adquirir mais habilidade no alívio de seus semelhantes? Há nesta confissão uma louvável modéstia que confere o verdadeiro mérito, ao passo que os Espíritos pseudossábios geralmente são presunçosos.

O último número da *Revista* cita uma comunicação do Sr. Demeure, como dada em Montauban a 1º de fevereiro. Foi a 26 de janeiro que ele a ditou. Essa data tem, na minha opinião, uma certa importância, porque foi o dia seguinte ao da sua morte. No segundo parágrafo diz ele:... "Gozo de uma lucidez rara nos Espíritos há tão pouco tempo desprendidos da matéria." Com efeito, essa lucidez prova um rápido desprendimento que é próprio dos Espíritos moralmente muito adiantados.

OBSERVAÇÃO: A cura relatada acima é um exemplo da ação do magnetismo espiritual puro, sem qualquer mistura do magnetismo humano. Por vezes os Espíritos se servem de médiuns especiais, como condutores de seu fluido. São os *médiuns curadores* propriamente ditos, cuja faculdade apresenta graus muito diversos de energia, conforme sua aptidão pessoal e a natureza dos Espíritos pelos quais são assistidos. Conhecemos em Paris uma pessoa há oito meses atingida de exostoses na anca e no joelho, que lhe causam grandes sofrimentos e a prendem ao leito. Um de seus jovens amigos, dotado dessa preciosa faculdade, lhe deu cuidados pela simples imposição das mãos, durante alguns minutos, sobre a cabeça, e pela prece, que o doente acompanhava com fervor edificante. Este último experimentava, no momento, uma crise muito dolorosa, análoga à sentida pela Sra. G..., logo seguida de uma calma perfeita. Então sentia a impressão enérgica de várias mãos, que massageavam e estiravam a perna, que se via alongar-se de 10 a 12 centímetros. Nele já há uma melhora muito sensível, porque começa a andar, mas a antiguidade e a gravidade do mal necessariamente tornam a cura mais difícil e mais demorada que uma simples entorse.

Faremos observar que a mediunidade curadora ainda não é apresentada, ao que saibamos, com caracteres de generalidade e de universalidade, mas, ao contrário, restrita como aplicação, isto é, que o médium tem uma ação mais poderosa sobre certos indivíduos do que sobre outros, e não cura todas as doenças. Compreende-se que assim deva ser, quando se conhece o papel capital que representam as afinidades fluídicas em todos os fenômenos da mediunidade. Algumas pessoas só gozam dela acidentalmente e para um determinado caso. Seria, pois, um erro crer que, pelo fato de termos obtido uma cura, mesmo difícil, podem ser obtidas todas, pela razão que o fluido próprio de certos doentes é refratário ao fluido do médium. A cura é tanto mais fácil quanto mais naturalmente se opera a assimilação dos fluidos. Assim, é surpreendente que algumas pessoas frágeis e delicadas exerçam uma ação poderosa sobre indivíduos fortes e robustos. É que nesse caso, essas pessoas são bons condutores do fluido espiritual, ao passo que homens vigorosos podem ser maus condutores. Eles têm somente seu fluido pessoal, fluido humano que jamais tem a pureza e o poder reparador do fluido depurado dos bons Espíritos.

De acordo com isto, compreende-se as causas maiores que se opõem a que a mediunidade curadora se torne uma profissão. Para dela fazer ocupação, seria preciso ser dotado de uma faculdade universal. Ora, só Espíritos encarnados da mais elevada ordem poderiam possuí-la nesse grau. Ter essa presunção, mesmo exercendo-a com desinteresse e por pura filantropia, seria uma prova de orgulho que por si só seria um sinal de inferioridade moral.

A verdadeira superioridade é modesta. Ela faz o bem sem ostentação e apaga-se em vez de procurar o brilho. Aquele que tem renome vai buscá-la e a descobre, ao passo que o presunçoso corre à busca do renome que muitas vezes lhe escapa. Jesus dizia àqueles que ele havia curado: "Ide, dai graças a Deus e não o digais a ninguém." É uma grande lição para os médiuns curadores.

Lembraremos aqui que a mediunidade curadora está exclusivamente na ação fluídica mais ou menos instantânea; que ela não deve ser confundida com o magnetismo humano, nem com a faculdade que têm certos médiuns de receber dos Espíritos a indicação de remédios. Estes últimos são apenas *médiuns receitistas*, como outros são médiuns poetas ou desenhistas.

CONVERSAS FAMILIARES DE ALÉM-TÚMULO

PIERRE LEGAY, DITO GRANDE PIERROT

(Continuação – Ver a Revista de novembro de 1864)

Pierre Legay, parente da Sra. Delanne, ofereceu-nos o singular espetáculo de um Espírito que, dois anos depois de sua morte, ainda se julgava vivo, cuidava de negócios, viajava de carro, pagava sua passagem em estradas de ferro, visitava Paris pela primeira vez etc. Damos hoje a conclusão desse estado, que seria difícil de compreender se não nos reportássemos aos detalhes dados na Revista de novembro de 1864. Inutilmente o Sr. e a Sra. Delanne tinham tentado arrancar seu parente de seu erro. Seu guia espiritual lhes tinha dito que esperassem, pois não era chegado o momento.

Nos primeiros dias de março último, eles dirigiram esta pergunta a seu guia:

P. – Depois da última visita de Pierre Legay, mencionada na *Revista Espírita*, nenhuma resposta dele pudemos obter. A respeito disso nos dissestes que quando chegasse o momento, ele próprio nos daria suas impressões. Pensais que ele possa fazê-lo agora?

R. – Sim, meu filhos. A hora é chegada. Ele vos poderá responder e vos fornecerá vários assuntos de estudo e de ensinamentos. Deus tem seus pontos de vista.

P. – (A Pierre Legay). Caro amigo, estais aqui?

R. – Sim, meu amigo.

P. – Vedes o meu objetivo vos evocando hoje?

R. – Sim, pois tenho junto a mim amigos que me instruíram sobre tudo quanto se passa de admirável neste momento na Terra. Meu Deus! Que coisa estranha é tudo isto!

P. – Dizeis que tendes amigos que vos cercam e vos instruem. Podeis dizer quem são eles?

R. – Sim, são amigos, mas não os conheci senão depois que *despertei*. Sabeis que *eu dormi*? Chamo dormir o que chamais morrer.

P. – Podeis dizer o nome de alguns desses amigos?

R. – Tenho constantemente ao meu lado um homem, que na verdade eu deveria chamar de anjo, porque é tão suave, tão bom, tão belo que julgo que os anjos devam ser todos como *esse aí*. Depois está Didelot (o pai da Sra. Delanne), que também está aqui; depois os vossos pais, meu amigo. Oh! Como eles são bons! Ah! é engraçado como a gente se encontra; está também nossa irmã superiora. Por exemplo, ela é sempre a mesma; ela não mudou nada. Mas como tudo isto é curioso!

NOTA: A irmã que o Espírito designa morava na comuna de Treveray, e havia dado as primeiras instruções à Sra. Delanne. Ela só se manifestou uma vez, há três anos.

— Vede! Também vós, *jardineiro*! (Nome familiar dado a um tio da Sra. Delanne, que jamais se havia manifestado). Mas como eu sou bobo! É em casa de vossa sobrinha que nós estamos. Então! Estou contente de vos ver. Isto me deixa à vontade, porque, palavra de honra, sou transportado não sei como desde algum tempo; vou mais rápido que o trem e percorro o espaço sem me dar conta como. Sois como eu, Didelot? Ele parece achar tudo isto natural. Parece que já está habituado. Aliás, ele o faz há mais tempo que eu (Ele havia morrido há seis anos), e compreendo que esteja menos admirado. Mas como é engraçado! Ah! É muito engraçado! Dizei-me, vós sabeis, meu primo, convosco estou à vontade. Ora, francamente, dizei-me, então, que é o que se chama *morrer*?

O SENHOR DELANNE: — Meu amigo, chama-se morrer, deixar à terra o corpo grosseiro, para dar à alma o desprendimento de que ela necessita para entrar na vida real, a grande vida do Espírito. Sim, estais nisso, meu caro, nesse mundo ainda desconhecido por muitos homens da Terra. Eis-vos saído da letargia ou entorpecimento que se segue à separação da alma e do corpo. Vedes vosso anjo da guarda, amigos que vos rodeiam. Foram eles que vos trouxeram entre nós, para vos provar a imortalidade e a individualidade de vossa alma. Ficai orgulhoso e feliz porque, como vedes agora, a morte é a vida. Eis, também, por que atravessais o espaço com a rapidez do raio e podeis conversar conosco em Paris, como se tivésseis um corpo material como o nosso. Esse corpo, já não o tendes. Agora tendes apenas um envoltório fluídico e leve, que não mais vos prende à Terra.

P. LEGAY: Singular expressão: *morrer*! Mas, então, dai um outro nome ao momento em que a alma deixa seu corpo à terra, porque tal instante não é o da morte... Eu me lembro... Eu estava apenas desembaraçado dos laços que me prendiam ao corpo, e meus sofrimentos, em vez de diminuírem, não fizeram senão aumentar. Eu via meus filhos disputando para ter cada um deles a parte que lhe tocava. Eu os via sem cuidarem das terras que eu lhes deixava, e então *eu me havia posto a trabalhar* ainda com mais força do que nunca. Estava lá, lamentando por verificar que não me compreendiam. Então *eu não estava morto*. Asseguro-vos que experimentava os mesmos receios e as mesmas fadigas que com o meu corpo, e contudo, não o tinha mais. Explicai-me isto. Se é assim que se morre é uma engraçada maneira de morrer. Dizei-me vossa ideia sobre isto e depois vos direi a minha, porque agora estes bons amigos têm a bondade de me dizer. Vamos, meu primo, dizei-me a vossa ideia.

O SR. DELANNE: Meu amigo, quando os Espíritos deixam seus corpos, eles são envolvidos num segundo corpo, como vos disse; esse é fluídico; não o deixam jamais. Então, é com esse corpo que pensáveis trabalhar, como em vida com o outro. Podeis depurar esse corpo semimaterial pelo vosso progresso moral. E se a palavra *morte* não vos convém para precisar esse momento, chamai-o *transformação*, se quiserdes. Se tivestes que sofrer coisas que vos foram penosas, é que vós mesmo, em vida, talvez vos tenhais apegado demais às coisas materiais, negligenciando as coisas espirituais que interessavam ao vosso futuro. (Ele estava muito interessado). É um pequeno castigo que Deus vos impôs para resgatar vossas faltas, dando-vos os meios de vos instruir e abrir os olhos à luz.

P. LEGAY: Então, meu caro, não é a este momento que se deve dar o nome de transformação, porque o Espírito não se transforma tão depressa se não for imediatamente ajudado a se reconhecer pela prece, e se não o esclarecem sobre sua verdadeira posição, quer, como acabo de dizer, orando por ele, quer o evocando. Eis por que *há tantos Espíritos, como o meu, que ficam estacionários.* Para os Espíritos da categoria do meu, há *transição*, mas não *transformação*; ele não consegue se dar conta do que lhe acontece. Eu arrastei, ou antes, julguei arrastar o meu corpo com o mesmo esforço e os mesmos males que sobre a Terra. Quando fui destacado de meu corpo, sabeis o que experimentei? Ora! O que se experimenta depois de uma queda que atordoa por um momento, ou melhor, depois de um desmaio, do qual fazem a gente voltar com vinagre. *Despertei* sem me aperceber que o corpo me havia deixado. Vim aqui a Paris, onde estou, pensando mesmo aqui estar em carne e osso e vós não poderíeis ter-me convencido do contrário *se desde então eu não estivesse morto.*

Sim, morre-se, mas não é no momento em que se deixa o corpo; é no momento em que o Espírito, *percebendo sua verdadeira situação*, é tomado de uma vertigem, não consegue mais compreender o que lhe dizem, não vê mais as coisas que lhe explicam da mesma maneira; então se perturba. Vendo que não é mais compreendido, ele procura, e como o cego que é ferido subitamente, pede um guia que não vem imediatamente, *não mesmo*. É preciso que fique algum tempo nas trevas, onde para ele tudo é confuso. Ele está perturbado, e é preciso que o desejo o impulsione com ardor a pedir a luz, que lhe não é concedida senão depois de terminada a agonia e chegada a hora da libertação. Então, meu primo, é quando o Espírito se acha nesse momento que é o *momento da morte*, porque não mais sabemos reconhecer-nos. É preciso, repito, que sejamos ajudados pela prece para sair desse estado, e é também quando é chegada a hora da libertação que se deve empregar a palavra *transformação* para os Espíritos de minha ordem.

Oh! Obrigado por vossas boas preces, obrigado, meu amigo. Sabeis quanto vos amava, e vos amarei muito mais de agora em diante. Continuai fazendo vossas boas preces por mim, para o meu adiantamento. Obrigado ao homem que soube pôr à luz essas grandes verdades santas, das quais tantos outros antes dele haviam desdenhado ocupar-se. Sim, obrigado por terdes associado meu nome ao de tantos outros. Oraram por mim lendo algumas linhas que eu vos tinha vindo dar. Assim, obrigado, também, a todos quantos oraram por mim, e hoje, graças à prece, cheguei a compreender o seu alcance. Por minha vez, procurarei ser útil a vós todos.

Eis o que tinha a vos dizer e ficai tranquilos. Hoje não tenho mais dinheiro a lamentar, mas, ao contrário, tenho todo o meu tempo a vos dar.

Não deve tal mudança vos admirar muito? Pois bem, doravante, como agora, assim será, pois agora vejo claro, aqui e de muito longe.

PIERRE LEGAY

OBSERVAÇÃO: O novo estado em que se encontra Pierre Legay, deixando de considerar-se deste mundo, pode ser considerado como um segundo despertar do Espírito. Esta situação se liga à grande questão da *morte espiritual* que está em estudo neste momento. Agradecemos aos espíritas que à vista do nosso relato oraram por esse Espírito. Eles podem ver que ele se apercebeu disto e achou-se bem.

MANIFESTAÇÕES ESPONTÂNEAS EM MARSELHA

As manifestações de Poitiers neste momento têm sua réplica em Marselha. Há de concluir-se que os assim chamados brincalhões que abalaram a primeira cidade sem serem descobertos, se transportaram para a segunda, onde também não os descobrem? É preciso convir que são mistificadores muito hábeis, para assim frustrarem as pesquisas da polícia e de todos quantos se interessaram em descobri-los.

A *Gazette du Midi* de 5 de março traz a respeito desse assunto esta curta notícia:

"Durante o dia de sexta-feira, o bairro Chave estava abalado, e no boulevard com esse nome, numerosos grupos estacionavam perto da casa nº 80. Corria o rumor de que naquela casa passavam-se cenas estranhas, que tinham posto em fuga os moradores do imóvel enfeitiçado. Diziam que fantasmas passeavam por ali; a certa hora são ouvidos ruídos estranhos e mãos invisíveis fazem os móveis se entrechocarem, bem como as baixelas e as baterias de cozinha. Foi necessária a intervenção da polícia para manter a ordem no seio desses grupos, que aumentavam a cada instante. A propósito, o que há de razoável para dizer, ao que parece, é que a casa de que se trata não oferece toda a solidez requerida, sobre um terreno minado pelas águas. Alguns estalos ouvidos e transformados pelo medo em artes de feitiçaria, terão motivado rumores que não tardarão a dissipar-se."

CAUVIÈRE

Eis o relato circunstanciado que nos é transmitido pelo Dr. Chavaux, de Marselha, em data de 14 de março:

"Há uns quinze dias, tive a honra de vos dar alguns detalhes sobre as manifestações que se produzem, há mais de um mês, na casa nº 80 do Boulevard Chave. Só dizia o que tinha ouvido dizer; hoje venho dizer o que eu mesmo vi e ouvi.

"Tendo obtido permissão de visitar a casa, lá fui sexta-feira, 10 de março, ao apartamento do primeiro andar, ocupado pela Sra. A... e suas duas filhas, uma de oito anos e outra de dezesseis. Exatamente à uma hora, houve uma viva detonação na própria casa, seguida de nove outras, no espaço de três quartos de hora. À segunda detonação, que parecia partir do interior da peça onde estávamos, vi formar-se um leve vapor e depois se fez sentir um pronunciado cheiro de pólvora. Tendo entrado a Sra. R... à oitava detonação, disse que havia um cheiro de pólvora. Isto me deu prazer, porque me provava que não era coisa da minha imaginação.

"Segunda-feira, dia 13, fui novamente à casa, às oito e meia da noite. Às nove horas ouviu-se a primeira detonação, e no espaço de uma hora houve trinta e oito. Disse a Sra. C...: 'Se estes ruídos são produzidos por Espíritos, que façam mais dois, totalizando quarenta.' No mesmo momento as duas detonações foram ouvidas, uma seguida da outra, com um barulho assustador. Olhamo-nos todos com surpresa e mesmo pavor. A Sra. C... disse ainda: 'Começo a compreender que há Espíritos neste negócio; para me convencer completamente, queria que os Espíritos batessem ainda dez vezes, o que faria cinquenta.' As dez detonações ocorreram em menos de um quarto de hora.

"Esses ruídos por vezes têm a força de um tiro de canhão de pequeno calibre, dado numa casa; as portas e janelas se abalaram, bem como as paredes e o piso; os objetos pendurados nas paredes foram vivamente agitados; dir-se-ia que a casa se abala de todos os lados e vai cair, mas não acontece nada disso. Depois do tiro, não há a menor fenda, nada está estragado e tudo entra na calma ordinária. Esses disparos às vezes se dão com intervalos de um a cinco minutos, outras vezes até seis disparos são feitos um imediatamente após o outro. A polícia fez uma aparição e nada descobriu.

"Eis, caro mestre, toda a verdade e a mais exata verdade.
"Recebei etc.

"CHAVAUX, D. M. P.

"Rua du Petit Saint-Jean, 24."

Uma outra carta, de 17 de março, contém o seguinte:

"Ontem passamos parte da noite na casa do Boulevard Chave, nº 80. A reunião era composta de sete pessoas. As detonações começaram às onze horas, e no intervalo de dez minutos contamos vinte e duas. Podemos compará-las às de um canhão pequeno. Podia-se ouvi-las a uma grande distância da casa. Essa casa está em muito boas condições de solidez, contrariamente ao que diz a *Gazette du Midi*.

"Disseram-me que ontem à noite ocorreram quatro detonações numa outra casa do mesmo boulevard, e que eram mais fortes que as primeiras.

"Recebei etc.

"CARRIER"

Dirão que a causa está inteiramente descoberta: vê-se a fumaça e sente-se o cheiro da pólvora, e não se adivinham os meios empregados pelos mistificadores?

– Parece-nos que mistificadores se servem de pólvora para produzir, durante mais de um mês, semelhantes detonações no próprio apartamento onde se encontram as testemunhas; que têm a complacência de repeti-las segundo o desejo que lhes é expresso. Não devem estar nem muito longe nem muito escondidos. Por que, então, não foram descobertos?

– Mas então, de onde vem esse cheiro de pólvora?

– Isto é outra questão que será tratada a seu tempo. Enquanto se espera, os ruídos são um fato e o fato tem uma causa. Ireis atribuí-la à malevolência? Então procurai os malfeitores.

POESIAS ESPÍRITAS

O ESPIRITISMO

O Espiritismo é o desenvolvimento do Evangelho, a extensão e a expansão da vida.
É pois verdade! Sua sombra querida
Vem ajudar e sustentar meus cantos,
E penetrar de ebriez infinita

A vaga feliz dos pressentimentos.
Como um reflexo que envolve minh'alma,
Seu nobre Espírito derrama luzes,
Enche-me os dias de invisível chama,
E minhas noites de encantados sonhos.

Então dos Céus se as idades invoco,
Uma lembrança me traz o seu sopro
E dissipando as nuvens do presente,
Transforma meu passado em meu futuro.

"Criança, me diz, abandona a Terra;
"De novo terás os dias do passado,
"E o que te foi pai estará ao teu lado,
"E eternos amores no coração.

MARIE-CAROLINE QUILLET
Membro da Sociedade dos Escritores.

Pont-L'Évêque (Calvados).
A Sra. Quillet, autora de *Églantine solitaire*, acaba de publicar um volumezinho encantador com o título de *Une heure de poésie*, que será apreciado por todos os amantes dos bons versos. Sendo a obra estranha à Doutrina Espírita, embora de modo algum a ela contrária, sua apreciação escapa da especialidade de nossa *Revista*. Limitar-nos-emos a dizer que a autora prova uma coisa, é que, contrariamente à opinião de alguns de seus confrades em literatura, pode-se ter espírito e acreditar nos Espíritos.

A Sra. Quillet nos escreve o que segue, a respeito das comunicações da Sra. Foulon, publicadas no número de março.

"A Sra. Foulon pensa que os homens não compreenderiam a poesia do Espiritismo. Ela deve ter razão do seu ponto de vista luminoso. Sem dúvida os poetas sentem suas asas pesadas pelas trevas de nossa atmosfera. Mas o instinto, a dupla vista, de que são dotados, vêm auxiliar-lhes a inteligência. Eu creio que cada um é chamado, conforme suas aptidões, ao grande trabalho da renovação terrestre: os poetas, os filósofos, pela

inspiração dos Espíritos; os mártires, os trabalhadores, pelo gênio dos filósofos e pelos cantos do poeta. Esses cantos não passam de um suspiro, é verdade, mas no exílio dos suspiros formam a base e o complemento do concerto."
Em apoio às palavras ela junta as seguintes estrofes:

AOS POETAS

Despertai, apóstolos e poetas;
Escutai os oráculos do tempo.
O ar carrega o sopro dos profetas
Retine o Hosana nas asas do vento.

O Sinai de nuvens está coberto;
Ruge o Etna no horror de seus fogos;
No entanto o Eterno dispensa as tormentas,
E para a Terra ilumina os céus.

A verdade ressurge da parábola;
Seu puro brilho toca-nos a fronte,
De nova luz o símbolo clareia,
E os raios da fé vem aquecer.

A fé, o amor, o vero sol das almas,
Aos mais obscuros mostra a claridade;
E as chamas de seu disco ela alimenta,
Pelo labor e pela caridade.

Vinde, mártires de sublime canto;
Abri a voz a estranhos lutadores.
Aos quatro ventos, sobre os nobres cimos,
Ide plantar de Jesus a humilde cruz.

A Sra. Quillet está certa quando diz que todos são chamados a concorrer à obra da renovação terrestre. Ninguém contesta a influência da poesia, mas ela se equivoca quanto ao pensamento da Sra. Foulon, quando esta diz: "O entusiasmo invadiu-me a alma e espero que seja um pouco tarde para vos entreter com o Espiritismo sério, e não com o Espiritismo poético, que não é bom para os homens. Eles não o compreenderiam."

O Espírito não entende por *Espiritismo* poético as ideias espíritas traduzidas pela poesia, mas o Espiritismo ideal, produto de uma imaginação entusiasta; e por *Espiritismo sério*, o Espiritismo científico, apoiado nos fatos e na lógica, que melhor convém à natureza positiva dos homens de nossa época, o que é objeto de nossos estudos.

ENTERRO ESPÍRITA

Sob este título, o *Monde musical* de Bruxelas, de 5 de março de 1865, dá conta, nos seguintes termos, das exéquias da Sra. Vauchez, mãe de um dos nossos excelentes irmãos em Espiritismo:

"Nossos amigos e colaboradores, os irmãos Vauchez, perderam sua mãe há alguns dias. Os cuidados com que, nos últimos tempos, um e outro cercaram essa dama respeitável eram o sinal e o efeito de uma ternura que não nos propomos descrever.

"Os dois irmãos são espíritas. Reunidos a amigos da mesma crença, acompanharam o corpo de sua mãe até o túmulo. Ali, o Vauchez mais velho exprimiu, em palavras tão simples quão justas, ao Espírito de sua mãe, que, segundo a fé dos espíritas, estava presente e os escutava. Essa separação produzia tristeza, ainda que ele devesse estar persuadido que ela entrava numa vida melhor, e que não deixaria de manter comunicação com eles e de inspirá-los, fortalecendo-os sem esmorecimento na senda do bem. Ele ratificou a certeza de que seus últimos votos seriam realizados pela consagração a duas boas obras, entre outros, os gastos economizados no enterro puramente civil e sem qualquer cerimonial. Esses votos são: que seja feita uma fundação em favor da creche de Saint-Josse-ten-Noode, e uma contribuição em favor dos velhos pobres.

"Depois desta espécie de conversa entre o filho e a alma de sua mãe, o Sr. Herezka, um dos amigos espíritas da família, exprimiu em versos, com a mesma simplicidade, sentimentos cuja reprodução vai dar a conhecer uma parte do que há de bom e de bem numa crença que diariamente e por toda parte se torna a de um maior número de homens que se contam entre gente instruída. Eis as palavras do Sr. Herezka à alma da morta:

A fossa está largamente aberta;
Breve ao túmulo escancarado
Descerão teus despojos;
Mas, livre do fardo vil,
Tu te vais, no espaço planando,
Seguir a senda do progresso.

Não mais dúvida nem dor!
A corrente do mal está quebrada,
Só o bem mora em teu coração,
Com o corpo morto está o ódio.
Que o amor e a caridade
Te guiem à eternidade!
Para os nossos irmãos dos outros mundos
Vai levar nossos votos fraternais.
Dize-lhes que aqui almas fecundas,
Eternos frutos amadurecendo,
Aqui, nesta Terra revelaram
O suave mistério da morte.

Dize-lhes: "Vossos amigos de lá
"Contra a orgulhosa ignorância
"Vão travar os combates mortais;
"Para esta tarefa gloriosa
"Vosso concurso invocam,
"Espíritos! Vamos em seu auxílio!"

Vem sempre acalmar as nossas dores;
Oh! Vem! Vem falar-nos desses céus
Em nossos momentos de desfalecimento,
E faze aos nossos olhos resplender
Aquela centelha luminosa
Que vem da fonte imortal.

Após estas palavras, os irmãos Vauchez e seus amigos se retiraram sem ruído, sem ostentação, sem emoção dolorosa, como se tivessem vindo acompanhar alguém que empreendesse uma longa viagem, em todas as condições desejáveis de bem-estar e segurança. Mesmo sem sermos espírita, tínhamos participado do cortejo. Aqui somos apenas o narrador de um fato: a cerimônia tão tocante quanto notável pela simplicidade e pela sinceridade da crença e das intenções.

ROSELLI

A Sra. Vauchez sucumbiu após trinta e dois anos de uma moléstia que há vinte anos a retinha no leito. Ela havia aceito com alegria as crenças espíritas e nelas tinha colhido grandes consolações em seus longos e cruéis sofrimentos. Vimo-la quando de nossa última viagem a Bruxelas e ficamos edificado com sua coragem, sua resignação e sua confiança na misericórdia de Deus. Eis as primeiras palavras por ela ditadas aos filhos, pouco depois de seu último suspiro:

"O véu que ainda nos encobre o mundo extraterrestre acaba de ser levantado para mim. Vejo, sinto, vivo! Deus todo-poderoso, obrigado! A vós, meus guias, meus anjos de guarda e protetores, obrigado! Vós, meus filhos, tu, minha filha, resignação, pois sois espíritas. Não choreis por mim. Eu vivo a vida eterna, vivo na luz etérea; vivo e não sofro mais; minhas dores cessaram, minha prova terminou. Obrigado a vós, meus amigos, por terdes pensado em evocar-me logo. Fazei-o muitas vezes. Eu vos assistirei, estarei convosco.

"Deus teve piedade de meus sofrimentos. Oh! Meus amigos, como é bela a vida da alma, quando desprendida da matéria! Bons Espíritos velam sobre vós. Tornai-vos dignos de sua proteção. Neste momento estou assistida por vosso protetor, o bom São Vicente de Paulo.

"MARGUERITE VAUCHEZ"

NOTÍCIAS BIBLIOGRÁFICAS

CONFUSÃO NO IMPÉRIO DE SATÃ

Por L. - A. G. Salgues (de Angers)

Brochura pequena in-8º de 150 páginas. Em Angers, no Lemesle e Cia. Em Paris, no Palais-Royal. Preço, 2 francos. Provas dadas ao fanatismo religioso de que os Espíritos não são demônios, em resposta às conversas sobre os Espíritos, do jesuíta Pe. Xavier Pailloux. Digressão histórica por ele provocada e demonstração que *Satã* e o *inferno* dos *satanistas* são um mito, seguidas de dados dos Espíritos sobre o estado póstumo do homem e impressões após a morte. Mais tarde trataremos dessa obra.

L'ECHO D'OUTRE-TOMBE (O ECO DE ALÉM-TÚMULO)

Jornal espírita publicado em Marselha, sob a direção do Sr. Gilet, que circula todos os domingos. Escritório em Marselha, no Boulevard Chave, nº 81. Preço: 10 francos por ano.

Este jornal traz no alto a divisa: *Fora da caridade não há salvação*. Sentimo-nos feliz por vê-lo arvorar uma bandeira que é o signo de ligação de todos os espíritas sinceros. Seguindo sem desviar-se da rota que ele indica, temos certeza que não há de desgarrar-se. Assim como dissemos a propósito do *médium evangélico* de Toulouse, "Como a nobreza, o título obriga." O Espiritismo conta, assim, com um órgão a mais numa das principais cidades da França.

CONCORDÂNCIA DA FÉ E DA RAZÃO
Pelo Sr. J. -B.
Dedicado ao clero.

Brochura in-8º, de 100 páginas. – Paris, Didier & Cia. – Preço 1,50 franco

Esta brochura é do mesmo autor de *Lettres sur le Spiritisme écrites à des ecclesiastiques*. Esta última obra trata mais especialmente da questão religiosa, e sentimo-nos feliz por constatar que o autor o fez com notável poder de lógica, ao mesmo tempo que traz uma louvável moderação em suas refutações. Num estilo elegante e correto, ele diz as maiores verdades sem ferir a ninguém. É o melhor meio de persuadir. Nós a recomendamos aos nossos leitores, que aí encontrarão excelentes argumentos.

ALLAN KARDEC

REVISTA ESPÍRITA

JORNAL DE ESTUDOS PSICOLÓGICOS

ANO VIII	MAIO DE 1865	VOL. 5

QUESTÕES E PROBLEMAS

MANIFESTAÇÃO DO ESPÍRITO DOS ANIMAIS

Escrevem-nos de Dieppe:
"... Caro senhor, parece-me que chegamos a uma época em que devem realizar-se coisas incríveis. Não sei o que pensar de um dos mais estranhos fenômenos que acaba de verificar-se em minha casa. Nos tempos de ceticismo em que vivemos, dele não ousaria falar a ninguém, temendo que me tomem por um alucinado. Mas, caro senhor, com o risco de trazer aos vossos lábios o sorriso da dúvida, quero contar-vos o fato. Em aparência, fútil, no fundo talvez seja mais sério do que se poderia pensar.

"Meu pobre filho, falecido em Boulogne-sur-Mer, onde continuava seus estudos, tinha um linda galga que tínhamos educado com extremo cuidado. Na sua espécie era a mais adorável criaturinha que se pudesse imaginar. Nós a queríamos como se ama tudo o que é belo e bom. Ela nos compreendia pelo gesto, assim como pelo olhar. A expressão de seus olhos era tal que parecia que fosse responder quando lhe dirigíamos a palavra.

"Depois da morte de seu jovem dono, a pequena Mika – tal era o seu nome – me foi trazida para Dieppe e, conforme seu hábito, dormia aquecida aos meus pés, em minha cama. No inverno, quando o frio castigava muito, ela se levantava, dava um pequeno gemido de extrema doçura, o que era sua maneira de formular um pedido e, compreendendo o que ela desejava, eu permitia que viesse pôr-se ao meu lado. Então ela se estendia como podia entre dois panos, com o focinho em meu pescoço, que tomava por travesseiro, e dormia, como os felizes da Terra, recebendo meu calor, comunicando-me o seu, o que aliás não me desagradava. Comigo a pobre pequenina passava dias felizes. Mil coisas boas não lhe faltavam, mas, em setembro último, adoeceu e morreu, a despeito dos cuidados do veterinário a quem eu a confiava. Muitas vezes falávamos dela, minha mulher e eu, e a lamentávamos quase como um filho amado, tanto ela havia sabido, pela suavidade, pela inteligência e por seu apego fiel, cativar nossa afeição.

"Há pouco tempo, pelo meio da noite, estando deitado mas sem dormir, ouvi partir dos pés de meu leito aquele pequeno gemido que soltava minha pequena cadelinha quando queria alguma coisa. Fiquei de tal modo chocado que estendi o braço para fora do leito, como para atraí-la a mim, e julguei mesmo que ia sentir suas carícias. Ao me levantar, de manhã, contei o caso a minha mulher, que me disse: 'Ouvi a mesma voz, não uma, mas duas vezes. Parecia vir da porta do meu quarto. Meu primeiro pensamento foi que nossa cadelinha não estava morta, e que, foragida da casa do veterinário, que dela se havia apropriado por causa da sua delicadeza, buscava voltar para nossa casa.'

"Minha pobre filha doente, que tem sua caminha no quarto de sua mãe, afirma também ter ouvido. Apenas lhe pareceu que a voz não partia da porta de entrada, mas do próprio leito de sua mãe, que é juntinho da porta.

"Devo dizer-vos, caro senhor, que o quarto de minha mulher fica acima do meu. Esses sons estranhos viriam da rua, como pensa minha mulher, que não partilha de minhas convicções espíritas? É impossível. Vindos da rua, esses sons tão suaves não teriam chegado ao meu ouvido, pois sou tão surdo que, mesmo no silêncio da noite, não escuto o ruído de uma berlinda que passa. Não escuto nem mesmo a voz do trovão durante uma tempestade. Por outro lado, o som da voz vindo da rua, como explicar a ilusão de minha mulher e de minha filha, que julgaram ouvi-lo como se viesse de um ponto totalmente oposto, da porta de entrada, por minha mulher, do leito desta por minha filha?

"Confesso, caro senhor, que esses fatos, embora se refiram a um ser privado de razão, me fazem refletir singularmente. Que pensar disto? Nada ouso decidir e não posso me estender muito a respeito. Mas eu me pergunto se o princípio imaterial, que deve sobreviver nos animais como no homem, não adquiriria, em certo grau, a faculdade de comunicação, como a alma humana. Quem sabe! Conhecemos todos os segredos da Natureza? Evidentemente não. Quem explicará a lei das afinidades? Quem explicará as leis da repulsão? Ninguém! Se a afeição, que é do domínio do sentimento, como o sentimento é do domínio da alma, possui em si uma força atrativa, que haveria de admirável se um pobre animalzinho em estado imaterial se sentisse arrastado para onde o leva sua afeição? Mas o som da voz, perguntarão, como admiti-lo; e se se faz ouvir uma, duas vezes, por que não todos os dias? Esta objeção pode parecer séria, contudo, seria desarrazoado pensar que esse som não possa produzir-se fora de certas combinações de fluidos que, reunidos, agem num sentido qualquer, como em química há certas efervescências, certas explosões, por força da mistura de tais ou quais elementos? Se essa hipótese parece fundada ou não, não a discuto. Direi apenas que pode estar nas coisas possíveis e, sem ir mais adiante, acrescentarei que constato um fato apoiado num tríplice testemunho, e que se o fato se produziu é porque pôde produzir-se. Além disto, esperemos que o tempo nos esclareça e talvez não tardemos a ouvir falar de fenômenos da mesma natureza."

Nosso honrado correspondente faz bem em não considerar definitivamente resolvida a questão. De um fato único, que além disso não passa de uma probabilidade, ele não tira uma conclusão absoluta. Ele constata e observa, esperando que a luz se faça. Assim o quer a prudência. Os fatos deste gênero não são ainda bastante numerosos nem suficientemente comprovados para deles deduzir-se uma teoria afirmativa ou negativa. A questão do princípio e do fim do Espírito dos animais apenas começa a surgir, e o fato de que se trata a ela se liga essencialmente. Se não for uma ilusão, pelo menos constata o elo de afinidade que existe entre o Espírito dos animais, ou melhor, de certos animais e o do homem. Aliás, parece positivamente provado que há animais que veem os Espíritos e com estes se impressionam. Temos relatado vários exemplos na *Revista*, entre outros o do *Espírito e o cãozinho*, no número de junho de 1860. Se os animais veem os Espíritos, evidentemente não é pelos olhos do corpo. Então, também eles têm uma espécie de visão espiritual.

Até agora a Ciência apenas constatou as relações fisiológicas entre o homem e os animais. Ela nos mostra, no físico, todos os elos da cadeia de seres sem solução de continuidade. Entretanto, entre o princípio espiritual dos dois Espíritos havia um abismo. Se os fatos psicológicos, mais bem observados, vêm lançar uma ponte sobre esse abismo, será um novo passo para a unidade da escala dos seres e da criação. Não é por meio de sistemas que se poderá resolver esta grave questão, mas pelos fatos. Se deve sê-lo um dia, o Espiritismo, criando a *psicologia experimental*, é o único que lhe poderá fornecer os meios. Em todo o caso, se existem pontos de contacto entre a alma animal e a alma humana, este não pode ser, no caso da alma animal, senão da parte dos mais adiantados. Um fato importante a constatar é que, entre os seres do mundo espiritual, jamais se fez menção de que existissem Espíritos de animais. Disso pareceria resultar que aqueles não conservam a sua individualidade após a morte e, por outro lado, que a pequena galga, que se teria manifestado, pareceria provar o contrário.

De acordo com isto, vê-se que a questão ainda está pouco adiantada, e não se deve forçar a sua solução. Tendo sido lida a carta acima na Sociedade de Paris, a respeito foi dada a seguinte comunicação.

(Paris, 21 de abril de 1865 – Médium, Sr. E. Vézy)

Esta noite vou tocar em grave questão, falando-vos das relações que podem existir entre a animalidade e a humanidade. Mas neste recinto, quando, pela primeira vez, minhas instruções vos ensinavam a solidariedade de todas as existências e as afinidades entre elas existentes, elevou-se um murmúrio numa parte desta assembleia, e eu me calei. Deveria fazer o mesmo hoje, a despeito de vossas perguntas? Não, porque enfim eu vos vejo entrar na via que eu vos indicava.

Mas tudo não se limita apenas em crer no progresso incessante do Espírito, embrião na matéria, desenvolvendo-se ao passar pela peneira do mineral, do vegetal, do animal, para chegar à *humanimalidade*, onde começa a ensaiar-se sozinha a alma que se reencarnará, orgulhosa de sua tarefa, na *humanidade.* Entre essas diversas fases existem laços importantes, que é necessário conhecer, e que chamarei *períodos intermediários* ou *latentes*, porque é aí que se operam as transformações sucessivas. Eu vos falarei mais tarde dos laços que unem o mineral ao vegetal, o vegetal ao animal. Considerando-se que um fenômeno que vos causa admiração nos leva aos laços que ligam o animal ao homem, vou tratar convosco acerca destes últimos.

Entre os animais domésticos e o homem, as afinidades são produzidas pelas cargas fluídicas que vos rodeiam e sobre eles recaem. É um pouco a humanidade que influi sobre a animalidade, sem alterar as cores de uma ou da outra. Daí essa superioridade inteligente do cão sobre o instinto brutal do animal selvagem, e é só a esta causa que poderão ser devidas essas manifestações que vos acabam de ler. Assim, não se enganaram ouvindo um grito alegre do animal reconhecido pelos cuidados de seu dono, vindo, antes de passar ao estado intermediário de um desenvolvimento a outro, trazer-lhe uma lembrança. Assim, a manifestação pode dar-se, mas é passageira, porque o animal, para subir um degrau, necessita de um trabalho latente que aniquile, para todos, qualquer sinal exterior de vida. Esse estado é a crisálida espiritual onde se elabora a alma, periespírito informe, não tendo nenhuma figura reprodutiva de traços, quebrando-se num estado de maturidade, para deixar escapar, nas correntes que a arrastam, os germes de almas que aí eclodem. Assim, ser-nos-ia difícil falar-vos dos Espíritos de animais no espaço, pois não existem, ou antes, sua passagem é tão rápida que é como se fosse nula, e no estado de crisálida eles não poderiam ser descritos.

Já sabeis que nada morre da matéria que sucumbe. Quando um corpo se dissolve, os diversos elementos de que ele é composto reclamam a parte que lhe deram. Oxigênio, hidrogênio, azoto e carbono voltam ao seu foco primitivo para alimentar outros corpos. Dá-se o mesmo com a parte espiritual: Os fluidos organizados espirituais, à passagem, tomam cores, perfumes, instintos, até a constituição definitiva da alma.

Compreendeis-me bem? Sem dúvida eu necessitaria explicar-me melhor, mas, para terminar esta noite e não vos deixar supor o impossível, asseguro-vos que o que é do domínio da inteligência animal não pode reproduzir-se pela inteligência humana, isto é, que o animal, seja qual for, não pode traduzir seu pensamento pela linguagem humana. Suas ideias são apenas rudimentares. Para ter a possibilidade de exprimir-se, como faria o Espírito de um homem, ele necessitaria de ideias, de conhecimentos e de um desenvolvimento que ele não tem nem pode ter. Tende, pois, como certo, que nem o cão, o gato, o burro, o cavalo ou o elefante podem manifestar-se por via mediúnica. Os Espíritos chegados ao grau da humanidade, e só eles, podem fazê-lo, e ainda em razão de seu adiantamento, porque o Espírito de um selvagem não vos poderá falar como o de um homem civilizado.

OBSERVAÇÃO: Estas últimas reflexões do Espírito foram motivadas pela citação, feita na sessão, de pessoas que pretendiam ter recebido comunicações de diversos animais. Como explicação do fato precitado, sua teoria é racional, e no fundo ela está em concordância com a que hoje prevalece nas instruções dadas na maior parte dos centros. Quando tivermos reunido documentos suficientes, resumi-los-emos num corpo de doutrina metódico, que será submetido ao controle universal. Até lá são apenas balizas postas no caminho, para clareá-lo.

CONSIDERAÇÕES SOBRE OS RUÍDOS DE POITIERS

Extraídas do *Journal de la Vienne* de
22 de novembro de 1864

Conhece-se a lógica dos adversários do Espiritismo. O resumo seguinte, tirado de um artigo com a assinatura de David (de Thiais), fornece-nos uma amostra disso:

"Amigo leitor, como eu, deveis ter no escritório uma pequena brochura do Sr. Boreau, de Niort, com o título de *Como e por que me tornei espírita*, in-8º, com *fac-símile de autógrafo da escrita direta de um Espírito familiar*.

"É a mais curiosa das histórias, a de um homem sincero, convicto, amante das coisas elevadas, mas que deifica suas ilusões e incessantemente corre atrás de sonhos, crendo apanhar a realidade. Perseguindo com Jeanne, a sonâmbula, um tesouro enterrado num antigo campo de batalha da Vendée, ele encontra, em vez do ouro prometido, Espíritos barulhentos, malévolos, temíveis, que quase matam de terror a sua companheira e o fazem vítima de dolorosas angústias. Súbito ele se torna espírita, como se as aparições que o obsidiam para ele renovassem os milagres da lâmpada maravilhosa e, ao mesmo tempo, lhe prodigalizassem todos os bens do corpo e da alma.

"É preciso que a ficção seja uma das maiores necessidades do gênio humano, para que semelhantes crenças sejam possíveis.

"Há aí gênios *farsistas*, que zombam; Espíritos cruéis, que ameaçam e batem; Espíritos grosseiros, com a boca cheia de injúrias e a gente se pergunta o que eles vêm fazer aqui embaixo, já que a morte não os depurou em seus cadinhos terríveis.

"Aí também se satisfazem com dísticos e quadrinhas de um bom anjo, que não trouxe do Céu os segredos de sua poesia, demonstrando quão longe uma ideia preconcebida nos leva no caminho das ilusões.

"Em matéria de Espiritismo, o Sr. Boreau tem a fé do carvoeiro; ele chega ao ponto de amar aqueles que nele batem e o molestam. Nada temos a acrescentar quanto a isto, tanto mais que sua brochura contém páginas tão divertidas, e prova que ele pode privar-se facilmente dos Espíritos exteriores, porque o seu lhe deve bastar muito bem.

"Diremos apenas que os fatos que ele relata não datam de ontem.

"Lembramo-nos ainda da emoção que empolgou a cidade de Poitiers, quando a casa da Rua Saint-Paul fez ouvir, no ano passado, sua formidável artilharia. Uma longa procissão de curiosos rondou durante oito dias em volta dessa casa assombrada pelo demônio; a polícia ali estabeleceu o seu quartel-general e cada um espreitou o voo dos Espíritos para ter a sorte de surpreender os segredos do outro mundo, mas só viram fogo. Os Espíritos só se revelam aos crentes, fazendo todo o barulho do mundo. (*Revista Espírita* de fevereiro, março e maio de 1864).

"Coisa estranha, leitor! Essas paragens parecem ter o monopólio dessa raça barulhenta e zombeteira.

"Gorre, célebre médico alemão falecido em 1836, ensina no Tomo III de sua *Mystique*, segundo diz Guillaume d'Auvergne, falecido em 1249, bispo de Paris, que, nessa mesma época, um Espírito batedor se havia introduzido numa casa do dito bairro de São Paulo, em Poitiers, e que atirava pedras e quebrava os vidros.

"Pierre Mamoris, professor de teologia em nossa universidade, autor do *Flagellum maleficorum*, conta o que se passou em 1447 na Rua Saint-Paul, numa casa onde certo Espírito, entregando-se às suas evoluções ordinárias, lançava pedras, arrastava os móveis, quebrava os vidros, até batia nas pessoas, mas de leve, sem que fosse possível descobrir como ele procedia.

"Conta-se que nessa ocasião Jean Delorme, então cura de Saint-Paul, homem de muita instrução e grande probidade, veio, acompanhado de algumas pessoas, visitar o teatro dessas estranhas proezas e, munido de velas bentas e acesas, água benta e água gregoriana, percorreu todos os aposentos da casa, aspergindo-os e exorcizando-os.

"Mas todos os exorcismos foram impotentes. Nenhum diabo se mostrou. Contudo, a partir daquele momento, o maligno Espírito deixou de manifestar-se[1].

"Assim, com alguns séculos de intervalo, os mesmos fenômenos espíritas se repetem três vezes na mesma cidade e no mesmo bairro. Mas, que concluir disto? *Absolutamente nada*. Com efeito, não há qualquer consequência importante a tirar de um ruído vão, de brincadeiras pueris, de violências lamentáveis que evidentemente não podem ser atribuídas aos Espíritos, corpos imponderáveis que, planando sobre o mundo, devem escapar às enfermidades humanas, aproximando-se incessantemente da luz e da bondade de Deus.

"Aliás, esta questão não está em discussão. Cada um é livre de escolher os seus Espíritos e de adorá-los à sua maneira, de emprestar-lhes uma virtude, um poder, um caráter em conformidade com as suas aspirações. Somente, nós preferimos aos gênios um tanto materiais da escola moderna, as criações nascidas da poesia dos dias antigos e que, marchando fraternalmente com os homens nos limites dos dois mundos, lhes davam tão docemente a mão, para aproximá-los das fontes da vida imortal e da felicidade sem fim.

"Nenhum Espírito batedor valerá para nós essas adoráveis imagens pintadas pelo gênio de Ossian sobre as nuvens vaporosas do Norte, e cujas harpas melancólicas ainda fazem fremir tão bem as mais íntimas fibras do coração. Quando a alma se evola, tem o cuidado de aliviar suas asas e repele tudo quanto possa torná-las pesadas."

Devemos agradecimentos ao autor deste artigo, por nos haver dado a conhecer esse fato notável, que ignorávamos, do

[1] Vide brochura do Sr. Bonsergent, na Biblioteca Imperial.

mesmo fenômeno reproduzido há séculos na mesma localidade. Ele não podia melhor servir à nossa causa, sem o suspeitar, porque desta repetição ele pretende tirar um argumento contra as manifestações. Parece-nos que em boa lógica, quando um fato é único e isolado não se pode deduzir consequência absoluta, pois pode ser devido a uma causa acidental, ao passo que, quando se renova em condições idênticas, é que depende de uma causa constante, isto é, de uma lei. Buscar essa lei é dever de todos os observadores sérios, pois ela pode conduzir a importantes descobertas.

Que, malgrado a duração, o caráter especial e as circunstâncias acessórias dos ruídos de Poitiers, algumas pessoas tenham persistido em atribuí-los à malevolência, compreende-se até um certo ponto. Mas, então, se é pela terceira vez que se renovam na mesma rua e com séculos de distância, há, por certo, matéria para reflexão, porque, se há mal-intencionados, é muito improvável que em tão longo intervalo eles tenham escolhido precisamente o mesmo lugar para teatro de suas ações. Entretanto, que concluir disto? Diz o autor: *Absolutamente nada*. Assim, porque um fato várias vezes repetido emociona toda uma população, não há qualquer consequência a dele tirar! É uma lógica realmente singular! "São ruídos vãos, *divertimentos pueris*, que *evidentemente* não podem ser atribuídos aos Espíritos, corpos imponderáveis que, planando sobre o mundo, devem escapar às enfermidades humanas, aproximando-se *incessantemente* da luz e da bondade de Deus." Então o Sr. David crê nos Espíritos, pois descreve os seus atributos com tanta precisão. Onde bebeu tais conhecimentos? Quem lhe disse que os Espíritos são tais quais ele os imagina? Ele os estudou para assim resolver a questão? Diz que "devem escapar às enfermidades humanas." As enfermidades corporais, sem dúvida, mas às enfermidades morais também? Então ele crê que o homem perverso, o assassino, o bandido, o mais vil dos malfeitores e ele estarão no mesmo nível quando forem Espíritos? De que lhes terá servido serem honestos em vida, se após a morte serão como se não tivessem sido? Considerando-se que os Espíritos se aproximam incessantemente da luz e da bondade de Deus, o que é mais verdadeiro do que talvez creia o autor, então houve um tempo em que eles estavam longe, porque, para se aproximar de um objetivo é preciso ter estado distante. Onde o ponto de partida? Ele não pode ser senão o oposto à perfeição, isto é, a imperfeição. Seguramente não são Espíritos perfeitos que se divertem com semelhantes coisas, mas se há Espíritos imperfeitos, que há de admirável que cometam malícias? Pelo fato de planarem sobre o mundo, segue-se que dele não podem aproximar-se? Seria supérfluo levar mais longe esta refutação. Os argumentos de nossos adversários, todos mais ou menos da mesma força, não nos teriam levado a transcrever este artigo, se não fosse o precioso documento que ele encerra, pelo que novamente agradecemos ao autor.

CONVERSAS DE ALÉM-TÚMULO

O DOUTOR VIGNAL

(Sociedade de Paris, 31 de março de 1865
Médium, Sr. Desliens)

Sem dúvida os leitores se lembram dos interessantes estudos sobre o Espírito de pessoas vivas, publicado na *Revista* de janeiro e março de 1860, e aos quais se haviam submetido o Sr. Conde de R... e o Sr. Dr. Vignal. Este último, afastado há vários anos, faleceu a 25 de março último. Na véspera do enterro, perguntamos a um sonâmbulo muito lúcido que via bem os Espíritos, se o via. Disse ele: "Vejo um cadáver, no qual se opera um trabalho extraordinário. Dir-se-ia uma massa que se agita e como algo que faz esforços para se desprender dela, mas que apenas tem que vencer a resistência. Não distingo forma de Espírito bem determinada." A 31 de março ele foi evocado na Sociedade de Paris. O mesmo sonâmbulo assistia à sessão, adormecido, durante a evocação. Ele o viu e o descreveu perfeitamente, enquanto se comunicava pelo médium de sua escolha.

Dizemos *de sua escolha*, porque a experiência demonstra o inconveniente de impor um médium ao Espírito, que pode não encontrar nele as condições necessárias para se comunicar livremente. Quando se faz pela primeira vez a evocação de um

Espírito, convém que todos os médiuns presentes se ponham à sua disposição e esperem que ele se manifeste por um deles. Nessa sessão havia onze médiuns.
Pergunta. – Caro Sr. Vignal, todos os vossos antigos colegas da Sociedade de Paris conservaram de vós a melhor lembrança, e eu, em particular, a das excelentes relações que não se descontinuaram entre nós. Chamando-vos ao nosso meio, para começar temos por objetivo dar-vos um testemunho de simpatia e ficaremos muito feliz se tiverdes a bondade, ou se puderdes vir comunicar-vos conosco.
Resposta. – Caro amigo e digno mestre, vossa boa lembrança e vossos testemunhos de simpatia me são muito gratos. Se hoje posso vir a vós e assistir, livre e desprendido, a esta reunião de todos os nossos bons amigos e irmãos espíritas, é graças ao vosso bom pensamento e à assistência que vossas preces me trouxeram. Como dizia com justeza meu jovem secretário, eu estava muito impaciente para me comunicar. Desde o começo desta noite, empreguei todas as minhas forças espirituais para dominar esse desejo. Vossas conversas e as graves questões que debatestes, interessando-me vivamente, tornaram minha espera menos penosa. Perdoai, caro amigo, mas o meu reconhecimento precisava manifestar-se.

NOTA: Logo que percebeu tratar-se do Sr. Vignal, o médium sentiu, realmente, a influência desse Espírito que desejava por ele comunicar-se.

P. – Para começar, tende a bondade de dizer como vos achais no mundo dos Espíritos. Ao mesmo tempo, fazei o favor de descrever o trabalho da separação, vossas sensações nesse momento e dizer ao cabo de quanto tempo vós vos reconhecestes.
R. – Estou tão feliz quanto se pode ser, quando se vê confirmarem-se plenamente todos os pensamentos secretos que se pode ter emitido sobre uma doutrina consoladora e reparadora. Sou feliz! Sim, sou, porque agora vejo sem nenhum obstáculo desdobrar-se à minha frente o futuro da ciência e da filosofia espíritas.
Mas afastemos por hoje essas digressões inoportunas. Voltarei a conversar convosco sobre esse assunto, sabendo que minha presença vos dará tanto prazer quanto eu mesmo experimento vos visitando.

O desligamento foi muito rápido, mais rápido do que meu pouco mérito me permitia esperar. Fui ajudado poderosamente por vosso concurso, e vosso sonâmbulo vos deu uma ideia muito clara do fenômeno da separação, para que eu deva insistir sobre ele. Era uma espécie de oscilação descontínua, ou arrastamento em dois sentidos opostos. O Espírito triunfou, pois que aqui estou. Não deixei o corpo completamente senão no momento em que ele foi depositado na terra. Voltei convosco.

P. – Que pensais do serviço que foi feito nos vossos funerais? Julguei-me no dever de estar presente. Naquele momento estáveis bastante desprendido para vê-lo, e as preces que eu disse por vós, naturalmente não ostensivas, foram até vós?

R. – Sim. Como vos disse, vossa assistência tudo fez parcialmente, e eu vim convosco, abandonando completamente minha velha crisálida. As coisas materiais pouco me tocam, aliás, vós o sabeis. Eu só pensava na alma e em Deus.

P. – Lembrai-vos que, a pedido vosso, há cinco anos, em fevereiro de 1860, fizemos um estudo sobre vós, estando ainda vivo? Naquele momento vosso Espírito desprendeu-se para vir conversar conosco. Podeis descrever-nos, tanto quanto possível, a diferença que existe entre o vosso desprendimento atual e o de então?

R. – Sim, por certo. Eu me lembro. Mas que diferença entre o meu estado de então e o de hoje! Então a matéria ainda me constringia com seu sistema inflexível; eu queria desprender-me de maneira mais absoluta e não podia. Hoje estou livre. Um vasto campo, o do desconhecido, abre-se à minha frente, e eu espero, com a vossa ajuda e a dos bons Espíritos, aos quais me recomendo, avançar e me penetrar o mais rapidamente possível dos sentimentos que devo experimentar e dos atos que devo realizar para subir o caminho da prova e merecer o mundo das recompensas. Que majestade! Que grandeza! É quase um sentimento de espanto que domina quando, fracos como somos, queremos fixar as sublimes claridades.

P. – De outra vez teremos prazer de continuar esta conversa, quando quiserdes voltar até nós.

R. – Respondi sucintamente e sem ordem às vossas diversas perguntas. Não espereis ainda muito de vosso fiel discípulo, pois não estou inteiramente livre. Conversar, conversar mais, seria minha felicidade. Meu guia modera meu entusiasmo e já apreciei bastante a sua bondade e sua justiça para me submeter inteiramente à sua decisão, por mais pesar que eu experimente em ser interrompido. Consolo-me pensando que poderei vir muitas vezes assistir incógnito às vossas reuniões. Falar-vos-ei algumas vezes; amo-vos e quero prová-lo. Mas outros Espíritos mais adiantados que eu reclamam a prioridade, e eu deveria apagar-me ante os que tiveram a bondade de permitir ao meu Espírito dar livre curso à torrente de pensamentos que havia acumulado.

Deixo-vos, amigos, e devo agradecer duplamente, não só a vós, espíritas, que me chamastes, mas também a este Espírito que permitiu que eu tomasse o seu lugar e que, em vida, trazia o nome ilustre de Pascal.

Aquele que foi e será sempre o mais dedicado de vossos adeptos.

Dr. Vignal.

NOTA: Com efeito, o Espírito de Pascal deu a seguir a comunicação publicada adiante, sob o título de *O progresso intelectual*.

CORRESPONDÊNCIA

CARTAS DO SR. SALGUES, DE ANGERS

Remetendo seu opúsculo *A confusão do império de Satã*, anunciado em nosso último número, o Sr. Salgues teve a bondade de juntar a carta seguinte, que temos o prazer de publicar com sua autorização. Como nós, cada um apreciará os sentimentos nela expressos.

Angers, 9 de março de 1865

Senhor e caro irmão em Deus,

É sob a impressão causada pela leitura das comunicações dos Espíritos da Sra. Foulon e do Dr. Demeure (*Revista Espírita* de março de 1865), que tenho a honra de vos escrever para exprimir todo o prazer que nelas encontrei, e, posso dizer, o muito interesse, que é ordinariamente o produto de vossa pena.

Acabo de remeter-vos uma pequena brochura, que vos peço aceiteis. Será para vós e para todos os meus leitores uma obra muito modesta; mas um velho de oitenta e dois anos, com a vista arruinada por excesso de trabalho e de estudos, e por isto não podendo retocar o que escreve, como desejaria, deve contar com a indulgência do público.

Os adversários católicos da pneumatologia alimentam nos fanáticos apostólicos a opinião que os Espíritos são demônios, que Satã é uma realidade, e assim prejudicam o desenvolvimento das boas doutrinas, como efeito das preciosas lições tão morais, tão consoladoras desses supostos duendes. É em vão que as pessoas razoáveis negam estes últimos por uma simples negação persistente. Convém provar aos demonófobos, por detalhes circunstanciados, que eles estão em erro; que o inferno dos cristãos é um mito. Foi o que me determinou a escrever este opúsculo, sem a pretensão de ocupar o lugar de um escritor.

Como assinante das publicações espíritas de Bordéus, acabo de enviar um exemplar de meu livro a cada um de seus autores. Deveria ser de outro modo convosco, senhor, cujas produções leio com interesse desde o seu aparecimento? Contudo pensareis que o faça com timidez, porque fui adversário, não dos *espíritas*, muito honrados, para mim, mas do Espiritismo. Não de maneira absoluta, mas por arrastamento, devendo, entretanto, repelir na ocasião uma linguagem que me atribuíam por *abuso* de minha assinatura. Assim, interditei-me toda crítica, querendo ser amigo de todos. Portanto, não quero mais senão observar, aproximar, comparar, esperar, aprender e julgar no silêncio do gabinete. Hoje ainda creio que estamos longe de saber tudo; que em Espiritismo como em espiritualismo haveria lugar para *discutir* com os Espíritos certas questões de doutrina, mas me reservo. Com paciência todos chegaremos ao mesmo fim, à felicidade absoluta da vida eterna.

Aliás, vejo que por toda parte o Espiritismo faz as pessoas felizes. É vossa obra gloriosa, e eu me aplico em incentivar ao máximo a leitura dos escritos que tanto se espalham hoje, para reafirmar a moralidade e os sentimentos religiosos, conduzidos pelo caminho mais racional. Os homens cultos devem, pois, *comigo* fazer votos para que Deus vos conceda longos dias em perfeita saúde. Creio que ele também se manifestou a meu respeito, por intermédio de três Espíritos que, sem que eu pensasse nisso, e em diferentes lugares me disseram que eu viveria muito tempo, o que já data de sete ou oito anos. Talvez seja porque sempre fiz propaganda com zelo e sem desânimo, desde 1853, que, a despeito da visão, que sacrifiquei muito, tenho força, energia, leveza física e a vivacidade de um jovem, e que não se adivinha minha idade por meu aspecto.

Tende a bondade de aceitar, senhor e caro irmão, o preito de minha alta consideração e minhas cordiais saudações.

SALGUES

Uma segunda carta do Sr. Salgues, de 11 de abril de 1865, contém a seguinte passagem:

"Um anúncio de meu opúsculo foi feito por um jornal ao qual enviei um exemplar. Tive que censurar o autor por ter-me chamado de *adversário* IMPLACÁVEL *do Espiritismo*. Sob a impressão dos dados há pouco fornecidos a Victor Hennequin por um mau Espírito, combati de boa-fé a doutrina das encarnações, mas depois de haver reconhecido um grande número de incoerências *espiritualistas*, e como notei no Espiritismo certos detalhes que não cativavam minha confiança, acabei por me limitar à observação minuciosa, esperando com paciência o dia em que, com uma natureza mais perfeita, pudesse eu reconhecer a verdade a respeito de nosso destino após a vida na matéria. Por ora me basta, em relação aos fatos e às comunicações dos Espíritos, estar seguro de uma segunda vida no estado espiritual."

Resposta.

Meu caro senhor,
Recebi a carta que tivestes a gentileza de me escrever, bem como a brochura que a acompanhava, pelo que peço recebais meus sinceros agradecimentos. Ainda não tive tempo de tomar conhecimento da obra, mas não duvido que tenhais dado trabalho aos nossos antagonistas. A questão do demônio é o último cavalo-de-batalha em que se agarram, mas esse cavalo está muito entrevado e a corda dessa tábua de salvação está tão gasta que não tardará a romper-se e deixar o barco à deriva.

Fico satisfeito, senhor, pelos excelentes sentimentos que me testemunhais, e por achar em vós uma moderação e uma imparcialidade que marcam a elevação do vosso espírito. Confesso que o contrário é que me admiraria, e é para mim uma grande felicidade ver que eu tinha sido induzido em erro por falsas aparências. Se divergimos nalguns pontos da doutrina, vejo com verdadeira satisfação que um grande princípio nos une, o "Fora da caridade não há salvação."

Recebei, caro senhor, as fraternais saudações do vosso muito dedicado,

ALLAN KARDEC

MANIFESTAÇÕES DIVERSAS; CURAS; CHUVAS DE BOMBONS

Carta do Sr. Delanne

Em data de 2 de abril último escreve-nos nosso colega Sr. Delanne:

Caríssimo mestre, revi nossos irmãos de Barcelona. Lá, como na França, a doutrina se propaga, os adeptos são zelosos e fervorosos. Num grupo que visitei, vi dignos êmulos desse caro Sr. Dombre, de Marmande. Constatei a cura completa de uma senhora atingida por uma obsessão assustadora que datava de quinze anos, pelo menos, muito antes que tivesse ouvido falar de Espíritos. Médicos, padres, exorcismos, tudo havia sido empregado inutilmente. Hoje essa mãe de família voltou aos seus, que não cessam de dar graças a Deus por tão miraculosa cura. Dois meses bastaram para obter tal resultado, tanto pela evocação do obsessor quanto pela influência de preces coletivas e simpáticas.

Numa outra sessão foi feita a evocação do Espírito que obsidia, há dezoito anos, um manobrista chamado Joseph, agora em vias de cura. Jamais fiquei tão penosamente emocionado quanto em presença das dores do paciente no momento da evocação. A princípio calmo, ele é tomado, de repente, de sobressaltos, de espasmos e de tremores nervosos; é tomado por seu inimigo invisível, agita-se em convulsões terríveis; o peito se estufa, ele sufoca e depois, retomando a respiração, se torce como uma serpente, rola no chão, ergue-se de um salto e se bate na cabeça. Só pronunciava palavras entrecortadas, sobretudo: *Não! Não!* A médium, que é uma senhora, estava em prece. Ela toma da pena, e eis que o invisível, deixando sua presa por um instante, apodera-se de sua mão e tê-la-ia maltratado se tivessem deixado.

Há quinze dias evocam esse Espírito da pior espécie, porém, ele nunca quis dizer o motivo de sua vingança. Premido por mim com perguntas, enfim confessou que esse Joseph lhe havia roubado aquela a quem ele ama. Nós lhe fizemos compreender que se quisesse não mais atormentá-lo e dar o menor sinal de arrependimento, Deus lhe permitiria revê-la.

– Por ela, diz ele, farei tudo.

– Então dizei: Meu Deus, perdoai minhas faltas.

Depois de hesitar, ele nos disse:

– Vou tentar, mas ai dele se não me fizerdes vê-la!

E escreveu: "Meu Deus, perdoai os meus erros!"

O momento era crítico. Que iria acontecer? Consultamos os guias que disseram: Fizestes bem em pôr toda a confiança em Deus e em nós. Tendes a chave para reconduzi-lo a vós. Ele verá mais tarde aquela a quem ama. Nada temais. É uma promessa que deveis aproveitar para reconduzi-lo ao bem. Depois desta cena, Joseph, esgotado como um lutador, extenuado de fadiga, se ressente da terrível possessão de seu inimigo invisível. Então, operando enérgicos passes magnéticos, o Sr. B... acabou acalmando-o completamente. Deus queira que esta cura seja tão brilhante quanto a precedente.

Eis a que se aplicam esses caros irmãos. Que energia, que convicção, que coragem não são precisas para fazer semelhantes curas! Apenas a fé, a esperança e sobretudo a caridade podem vencer tão grandes obstáculos e afrontar tão temerariamente um grupo de tão temíveis adversários. Eu saí arrasado!

Alguns dias depois eu assistia em Carcassonne a movimentações de um gênero bem diferente. Fiz uma visita ao Sr. Presidente Jaubert. "Temos inúmeros transportes há algum tempo", disse-me ele. "Vou levar-vos à senhorita que é objeto de tais manifestações." Como se de propósito, a senhorita estava indisposta. Seu estômago estava enfartado a ponto de não poder abotoar o vestido. Consultados os guias, a sessão foi adiada para o dia seguinte, às oito da noite. O Sr. C..., capitão reformado, pôs seu salão à nossa disposição. É uma grande peça despida, apenas atapetada, que tem como único ornamento um espelho sobre a lareira, uma cômoda e cadeiras; nem quadros, nem cortinas, nem panos: um verdadeiro apartamento de rapaz. Éramos, ao todo, nove pessoas, todos adeptos convictos.

Assim que entramos, uma chuva de bombons caiu com estrondo num canto da sala! Seria difícil traduzir-vos minha emoção, porque aqui a honorabilidade dos assistentes, esta sala nua e escolhida, dir-se-ia tudo preparado pelos Espíritos para afastar quaisquer dúvidas. Nada havia que pudesse fazer suspeitar de uma manobra fraudulenta, e, malgrado esse prodígio, eu não parava de olhar, de vasculhar as paredes com o olhar e lhes perguntar se não eram cúmplices de um arranjo qualquer.

A senhorita médium tomou seu lápis e escreveu: "Dize a Delanne que ponha a mão no vazio de teu estômago e essa inflamação desaparecerá. Orai antes." Eis-nos todos em prece. Eu estava na extremidade da sala, quando, em meio ao recolhimento geral, uma nova chuva de bombons se produziu no canto oposto àquele de onde tinha partido na primeira vez. Julgai de nossa alegria. Aproximei-me da doente. A inchação era muito maior que na véspera. Impus a mão e a inchação desapareceu como que por encanto. "Estou curada", disse ela. Seu vestido, estreito demais, ficou muito largo para ela. Todos constataram o fato. Unimo-nos por pensamento para agradecer aos bons Espíritos tanta bondade. Então houve um terceiro derrame de bombons. Em minha vida não esquecerei esses fatos. Aqueles senhores estavam encantados, mais por mim do que por eles, habituados a essa espécie de manifestações. Cada um deles possui alguns objetos trazidos pelos Espíritos. Afirmou-me o Sr. Jaubert ter visto várias vezes sua mesa se virar e erguer-se sem auxílio de mãos; seu chapéu levado de um a outro canto da sala. Um fato análogo de cura instantânea também se produziu há alguns meses, sob a mão do Sr. Jaubert.

A senhorita médium, que é também sonâmbula muito lúcida, estava adormecida. Então eu lhe disse:
– Quer acompanhar-me a Paris?
– Sim.
– Peço-vos a bondade de ir à minha casa.
– Vejo vossa senhora, disse ela. Ela me agrada. Está deitada e lê.

Ela descreveu o apartamento com perfeita exatidão. Eis a conversa que teve com minha mulher:
– Senhora, não sabeis que o vosso marido está conosco?
– Não, mas dizei a meu marido que me escreva.
– Vede! Eu não tinha visto vosso filho. Ele é gentil. Vossa esposa me diz que tem outro filho, também muito gentil.
– Pedi-lhe que ela vos diga a idade dele.
– Ele tem nove meses.
– É isto mesmo.

Como eu sabia que havia reunião em vossa casa, pedi-lhe que vos fosse ver. Ela não ousava entrar, tamanha era a quantidade de pessoas e de grandes Espíritos que lá estavam. Ela vos detalhou muito bem, caro presidente, bem como vários de nossos colegas.

OBSERVAÇÃO: Rendamos, de início, um justo tributo de elogios aos nossos irmãos de Barcelona, por seu zelo e devotamento. Como diz o Sr. Delanne, para realizar tais coisas são necessárias coragem e perseverança que só a fé e a caridade podem dar. Que aqui recebam o testemunho da fraterna simpatia da Sociedade de Paris.

Os fatos de Carcassonne farão os incrédulos sorrirem e eles não deixarão de dizer que é representação de uma comédia. Caso contrário, diriam que seriam milagres, mas que o tempo dos milagres já passou. A isto respondemos que não há nisso o menor milagre, mas simples fenômenos naturais cuja teoria eles compreenderão quando quiserem dar-se ao trabalho de estudá-los. Por isso não nos damos ao trabalho de lhes dar explicações. Quanto à comédia, seria preciso saber em benefício de quem foi representada. Certamente a prestidigitação pode operar coisas igualmente surpreendentes, até mesmo a cura de uma inchação simulada por uma bexiga cheia. Mas, ainda uma vez, em proveito de quem? Sempre se é convincente quando se pode opor a uma acusação de charlatanismo o mais absoluto desinteresse; já não seria o mesmo se estivesse em jogo a mais leve suspeita de interesse material. E depois, quem representaria essa comédia? Uma jovem de boa família, que não participa do espetáculo, que não dá sessões em casa nem na cidade e não tem interesse que falem dela, o que não é próprio dos charlatões; um Vice-Presidente do Tribunal; honrados negociantes; oficiais recomendáveis e recebidos na melhor sociedade. Tal suspeita pode atingi-los? Dirão que é no interesse da doutrina e para fazer adeptos. Mas nem por isso deixa de ser uma fraude, indigna de pessoas que se respeitam. Por outro lado, assentar uma doutrina sobre charlatanice, por meio de gente honesta, seria um meio singular. Mas os nossos contraditores não olham isto tão de perto, em matéria de contradições, porque a lógica é a menor de suas preocupações.

Há, entretanto, uma importante observação a fazer aqui. Quem assistia à sessão descrita pelo Sr. Delanne? Havia incrédulos a quem se queria convencer? Não, nenhum. Todos eram adeptos que já tinham testemunhado esses fatos várias vezes. Então eles teriam feito a escamoteação pelo prazer de enganar a si mesmos. Por mais que faleis, senhores, os Espíritos utilizam de tantas maneiras para atestar sua presença que, em definitivo, os que riem não estarão do vosso lado. Podeis julgar pelo número sempre crescente de seus partidários. Se tivésseis encontrado um só argumento sério, não teríeis esquecido, mas caís precisamente sobre os charlatões e os exploradores, que o Espiritismo desacredita e com os quais declara nada ter de comum. Nisto nos secundais, em vez de prejudicar-nos. Assinalai a fraude onde quer que a encontreis; não pedimos mais. Nunca nos vistes tomar-lhe a defesa, nem sustentar os que, por sua falta, caíram nas mãos da justiça ou se puseram em contravenção com a lei. Todo espírita sincero, que se limita aos deveres que lhe traça a doutrina, se dá à consideração e ao respeito, e nada tem a temer.

VARIEDADES

O FUMO E A LOUCURA

Lê-se no *Siècle* de 15 de abril último:

"Os casos de paralisia e de alienação mental aumentam na França, em razão direta da arrecadação de impostos sobre o tabaco. De 1812 a 1832, os recursos trazidos ao orçamento, pelo imposto sobre o fumo, chegava a 28 milhões, e os hospícios de alienados contavam 8.000 insanos. Hoje a cifra do imposto atinge 180 milhões e contam-se 44.000 alienados ou paralíticos nos hospitais especiais.

"Essas comparações, fornecidas pelo Sr. Jolly na última sessão da Academia de Ciências, devem fazer refletir os amantes dos vapores nicotizados. O Sr. Jolly terminou seu estudo por esta frase ameaçadora para a geração atual: "O uso imoderado do tabaco, sobretudo do cachimbo, ocasiona uma debilidade no cérebro e na medula espinhal, de onde resulta a loucura."

Se ainda fosse preciso refutar, depois de tudo quanto foi dito, as alegações dos que pretendem que o Espiritismo enche as casas de alienados, estas cifras forneceriam um argumento sem réplica, porque não só repousam sobre um fato material e um princípio científico lógico, mas constatam que o crescimento do número de alienados remonta a mais de vinte anos antes que se cogitasse do Espiritismo. Ora, não é lógico admitir que o efeito tenha precedido a causa. Os espíritas não estão ao abrigo das causas materiais que podem afetar o cérebro, como dos acidentes que podem quebrar braços e pernas. Não é, pois, de admirar que haja espíritas entre os loucos. Mas, ao lado das causas materiais, há causas morais. É contra estas que os espíritas têm um poderoso preservativo, em suas crenças. Se, pois, um dia for possível ter uma estatística exata, conscienciosa, feita sem prevenções, dos casos de loucura por causas morais, ver-se-á incontestavelmente o número diminuir com o desenvolvimento do Espiritismo. Ele diminuirá igualmente o número dos casos ocasionados pelos excessos e abuso de bebidas alcoólicas, mas não impedirá a febre ardente acompanhada de delírio e muitas outras causas de distúrbios da razão.

É notório que tais homens de letras de renome morreram loucos em consequência do uso imoderado do absinto, cujos efeitos deletérios sobre o cérebro e a medula espinhal estão hoje demonstrados. Se esses homens se tivessem ocupado do Espiritismo, não deixariam de afirmar que ele teria sido responsável por isso. Quanto a nós, não receamos afirmar que se dele se tivessem ocupado *seriamente*, teriam sido mais moderados em tudo, e não se teriam exposto a essas tristes consequências da intemperança. Um paralelo semelhante ao que faz o Sr. Jolly poderia, com tanta razão, e talvez mais, ser feito entre a proporção de alienados e o consumo de absinto. Mas eis outra causa assinalada pelo *Siècle* de 21 de abril, no fato seguinte.

Lê-se no *Droit*:

"Joséphine-Sophie D..., de dezenove anos, operária polidora, residente com os pais na Rua Bourbon-Villeneuve, dava-se com ardor incrível à leitura de romances que encerram as publicações ditas populares a cinco cêntimos. Os sentimentos exagerados, os caracteres arrebatados, os acontecimentos inverossímeis de que geralmente essas obras estão cheias, tinham influído de maneira prejudicial sobre sua inteligência. Ela se julgava chamada aos mais altos destinos. Seus pais, que, numa posição pouco folgada, tinham feito sacrifícios para lhe dar instrução, aos seus olhos não passavam de pobres criaturas, incapazes de compreendê-la e de elevar-se até a esfera que ela aspirava.

"Há muito tempo Sophie entregava-se a esses pensamentos romanescos. Vendo, enfim, que nenhum ser sobrenatural se ocupava dela e que sua vida devia escoar-se, como a das outras operárias, em meio ao trabalho e aos cuidados da família, ela resolveu pôr fim aos seus dias, sem dúvida esperando que no outro mundo os seus sonhos se realizassem.

"Ontem pela manhã, como se admirassem de não vê-la aparecer à hora em que devia entrar no trabalho, sua jovem irmã foi chamá-la. Abrindo a porta, foi tomada de um tremor nervoso, ao ver Sophie enforcada, pendurada no gancho que sustentava o espaldar de seu leito. Chamou os pais, que correram e se apressaram em cortar a corda, mas todas as tentativas para chamar a filha à vida foram infrutíferas."

Eis, pois, um caso de loucura e suicídio causado por aqueles mesmos que acusam o Espiritismo de povoar os hospícios.

Os romances podem, pois, exaltar a imaginação a tal ponto que a razão fique perturbada? Poder-se-ia citar bom número de casos semelhantes, sem contar os loucos feitos pelo medo do diabo sobre os espíritos fracos. Mas veio o Espiritismo e cada um se apressou em fazer dele o bode expiatório de seus próprios malefícios.

DISSERTAÇÕES ESPÍRITAS

(LYON, NOVEMBRO DE 1863 – MÉDIUM SR. X...)

I

AS IDEIAS PRECONCEBIDAS

Nós vos temos dito muitas vezes que examineis as comunicações que vos são dadas, submetendo-as à análise da razão, e que não tomeis sem exame as inspirações que vêm agitar o vosso espírito, sob a influência de causas por vezes muito difíceis de constatar pelos encarnados, submetidos a distrações sem número.

As ideias puras que, por assim dizer, flutuam no espaço (segundo a ideia platônica), levadas pelos Espíritos, nem sempre podem alojar-se sós e isoladas no cérebro dos vossos médiuns. Muitas vezes elas encontram o lugar ocupado por ideias preconcebidas que se escoam com o jacto de inspiração, que o perturbam e o transformam de maneira inconsciente, é certo, mas algumas vezes de maneira bastante profunda para que a ideia espiritual seja, assim, inteiramente desnaturada.

A inspiração encerra dois elementos: o pensamento e o calor fluídico destinado a aquecer o espírito do médium, dando-lhe o que chamais a verve da composição. Se a inspiração encontrar o lugar ocupado por uma ideia preconcebida, da qual o médium não pode ou não quer desligar-se, nosso pensamento fica sem intérprete, e o calor fluídico se gasta em aquecer um pensamento que não é o nosso. Quantas vezes, em vosso mundo egoísta e apaixonado, vimos trazer o calor e a ideia! Desdenhais a ideia, que vossa consciência deveria fazer-vos reconhecer, e vos apoderais do calor em proveito de vossas paixões terrestres, assim por vezes dilapidando o bem de Deus em proveito do mal. Assim, quantas contas terão que prestar um dia todos os advogados das causas perdidas!

Sem dúvida seria desejável que as boas inspirações pudessem dominar sempre as ideias preconcebidas, mas, então, nós entravaríamos o livre-arbítrio da vontade do homem, e este último escaparia, assim, à responsabilidade que lhe pertence. Mas se somos apenas os conselheiros auxiliares da Humanidade, quantas vezes nos temos que felicitar, quando nossa ideia, batendo à porta de uma consciência reta, triunfa da ideia preconcebida e modifica a convicção do inspirado! Contudo, não se deveria crer que nosso auxílio mal-empregado não traia um pouco o mau uso que dele podem fazer. A convicção sincera encontra acentos que, partidos do coração, chegam ao coração; a convicção simulada pode satisfazer a convicções apaixonadas, vibrando em uníssono com a primeira, mas carrega um frio particular, que deixa a consciência insatisfeita e denota uma origem duvidosa.

Quereis saber de onde vêm os dois elementos da inspiração medianímica? A resposta é fácil: a ideia vem do mundo extraterreno, é a inspiração própria do Espírito. Quanto ao calor fluídico da inspiração, nós o encontramos e o tomamos de vós mesmos; é a parte quintessenciada do fluido vital em emanação. Algumas vezes tomamo-la do próprio inspirado, quando este é dotado de um certo poder fluídico (ou medianímico, como dizeis); o mais das vezes nós o tomamos em seu ambiente, na emanação de benevolência de que ele está mais ou menos rodeado. É por isto que se pode dizer com razão que a simpatia torna eloquente.

Se refletirdes atentamente nestas causas, encontrareis a explicação de muitos fatos que a princípio causam admiração, mas dos quais cada um possui uma certa intuição. Só a ideia não bastaria ao homem, se não lhe dessem a força para exprimi-la. O calor é para a ideia o que o perispírito é para o Espírito, o que vosso corpo é para a alma. Sem o corpo, a alma seria impotente para agitar a matéria; sem o calor, a ideia seria impotente para comover os corações.

A conclusão desta comunicação é que jamais deveis abdicar de vossa razão, no exame das inspirações que vos são submetidas. Quanto mais ideias adquiridas tem o médium, mais é ele susceptível de ideias preconcebidas; também mais deve fazer tábula rasa de seus próprios pensamentos, depositar as influências que o agitam e dar à sua consciência a abnegação necessária a uma boa comunicação.

II

DEUS NÃO SE VINGA

O que precede é apenas um preâmbulo destinado a servir de introdução a outras ideias. Falei de ideias preconcebidas, mas há outras além das que vêm das inclinações do inspirado; há as que são consequência de uma instrução errônea, de uma interpretação acreditada num tempo mais ou menos longo, que tiveram sua razão de ser numa época em que a razão humana estava insuficientemente desenvolvida e que, passadas ao estado crônico, não podem ser modificadas senão por heroicos esforços, sobretudo quando têm por si a autoridade do ensino religioso e de livros reservados. Uma destas ideias é esta: *Deus se vinga*. Que um homem, ferido em seu orgulho, em sua pessoa ou em seus interesses se vingue, isto se concebe. Essa vingança, embora culposa, está dentro dos limites das imperfeições humanas, mas um pai que se vinga em seus filhos levanta a indignação geral, porque cada um sente que um pai, com a tarefa de formar os seus filhos, pode redirecioná-los nos seus erros e corrigir seus defeitos por todos os meios ao seu alcance, mas que a vingança lhe é interdita, sob pena de tornar-se estranho a todos os direitos da paternidade.

Sob o nome de vindita pública, a Sociedade que está desaparecendo vingava-se dos culpados; a punição infligida, muitas vezes cruel, era a vingança que ela tomava do homem perverso. Ela não tinha a menor preocupação com a reabilitação desse homem e deixava a Deus o cuidado de puni-lo ou de perdoá-lo. Bastava-lhe ferir pelo terror, que julgava salutar, os futuros culpados. A Sociedade que surge não mais pensa assim; se ela ainda não age em vista da emenda do culpado, ao menos compreende o que a vingança encerra de odioso por si mesma; salvaguardar a Sociedade contra os ataques de um criminoso lhe basta, auxiliada pelo medo de um erro judiciário. Em breve a pena capital desaparecerá dos vossos códigos.

Se hoje a Sociedade se sente grande demais diante de um culpado, para se deixar ir à cólera e dele vingar-se, como quereis que Deus, participando de vossas fraquezas, se tome de um sentimento irascível e fira por vingança um pecador chamado ao arrependimento? Crer na cólera de Deus é um orgulho da Humanidade, que imagina ter um grande peso na balança divina. Se a planta do vosso jardim vem mal, se se desvia, ireis encolerizar-vos e vos vingar dela? Não; endireitá-la-eis, se puderdes, dar-lhe-eis um apoio, forçareis, por entraves, as suas más tendências, se necessário a transplantareis, mas não vos vingareis. Assim faz Deus.

Deus vingar-se, que blasfêmia! Que diminuição da grandeza divina! Que ignorância da distância infinita que separa a criação de sua criatura! Que esquecimento de sua bondade e de sua justiça!

Deus viria, numa existência em que não vos resta nenhuma lembrança de vossos erros passados, fazer-vos pagar caro pelas faltas que podeis ter cometido numa época apagada em vosso ser! Não, não! Deus não age assim. Ele entrava o impulso de uma paixão funesta, corrige o orgulho inato por uma humildade forçada, endireita o egoísmo do passado pela urgência de uma necessidade presente que leva a desejar a existência de um sentimento que o homem não conheceu nem experimentou. Como pai, ele corrige, mas, também como pai, Deus não se vinga.

Guardai-vos dessas ideias preconcebidas de vingança celeste, restos dispersos de um erro antigo. Guardai-vos dessas tendências fatalistas, cuja porta está aberta para vossas doutrinas novas, e que vos conduziriam diretamente ao quietismo oriental. A parte de liberdade do homem já não é bastante grande para apequená-la ainda mais por crenças errôneas. Quanto mais sentirdes vossa liberdade, sem dúvida maior será vossa responsabilidade, e tanto mais os esforços de vossa vontade vos conduzirão à frente, na via do progresso.

Pascal

III

A VERDADE

A verdade, meu amigo, é uma dessas abstrações para as quais tende o espírito humano incessantemente, sem jamais poder atingi-la. É preciso que ele tenda para ela, pois é uma das condições do progresso, mas sua natureza imperfeita, e é só por isso que ela é imperfeita, não poderia alcançá-la. Seguindo a direção que segue a verdade em sua marcha ascendente, o espírito humano está na rota providencial, mas não lhe é dado ver o seu termo.

Compreender-me-ás melhor quando souberes que a verdade é, como o tempo, dividida em duas partes, pelo momento inapreciável que se chama o presente, a saber: o passado e o futuro. Assim, também há duas verdades, a verdade relativa e a verdade absoluta. A verdade relativa é o que é; a verdade absoluta é o que deveria ser. Ora, como o que deveria ser sobe por graus até a perfeição absoluta, que é Deus, segue-se que, para os seres criados e seguindo a rota ascensional do progresso, só há verdades relativas. Mas por que uma verdade relativa não é imutável, não é menos sagrada para o ser criado.

Vossas leis, vossos costumes, vossas instituições são essencialmente perfectíveis, e por isto mesmo imperfeitas, mas suas imperfeições não vos libertam do respeito que lhes deveis. Não é permitido adiantar-se a seu tempo e fazer leis fora das leis sociais. A Humanidade é um ser coletivo, que deve marchar, senão em seu conjunto, ao menos por grupos, para o progresso do futuro. Aquele que se destaca da sociedade humana para avançar como criança perdida, para verdades novas, sofre sempre em vossa Terra a pena devida a sua impaciência.

Deixai aos iniciadores, inspirados pelo Espírito de Verdade, o cuidado de proclamar as leis do futuro, submetendo-vos às do presente. Deixai a Deus, que mede vosso progresso pelos esforços que houverdes feito para vos tornardes melhores, o cuidado de escolher o momento que ele julga útil para uma nova transição, mas não vos subtraiais nunca a uma lei senão quando ela for derrogada.

Porque o Espiritismo foi revelado entre vós, não creiais num cataclismo das instituições sociais; até este dia ele realizou uma obra subterrânea e inconsciente para aqueles que eram seus instrumentos. Hoje, que ele aflora ao solo e chega à luz, a marcha do progresso não deve deixar de ter uma lenta regularidade. Desconfiai dos Espíritos impacientes, que vos impelem para as vias perigosas do desconhecido. A eternidade que vos é prometida deve levar-vos a ter piedade das ambições tão efêmeras da vida. Sede reservados a ponto de frequentemente suspeitardes da voz dos Espíritos que se manifestam.

Lembrai-vos disto: O Espírito humano se move e se agita sob a influência de três causas, que são: a *reflexão*, a *inspiração* e a *revelação*. A *reflexão* é a riqueza de vossas lembranças, que agitais voluntariamente. Nela o homem encontra o que lhe é rigorosamente útil para satisfazer às necessidades de uma posição estacionária. A *inspiração* é a influência dos Espíritos extraterrenos, que se mistura mais ou menos às vossas próprias reflexões, para vos impelir ao progresso; é a ingerência do melhor na insuficiência da passagem; é uma força nova, que se junta a uma força adquirida, para vos levar mais longe que o presente; é a prova irrefutável de uma causa oculta que vos impele para a frente, e sem a qual ficaríeis estacionários, porque é regra física e moral que o efeito não poderia ser maior que a sua causa, e quando isto acontece, como no progresso social, é que uma causa ignorada, não percebida, juntou-se à causa primeira de vosso impulso. A *revelação* é a mais elevada das forças que agitam o espírito humano, porque ela vem de Deus e só se manifesta por sua vontade expressa; ela é rara, por vezes mesmo inapreciável, algumas vezes evidente para aquele que a experimenta a ponto de sentir-se involuntariamente tomado de santo respeito. Repito, ela é rara e ordinariamente dada como uma recompensa à fé sincera, ao coração devotado, mas não tomeis como revelação tudo quanto vos pode ser dado como tal. O homem exibe a amizade dos grandes;

os Espíritos exibem uma permissão especial de Deus, a qual muitas vezes lhes falta. Algumas vezes eles fazem promessas que Deus não ratifica, porque só ele sabe o que é e o que não é preciso. Eis, meu amigo, tudo quanto te posso dizer sobre a verdade. Humilha-te ante o Grande Ser pelo qual tudo vive e se move na infinidade de mundos que seu poder rege. Pensa que se nele se acha toda a sabedoria, toda a justiça e todo o poder, nele também se acha toda a verdade.

PASCAL

ESTUDO SOBRE A MEDIUNIDADE

(Sociedade de Paris, 7 de abril de 1865)

(Médium Sr. Costel)

Não se deve erigir em sistema os ditados mal concebidos e mal expressos, que desnaturam absolutamente a inspiração medianímica, se é que esta tem existido. Deixo a outros o trabalho de explicar a teoria do progresso, porque é inútil que todos os médiuns tratem do mesmo assunto. Vou ocupar-me da medianimidade, esse tema inesgotável de pesquisas e estudos.

A medianimidade é uma faculdade inerente à natureza do homem. Não é uma exceção nem um favor; faz parte do grande conjunto humano e, como tal, está sujeita às variações físicas e às desigualdades morais; ela sofre o dualismo terrível do instinto e da inteligência. Ela possui seus gênios, sua multidão e seus abortos.

Jamais se deve atribuir aos Espíritos, e refiro-me aos Espíritos elevados, esses ditados sem fundo nem forma que aliam à sua nulidade o ridículo de serem assinados por nomes ilustres. A medianimidade séria só investe em cérebros providos de uma instrução suficiente ou, pelo menos, provados pelas lutas passionais. Os melhores médiuns são os únicos a receber o afluxo espiritual; os outros sofrem apenas o impulso fluídico material que lhes arrasta as mãos, sem fazer produzir a sua inteligência outra coisa senão o que ela continha em estado latente. É preciso encorajá-los a trabalhar, mas não iniciar o público em suas elucubrações.

As manifestações espíritas devem ser feitas com a maior reserva. Se for indispensável, para a dignidade pessoal, acumular todas as provas de uma perfeita boa-fé em torno das experiências físicas, ao menos importa preservar as comunicações espirituais do ridículo que muito facilmente é ligado às ideias e aos sistemas assinados irrisoriamente por nomes célebres, que são e continuarão sempre estranhos a essas produções. Não ponho em causa a lealdade das pessoas que, recebendo o choque elétrico, o confundem com a inspiração medianímica. A Ciência tem os seus pseudossábios, a medianimidade os seus falsos médiuns, na ordem espiritual, bem entendido.

Tento aqui estabelecer a diferença que existe entre os médiuns inspirados pelos fluidos espirituais e os que agem apenas sob o impulso do fluido corporal, isto é, entre os que vibram intelectualmente e aqueles cuja ressonância física só conduz à produção confusa e inconsciente de suas próprias ideias, ou de ideias vulgares e sem elevação.

Existe, pois, uma linha de demarcação perfeitamente traçada entre os médiuns escreventes: uns obedecendo à influência espiritual, que só os faz escrever coisas úteis e elevadas; outros, sofrendo a influência fluídica material que age sobre os seus órgãos cerebrais, como os fluidos físicos agem sobre a matéria inerte. Esta primeira classificação é absoluta, mas admite uma porção de variedades intermediárias. Aqui indico os principais pontos de um estudo importante, que outros Espíritos completarão. Nós somos os pioneiros do progresso terrestre e solidários uns com os outros. Formamos na falange espírita o núcleo do futuro.

GEORGES

OBSERVAÇÃO: A frase na qual o Espírito diz que deixa a outros o trabalho de explicar a teoria do progresso, foi motivada por diversas perguntas que tinham sido propostas sobre o assunto na sessão. Quando ele diz que a medianimidade é um tema inesgotável de pesquisas e estudos, ele está perfeitamente certo.

Embora o estudo desta parte integrante do Espiritismo esteja longe de ser completa, já estamos longe do tempo em que se acreditava que bastava receber um impulso mecânico para se dizer médium e crer-se apto para receber comunicações de todos os Espíritos. Isto equivaleria a pensar que o primeiro que toque uma pequena ária ao piano deve ser necessariamente um excelente músico. O progresso da ciência espírita, que diariamente se enriquece com novas observações, nos mostra a quantas causas diferentes e influências delicadas das quais não se suspeitava são submetidas as relações inteligentes com o mundo espiritual. Os Espíritos não podiam tudo ensinar de uma vez. Mas, como hábeis professores, à medida que as ideias se desenvolvem, entram em detalhes muito maiores e desdobram os princípios que, dados prematuramente, não teriam sido compreendidos e teriam feito confusão em nosso pensamento.

A medianimidade exige, pois, um estudo sério da parte de quem quer que veja no Espiritismo uma coisa séria. À medida que os verdadeiros mecanismos dessa faculdade forem mais conhecidos, estaremos menos expostos a decepções, porque se saberá o que ela pode dar e em que condições poderá fazê-lo. E quanto mais pessoas esclarecidas sobre este ponto houver, menos vítimas do charlatanismo haverá.

PROGRESSO INTELECTUAL

(Sociedade de Paris, 31 de março de 1865)

(Médium, Sr. Desliens)

Nada se perde neste mundo, não só na matéria, onde tudo se renova incessantemente, aperfeiçoando-se segundo as leis imutáveis aplicadas a todas as coisas pelo Criador, mas também no domínio da inteligência. A Humanidade é como um só homem que vivesse eternamente, e que adquirisse incessantemente novos conhecimentos.

Isto não é uma imagem, mas uma realidade, porque o Espírito é imortal. Só o corpo, envoltório ou vestimenta do Espírito, cai quando gasto e é substituído por outro. Essa matéria, ela mesma, sofre modificações. À medida que o Espírito se depura, ele adquire novas riquezas e merece, se assim me posso exprimir, uma vestimenta mais luxuosa, mais agradável, mais cômoda, para empregar vossa linguagem terrena.

A matéria se sublima e torna-se cada vez mais leve, sem jamais desaparecer completamente, pelo menos nas regiões intermediárias; seja como corpo, seja como perispírito, ela acompanha sempre a inteligência e lhe permite, por este ponto de contato, comunicações com seus inferiores, seus iguais e seus superiores para instruir, meditar e aprender.

Dissemos que nada se perde na Natureza. Acrescentamos que nada é inútil. Tudo, até as mais perigosas criaturas e os mais sutis venenos, tem a sua razão de ser. Quantas coisas que tinham sido julgadas inúteis ou prejudiciais e cujas vantagens foram reconhecidas mais tarde! Assim, umas há que não compreendeis. Sem tratar a questão a fundo, apenas direi que as coisas nocivas vos obrigam à atenção e à vigilância, que exercitam a inteligência, ao passo que se o homem nada tivesse a temer, abandonar-se-ia à preguiça, em prejuízo de seu desenvolvimento. Se a necessidade é a mãe da indústria, a indústria também é filha da inteligência.

Sem dúvida Deus, como objetam alguns, poderia ter-vos poupado provações e dificuldades que vos parecem supérfluas; mas se os obstáculos vos são opostos, é para despertar em vós os recursos adormecidos; é para dar impulso aos tesouros da inteligência que ficariam enterrados no vosso cérebro se uma necessidade, um perigo a evitar, não viessem forçar-vos a velar por vossa conservação.

O instinto nasce; a inteligência o segue; as ideias se encadeiam e está inventado o raciocínio. Se eu raciocino, eu julgo, bem ou mal, é verdade, mas é raciocinando errado que se aprende a reconhecer a verdade. Quando se é enganado várias vezes, acaba-se acertando, e essa verdade, essa inteligência, obtidas com tanto trabalho, adquirem um preço infinito e vos fazem considerar a sua posse como um bem inestimável. Temeis ver perdidas as descobertas que fizestes. Que fazeis, então? Instruís vossos filhos, vossos amigos; desenvolveis sua inteligência a fim de nela semear e ali fazer frutificar o que adquiristes a preço de vossos suores intelectuais. É assim que tudo se encadeia, que o progresso é uma lei natural e que os conhecimentos humanos, desenvolvidos pouco a pouco, se transmitem de geração em geração. Depois disto, que vos venham dizer que tudo é matéria! Os materialistas não repelem a espiritualidade, na sua maioria, senão por que, caso contrário, ser-lhes-ia necessário mudar seu gênero de vida, atacar seus erros, renunciar a seus hábitos. Seria muito penoso, por isso acham mais cômodo tudo negar.

PASCAL

DA SERIEDADE NAS REUNIÕES

(Sociedade de Paris, 17 de março de 1865)
(Médium: Sr. Desliens)

Como já tendes provas, a atitude séria dos membros de um grupo choca os estranhos que assistem às sessões com a intenção de expô-las ao ridículo. Ela transforma sua vontade de troçar em respeito involuntário, e do respeito ao estudo sério, e consequentemente à fé, a transição é imperceptível. Aliás, aqueles que não saem convencidos dessas reuniões, delas levam, ao menos, uma impressão favorável, e se eles não se ligam a vós imediatamente, pelo menos deixam de ser vossos encarniçados adversários. Eis uma primeira razão que vos deve persuadir a serdes sérios e recolhidos. Que quereis, com efeito, que pensem os que saem de uma reunião onde os assuntos mais dignos de respeito são tratados com leviandade e inconsequência? Ainda que os espíritas que assim procedem estejam longe de ser mal-intencionados, não são menos prejudiciais, não ao futuro, mas ao rápido desenvolvimento da doutrina. Se tivessem sido realizadas apenas reuniões sérias e conduzidas de maneira conveniente, ela estaria ainda muito mais adiantada, embora já o esteja bastante. Agir assim não é agir como verdadeiros espíritas, nem no interesse da doutrina, porque os adversários disso se aproveitam para ridicularizá-la. É, pois, um dever dos que compreendem a sua importância, não prestar apoio a reuniões dessa natureza.

Não é apenas à doutrina que eles prejudicam, é também a si próprios, porque, se toda boa ação traz consigo a recompensa, toda ação leviana deixa atrás de si uma impressão desagradável, por vezes seguida de uma punição física, cuja menor consequência pode ser a suspensão da mediunidade ou, pelo menos, a impossibilidade de comunicar-se com bons Espíritos.

É preciso ser sério, não apenas com os Espíritos benevolentes e esclarecidos, que vêm dar sábias instruções, e que o vosso pouco recolhimento afastaria, mas também com os Espíritos sofredores ou maus que vêm, uns pedir-vos consolações, outros mistificar-vos. Direi mesmo que é sobretudo com estes últimos que é preciso gravidade, embora temperada pela benevolência. É o melhor meio de a eles impor-se e de mantê-los à distância, obrigando-os ao respeito. Se descerdes até a familiaridade com os que vos são inferiores, do ponto de vista moral e intelectual, não tardareis a dar entrada à sua influência perversa, que se traduz, a princípio, por mistificações e mais tarde por cruéis e tenazes obsessões.

Ficai, pois, em guarda. Alterai vossa linguagem conforme a dos Espíritos que se comunicam em vossos grupos, mas que a seriedade e a benevolência jamais sejam excluídas. Não repilais os que se vos apresentam sob aparências imperfeitas. Talvez prefirais sempre comunicações sábias, sobre as quais não vos seja necessário exercer vosso sentimento e vosso julgamento para lhes conhecer o valor, mas pensai que o julgamento só se desenvolve pelo exercício. Todas as comunicações têm sua utilidade para aquele que delas sabe tirar proveito. Uma mistificação reconhecida e provada pode agir com mais eficácia sobre vossas almas, fazendo-vos perceber melhor os pontos a reforçar, do que instruções que vos contentaríeis em admirar sem pôr em prática.

Trabalhai com coragem e sinceridade, e o Espírito do Senhor estará convosco.

MOKI.

IMIGRAÇÃO DE ESPÍRITOS SUPERIORES NA TERRA

(Sociedade Espírita de Paris, 7 de outubro de 1864)
(Médium Sr. Delanne)

Falar-vos-ei esta noite das imigrações de Espíritos adiantados que vêm encarnar-se em vossa Terra. Já esses novos mensageiros tomaram o bastão de peregrino; eles já se espalham aos milhares em vosso globo; por toda parte são dispostos pelos Espíritos que dirigem o movimento de transformação por grupos, por séries. Já treme a Terra ao sentir em seu seio aqueles que ela outrora viu passar através de sua Humanidade nascente. Ela se rejubila por revê-los, porque pressente que eles vêm para conduzi-la à perfeição, tornando-se guias dos Espíritos ordinários que necessitam ser encorajados por bons exemplos.

Sim, grandes mensageiros estão entre vós. São eles que se tornarão os sustentáculos da geração futura. À medida que o Espiritismo vai crescer e desenvolver-se, Espíritos de uma ordem cada vez mais elevada virão sustentar a obra, em razão das necessidades da causa. Por toda parte Deus espalhou esteios para a doutrina. Eles surgirão no devido tempo e lugar. Assim, sabei esperar com firmeza e confiança, pois tudo o que foi predito acontecerá, como diz o santo livro, até um *iota*.

Se a transição atual, como acaba de dizer o mestre, levantou as paixões e fez surgir a escória dos Espíritos encarnados e desencarnados, ela também despertou o desejo ardente, numa porção de Espíritos de uma posição superior nos mundos dos turbilhões solares, de virem novamente servir aos desígnios de Deus para esse grande acontecimento.

Eis por que eu dizia há pouco que a imigração de Espíritos superiores se operava em vossa Terra para ativar a marcha ascendente de vossa Humanidade. Assim, redobrai de coragem, de zelo, de fervor pela causa sagrada. Sabei que nada deterá a marcha progressiva do Espiritismo, pois poderosos protetores continuarão vossa obra.

MESMER

SOBRE AS CRIAÇÕES FLUÍDICAS

(Sociedade de Paris, 14 de outubro de 1864)

(Médium, Sr. Delanne)

Eu disse algumas breves palavras sobre os grandes mensageiros enviados entre vós para realizar sua missão de progresso intelectual e moral em vosso globo.

Se, nessa ordem, o movimento se desenvolve e toma proporções que notais a cada dia, um outro se realiza, não só no mundo dos Espíritos que deixaram a matéria, mas também importante na ordem material. Quero referir-me às leis de depuração fluídica.

O homem não só deve elevar sua alma pela prática da virtude, mas deve também depurar a matéria. Cada indústria fornece seu contingente a esse trabalho, porque cada uma delas produz misturas de toda espécie. Essas espécies liberam fluidos que, mais depurados, vão juntar-se na atmosfera a fluidos similares, que se tornam úteis às manifestações dos Espíritos de que faláveis há pouco.

Sim, os objetos procriados instantaneamente pela vontade, que é o mais rico dom do Espírito, são colhidos nos fluidos semimateriais, análogos à constituição semimaterial do corpo chamado perispírito, dos habitantes da erraticidade. Eis por que, com esses elementos, eles podem criar objetos, conforme o seu desejo.

O mundo dos invisíveis é como o vosso. Em vez de ser material e grosseiro, ele é fluídico, etéreo, da natureza do perispírito, que é o verdadeiro corpo do Espírito, haurido nesses meios moleculares, como o vosso se forma de coisas mais palpáveis, tangíveis, materiais.

O mundo dos Espíritos não é um reflexo do vosso; o vosso é que é uma imagem grosseira e muito imperfeita do reino de Além-Túmulo.

As relações desses dois mundos sempre existiram, mas hoje é chegado o momento em que todas essas afinidades ser-vos-ão relevadas, demonstradas e tornadas palpáveis.

Quando compreenderdes as leis das relações entre os seres fluídicos e aqueles que conheceis, a lei de Deus estará próxima de ser posta em execução, porque cada encarnado compreenderá sua imortalidade, e a partir de então ele se tornará não só um ardente trabalhador da grande causa, mas ainda um digno servidor de suas obras.

MESMER

ALLAN KAREC

REVISTA ESPÍRITA

JORNAL DE ESTUDOS PSICOLÓGICOS

| ANO VIII | JUNHO DE 1865 | VOL. 6 |

RELATÓRIO DA CAIXA DO ESPIRITISMO

Feito à Sociedade Espírita de Paris, no dia 5 de maio de 1865, pelo Sr. Allan Kardec

Senhores e caros colegas,
Há algum tempo vos anunciei novas explicações sobre a caixa do Espiritismo. O início de um novo ano social naturalmente me oferece essa ocasião. Nesta exposição lamento ter que falar de mim, o que faço o menos possível, mas nesta circunstância não poderia evitá-lo, por isso, e de antemão, peço me desculpeis.
Lembrarei sumariamente o relatório sobre o assunto que vos apresentei há dois anos.
Em fevereiro de 1860, foi posto à minha disposição um donativo de 10.000 francos para usá-lo à vontade, no interesse do Espiritismo. Naquela época, a Sociedade não tinha um local seu, o que constituía grave inconveniente. A extensão que começava a tomar a doutrina fazia sentir a utilidade de um local adequado não só para as sessões mas para a recepção de visitantes que a cada dia se tornavam mais numerosos e tornavam indispensável a presença permanente de alguém na própria sede da Sociedade. Escolhi este local, que reunia as vantagens do asseio e da localização central. Aliás, a escolha não foi fácil, dada a necessidade de dependências apropriadas à sua finalidade, aliada ao elevado preço dos aluguéis. O preço de locação deste local, inclusive as contribuições, é de 2.930 francos. Não podendo a Sociedade suportar tal encargo e pagando

apenas l.200 francos, faltavam l.130 francos, os quais se devia prover. Aplicar o donativo feito, tanto na compra de material quanto no pagamento do excedente do aluguel, não era afastar-se das intenções do doador, porquanto era aplicado no interesse da doutrina e, com efeito, compreende-se, sobretudo hoje, quanto foi útil ter este centro para onde convergem tantas relações, e quanto era necessário, além disso, que eu tivesse aqui um alojamento. Contudo, devo lembrar que se aqui moro, não é vantagem para mim, porque tenho outro apartamento que nada me custa e onde me seria mais agradável morar, e com tanto mais razão quando essa dupla residência, longe de ser um alívio, é uma agravação de encargos, como logo demonstrarei.

A soma de 10.000 francos foi, pois, o primeiro fundo de caixa do Espiritismo, caixa que, como sabeis, é objeto de uma contabilidade especial e não se confunde com meus negócios pessoais. Esse fundo devia bastar para completar, mais ou menos, o aluguel durante seis anos, conforme a conta detalhada que apresentei da última vez. Ora, o contrato expira em um ano e a soma chega ao fim.

É verdade que o capital da caixa foi aumentado com várias somas, e assim está constituído:

1º – Donativo de fevereiro de 1860 - 10.000 francos;

2º – Concessão de um empréstimo feito numa época anterior, no interesse do Espiritismo – 600 francos;

3º – Donativo feito em 1862 – 500 francos;

4º – Outro donativo, feito em setembro de 1864 - 1.000 francos;

5º – Outro donativo, feito em outubro de 1864 - 2.000 francos;

TOTAL – 14.100 francos.

Tendo estas duas últimas parcelas destino especial, na realidade só 11.100 francos estão destinados ao aluguel e não bastarão inteiramente.

Mas o aluguel não é o único encargo que incumbe ao Espiritismo. Não falo das obras de beneficência, que são uma coisa à parte de que falaremos a seguir. Abordo um outro lado da questão, e é aqui que reclamo a vossa indulgência, pela necessidade que tenho de falar de mim.

Falaram muito do lucro que eu obtinha com as minhas obras. Ninguém sério na verdade acredita em meus milhões, malgrado a afirmação dos que diziam saber de boa fonte que eu levava uma vida principesca; que eu tinha carruagens de quatro cavalos e que em minha casa só se pisava em tapetes de Aubusson. Por mais que tenha dito, além disso, o autor de uma brochura que conheceis, que prova por cálculos hiperbólicos que meu orçamento das receitas ultrapassa a lista civil do mais poderoso soberano da Europa (38 milhões). *Revista* de junho de 1862 e junho de 1863), o que, diga-se de passagem, testemunharia uma expansão verdadeiramente maravilhosa da doutrina, há um fato mais autêntico que os seus cálculos: é que jamais pedi qualquer coisa a alguém; jamais alguém me deu algo para mim pessoalmente e nenhuma coleta de um *vintém sequer* veio atender às minhas necessidades. Numa palavra, *não vivo às custas de ninguém*, porquanto das somas que me foram confiadas no interesse do Espiritismo, nenhuma parcela foi retirada em meu proveito e, aliás, vê-se a quanto montam as cifras.

Minhas imensas riquezas proviriam, então, de minhas obras espíritas. Embora essas obras tenham tido um sucesso inesperado, basta ter um leve conhecimento de assuntos de livraria para saber que não é com livros filosóficos que se amontoam milhões em cinco ou seis anos, quando sobre a venda só se tem o direito autoral de alguns cêntimos por exemplar. Mas, seja ele muito ou pouco, sendo este produto o fruto do meu trabalho, ninguém tem que se imiscuir na aplicação que dele faço. Mesmo que ele se elevasse a milhões, considerando-se que tanto a compra dos livros quanto a assinatura da *Revista* são facultativas e não impostas *em nenhuma circunstância,* nem mesmo para assistir às sessões da Sociedade, ninguém tem nada a ver com isso. Falando comercialmente, estou na posição de qualquer homem que recolhe o fruto de seu trabalho: corro o risco de todo escritor que pode triunfar, como pode fracassar.

Embora, no particular, não tenha que prestar contas, creio útil à própria causa a que me votei, dar algumas explicações.

Para começar, direi que minhas obras não são minha propriedade exclusiva, e sou obrigado a comprá-las do meu editor e pagá-las, como um livreiro, com exceção da *Revista,* da qual conservei os direitos de propriedade; que o lucro se acha singularmente diminuído pelas obras que não são vendidas e pelas distribuições gratuitas feitas no interesse da doutrina, a pessoas que sem isto delas estariam privadas. Um cálculo muito simples prova que o preço de dez volumes perdidos ou doados, que nem por isso deixo de pagar, basta para absorver o lucro de cem volumes. Isto seja dito a título de informação e entre parênteses. No fim das contas, feito o balanço, resta, contudo, alguma coisa. Imaginai a cifra que quiserdes. O que faço com ela? Isto é o que mais preocupa certa gente.

Quem quer que tenha outrora visto nossa intimidade e a veja hoje, pode atestar que nada mudou em nossa maneira de viver depois que passei a ocupar-me do Espiritismo. Ela é tão simples agora quanto era outrora, porque uma vida suntuosa não está nos nossos gostos. Então, é certo que os meus lucros, por maiores que sejam, não servem para nos dar os prazeres do luxo. Não temos filhos, portanto não é para eles que economizamos, e nossos herdeiros indiretos são, em sua maioria, muito mais ricos que nós. Seria muita ingenuidade esgotar-me trabalhando por eles. Então teria eu a mania de entesourar para ter o prazer de contemplar meu dinheiro? Penso que meu caráter e meus hábitos jamais tenham permitido que fizessem tal suposição. Os que me atribuem tais ideias conhecem muito pouco meus princípios em matéria de Espiritismo, porque me julgam muito apegado aos bens da Terra. Por que as coisas são assim? Considerando-se que não tiro proveito disso, quanto mais fabulosa for a soma, mais embaraçosa será a resposta. Um dia se saberá sua cifra exata, bem como o seu emprego detalhado, e os criadores de histórias poderão economizar a imaginação; hoje limito-me a alguns dados gerais para pôr um freio a suposições ridículas. Para tanto, devo entrar nalguns detalhes íntimos, pelo que vos peço perdão, mas são necessários.

De todos os tempos temos tido de que viver, muito modestamente, é verdade, mas o que teria sido pouco para certa gente nos bastava, graças a nossos gostos e hábitos de ordem e economia. À nossa pequena renda vinha juntar-se, como suplemento, o produto das obras que publiquei antes do Espiritismo, e o de um modesto emprego que tive de deixar quando os trabalhos da doutrina me absorveram todo o tempo.

Na propriedade que possuo e que me fica como sobra daquilo que a má-fé não me pôde arrancar, podíamos viver tranquilamente e longe da confusão dos negócios. Tirando-me da obscuridade, o Espiritismo veio lançar-me em novo caminho. Em pouco tempo vi-me arrastado num movimento que estava longe de prever. Quando concebi a ideia do *Livro dos Espíritos*, minha intenção era não me pôr em evidência e ficar desconhecido, mas logo sobrecarregado, isto não mais me foi possível. Tive que renunciar à minha solitude, sob pena de abdicar da obra empreendida, que crescia prodigiosamente. Foi preciso seguir-lhe o impulso e tomar as suas rédeas. Se meu nome tem agora alguma popularidade, certamente não fui eu que a busquei, pois é notório que não a devo à propaganda nem à camaradagem da imprensa, e que jamais tirei proveito da minha posição e das minhas relações para me lançar no mundo, quando isto ter-me-ia sido tão fácil. Mas, à medida que a obra crescia, um horizonte mais vasto desenrolava-se à minha frente, cujos limites recuavam. Compreendi então a imensidade de minha tarefa e a importância do trabalho que me restava fazer para completá-la. Longe de me apavorar, as dificuldades e os obstáculos redobraram minha energia; vi o objetivo e resolvi atingi-lo, com a assistência dos bons Espíritos. Eu sentia que não tinha tempo a perder e não o perdi em visitas inúteis nem em cerimônias ociosas. Foi a obra de minha vida. Para ela dediquei todo o meu tempo; a ela sacrifiquei meu repouso e a minha saúde, porque diante de mim o futuro estava escrito em caracteres irrefutáveis. Fi-lo por meu próprio impulso, e minha mulher, que não é nem mais ambiciosa nem mais interesseira que eu, concordou plenamente com meus pontos de vista e me secundou na tarefa laboriosa, como o faz ainda, por um trabalho por vezes acima de suas forças, sacrificando sem pesar os prazeres e distrações do mundo, aos quais sua posição de família a tinham habituado.

Sem nos afastarmos de nosso gênero de vida, essa posição excepcional não deixou de criar-nos necessidades às quais apenas meus próprios recursos permitiam prover. Seria difícil imaginar a multiplicidade de despesas que ela acarreta, e que sem isso eu teria evitado. A necessidade de morar em duas residências é, como já disse, um acréscimo de gastos, pela obrigação de ter todo o mobiliário em dobro, sem contar uma porção de gastos miúdos exigidos por essa dupla habitação e as perdas que resultam da negligência de meus interesses materiais, relegados por uma série de trabalhos que me absorvem todo o tempo. Não é uma queixa que formulo, pois minhas ocupações atuais são voluntárias; é um fato que constato, em resposta àqueles que dizem que tudo é lucro para mim no Espiritismo. Quanto aos gastos especiais ocasionados por minha posição, seria impossível enumerá-los, mas, se considerardes que tenho anualmente mais de oitocentos francos de despesas em porte de cartas, independentemente das viagens, e que tenho a necessidade de ligar-me a alguém para me ajudar, e outros pequenos gastos indispensáveis, compreendereis que não exagero dizendo que minhas despesas anuais, que foram crescendo incessantemente, hoje estão mais que triplicadas. Pode-se fazer uma ideia, aproximadamente, a quanto pode se elevar este excedente em oito anos, tomando a média de 6.000 francos por ano. Ora, ninguém contestará a utilidade destas despesas para o sucesso da doutrina, que evidentemente teria enlanguescido se eu tivesse permanecido no meu retiro, sem ver ninguém e sem as numerosas relações que mantenho diariamente. É o que, entretanto, eu teria sido obrigado a fazer, se nada me tivesse vindo em auxílio.

Pois bem, senhores, o que me proporcionou esse suplemento de recursos foi o produto de minhas obras. Digo com satisfação que foi com o meu próprio trabalho, com o fruto de minhas vigílias que provi, pelo menos em sua maior parte, às necessidades materiais da instalação da doutrina. Assim, eu trouxe uma larga quota-parte à caixa do Espiritismo. Deus quis que ele encontrasse em si mesmo os seus primeiros meios de ação. No princípio eu lamentava que minha pouca fortuna não me permitisse fazer o que eu queria fazer pelo bem da causa, mas hoje aí vejo o dedo da Providência e a realização desta predição tantas vezes repetida pelos bons Espíritos: "Não te inquietes com nada. Deus sabe o que te é preciso e saberá provê-lo."

Se eu tivesse empregado o produto de minhas obras no aumento de meus prazeres materiais, isto teria resultado em prejuízo do Espiritismo, contudo, ninguém teria tido o direito de objetar, porque eu era bem senhor de dispor à vontade daquilo que só devia a mim mesmo; mas, porque me privava antes, podia privar-me depois; penso que o aplicando à obra, ninguém achará que seja dinheiro mal empregado e os que ajudam na propagação das obras não poderão dizer que trabalham para me enriquecer.

Prover o presente não era tudo. Era necessário pensar no futuro e preparar uma fundação que, depois de mim, pudesse ajudar aquele que me substituirá na grande tarefa que terá de cumprir. Essa fundação, sobre a qual devo calar-me ainda, se liga à propriedade que possuo e é em vista disto que aplico uma parte dos meus rendimentos em melhorá-la. Como estou longe dos milhões com que me gratificaram, duvido muito que, a despeito de minhas economias, meus recursos pessoais me permitam dar a essa fundação o complemento que em vida lhe queria dar. Mas, considerando-se que sua realização está nos planos de meus guias espirituais, se eu mesmo não a fizer, é provável que um dia ou outro isto seja feito. Enquanto espero, faço os planos no papel.

Longe de mim, senhores, o pensamento de vangloriar-me do que vos acabo de expor. Foi preciso a persistência de certas diatribes para me impelir, embora contra a vontade, a romper o silêncio sobre alguns dos fatos a meu respeito. Mais tarde, todos aqueles a quem a malevolência aprouve desnaturar serão trazidos à luz por documentos autênticos, mas ainda não chegou o dia dessas explicações. A única coisa que me importava no momento era que fôsseis esclarecidos sobre o destino dos fundos que a Providência fez passar pelas minhas mãos, seja qual for a sua origem. Não me considero senão como simples depositário daqueles que ganho, e com mais forte razão daqueles que me são confiados e dos quais prestarei contas rigorosas. Resumo dizendo que não necessito deles para mim, o que significa dizer que deles não tiro proveito.

Resta falar-vos, senhores, da caixa de beneficência. Sabeis que ela se formou, sem desígnio premeditado, com algumas quantias postas em minhas mãos para obras de caridade, mas sem destinação especial, às quais junto as que de vez em quando se acham sem emprego determinado. O primeiro donativo feito com este objetivo foi de 200 francos, enviados a 20 de agosto de 1863. No ano seguinte, a 17 de agosto, a mesma pessoa me remeteu outros 200 francos. A 1º de setembro, durante minha viagem, outra me enviou 100 francos. Quando das subscrições publicadas na *Revista*, várias pessoas juntaram às suas remessas importâncias menores, com emprego facultativo. Mais recentemente, a 28 de abril último, alguém me remeteu 500 francos. O total das receitas até hoje chegou ao montante de 1.317 francos. O total das despesas, em auxílios diversos, donativos e empréstimos ainda não reembolsados, chega ao montante de 1.060 francos. Atualmente restam-me em caixa 257 francos.

Alguém me perguntava um dia, naturalmente sem curiosidade, e por mero interesse pela causa, o que eu faria de um milhão, se eu o tivesse. Respondi-lhe que hoje o seu emprego seria totalmente diferente do que teria sido no princípio. Outrora eu teria feito propaganda por uma larga publicidade; agora reconheço que isto teria sido inútil, porque nossos adversários disto se encarregaram às suas custas. Não pondo, portanto, grandes recursos à minha disposição, os Espíritos quiseram provar que o Espiritismo não devia o seu sucesso senão a si mesmo, à sua própria força, e não ao emprego dos meios vulgares.

Hoje que o horizonte se alargou, que sobretudo o futuro se desdobrou, fazem-se sentir necessidades de outra ordem. Um capital como o que supondes teria um emprego mais útil. Sem entrar em detalhes que seriam prematuros, apenas direi que uma parte serviria para converter minha propriedade numa casa especial de retiro espírita, cujos habitantes recolheriam os benefícios de nossa doutrina moral; a outra para constituir uma renda *inalienável*, destinada: 1º – a manter o estabelecimento; 2º – a assegurar uma existência independente àquele que me sucederá e àqueles que o ajudarão em sua missão; 3º – a cobrir as necessidades correntes do Espiritismo, sem a necessidade de recorrer aos produtos eventuais, como sou obrigado a fazer, porquanto a maior parte dos recursos repousam em meu trabalho, que terá um termo.

Eis o que eu faria. Mas, se esta satisfação não me é dada, pouco me importa que seja dada a outros. Aliás, eu sei que, de um modo ou de outro, os Espíritos que dirigem o movimento proverão a todas as necessidades em tempo hábil. Eis por que absolutamente não me inquieto com isso e me ocupo do que para mim é a coisa essencial: a conclusão dos trabalhos que me restam por terminar. Feito isto, partirei quando a Deus aprouver chamar-me.

Admiram-se que certas figuras altamente colocadas e notoriamente simpáticas à ideia espírita não tomem abertamente e oficialmente a causa em suas mãos. Dizem que seria seu dever, porquanto o Espiritismo é uma obra essencialmente moralizadora e humanitária. Esquecem-se que essas pessoas, por sua própria posição, têm, mais do que outras, que lutar contra preconceitos que só o tempo fará desaparecer, e que cairão ante o ascendente da opinião. Digamos, além disso, que o Espiritismo ainda se acha no estado de esboço e que ele não disse a sua última palavra. Os princípios gerais estão estabelecidos, mas ainda mal se entreveem as consequências, que não são e nem *podem ser* ainda claramente definidas. Até agora ele não passa de uma doutrina filosófica cuja aplicação às grandes questões de interesse geral é preciso esperar. Só então é que muitas pessoas compreenderão o seu verdadeiro alcance e utilidade e poderão pronunciar-se com conhecimento de causa. Até que o Espiritismo tenha completado sua obra, o bem que ele faz é limitado; ele não pode ser senão uma crença individual, e uma adesão oficial seria prematura e impossível. Então sim, muitos daqueles que hoje o consideram como uma coisa fútil, forçosamente mudarão sua maneira de ver e serão levados, pela própria força das coisas, a fazer dele um estudo sério. Deixemo-lo, pois, crescer e não peçamos que seja homem antes de ter sido menino; não peçamos à infância o que só a idade viril pode dar.

A. K.

NOTA: Esta exposição tinha sido feita apenas para a Sociedade, mas, tendo sido pedida por unanimidade a sua inserção na *Revista*, julgamos dever atender a esse desejo.

O ESPIRITISMO DO ALTO ABAIXO DA ESCALA

Não dizemos nada de novo aos nossos irmãos em crença, nem aos adversários, dizendo que o Espiritismo invade todas as camadas da Sociedade. As duas cartas aqui citadas têm por objetivo principal pôr em relevo a similitude de sentimentos que a doutrina suscita nos polos extremos da escala social, em indivíduos que não têm nenhum contacto, que jamais vimos e que, nada obstante, se encontram no mesmo terreno, sem outro guia a não ser a leitura das obras. Um é um dignitário do império russo, e o outro um simples pastor da Touraine.

Eis a primeira carta:

Senhor,

Desde 23 de outubro último formou-se em nossa cidade um grupo espírita sob a proteção do apóstolo São Pedro. Considerando-vos, senhor, como nosso mestre em Espiritismo, julgo um dever, como presidente deste grupo, vos dar esta informação.

O objetivo principal que nos propomos é o alívio dos Espíritos sofredores, encarnados e desencarnados. Temos duas reuniões por semana. Procuramos atingir a unidade de pensamento, e para alcançá-la, cada um dos assistentes, durante toda a sessão, guarda o mais recolhido silêncio, e quando a pergunta aos Espíritos é lida em voz alta, cada um de nós mentalmente pede a seu anjo protetor a ajuda a fim de obter uma resposta verdadeira. Em nossas evocações, lidando o mais das vezes com Espíritos de ordem inferior, com Espíritos obsessores, e conhecendo, pela experiência, a eficácia da prece em comum, a ela quase sempre recorremos para esclarecer e aliviar esses infelizes. Nosso grupo possui muitos médiuns, mas ordinariamente só dois ou três escrevem em cada sessão. Temos, além disso, um médium auditivo e vidente, e um magnetizador. Prometem-nos um médium desenhista, mas, nunca o tendo visto, não posso apreciar sua faculdade. Nosso grupo já se compõe de quarenta membros.

Há várias outras reuniões espíritas em São Petersburgo, mas não possuem regulamentos. Nosso grupo é o primeiro regularmente organizado e esperamos que, com a ajuda de Deus, nosso exemplo seja seguido.

Tenho satisfação em poder dizer-vos que enfim apareceu a primeira brochura espírita na Rússia, impressa em São Petersburgo, com autorização da censura. É a minha resposta a um artigo que o arcipreste Sr. Debolsky inseriu no jornal *Radougaf* (O Arco-íris). Até agora nossa censura não permitia publicar artigos senão contra, mas nunca a favor Espiritismo. Pensei que a melhor refutação fosse a tradução de vossa brochura *O Espiritismo em sua Expressão mais Simples*, que fiz inserir naquele jornal.

Me permitis, senhor, que vos remeta as comunicações mais importantes que pudermos obter, sobretudo as que vierem em apoio à verdade e à sublimidade de nossa doutrina?

Tende a bondade de aceitar etc.

General A. de B...

A atitude desse grupo, o objetivo todo de caridade a que se propõe, são as melhores provas que o Espiritismo ali é compreendido em sua verdadeira essência e encarado por seu lado mais sério e mais eminentemente prático. Nada, ali, de curiosidade, de pedidos fúteis, mas a aplicação da doutrina no que ela tem de mais elevado. Uma pessoa que assistiu a muitas dessas reuniões nos disse que as pessoas ficam edificadas com a seriedade, o recolhimento e o sentimento de verdadeira piedade que ali imperam.

A carta que segue não foi escrita para nós, mas para o presidente de um dos grupos espíritas de Tours. Transcrevemo-la literalmente, salvo a ortografia, que foi corrigida.

Caro senhor Rebondin e irmão em Deus,

Perdoai, caro senhor, se tomo a liberdade de vos escrever. Já há muito tempo tinha a intenção de fazê-lo, para vos agradecer a boa acolhida que me destes no ano passado, proporcionando-me o prazer de assistir duas vezes às vossas sessões. Sem dúvida não vos lembrais de mim, mas vou dizer-vos quem sou. Fui ver-vos com meu antigo patrão, Sr. T... Eu era seu pastor há onze anos. Hoje ele acaba de se casar e os parentes da esposa, percebendo que eu me ocupava de Espiritismo que, segundo eles, é um estudo diabólico, fizeram tanto que ele teve que nos despedir. Sofri muito com esta separação, caro senhor, mas quero seguir as máximas de nossa santa doutrina; meu dever é orar por todos os infelizes que ofendem o divino Mestre de todos.

Faço todos os meus esforços, desde que conheci a doutrina, para fazer adeptos. Se encontrei obstáculos, tive a satisfação de ter conduzido muitas pessoas ao conhecimento do Espiritismo, que explica todas as provações que sofremos nesta terra de amarguras e misérias. Oh! Como é doce ser espírita e praticar suas virtudes! Para mim, é minha única felicidade. Vós, caro senhor, o mais devotado à santa causa, espero não me recusareis um lugar em vosso coração. Sou feliz por vos conhecer, acolhestes-me tão bem! Eis que duas vezes fui a Tours, com meus dois amigos que estudam o Espiritismo, com intenção de assistir às vossas sessões, mas soube que as sessões não mais se realizam aos domingos. Tende a bondade de me dizer se vos reunis sempre nesse dia e permitir que me reúna a vós, com os meus amigos, a fim de participarmos em nosso benefício espiritual. Dar-nos-eis uma felicidade muito grande. Conto com a vossa amizade e continuo esperando o dia em que terei a felicidade de estarmos reunidos para praticarmos o amor e a caridade.

Vosso amigo que vos ama, saúda fraternalmente,

PIERRE HOUDÉE,

Pastor

Vê-se que não é preciso um diploma para compreender a doutrina. É que, malgrado seu alto alcance, ela é tão clara e tão lógica que chega sem esforço a todas inteligências, condição sem a qual nenhuma ideia pode popularizar-se. Ela toca o coração: eis o seu maior segredo, e há um coração no peito do operário, como no do grão-senhor. O grande, como o pequeno, tem suas dores, suas amarguras, suas feridas morais, para as quais pede bálsamo e consolações que, um e outro, encontram na certeza do futuro, porque um e outro são iguais perante a dor e diante da morte, que tanto ferem o rico quanto o pobre. Duvidamos muito que se chegue a dar à doutrina do demônio e das chamas eternas atrativos suficientes para suplantá-la. Esse mesmo pastor fazia, muitas vezes, após o seu dia de trabalho, duas léguas para ir a Tours assistir a uma reunião espírita, e outras duas para voltar. Quando falamos do *alto alcance* da doutrina e das consolações que ela proporciona, falamos uma linguagem incompreendida para os que julgam que o Espiritismo está inteiramente nas mesas girantes, ou num fenômeno mais ou menos autêntico que reúne curiosos, mas que é perfeitamente entendido por quem quer que não se tenha detido na superfície e não se tenha deixado envolver por boatos, cujo número é grande.

OS ESPÍRITOS NA ESPANHA

Cura de uma obsedada em Barcelona

Sob este primeiro título, publicamos, em setembro de 1864, um artigo no qual estava provado, por fatos autênticos, que para os Espíritos não havia Pireneus, e que eles até se riam dos autos-de-fé. A carta do Sr. Delanne, publicada em nosso último número, é uma nova prova disso. Aí se menciona sumariamente a cura de uma obsessão, devida ao zelo e à perseverança de alguns espíritas sinceros e devotados de Barcelona. Enviam-nos o relato detalhado dessa cura, que consideramos nosso dever publicar, bem como a carta que a acompanhou.

Senhor e caro mestre,

Tivemos a vantagem de ter entre nós o nosso caro irmão em crença Sr. Delanne e lhe demos notícia de nossos fracos trabalhos, bem como de nossos esforços para proporcionar alívio a alguns pobres pacientes que Deus pôs em nossas mãos. Entre estes estava uma mulher que, durante quinze anos, foi presa de uma obsessão das mais cruéis, e que Deus nos permitiu curar. Nossa intenção, certamente, não era mencioná-la, porque trabalhamos em silêncio, sem nos querermos atribuir qualquer mérito. Entretanto, o Sr. Delanne nos disse que o relato dessa cura serviria, sem dúvida, de encorajamento a outros crentes que, como nós, se dedicam a essa obra de caridade, então não hesitamos em vo-lo dirigir. Bendizemos a mão do Senhor, que nos permite saborear o fruto de nossos trabalhos e deles nos dá a recompensa ainda aqui na Terra.

Durante a Semana Santa foram pregados vários sermões contra o Espiritismo, dos quais um se destacava pelos absurdos. O pregador perguntava aos fiéis se eles ficariam satisfeitos em saber que as almas de seus parentes renasciam em corpos de um boi, de um jumento, de um porco, ou de outro animal qualquer. Eis, diz ele, o Espiritismo, meus caros irmãos; ele é perfeito para o espírito leviano dos franceses, mas não para vós, espanhóis, muito sérios para admiti-lo e nele acreditar.

Aceitai,

J. M. F.

Rose N..., casada em 1850, poucos dias após o casamento, foi atingida por ataques espasmódicos que se repetiam muitas vezes e com violência, até engravidar. Durante a gravidez nada experimentou, mas após o parto os mesmos acidentes se repetiram. Por vezes as crises duravam três ou quatro horas, durante as quais ela fazia toda sorte de extravagâncias e eram necessárias três ou quatro pessoas para dominá-la. Entre os médicos chamados, uns diziam que era uma doença nervosa; outros loucura. O mesmo fenômeno se repetiu em cada gravidez, isto é, os acidentes cessavam durante a gestação e recomeçavam após o parto.

Isto durava vários anos. O pobre marido estava cansado de consultar a uns e outros e aplicar remédios que não davam o menor resultado. Essa brava gente estava no limite da paciência e dos recursos, pois a mulher ficava, por vezes, meses inteiros sem poder dedicar-se aos trabalhos domésticos. Por vezes sentia uma melhora, que permitia supor uma cura, mas após algumas semanas de trégua, o mal reaparecia com uma terrível recrudescência.

Algumas pessoas, tendo-os convencido que um mal tão rebelde devia ser obra do demônio, recorreram aos exorcismos, e a paciente foi a um santuário distante vinte léguas, de onde voltou aparentemente tranquila. Mas, ao cabo de alguns dias, o mal voltou com nova intensidade. Ela partiu para outra ermida, onde ficou quatro meses, durante os quais ficou tão tranquila que julgaram-na curada. Voltou, então, à sua família, contente por vê-la enfim livre de sua cruel doença. Entretanto, após algumas semanas, suas esperanças se desvaneceram novamente. Os acessos voltaram com mais força do que nunca. Marido e mulher estavam desesperados.

Foi em julho último, 1864, que um de nossos amigos e irmão em crença nos deu conhecimento desse fato, propondo-nos tentar aliviar, senão curar essa pobre perseguida, pois ele julgava que se tratasse de uma obsessão das mais cruéis. A doente estava sendo submetida a um tratamento magnético que lhe havia proporcionado um certo alívio, mas o magnetizador, embora espírita, não tinha meios de evocar o obsessor, por falta de médiuns, e não podia, a despeito de sua boa vontade, produzir o efeito desejado. Aceitamos com interesse essa ocasião de fazer uma boa obra. Reunimos vários adeptos sinceros e mandamos trazer a doente.

Alguns minutos bastaram para reconhecer a causa da moléstia de Rosa. Era, com efeito, uma obsessão das mais terríveis. Tivemos muito trabalho para fazer o obsessor vir ao nosso chamado. Ele foi muito violento, respondeu com algumas palavras sem nexo e logo atirou-se furiosamente sobre sua vítima, na qual provocou uma violenta crise, logo acalmada pelo magnetizador.

Na segunda sessão, poucos dias depois, pudemos reter por mais tempo o Espírito obsessor, que, entretanto, se mostrou constantemente rebelde e cruel para com sua vítima. A terceira evocação foi mais feliz: O obsessor conversou familiarmente conosco. Fizemo-lo compreender todo o mal que ele fazia perseguindo essa infeliz mulher, mas ele não queria confessar seus erros, e dizia que a obrigava a pagar *uma velha dívida*.

Na quarta evocação ele orou conosco e se lamentou por ter sido trazido a nós contra sua vontade. Ele queria muito vir, mas por sua própria vontade. Foi o que fez na sessão seguinte. Pouco a pouco, a cada nova evocação, conseguíamos maior ascendente sobre ele e acabamos por fazê-lo renunciar ao mal que desde a quarta sessão vinha sempre diminuindo, e tivemos a satisfação de ver cessarem as crises na nona sessão. A cada vez, uma magnetização de 12 a 15 minutos acalmava totalmente Rose e a deixava perfeitamente tranquila.

Desde o mês de agosto, já lá vão nove meses, a doente não teve mais crises, e suas ocupações não foram interrompidas. Apenas de tempos em tempos ela sofreu ligeiros abalos, em consequência de alguma contrariedade que não podia dominar, mas eram como relâmpagos sem tempestade, para lhe demonstrar, na prática, que ela não devia esquecer os bons hábitos que tinha contraído para com Deus e os seus semelhantes. É preciso dizer também que ela contribuiu poderosamente para a cura pela sua fé, seu fervor, sua confiança no Criador, e reprimindo seu caráter naturalmente impulsivo. Tudo isto contribuiu para que o obsessor adquirisse força sobre si mesmo, pois ele não a tinha bastante para se empenhar resolutamente no bom caminho; ele temia as provações que teria de sofrer para merecer o perdão. Mas, graças a Deus, e com o poderoso auxílio dos bons guias, hoje ele está no bom caminho e faz tudo o que pode para ser perdoado. É ele que hoje dá conselhos muito bons àquela a quem perseguiu por tanto tempo e que é agora robusta e alegre, como se jamais tivesse sofrido. Contudo, de oito em oito dias ela vem submeter-se a uma magnetização, e, de tempos em tempos, evocamos seu antigo perseguidor, para fortalecê-lo nas boas resoluções. Eis sua última comunicação, de 19 de abril de 1865:

Eis-me aqui. Venho agradecer-vos a boa perseverança para comigo. Sem vós, sem esses bons e benévolos Espíritos que estão presentes, eu jamais teria conhecido a felicidade que sinto agora; ainda me arrastaria no mal, na miséria. Oh! sim, miséria, porque não se pode ser mais infeliz do que eu era; sempre fazer o mal e sempre desejar fazê-lo! Ah! Quantas vezes eu vos disse que não sofria! Só agora eu vejo quanto sofria. Neste instante mesmo, ainda sofro as consequências desses sofrimentos, mas não como outrora; hoje é o arrependimento e não a incessante necessidade de fazer o mal. Oh, não! Que o Deus de bondade dele me preserve, e que eu seja fortalecido para não mais recair na desgraça. Oh! Não mais essas torturas, não mais esses males causticantes que não deixam à alma nenhum momento de repouso. Isto é que é o inferno, e ele está com aquele que faz o mal, como eu fazia.

Fiz o mal por ressentimento, por vingança, por ambição! Que me restou disto? Ai! Repelido pelos bons Espíritos, não podia compreendê-los quando se aproximavam de mim e escutava as suas vozes, porque não me era permitido vê-los. Não! Hoje Deus mo permitiu, e é por isto que sinto um bem-estar que jamais experimentei, porque, mesmo que eu sofra muito, entrevejo o futuro e suporto meus sofrimentos com paciência e resignação, pedindo perdão a Deus e assistência dos bons Espíritos para aquela a quem persegui por tanto tempo. Que ela me perdoe. Dia virá, talvez breve, em que lhe poderei ser útil.

Termino agradecendo-vos e vos pedindo que persistais em vossas preces por mim e na boa amizade que me testemunhastes e me perdoeis o trabalho que vos dei. Oh! Obrigado! Obrigado! Não podeis saber quanto o meu Espírito é reconhecido pelo bem que me fizestes. Rogai a Deus para que ele me perdoe, e aos bons Espíritos para que estejam comigo, a fim de me ajudarem e me fortalecerem.

Adeus.

PEDRO

Depois desta comunicação, recebemos a seguinte dos nossos guias espirituais:

A cura chega ao fim. Agradecei a Deus que se dignou ouvir vossas preces e se servir de vós para que um inimigo encarniçado se tivesse tornado hoje um amigo, porque, tende certeza, esse Espírito um dia fará tudo o que for possível pela pobre família que ele atormentou por tanto tempo. Mas vós, caros filhos, não abandoneis o perseguidor nem a perseguida. Ambos ainda necessitam de vossa assistência, um para sustentá-lo no bom caminho que ele tomou, pois evocando-o algumas vezes aumentareis a sua coragem; a outra, para dissipar totalmente o fluido malsão que a envolveu por tanto tempo; fazei-lhe, de tempos em tempos, uma abundante magnetização, sem o que ela ainda se acharia exposta à influência de outros Espíritos malévolos, pois sabeis que estes não faltam, e vós o lamentaríeis por isso. Coragem, pois! Acabai, completai vossa obra e preparai-vos para as que ainda vos estão reservadas. Sede firmes! Vossa tarefa é espinhosa, é verdade, mas também, se não vos dobrardes, quão grande será vossa recompensa por isso!

VOSSOS GUIAS

Não basta relatar fatos mais ou menos interessantes. O essencial é deles tirar uma instrução, sem o que eles não têm proveito. É pelos fatos que o Espiritismo se constituiu em ciência e em doutrina; mas se nos tivéssemos limitado a constatá-los e registrá-los, não estaríamos mais adiantados que no primeiro dia. Em Espiritismo, como em toda ciência, sempre há o que aprender; ora, é pelo estudo, pela observação e pela dedução dos fatos que se aprende. É por isso que, quando é o caso, fazemos seguir os fatos que citamos das reflexões que eles nos sugerem, quer venham confirmar um princípio conhecido, quer sirvam de elemento a um princípio novo. Em nossa opinião, é o meio de captar a atenção das criaturas sérias.

Uma primeira observação a fazer sobre a carta acima referida é que, a exemplo dos que compreendem a doutrina em sua pureza, seus adeptos fazem abstração de todo amor-próprio; não fazem exibição e não procuram brilhar; fazem o bem sem ostentação e sem vangloriar-se das curas que conseguem, porque sabem que não as devem nem ao seu talento nem ao seu mérito pessoal, e que Deus lhes pode retirar esse favor quando lhe aprouver; não é uma reputação nem uma clientela que buscam. Eles acham sua recompensa na satisfação de ter aliviado um aflito e não no vão sufrágio dos homens. É o meio de conciliar o apoio dos bons Espíritos que abandonam o orgulho com os Espíritos orgulhosos.

Os casos de cura como este, como os de Marmande e outros não menos meritórios, sem dúvida são um encorajamento; são, também, excelentes lições práticas que mostram a que resultados se pode chegar pela fé, pela perseverança e por uma sábia e inteligente direção. Contudo, o que não deixa de ser um bom ensinamento é o exemplo da modéstia, da humildade e do completo desinteresse moral e material. É nos centros animados por tais sentimentos que se obtém esses maravilhosos resultados, porque aí se é verdadeiramente forte contra os maus Espíritos. Não é menos notável que desde que o orgulho aí penetre, desde que o bem não seja feito exclusivamente pelo bem e que aí se busque a satisfação do amor-próprio, a força declina.

Notemos igualmente que é nos centros realmente sérios que se faz a maior parte dos adeptos sinceros, porque os assistentes são tocados pela boa impressão que recebem, ao passo que nos centros levianos e frívolos, só se é atraído pela curiosidade, que nem sempre é satisfeita. É compreender o verdadeiro objetivo da doutrina empregá-la em fazer o bem aos desencarnados, bem como aos encarnados. É pouco recreativo para certas pessoas, temos que convir, mas é mais meritório para os que a isso se devotam. Assim, temos a satisfação de ver multiplicarem-se os centros que se dedicam a esses úteis trabalhos. É aí que as pessoas se instruem prestando serviço, e que os assuntos de estudo não faltam. São esses os mais sólidos sustentáculos da doutrina.

Não é um fato muito característico ver nas duas extremidades da Europa, no norte da Rússia e no sul da Espanha, reuniões espíritas animadas pelo mesmo pensamento de fazer o bem, que agem sob o impulso dos sentimentos e da caridade para com os seus irmãos? Não é o indício da irresistível moral da doutrina, que vence todos os obstáculos e não conhece barreiras?

Em verdade, é preciso ser muito desprovido de boas razões para combatê-la, quando se está reduzido aos tristes expedientes empregados pelo pregador de Barcelona, acima citado; seria perder tempo refutá-los; só há que lamentar aqueles que se deixam levar por semelhantes aberrações que provam a mais cega ignorância ou a mais insigne má-fé. Mas disso não deixa de resultar uma importante instrução. Suponhamos que a senhora Rose tivesse acreditado nas afirmativas do pregador e tivesse repelido o Espiritismo. O que teria acontecido? Ela não teria sido curada; teria caído na miséria, por não poder trabalhar; ela e o marido talvez tivessem amaldiçoado Deus, ao passo que agora o bendizem, e o Espírito mau não se teria convertido ao bem. Do ponto de vista teológico, são três almas salvas pelo Espiritismo, que o pregador teria deixado que se perdessem.

Vendo os primeiros sintomas do mal, compreende-se que a Ciência tenha podido enganar-se, porque eles tinham todos os caracteres de um caso patológico. Contudo, não era nada disso. Só o Espiritismo podia descobrir-lhe a verdadeira causa, e a prova é que a Ciência, com seus remédios, foi impotente durante longos anos, ao passo que em alguns dias o Espiritismo triunfou sem medicamentos, apenas pela moralização do ser perverso que era o seu autor.

O fato aí está, ao lado de milhares de fatos semelhantes. A isso, o que dizem os incrédulos? É o acaso, a força da Natureza; a doente devia curar-se. E certos sacerdotes? Dizemos *certos sacerdotes* intencionalmente, porque nem todos pensam do mesmo modo: Essa mulher foi curada pelo demônio, e teria sido melhor para a salvação de sua alma que tivesse ficado doente. A senhora Rose não é dessa opinião. Como ela agradece por isso a Deus e não ao demônio, ora e faz boas obras, absolutamente não julga comprometida a sua salvação. Em segundo lugar, ela prefere ter sido curada e trabalhar para alimentar os filhos do que vê-los morrer de fome. Em nossa opinião, Deus é a fonte de todo bem.

Mas se o diabo é o verdadeiro ator em todos os casos de obsessão, de onde vem a impotência dos exorcismos? É um fato positivo que não só o exorcismo sempre falhou em semelhantes casos, mas que as cerimônias desse gênero sempre foram seguidas de recrudescência no mal. Morzine ofereceu memoráveis exemplos disso. O diabo é, pois, mais poderoso do que Deus, pois resiste aos seus ministros, àqueles que lhe opõem coisas santas? Entretanto os espíritas, a quem invocam? A quem solicitam apoio? A Deus. Por que, com a mesma assistência, eles triunfam, ao passo que os outros falham? Eis a razão:

Para começar, a volta do obsessor ao bem e, em consequência, a cura do doente, o que é um fato material, provam que não se trata do demônio, mas de um mau Espírito susceptível de se melhorar. Em segundo lugar, no exorcismo, não lhe opõem senão palavras e sinais materiais, em virtude dos quais se tem fé, mas que o Espírito não leva em consideração. Irritam-no, ameaçam-no, maldizem-no, votando-o às chamas eternas; querem dominá-lo pela força e, como ele é inatingível, ri-se e vos escapa e quer provar-vos que é mais forte que vós.

Pelo Espiritismo lhe falamos com doçura; procuramos nele fazer vibrar a corda do sentimento; mostramos-lhe a misericórdia de Deus; fazemos-lhe entrever a esperança e muito docemente o conduzimos ao bem. Eis todo o segredo.

O fato acima apresenta um caso particular, o da suspensão das crises durante a gravidez. De onde vem isto? Que a Ciência o explique, se puder. Eis a razão dada pelo Espiritismo:

A doença não era loucura nem uma afecção nervosa. A cura é a prova disso. Era sem dúvida uma obsessão. O Espírito obsessor exercia uma vingança. Deus o permitia para servir de provação e de expiação à mãe e, além disso, porque, mais tarde, a sua cura devia levar ao melhoramento do Espírito. Mas as crises durante a gestação poderiam prejudicar a criança. Deus efetivamente queria que a mãe fosse castigada pelo mal que tinha praticado, mas não queria que o ser inocente que ela carregava sofresse por isso. É por esta razão que aos perseguidores foi tirada toda a liberdade de ação durante esse tempo.

Quantas coisas o Espiritismo explica para quem queira estudar e observar! Que horizontes abrirá à Ciência, quando esta levar em conta o elemento espiritual! Como estão longe de compreendê-lo aqueles que só o veem nas manifestações curiosas!

OS DOIS ESPIÕES

Um dos nossos correspondentes de São Petersburgo nos envia a tradução de um artigo publicado contra o Espiritismo, num jornal religioso daquela cidade: *Doukhownaïa Beceda* (Práticas religiosas).

É um relato feito por dois jovens de Moscou, os senhores XX..., que se apresentaram a nós em novembro último, sob a aparência de gente da melhor sociedade, dizendo-se muito simpáticos ao Espiritismo e que foram recebidos com as atenções devidas à sua qualidade de estrangeiros.

Nada, absolutamente, em suas palavras e maneiras, traía a intenção que os movia. Era preciso que assim fosse para representarem seu papel e realizarem a missão de que estavam encarregados.

Certamente nossos adversários da França nos habituaram a relatos que não primam pela exatidão, em matéria de Espiritismo, mas, justiça seja feita, nenhum deles, que saibamos, levou tão longe a calúnia. Isto teria sido difícil num jornal francês, pois a lei protege contra tais abusos, mas também porque muitas testemunhas oculares viriam constatar a verdade. Mas, a seiscentas léguas, num país estrangeiro e numa língua aqui desconhecida, a coisa era mais fácil.

Devemos aos numerosos adeptos da Rússia uma refutação desse ignóbil panfleto, cujos autores são tanto mais repreensíveis quanto abusaram da confiança que tinham buscado inspirar. Introduzindo-se sob falsas aparências, como emissários de um partido, numa casa particular e numa reunião privada que jamais é aberta ao público e onde só se é admitido mediante recomendação, para dar publicidade a um relatório desfigurado e ultrajante, colocam-se abaixo dos espiões, porque os espiões ao menos dão exata conta do que viram.

É lamentável, ainda, que semelhantes coisas sejam feitas em nome da religião que elas sejam consideradas necessárias como seu sustentáculo. Não é por tais meios que arruinarão o Espiritismo. Pelo ódio que lhe votam, auxiliam no seu crescimento.

Assim foi com o Cristianismo no seu início. Perseguindo-o, os adversários trabalharam para a sua consolidação. Mas, naquela época não havia publicidade, e a calúnia poderia chocar por muito tempo. Hoje a verdade se revela prontamente e quando maldosamente dizem que uma coisa é preta, cada um pode achar, por sua vez, que é branca, e o odioso da calúnia cai sobre seus autores.

As reflexões do jornal são as de todos os detratores, que têm a mesma opinião. Foram refutadas tantas vezes que seria inútil a elas voltar. Contudo, citaremos a seguinte passagem:

"Os espíritas estarão, com efeito, em comunicação direta com o mundo dos Espíritos, a tal ponto que as mais altas personagens e as mais sagradas venham ao seu apelo *ad libitum*, à vontade dos médiuns, como ao toque de uma sineta? Não há nisso charlatanismo e grosseira trapaça, não da parte dos Espíritos que Allan Kardec tão bem ensina a distinguir, mas da parte do próprio chefe dessa nova seita, tão sedutora para a imaginação de seus adeptos inexperientes? As duas cartas anexas, de Paris, vindas de pessoas *dignas de fé*, mas que não quiseram identificar-se, podem dar uma resposta suficiente a essa delicada questão."

O Espiritismo jamais disse que os Espíritos, sejam quais forem, vêm à vontade de um médium qualquer. Ao contrário, diz que eles não estão às ordens de ninguém; que eles vêm quando querem e *quando podem*. Ele faz mais, pois revela as causas materiais que se opõem a que um Espírito se manifeste pelo primeiro que aparecer.

Se a comunicação dos Espíritos não passa de uma ideia sem fundamento e de uma encenação, apenas uma pessoa deveria ter o seu monopólio. Como é que a realidade é constatada há anos por milhares de indivíduos de todas as classes e idades, em todos os países? Então todo mundo representa a comédia, dos príncipes aos peões, e isso em proveito de quem? O que é ainda mais original é que essa comédia reconduz os incrédulos a Deus e faz que orem os que riam da prece. Jamais se viu uma escamoteação produzir resultados tão sérios.

Quanto às cartas dos dois emissários, seria supérfluo responder às tolas e grosseiras injúrias que encerram; basta citar alguns erros materiais para mostrar o crédito que merece seu relatório sobre o resto.

"À hora convencionada, fomos encontrar-nos com Allan Kardec. Ele reside numa passagem sempre tomada por uma por multidão. Um grande cartaz anuncia que é lá que se realizam os mistérios do Espiritismo."

Ao pé da escada há um pequeno aviso com estas palavras: *Revista Espírita*, no *2º andar*, porque lá está a redação do jornal, e sendo todo jornal sujeito ao público, deve indicar a sua sede. Abaixo está escrito: *Sala de cursos*, porque a sala das sessões era primitivamente destinada a cursos diversos que jamais se realizaram desde que residimos nesse local. Eis uma primeira invenção desses senhores tão dignos de fé.

"Eram cinco horas da tarde. Estava escuro e o espírita não tinha lume. Por corredores tortuosos fomos introduzidos em seu gabinete."

Os visitantes jamais foram levados ao meu gabinete, mas a um salão de recepção, que por certo não é o de um palácio, mas onde os que não o acham dignos de si estão perfeitamente livres para não voltar. "Depois de nos ter convidado para nos sentarmos, continuou a conversar com um moço desconhecido para nós. As palavras desse último nos permitiram compreender que era um médium novato, e que ele se encontrava obsidiado, pela força impura que lhe dava respostas sob a máscara de puros Espíritos; que a princípio as respostas são veladas por uma inocência perfeita, mas em seguida o diabo se traía pouco a pouco. A voz, o ar espantado do moço, tudo denotava uma violenta agitação. O espírita respondeu que uma pureza moral da vida e a moderação eram necessárias para se comunicar com os Espíritos, e ainda mais: que no começo o médium é ordinariamente perseguido pelos maus Espíritos, mas que depois chegam os bons. O tom desse discurso era o de um mestre ou preceptor. *Não há dúvida* que tudo isto não passava de uma comédia representada em nossa frente."

Esse moço, nós nos lembramos, era um simples operário que nos vinha pedir conselhos, como acontece muitas vezes. Nós *continuamos* nossa conversa com ele, porque aos nossos olhos um operário honesto tem direito a tanto mais consideração quanto mais humilde a sua posição. É possível que esta não fosse a ideia daqueles senhores, mas eles lá chegarão quando, em outra existência, se acharem nas condições daqueles a quem hoje olham com altivez. Quanto à comédia que, *não há dúvida*, era representada por eles, é muito singular que tivesse sido por eles preparada, porque não os esperávamos. À sua chegada, o moço estava só; se nós *continuamos* a conversa, é porque a tínhamos começado. Então nós dois representamos a comédia. Em todo caso, ela nada tinha de muito interessante, e quando se faz tanto, faz-se algo melhor.

"Graças a uma obscuridade interessante, o mestre não era visível. Ele dirigiu-se a nós com uma pergunta que sondava nossa crença no Espiritismo, seu desenvolvimento em Moscou e assim por diante. Ele procedia com muita reserva, até que soube do nosso desejo. Trouxeram uma lâmpada. Então vimos à nossa frente um senhor muito corpulento, idoso, a fisionomia bastante agradável, olhos singulares; dir-se-ia que varavam o indivíduo: é o primeiro olhar, e em segundo lugar eram marcados por uma certa nostalgia. Fitei muito tempo seus olhos admiráveis no mais alto grau, sobre sua fisionomia comum.

"Não sei por que atraí sua atenção, de sorte que várias vezes me perguntou se eu não era médium. Provando nossa conversa *os nossos conhecimentos de Espiritismo*, ele começou a tornar-se mais comunicativo."

Vê-se qual era o conhecimento deles sobre Espiritismo e sobretudo sua sinceridade. Se, por uma linguagem astuciosa, pensaram nos enganar, eles é que representavam a comédia.

"Ele pôs-se a falar, em termos obscuros, da alma e dos Espíritos. A princípio sua voz era calma, mas terminou seu discurso com uma ênfase singular. Tendo-lhe perguntado como distingue os bons Espíritos dos maus, ele respondeu que previamente submetiam cada Espírito à prova: *Se o Espírito não contradissesse as opiniões morais e religiosas dos espíritas, consideravam-no como puro Espírito*. À minha pergunta: Por que só se ocupava da solução de questões morais e nem tocava nas científicas nem nas *políticas*, pergunta que visivelmente lhe desagradou, respondeu algo neste gênero: Os Espíritos não se metem nisto."

Geralmente a política é o terreno perigoso ao qual os falsos irmãos procuram trazer os espíritas. Segundo eles, a moral é coisa muito banal e muito vulgar; isto é muito repisado; é necessário o positivo. Um indivíduo condecorado, que sob falsa aparência se introduziu num meio operário, em Lyon, onde se encontravam também alguns militares, propôs esta questão: "O que os Espíritos pensam de Henrique V?" A resposta dos Espíritos e dos assistentes não lhe deu vontade de continuar nem de voltar.

"Depois de certa *hesitação*, ele nos *permitiu* assistir à reunião dos espíritas na sexta-feira. Eles pretendiam interrogar um coronel da guarda, médium há pouco falecido. Dissemos-lhe adeus. A noite de sexta-feira me interessa, e vos darei conta de tudo o que vir e ouvir. Entretanto, dizem que ele cobra *cem francos* por sessão. Se for verdade, fica bem entendido que não poderei ver nem ouvir. *Sacrificarei dez francos*, no máximo. "Paris, 2/14 de novembro de 1864."

Independentemente de nossos bem conhecidos princípios, claramente formulados em nossas obras, em relação à exploração do Espiritismo sob qualquer forma, mais de seis mil ouvintes que foram admitidos às sessões da Sociedade Espírita de Paris, desde a sua fundação, a 1º de janeiro de 1858, podem dizer se alguma vez um só pagou alguma coisa como contribuição obrigatória ou *facultativa*, e mesmo se lhe foi imposto o que quer que fosse, como condição de admissão, como a compra de um só livro ou a assinatura da Revista. Quando se explora o público, a escolha não é difícil; visa-se a quantidade. Não seria concebível, portanto, a *hesitação* para admitir esses senhores; em vez de *permitir* que viessem, teríamos solicitado. Só por estas palavras eles se traem; mas não pensam em tudo.

A partir do momento que, como dizem, tinham ouvido falar que eram cobrados cem francos por pessoa, e que eles concordariam em dar apenas dez, como é que não confirmaram com antecedência? Era muito natural, necessário mesmo no-lo perguntar para não se verem apanhados desprevenidos. Há aqui uma insinuação pérfida, mas desajeitada. No relato que a seguir fazem da sessão a que assistiram, eles não falam de pagamento. Ora, tendo dito que *sacrificariam* dez francos, dão a entender que nada lhes custou. Eles recuaram diante de uma afirmação, mas disseram para si mesmos: "Lancemos a ideia; sempre restará alguma coisa." Mas quando não há nada, nada pode restar. Sim, resta alguma coisa: a vergonha para o mentiroso.

Aliás, não é a primeira vez que a malevolência e a inveja empregam tal meio para buscar desacreditar a Sociedade na opinião pública. Ultimamente, em Nantes, um indivíduo afirmava que as entradas aí custavam cinco francos por pessoa. Seria singular que depois de oito anos que a Sociedade existe ainda não se saiba se ela cobra 100 francos ou 5 francos. Na verdade, é preciso estar muito enceguecido pela vontade de prejudicar para tentar ludibriar o público sobre um fato tão material que diariamente recebe o desmentido, quer pelas pessoas que aí vão, quer pelos princípios que ela professa e que são formulados sem equívoco em nossos escritos.

Contudo, dessa calúnia ressalta um ensino. A partir do momento em que nossos adversários pensam desacreditar a Sociedade, dizendo que ela exige uma contribuição dos visitantes, é que eles consideram mais honroso nada cobrar. Ora, considerando-se que ela nada exige; que, em vez de visar à quantidade de frequentadores, ela a restringe tanto quanto possível, é que não especula com eles; assim, corta cerce toda suspeita de charlatanice.

A circunstância do coronel que devia ser evocado nos forneceu a pista para descobrirmos a sessão a que aqueles senhores assistiram. Não se achando na lista desse dia os seus verdadeiros nomes, temos assim a prova de que se apresentaram com nomes falsos. Isto foi muito fácil de verificar, pois naquele dia a sessão era particular, reservada aos membros da Sociedade, à qual só tinham sido excepcionalmente admitidos quatro ou cinco estrangeiros, de passagem por Paris. Enviando-nos os seus nomes verdadeiros, nosso correspondente nos revela que são filhos de um alto funcionário eclesiástico russo.

"Sexta-feira passada, às oito horas da noite, fomos à sessão da Sociedade espírita. Chegamos cedo; os membros ainda não eram numerosos, de sorte que pudemos examinar minuciosamente o ambiente. Um salão muito grande continha numerosas filas de cadeiras. Ao lado de uma das paredes achava-se uma mesa coberta com uma toalha verde, em redor da qual estavam cadeiras para os principais membros da Sociedade. Sobre a mesa encontrava-se uma pilha de papel branco e uma porção de lápis apontados. Nada mais. Acima da mesa pendia a imagem do Salvador abençoando."

Uma investigação tão minuciosa e levada até ao exame dos papéis é bastante indiscreta da parte de pessoas que se dizem gentis-homens admitidos por favor numa casa particular e a uma reunião que nada tem de pública.

Não há absolutamente nada suspenso acima da mesa. Perto da parede há uma estatueta de São Luís, presidente espiritual da Sociedade, em trajes de rei, e que aqueles senhores, ao que parece, tomaram pelo Cristo.

"As paredes eram ocupadas por quadros singulares. Examinei-os detalhadamente. O maior, pintado a óleo, representa um esquife com correntes caídas em volta; um sítio original, com plantas fantásticas, rodeava o esquife. Uma inscrição explica que o quadro foi pintado por *Allan Kardec*." Esse quadro alegórico é o de que falamos na Revista de 1862. Não há correntes nem plantas de qualquer espécie. Embaixo há uma legenda explicativa com esta inscrição aposta no próprio quadro, e em evidência: "Pintura mediúnica. Quadro alegórico do surgimento e da vitória do Espiritismo; pintado pelo Sr. V..., *jovem aluno de farmácia*, sem qualquer conhecimento de pintura e de desenho. Lyon." Não sabemos como esses senhores puderam ver nestas palavras que o quadro foi pintado por Allan Kardec. Isto dá a medida da exatidão de seu relatório e da confiança que o resto merece.

"Mais longe, toda uma série de quadros ou desenhos, não sei bem como denominá-los, feitos por diversas pessoas, sob a influência dos Espíritos. Não vos posso dizer a impressão que sobre mim produziram todos esses quadros. Examinei-me, examinei-me severamente, e achei que a disposição de meu espírito naquele momento era perfeitamente tranquila, cheia de sangue-frio, de sorte que a impressão que experimentei, à vista daqueles quadros, era independente de minha imaginação. Os quadros ou desenhos representam uma insólita reunião de linhas, pontos, círculos, uma reunião original, sem qualquer semelhança com o que quer que seja. Todos têm um certo gênero particular, que lhes pertence em comum, mas inteiramente indefinível. Dir-se-ia que nada há de particular nesses pontos e linhas e, contudo, a impressão que deixam é uma das mais desagradáveis, semelhante a um litigante pesadelo. Numa palavra, aqueles desenhos não se parecem com nada do que jamais tenhais visto, e para mim são desagradáveis."

Nessa coleção de desenhos mediúnicos acham-se: a casa de Mozart, publicada na Revista de agosto de 1858, e que todos conhecem; uma cabeça do Cristo, feita no México, de um tipo admirado por todos os conhecedores; um outro Cristo, coroado de espinhos, moldado em barro, na Sociedade Espírita de Madrid, e de uma execução notável; duas soberbas cabeças de mulher, de perfil grego, desenhadas na Sociedade Espírita de Constantinopla; uma paisagem desenhada a bico de pena pelo Sr. Jaubert, vice-presidente do Tribunal de Carcassone e que qualquer artista consumado assinaria etc. Eis as linhas e os pontos que perturbaram os olhos daqueles senhores de maneira tão desagradável e tão repugnante. Seríamos realmente tentados a crer que um Espírito maligno os fascinou de maneira a fazê-los ver tudo pelo avesso, a fim de tornar seu relato mais pitoresco.

"Enfim, os membros da Sociedade se reúnem em número de cerca de setenta. Como nas sociedades verdadeiras, também havia secretários. A princípio leram um capítulo do Evangelho; a seguir o protocolo da sessão precedente. Confesso que não havia meio de escutar sem riso as diversas informações. Por exemplo, em Lyon um Espírito dizia tolices, porque o haviam excluído do número dos Espíritos de boa conduta.

"Em seguida leram o necrológio do coronel espírita que devia ser evocado durante essa sessão. Anteriormente ele havia sido sansimonista. Allan Kardec disse à Sociedade que lhe faria perguntas sobre as relações entre o Espiritismo e o Sansimonismo. Um dos assistentes queria fazer algumas perguntas, mas o mestre declarou que os outros não deviam *intrometer-se* naquilo que não lhes compete.

"Eu esperava que trouxessem o *aparelho* que devia escrever, mas enganava-me. Allan Kardec *tocou a campainha* e veio da antecâmara um jovem com cara de *trapaceiro*, numa palavra, pronto, por um quarto de rublo, a dizer de cor pelo menos meia libra de toda sorte de absurdos. Disseram-nos que era um médium."

Aqui já não se trata de simples inexatidões. É o cinismo da injúria e do ultraje. Basta citar tais palavras para desacreditá-las. Na França seus autores teriam sido levados aos tribunais. Em termos de inexatidões, diremos apenas que, desde que a Sociedade existe, *jamais* houve campainha em seu escritório e que, por consequência, não podíamos tocá-la. Os ouvidos desses senhores tiniram, como seus olhos se enviesaram ao observar os desenhos e a estatueta de São Luís.

"O público, na maioria velhos, era característico; quase metade deles eram meio loucos. A gente moça, extasiada e desgrenhada, seguia atentamente os movimentos do médium. Lá havia criaturas tão cegamente crentes, que até era pecado rir delas. Só se podia lamentá-las."

Parece que mentir é um pecado menor. É verdade que certas pessoas pensam que é escusável toda mentira dita com boa intenção. Ora, denegrir o Espiritismo para alguns é excelente motivo.

"O que respondeu o Espírito? Respondeu pela tagarelice de Allan Kardec, que se pode admirar em suas obras."

O Espírito de que se trata aqui é o do Sr. Bruneau, membro da Sociedade Espírita, antigo aluno da Escola Politécnica e coronel de artilharia, falecido recentemente. Pode-se ver a ata de sua evocação na Revista de dezembro de 1864.

"Allan Kardec propôs evocar um menino sansimonista."

Naquele dia havia oito médiuns à mesa, e não um. Como acabáramos de evocar o Sr. Bruneau, que tinha sido sansimonista, e tínhamos falado dessa doutrina, seu antigo chefe, Père Enfantin, comunicou-se espontaneamente e sem evocação, por um dos médiuns, e participou da discussão. Foi, pois, Père Enfantin que o fiel narrador tomou por um menino sansimonista.[1]

"Quanto a nós, ficamos tão aborrecidos quanto desgostosos com o aspecto de toda essa gente. Levantamo-nos e saímos. Assim terminou nossa visita espírita. Entretanto, não me posso dar conta se é velhacaria ou loucura. Mas, chega!
"Paris, 9/21 de novembro de 1864."

O redator do jornal acrescenta:

"A pessoa que nos forneceu essas duas cartas interessantes as termina com a seguinte observação: 'O relato consciencioso da testemunha ocular é muito importante, embora nem tudo explique. É por essa razão que pensamos que o presente resumo não é desprovido de utilidade para as pessoas muito crédulas em matéria de comunicação com os Espíritos.'"

---
[1] Enfantin, em francês, significa "infantil". (Nota de revisor Boschiroli)

As reflexões a que dão lugar os fatos desta natureza estão resumidas no artigo seguinte.

NOVA TÁTICA DOS ADVERSÁRIOS DO ESPIRITISMO

Jamais uma doutrina filosófica dos tempos modernos causou tanta emoção quanto o Espiritismo. Jamais qualquer uma foi atacada com tanto encarniçamento. É a prova evidente de que lhe reconhecem mais vitalidade e raízes mais profundas que nas outras, pois não se toma de uma picareta para arrancar um capinzinho. Longe de se apavorar, os espíritas devem alegrar-se com isso, pois é prova da importância e da verdade da doutrina. Se ela não passasse de uma ideia efêmera e sem consistência, de uma mosca que voa, não a atacariam com tamanha violência; se fosse falsa, atacá-la-iam com argumentos sólidos que já teriam triunfado sobre ela. Entretanto, como nenhum dos argumentos que lhe opõem pôde detê-la, é que ninguém encontrou falha na couraça. Contudo, não faltaram nem boa vontade nem talento aos seus antagonistas.

Nesse vasto torneio de ideias, onde o passado entra em liça com o futuro, e que tem por campo fechado o mundo inteiro, o grande júri é a opinião pública. Ela escuta o pró e o contra; ela julga o valor dos meios de ataque e de defesa e se pronuncia a favor de quem dá as melhores razões. Se um dos dois campeões emprega armas desleais, é condenado por antecipação. Ora, haverá armas mais desleais que a mentira, a calúnia e a traição? Recorrer a semelhantes meios é confessar-se *vencido pela lógica*, e a causa que se reduz a tais expedientes é uma causa perdida; não será um homem, nem serão alguns homens que pronunciarão a sua sentença: será a Humanidade, que a força das coisas e a consciência do bem arrastam para o que é mais justo e mais racional.

Vede, na história do mundo, se uma só ideia grande e verdadeira não triunfou sempre sobre qualquer coisa que tenham feito para entravá-la. A esse respeito, o Espiritismo nos apresenta um fato inaudito: é o da rapidez de propagação sem paralelo. Essa rapidez é tal que seus próprios adversários ficam aturdidos; assim, atacam com o cego furor dos combatentes que perdem o sangue frio e se aferram às suas próprias armas. Entretanto, a luta está longe de chegar ao fim. É preciso, ao contrário, esperar que ela adquira maiores proporções e um outro caráter. Seria demasiado prodigioso e incompatível com o estado atual da Humanidade que uma doutrina que leva em si o germe de toda uma renovação se estabelecesse pacificamente em alguns anos. Ainda uma vez, não nos lamentemos. Quanto mais rude for a luta, mais brilhante será o triunfo. Ninguém duvida que o Espiritismo cresceu pela oposição que lhe fizeram. Deixemos, pois, essa oposição esgotar seus recursos. Ele crescerá ainda mais quando ela tiver revelado sua própria fraqueza aos olhos de todos. O campo de combate do Cristianismo nascente era circunscrito; o do Espiritismo se estende por toda a face da Terra. O Cristianismo não pôde ser abafado sob ondas de sangue; ele cresceu por seus mártires, como a liberdade dos povos, porque era uma verdade. O Espiritismo, que é o Cristianismo apropriado ao desenvolvimento da inteligência e livre dos abusos, crescerá do mesmo modo sob a perseguição, porque também ele é uma verdade.

A força bruta é reconhecidamente impotente contra a ideia espírita, mesmo nos países onde ela é aplicada com toda a liberdade. Aí está a experiência para atestá-lo. Comprimindo a ideia num ponto, fazem-na surgir de todos os lados. Uma compressão geral produzirá uma explosão. Contudo, nossos adversários não renunciaram. Enquanto esperam, recorrem a outra tática, a das manobras surdas.

Muitas vezes já tentaram, e tentarão de novo, comprometer a doutrina, impelindo-a por uma via perigosa ou ridícula para desacreditá-la. Hoje, semeando de forma sub-reptícia a divisão e lançando fachos de discórdia, eles esperam lançar a dúvida e a incerteza nos espíritos, provocar o desânimo verdadeiro ou *simulado* e fomentar a perturbação entre os adeptos. Mas não são adversários confessos que assim agiriam. O Espiritismo, cujos princípios têm tantos pontos de semelhança com os do Cristianismo, também deve ter os seus Judas, para que tenha a glória de sair vitorioso dessa nova prova. Por vezes o dinheiro é o argumento que substitui a lógica. Não se viu uma mulher confessar ter recebido 50 francos para simular loucura depois de haver assistido a uma única reunião espírita?

Assim, não é sem razão que, na *Revista* de março de 1863, publicamos o artigo sobre os *falsos irmãos*. O artigo não agradou a todo mundo, e mais de um queria que víssemos mais claro e que abríssemos os olhos dos outros, apertando-nos a mão em sinal de aprovação, como se fôssemos a vítima. Mas que importa! Nosso dever é premunir os espíritas sinceros contra as armadilhas que lhes preparam.

Quanto àqueles que nos hostilizaram, para os quais esses princípios, como vários outros, eram muito rigorosos, é que sua simpatia era superficial e não do fundo do coração, e nós não temos nenhuma razão para a eles nos atermos. Temos que nos ocupar de coisas mais importantes que a sua boa ou má vontade a nosso respeito. O presente é fugidio e amanhã não existirá mais. Para nós ele nada é. O futuro é tudo e é para o futuro que trabalhamos. Sabemos que as simpatias verdadeiras nos seguirão, e aquelas que estão à mercê de um interesse material ilusório ou de um amor-próprio não satisfeito, não merecem este nome.

Quem quer que ponha o seu ponto de vista fora da estreita esfera do presente não mais é perturbado pelas mesquinhas intrigas que se agitam ao seu redor. É o que nos esforçamos por fazer, e é o que aconselhamos aos que querem ter a paz da alma neste mundo. (*O Evangelho segundo o Espiritismo*, Cap. II, item 15).

Como todas as ideias novas, a ideia espírita não podia deixar de ser explorada por gente que não tendo tido êxito em nada, por conduta errada ou por incapacidade, está em busca do que é novo, na esperança de aí encontrar uma mina mais produtiva e mais fácil. Se o sucesso não corresponde à sua expectativa, eles não assumem a responsabilidade, mas atribuem o insucesso à coisa, que declaram má. Essas pessoas têm apenas o nome de espíritas. Melhor do que qualquer outro, pudemos ver essa manobra, tendo sido muitas vezes o alvo dessas explorações, com as quais não quisemos compactuar, o que não nos valeu amigos.

Voltemos ao nosso assunto. O Espiritismo, repetimo-lo, ainda tem que passar por rudes provas e é aí que Deus reconhecerá seus verdadeiros servidores, por sua coragem, por sua firmeza e por sua perseverança. Aqueles que se abalarem pelo medo ou por uma decepção, são como esses soldados que só têm coragem nos tempos de paz e fogem ao primeiro tiro. A maior prova não será, entretanto, a perseguição, mas o conflito das ideias que será suscitado e com cujo auxílio esperam romper a falange dos adeptos e a admirável unidade que se faz na doutrina.

Esse conflito, embora provocado com má intenção, quer venha ele de homens, quer de maus Espíritos, é, contudo, necessário e deve trazer uma perturbação momentânea nalgumas consciências fracas, e mesmo que cause uma perturbação momentânea em algumas, terá como resultado definitivo a consolidação da unidade. Em todas as coisas não se deve julgar pontos isolados, mas ver o conjunto. É útil que todas as ideias, mesmo as mais contraditórias e as mais excêntricas, venham à luz; elas provocam o exame e o julgamento, e se forem falsas, o bom senso lhes fará justiça: elas cairão forçosamente ante a prova decisiva do controle universal, como já caíram tantas outras. Foi esse grande critério que fez a unidade atual; será ele que a concluirá, porque é o crivo que deve separar o bom do mau grão, e a verdade será mais brilhante quando sair do cadinho, livre de todas as escórias. O Espiritismo ainda está em ebulição; deixemos pois a espuma subir à tona e se derramar, e ele apenas ficará mais depurado. Deixemos aos adversários a alegria maligna e pueril de soprar o fogo para provocar essa ebulição porque, sem querer, eles apressam sua depuração e seu triunfo, e eles próprios queimar-se-ão no fogo que acendem. Deus quer que tudo seja útil à causa, mesmo aquilo que é feito com a intenção de prejudicá-la.

Não esqueçamos que o Espiritismo não está acabado. Ele ainda não fez senão plantar balizas, mas, para avançar com segurança, deve fazê-lo gradualmente, à medida que o terreno esteja preparado para recebê-lo e bastante consolidado para nele pôr o pé com segurança. Os impacientes, que não sabem esperar o momento propício, comprometem a colheita, como comprometem a sorte das batalhas.

Entre os impacientes há, sem dúvida, aqueles de muito boa-fé; quereriam ver as coisas irem ainda mais depressa, mas assemelham-se a essas criaturas que julgam adiantar o tempo adiantando o relógio. Outros, não menos sinceros, são levados pelo amor-próprio a chegar primeiro; semeiam antes da estação e só colhem frutos abortados. Ao lado desses, outros há, infelizmente, que empurram o carro por trás, esperando vê-lo tombar.

Compreende-se que certos indivíduos que gostariam de ter sido os primeiros, nos censurem por termos ido tão depressa; que outros, por motivos contrários, nos censurem por avançarmos devagar; mas o que é menos explicável é, por vezes, ver essa dupla censura feita pelo mesmo indivíduo, o que não é prova de muita lógica. Se formos aguilhoados por andarmos pela direita ou pela esquerda, nem por isso avançaremos menos, como temos feito até aqui, na linha que nos é traçada, ao fim da qual está o objetivo que queremos atingir. Iremos para a frente ou esperaremos; apressar-nos-emos ou nos retardaremos conforme as circunstâncias, e não segundo a opinião deste ou daquele.

O Espiritismo marcha a despeito de seus adversários numerosos que não tendo podido tomá-lo pela força, tentam tomá-lo pela astúcia; eles se insinuam por toda parte, sob todas as máscaras e até nas reuniões íntimas, na esperança de aí flagrar um fato ou uma palavra que muitas vezes terão provocado e que esperam explorar em seu proveito. Comprometer o Espiritismo e torná-lo ridículo, tal é a tática com cujo auxílio esperam desacreditá-lo a princípio, para mais tarde terem um pretexto para interditar, se possível, o seu exercício público. É a cilada contra a qual é preciso manter-se em guarda, porque está armada por todos os lados, e à qual, sem querer, dão a mão os que se deixam levar pelas sugestões dos Espíritos enganadores e mistificadores.

O meio de evitar essas maquinações é seguir o mais exatamente possível a linha de conduta traçada pela doutrina; sua moral, que é a sua parte essencial, é inatacável; praticando-a, não se dá ensejo a nenhuma crítica fundada e a agressão se torna mais odiosa. Apanhar os espíritas em falta e em contradição com os seus princípios seria uma grande sorte para os seus adversários; assim, vede como se empenham em acusar o Espiritismo de todas as aberrações e de todas as excentricidades pelas quais não podia ser responsável. A doutrina não é ambígua em nenhuma de suas partes; ela é clara, precisa, categórica nos mínimos detalhes; só a ignorância e a má-fé podem enganar-se sobre o que ela aprova ou condena. É, pois, um dever de todos os espíritas sinceros e devotados repudiar e desautorizar abertamente, em seu nome, os abusos de todo gênero que pudessem comprometê-la, a fim de não lhes assumir a responsabilidade; pactuar com os abusos seria tornar-se cúmplice e fornecer armas aos nossos adversários.

Os períodos de transição são sempre difíceis de passar. O Espiritismo está nesse período; atravessá-lo-á com tanto menos dificuldade quanto mais os seus adeptos forem prudentes. Estamos em guerra; aí está o inimigo que espia, prestes a explorar o menor passo em falso em seu proveito e prestes a fazê-lo meter o pé na lama, se puder. Contudo, não nos apressemos em atirar pedras ou em levantar suspeita muito levianamente, e em aparências que poderiam ser enganosas. Aliás, a caridade torna a moderação um dever, mesmo para com aqueles que estão contra nós. Contudo, a sinceridade, mesmo em seus erros, tem atitudes de franqueza, com as quais não é possível equívoco, e que a falsidade jamais simulará completamente, porque mais cedo ou mais tarde põe as unhas de fora. Deus e os bons Espíritos permitem que ela se traia por seus próprios atos. Se uma dúvida atravessa o espírito, deve ser apenas um motivo para se manter em reserva, o que pode ser feito sem faltar às conveniências.

VARIEDADES

CARTA DE DANTE AO SR. THIERS

Sob este título, lê-se no *Charivari* de 20 de maio de 1865:

"Florença, 20 de maio de 1865.
"Senhor e caro confrade,
"Eu não podia ficar indiferente às festas que iam celebrar em minha honra, e tendo pedido e obtido uma licença de oito dias, minha sombra veio assistir à inauguração do monumento que me é consagrado. É, pois, de Florença que vos dirijo esta carta, sob a emoção que me causou a cerimônia que acabo de testemunhar. Se tomo esta liberdade, senhor e caro confrade, é porque julgo estar em condições de vos fornecer informações que vos serão de alguma utilidade.
"Embora falecido há cinco séculos, não deixei de continuar a seguir, sempre com a mesma atenção e o mesmo patriotismo, a

marcha dos acontecimentos que interessam ao futuro da Itália. De quantas vicissitudes assim tenho sido testemunha, sabeis tão bem quanto eu. De quantas dores meu coração foi sobrecarregado, igualmente podeis fazer uma ideia..."
(Seguem-se longas reflexões sobre os acontecimentos na Itália e as opiniões do Sr. Thiers. Não as reproduzimos pelo duplo motivo de que são estranhas aos nossos objetivos e porque a política está fora dos objetivos deste jornal.)

A carta assim termina:
"Se, pois, como me afirmaram, em breve empreendereis uma viagem à Itália, tende a bondade de passar por Florença e vir conversar uns instantes com minha estátua. Ela terá coisas muito interessantes a vos dizer.

"Com esta esperança, senhor e caro confrade, peço-vos aceiteis a certeza de etc."

DANTE ALIGHIERI

Por cópia fiel: PIERRE VÉRON

Duvidamos muito que o Sr. Pierre Véron seja simpático à ideia espírita, a julgar pelos vários artigos que tem publicado a respeito no *Charivari*. Não se deve, portanto, ver nesta carta mais que um simples produto da imaginação, apropriado à circunstância, a menos que o Espírito de Dante tenha vindo ditá-la sem o conhecimento do autor. Ela é muito espirituosa para que ele não a negue, mas só pode ser apreciada em seu conjunto, pois fracionada perde muito.

Era um pensamento engenhoso fazer intervir, mesmo ficticiamente, o Espírito de Dante nessa ocasião. Salvo pequenos detalhes, um Espírito não teria falado de outro modo. Para nós, não resta dúvida que Dante, a menos que se tenha reencarnado, tenha assistido a essa imponente manifestação, atraído pela poderosa evocação de todo um povo unido num mesmo pensamento. Se, naquele momento, o véu que aos olhos dos encarnados oculta o mundo espiritual tivesse sido levantado, que imenso cortejo de grandes homens teria sido visto, planando no espaço e se misturando à multidão, para aplaudir a regeneração da Itália! Que belo assunto para um pintor ou um poeta inspirado pela fé espírita!

ALLAN KARDEC

REVISTA ESPÍRITA

JORNAL DE ESTUDOS PSICOLÓGICOS

| ANO VIII | JULHO DE 1865 | VOL. 7 |

MÚSICA E LETRA DE HENRIQUE III

O *Grand Journal* de 4 de junho de 1865 relata o fato seguinte:

"Todos os editores e todos os amantes da música de Paris conhecem o Sr. N. G. Bach, aluno de Zimmermann, primeiro prêmio de piano do Conservatório no concurso de 1819, um dos nossos mais estimados e mais honrados professores de piano, bisneto do grande Sebastian Bach, cujo nome ilustre leva com dignidade.

"Informado por nosso amigo comum, Sr. Dollingen, administrador do *Grand Journal*, que o apartamento do Sr. N. G. Bach tinha sido teatro de um verdadeiro prodígio na noite de 5 de maio último, pedi a Dollingen que me levasse ao Sr. Bach, e fui acolhido no nº 8 da Rua Castellane com uma elegante cortesia. Inútil acrescentar, ao que penso, que só depois de ter tido autorização expressa do herói desta história maravilhosa me permito contá-la aos leitores.

"A 4 de maio último, o Sr. Léon Bach, que é um curioso dublê de um artista, trouxe a seu pai uma espineta admiravelmente esculpida. Depois de longas e minuciosas pesquisas, o Sr. Bach descobriu, numa prancha interna, os dados históricos do instrumento: Ele data do mês de abril de 1564 e foi fabricado em Roma.

"O Sr. Bach passou uma parte do dia na contemplação de sua preciosa espineta. Ele pensava nela ao se deitar, e quando o sono lhe cerrou as pálpebras, continuava pensando.

"Não é, pois, de se espantar que tenha tido o seguinte sonho:
"No mais profundo de seu sono, o Sr. Bach viu aparecer à cabeceira do leito um homem com uma longa barba, sapatos

arredondados na ponta, com grandes laços em cima, um culote muito grande, um jaleco de mangas colantes com pregas no alto, um grande colarinho e com um chapéu pontudo e de abas largas.

"Esse personagem curvou-se sobre o Sr. Bach e lhe disse o seguinte:

"A espineta que possuis me pertenceu. Muitas vezes me serviu para distrair meu senhor, o rei Henrique III. Quando ele era muito moço, compôs uma ária com letra, que ele gostava de cantar e que eu tocava para ele muitas vezes. Essa ária e a letra ele compôs em homenagem a uma mulher que ele encontrou numa caçada e pela qual se apaixonou. Afastaram-na dele; dizem que foi envenenada e que o rei sofreu uma grande dor. Toda vez que ele estava triste cantarolava essa romança. Depois, para distraí-lo, eu tocava em minha espineta uma sarabanda de minha composição, da qual ele gostava muito. Assim, eu reunia sempre esses dois trechos e não deixava de tocar um após o outro. Vou executá-los para ti."

"Então o homem do sonho aproximou-se da espineta, deu alguns acordes e cantou a ária com tanta expressão que o Sr. Bach acordou em pranto. Ele acendeu uma vela, olhou a hora, constatou que eram duas da madrugada e não demorou a dormir de novo.

"É aqui que começa o extraordinário.

"Pela manhã, ao despertar, o Sr. Bach ficou muito surpreso ao encontrar sobre a cama uma página de música, coberta com uma escrita muito fina e notas microscópicas. Foi com dificuldade, e com a ajuda e seu pincenê, pois o Sr. Bach é muito míope, que ele conseguiu decifrar os rabiscos.

"Um instante depois o descendente de Sebastian sentou-se ao piano e executou o trecho com facilidade. A romança, as palavras e a sarabanda eram exatamente idênticas às que o homem do sonho lhe havia feito ouvir durante o seu sono!

"Ora, o Sr. Bach não é sonâmbulo. Ele jamais escreveu um único verso em sua vida e as regras da versificação lhe são completamente estranhas.

"Eis o refrão e as três estrofes que copiamos do manuscrito. Conservamos a sua ortografia que, diga-se de passagem, absolutamente não é familiar ao Sr. Bach.

Perdi aquela
Por quem tinha tanto amor;
Ela, tão bela,
Tinha por mim cada dia
Novo favor
Desejo novo.
Oh! sim, sem ela,
Quero morrer!

Um dia durante uma distante caçada,
Eu avistei-a por primeira vez.
Julgava ver um anjo na baixada
E fui o mais feliz dos reis!

O meu reino daria para vê-la
Inda que fosse por um só instante,
E em humilde cabana poder tê-la
Junto ao meu coração palpitante.

Ora, longe de mim, enclausurada,
Levaram-na a passar os seus dias finais.
E enquanto levo aqui a vida amargurada
Ela não mais sente, ela não sofre mais.

"Nessa romança chorosa, como na sarabanda alegre que a segue, a notação musical não é menos arcaica que a grafia literária. As claves são diferentes das que hoje se usam. O baixo é escrito em um tom e o canto em outro. O Sr. Bach teve a gentileza de me fazer ouvir os dois trechos, que têm uma melodia simples, original e penetrante. Aliás, nossos leitores não tardarão a poder julgá-los com conhecimento de causa. Eles estão nas mãos dos gravadores e aparecerão esta semana no editor Legouix, no Boulevard Poissonnière, 27.

"O jornal da *Estoile* nos informa que o rei Henrique III teve uma grande paixão por Marie de Clèves, marquesa de Isles, falecida na flor da idade, numa abadia, a 15 de outubro de 1574. Não seria 'a pobre, bela, triste e enclausurada' a que aludem os versos? O mesmo jornal também nos diz que um músico italiano chamado Baltazzarini veio à França nessa época e que ele foi um dos favoritos do rei. Teria a espineta pertencido a Baltazzarini? Foi o Espírito de Baltazzarini que escreveu a romança e a sarabanda? – Mistério que não ousamos aprofundar!"

ALBÉRIC SECOND

Depois da letra, o *Grand Journal* inseriu a música, que lamentamos não poder reproduzir aqui. Mas como atualmente se acha à venda, os aficionados terão facilidade em adquiri-la. (Ver as "Notícias bibliográficas").

O Sr. Albéric Second termina o seu relato por estas palavras: "Mistério que não ousamos aprofundar!" E porque não ousais? Eis um fato cuja autenticidade vos é demonstrada, como vós mesmo reconheceis, e porque toca à vida misteriosa de Além-Túmulo, não ousais pesquisar-lhe a causa! Tremeis ao olhá-lo de frente! Então, malgrado vosso, tendes medo das aparições ou receais adquirir a prova de que nem tudo acaba com a vida do corpo? É verdade que para um céptico que nada vê e em nada crê além do presente, essa causa é muito difícil de encontrar. Contudo, porque o fato em si mesmo é muito estranho e parece não subordinar-se às leis conhecidas, tanto mais deve fazer refletir, ou pelo menos despertar a curiosidade.

Realmente, dir-se-ia que certas pessoas receiam ver muito claro, porque teriam que convir que se enganaram. Vejamos, entretanto, as deduções que todo homem sério pode tirar deste fato, abstração feita de qualquer ideia espírita.

O Sr. Bach recebe um instrumento, cuja antiguidade constata, o que lhe causa grande satisfação. Preocupado com esta ideia, é natural que ela provoque um sonho. No sonho, ele vê um homem em trajes da época, tocando aquele instrumento e cantando uma ária da época; nada aí que não possa, a rigor, ser atribuído à imaginação superexcitada pela emoção e pela lembrança da véspera, sobretudo num músico. Mas aqui o fenômeno se complica. A melodia e a letra não podem ser uma reminiscência, pois o Sr. Bach não as conhecia. Quem, pois, lhas revelou, se o homem que lhe apareceu não passa de um ser fantástico? Que a imaginação superexcitada faça reviver na memória coisas esquecidas, compreende-se, mas teria o poder de nos dar ideias novas; de nos ensinar coisas que não sabemos, que jamais soubemos e com as quais jamais nos ocupamos? Aí estaria um fato de alta importância e que bem valeria a pena ser examinado, porque seria a prova de que o Espírito age, percebe e concebe independentemente da matéria. Passemos também por cima disto, se quiserem. Estas considerações são de uma ordem tão elevada e tão abstrata que não é dado a todos perscrutá-las e nem mesmo de sobre elas deter o pensamento.

Vamos ao fato mais material, o mais positivo, o fato dessa música escrita com a letra. É um produto da imaginação? A coisa aí está, palpável, sob os olhos. É aqui que se torna indispensável um exame escrupuloso das circunstâncias. Para não nos lançarmos no campo das hipóteses, digamos, antes de ir mais longe, que o Sr. Bach, que não tínhamos a honra de conhecer, teve a bondade de nos vir ver e de nos submeter o original da peça em questão. Assim, pudemos recolher de sua boca todas as informações necessárias ao esclarecimento de nossa opinião, ao mesmo tempo que ele retificou nalguns pontos o relato do jornal.

Tudo se passou, no sonho, como foi descrito, mas não foi na mesma noite que o papel foi trazido. No dia seguinte, o Sr. Bach procurava recordar-se da ária que tinha ouvido; sentou-se à espineta e chegou a escrever a música, embora imperfeitamente. Cerca de três semanas depois, o mesmo indivíduo lhe apareceu uma segunda vez, e dessa vez, cantou a música e as palavras, e disse que lhe ia dar um meio para fixá-las na memória. Foi então que, ao despertar, encontrou o papel sobre a cama. Tendo-se levantado, tocou a música em seu instrumento e reconheceu que era exatamente a que ele tinha ouvido, bem como a letra, da qual apenas lhe havia ficado uma lembrança confusa.

Reconheceu também o papel, por lhe pertencer. Era uma folha dupla de papel de música comum, sobre uma das faces da qual ele havia escrito várias coisas de próprio punho. Esse papel, com muitos outros, estava numa escrivaninha com a gaveta trancada a chave, numa outra peça da casa. Era preciso, portanto, que alguém o tivesse tirado de lá para trazê-lo para a cama, enquanto ele dormia. Ora, na casa dele, ninguém do seu conhecimento poderia tê-lo feito. Quem poderia ter sido? Eis o mistério terrível, que o Sr. Albéric Second não ousa aprofundar.

Foi na página limpa que ele encontrou a ária escrita *segundo o método e os sinais da época*. As palavras são escritas com extrema precisão, cada sílaba colocada exatamente sob a nota correspondente. Tudo está escrito a lápis. A escrita é muito fina, mas muito clara e perfeitamente legível. A forma das letras é característica: é a que se vê nos manuscritos da época.

O Sr. Bach não era céptico nem materialista e ainda menos ateu, mas, como muita gente, estava na numerosa classe dos indiferentes, muito pouco preocupados com as questões filosóficas. Ele só conhecia o Espiritismo de nome. Aquilo que acabava de testemunhar despertou-lhe a atenção; longe de não ousar aprofundar o mistério, disse de si para si: aprofundemo-lo. Leu obras espíritas e começou a compreender, e foi com o objetivo de ter mais amplas informações que nos honrou com sua visita. Hoje o fato não tem mais mistérios para ele e lhe parece muito natural; além disso está muito feliz com a fé e os novos conhecimentos que a circunstância lhe permitiu adquirir. Eis o que ganhou.

Ele sabe perfeitamente que nem a música nem a letra podiam vir dele. Não duvidava que lhe tivessem sido ditadas pelo personagem que lhe havia aparecido; mas ele se perguntava quem poderia tê-las escrito, e se não poderia ter sido ele próprio, em estado sonambúlico, mesmo que jamais tivesse sido sonâmbulo. A coisa era possível, mas, admitindo-a, apenas provaria melhor a independência da alma, como todos os fatos desse gênero, tão curiosos e tão numerosos e com os quais, entretanto, a Ciência jamais se preocupou. Uma particularidade parece destruir tal opinião, é que a escrita não tem qualquer relação com a do Sr. Bach. Seria preciso que no estado sonambúlico ele mudasse a letra habitual para tomar a do século dezesseis, o que não é presumível. Seria brincadeira de alguém em sua casa? Mas, admitindo tal intenção, ele tem certeza que ninguém tinha conhecimentos necessários para executá-la. Ora, se ele, que tinha tido o sonho, tinha apenas uma lembrança insuficiente para transcrever as palavras e a música, como uma pessoa estranha ter-se-ia recordado melhor? O cuidado com o qual a coisa estava escrita teria, aliás, exigido muito tempo e requerido uma grande habilidade prática.

Outro ponto importante a esclarecer era o fato histórico dessa primeira paixão do rei, a que nenhuma história faz menção, e que lhe teria inspirado esse cântico melancólico. Tendo o filho do Sr. Bach se dirigido a um de seus amigos ligado à biblioteca imperial, a fim de saber se existiria algum documento a respeito, responderam-lhe que se existisse só poderia estar no jornal da *Estoile*, que era publicado nessa época. Pesquisas imediatas levaram à descoberta da passagem acima relatada. A mãe de Henrique III, temendo o ascendente que essa mulher de um espírito superior poderia exercer sobre seu filho, a fez enclausurar e depois matar. O rei não se conformou com essa perda, da qual conservou uma profunda mágoa durante toda a vida. Não é singular que esse canto relate precisamente um fato por todos ignorado e, por consequência, do Sr. Bach, e que mais tarde seja confirmado por um documento da época, escondido numa biblioteca? Esta circunstância tem uma importância capital, pois prova de maneira irrefutável que essa letra não pode ser de autoria do Sr. Bach, nem de qualquer pessoa da casa. Toda suposição de charlatanice cai diante deste fato material.

Só o Espiritismo podia dar a chave desse fato, pelo conhecimento da lei que rege as relações do mundo corporal com o mundo invisível. Aí nada existe de maravilhoso nem de sobrenatural. Todo o mistério está na existência do mundo invisível, composto de almas que viveram na Terra, e que não interrompem suas relações com os sobreviventes. Mostrai a alguém que ignora a eletricidade, que se pode corresponder a duzentas léguas em alguns minutos, e isto lhe parecerá miraculoso; explicai-lhe a lei da eletricidade, e ele achará a coisa muito natural. Assim é com todos os fenômenos espíritas.

Numa sessão da Sociedade Espírita de Paris, à qual o Sr. Bach assistia, o Espírito que lhe havia aparecido deu as explicações seguintes sobre o fato que acabamos de relatar.

(Sociedade Espírita de Paris, 9 de junho de 1865
– Médium: Sr. Morin)

Pergunta (ao guia espiritual do médium). – Podemos chamar o Espírito que se manifestou ao Sr. Bach?

Resposta. – Meu filho, a grave questão a que dá lugar essa manifestação espontânea é muito natural. A partir desta noite ela deve ser resolvida, a fim de não deixar dúvida sobre a maneira pela qual a música foi feita. O Espírito está aí e responderá muito claramente às perguntas que lhe forem endereçadas.

P. (ao Espírito que se manifestou ao Sr. Bach). – Levando-se em consideração que quisestes vir até nós, antecipando o nosso apelo, nós vos seremos reconhecidos se nos derdes a explicação do fenômeno que se produziu por vossa intervenção. Também desejaríamos saber por que o Sr. Bach foi escolhido de preferência para essa manifestação, e que participação ele teve na produção do fenômeno.

R. – Agradeço a benevolência com que me acolheis entre vós. Compreendo a importância que dais a esse fato que, entretanto, não vos deve admirar, pois esse gênero de manifestações é hoje quase geral e conhecido por muita gente.

"Para começar, respondo à vossa primeira pergunta. O Sr. Bach foi escolhido por duas razões: a primeira é a simpatia que me une a ele; a segunda é toda no interesse da Doutrina Espírita. Situado como está no mundo, sua idade e sua longa carreira tão honradamente cumprida, suas relações com a imprensa e o mundo culto dele fizeram o melhor instrumento para dar publicidade a fatos que até hoje só eram impressos em jornais espíritas. Muitas vezes vos disseram que era chegado o dia em que o Espiritismo, conquistando direito de cidadania em toda parte onde há raciocínio, lógica e bom senso, será aceito mesmo nos jornais que o denegriram.

"Quanto à segunda questão: Sim, tendes razão de procurar saber, a fim de não serdes vítimas de equívocos. O aporte – pois se trata de um aporte – foi feito, e dele participou o Espírito, que sou eu, e o Sr. Bach, no sonho puro e em relação apenas com os Espíritos.

NOTA: Esta última frase tem sua explicação no artigo adiante, sobre os sonhos.

"Eu trouxe ao Sr. Bach o papel de música que tirei de uma peça vizinha de seu quarto, e então a música foi escrita pelo próprio Espírito do Sr. Bach, que se serviu de seu corpo como meio de transmissão. Eu escrevi as palavras, pois as conhecia, e a obra assim feita pode ser considerada completamente espiritual, visto que o Sr. Bach, em seu sonho, estava quase completamente desmaterializado.

P. – Qualquer pessoa dotada de mediunidade teria servido neste caso?

R. – Certamente não, porque se o Sr. Bach não tivesse todas as qualidades requeridas, é provável que nem ele nem eu tivéssemos sido escolhidos para essa propagação.

P. – Como se serviu o Sr. Bach de seu corpo para escrever a música? Tê-lo-ia feito em estado de sonambulismo?

R. – Eu disse que ele se serviu de seu corpo como meio de transmissão, porque seu Espírito ainda está encarnado e não pode agir como Espírito desencarnado. O Espírito encarnado só se pode servir de seus membros e não do seu perispírito, pois é o próprio perispírito que mantém o Espírito ligado ao corpo.

P. – Podeis dizer-nos quem compôs a letra?

R. – Se tivesse sido eu, tenho uma grande dose de orgulho que lhe guardaria a honra. Mas não. Expliquei-me claramente, dizendo: "As palavras que eu conhecia." Essas palavras, bem como a música, são, realmente, como vos foi dito, composição e inspiração próprias de meu então senhor, que era o rei Henrique.

P. – Seria indiscrição pedir que nos esclarecêsseis sobre a vossa personalidade e dizer o que éreis sob Henrique III?

R. – Não há indiscrição desde que esteja em jogo um ensinamento geral. Responderei, portanto, que tendo partido de minha terra, que era Florença, vim à França e fui introduzido na corte por uma princesa que, tendo-me ouvido cantar, quis agradar ao infante, pois ele ainda o era, fazendo que ele ouvisse o pobre trovador. O prazer foi tão vivo que resolveram colocar-me à sua disposição, e eu fiquei muito tempo junto a ele a título de músico, mas, na realidade, como amigo, porque ele gostava muito de mim e eu lhe fazia bem. Tendo morrido antes dele, então tive a certeza de seu apego por mim, pelo pesar que ele sentiu com a minha perda. Meu nome foi pronunciado aqui: eu era Baltazzarini.

A Sra. Delanne, que assistia a essa sessão, recebia, pela audição, respostas idênticas às que eram dadas ao Sr. Morin. No dia seguinte, em sua casa, ela escreveu a comunicação seguinte, que confirma e completa a de Baltazzarini:

"Quando é chegada a hora, Deus se serve de todos os meios para fazer penetrar a ciência divina em todas as camadas da Sociedade. Seja qual for a opinião que se professe relativamente às ideias novas, cada um deve servir à causa, ainda que, malgrado seu, no meio onde está colocado. Tendo o Espírito do Sr. Bach vivido sob Henrique III, e tendo sido ligado à pessoa do rei, como amigo íntimo, gostava apaixonadamente de ouvir esses versos e sobretudo a música. Ele preferia a espineta aos outros instrumentos. Eis por que o Espírito que lhe apareceu, que era mesmo o de Baltazzarini, serviu-se desse instrumento a fim de trazer o Espírito de Bach à época em que ele vivia e lhe mostrar, como à Ciência, que a doutrina da reencarnação é diariamente confirmada por novas provas. Apenas o fato da música teria sido insuficiente para forçar o Sr. Bach a buscar a luz imediatamente. Era-lhe necessário um fenômeno do qual ele não pudesse dar conta por si mesmo, uma participação inteiramente inconsciente. Ele devia preconizar a doutrina contando o presente fato, procurando esclarecer-se quanto à maneira pela qual se tinha produzido, pedindo a todas as inteligências que com ele e de boa-fé buscassem a verdade. Por sua idade respeitável, sua honrosa posição, sua reputação no mundo e na imprensa literária, ele é uma das primeiras balizas plantadas no mundo rebelde, porque não se pode suspeitar de sua boa-fé, nem tratá-lo como se fosse louco, assim como não se pode negar a autenticidade da manifestação.

"Ademais, ficai convencidos de que tudo isto tinha sua razão de ser. Vedes que a imprensa absteve-se de comentários, entretanto, o artigo foi produzido por um não crente, um trocista da Ciência que, só ela, pode dar uma explicação racional do fato mencionado. Deus tem seus pontos de vista; ele lança a semente divina no coração quando julga oportuno. Esse fato terá mais repercussão do que supondes. Trabalhai sempre em silêncio e esperai com confiança.

"Nós vos temos dito muitas vezes, não vos inquieteis. Deus saberá suscitar, no devido tempo e lugar, homens e fatos que virão levantar os obstáculos e confirmar que as bases da doutrina receberam sua sanção pelo Espírito de Verdade. O Espiritismo cresce e se expande; os galhos da árvore bendita e gigantesca se estendem já por todas as partes do globo. Diariamente o Espiritismo ganha numerosos adeptos em todas as classes, e novas falanges vêm engrossar as fileiras dos desencarnados. Quanto mais difíceis se tornarem os vossos trabalhos, maior será a assistência dos bons Espíritos."

SÃO BENTO

GONTRAN, VENCEDOR DAS CORRIDAS DE CHANTILLY

O fato seguinte, bem como a romança de Henrique III, que acabamos de relatar, é igualmente tirado do *Grand Journal* de 4 de junho de 1865, no qual não forma, com o precedente, senão um só e mesmo artigo, assinado por *Albéric Second*.

"Os que nos honram, lendo-nos, sabem, não há dúvida, que professamos o ceticismo radical a respeito do Espiritismo, dos espíritas e dos médiuns. – Mostrai-nos os fatos, dizíamos aos que se esforçavam por nos converter às suas teorias e às suas doutrinas. E, visto que não nos davam nenhuma prova concludente, persistíamos na negação e na troça.

"Antes de mais nada, quem assina estas crônicas é um escritor de boa-fé. Assim, julga-se obrigado a não pôr a luz debaixo do velador. Que tiremos do seu relato as conclusões que quisermos, não é problema seu. Semelhante a um presidente de um tribunal, ele vai limitar-se a reproduzir os fatos num rápido resumo, imparcial, deixando aos leitores o trabalho de pronunciar um veredicto à sua vontade."

Depois deste preâmbulo, que é o de um homem leal, como desejaríamos que fossem todos os nossos antagonistas, conta o autor, na forma espirituosa que lhe é peculiar, que um de seus amigos, achando-se na casa de uma médium, perguntou se um Espírito poderia designar qual seria o vencedor das próximas corridas de Chantilly. A médium, que é, diz ele, uma camponesa recentemente vinda das montanhas do Jura, o que significa que é pouco letrada e pouco afeita aos hábitos do desporto, tendo evocado o Espírito de um dos nossos mais célebres desportistas, obteve pelas batidas a designação das letras formando o nome de *Gontran*.

"– Existe um cavalo com esse nome entre os concorrentes inscritos? perguntou o Sr. Albéric Second.

"– Para dizer a verdade, não sei, respondeu seu amigo, mas se o houver, podeis contar que é nele que apostarei. "Ora, domingo último era 28 de maio. O Derby de Chantilly realizou-se nesse dia e o vencedor foi *Gontran*, da coudelaria do major Fridolin (pseudônimo hípico dos Srs. Charles Laffitte e Nivière).

"Os fatos que acabo de contar são conhecidos de um grande número de pessoas no mundo da Bolsa. O Sr. Émile T. foi amplamente recompensado pelo resultado de sua confiança absoluta na predição da camponesa do Jura, e os seus amigos que partilharam de sua fé igualmente tiveram bom lucro. – E dizer que este vosso criado desprezou uma tão rara ocasião de ganhar na certa e sem esforço 1.000 ou 1.500 luíses, que teriam sido bem-vindos! Não é muita tolice?"

Fatos desta natureza não são os que melhor servem à causa do Espiritismo, primeiro porque são muito raros, depois porque falseariam o seu espírito, fazendo crer que a mediunidade é um meio de adivinhação. Se tal ideia merecesse crédito, ver-se-ia uma multidão de indivíduos consultando os Espíritos, como se consultam as cartas, e os médiuns seriam transformados em ledores da sorte! É então que se teria razão de contra eles invocar a lei de Moisés, que fere de anátema "os adivinhos, os encantadores e os que têm o espírito de Piton." É para evitar esse grave inconveniente, que seria muito prejudicial à doutrina, que sempre nos erguemos contra a mediunidade exploradora.

Não repetiremos o que foi dito cem vezes e largamente desenvolvido, sobre a perturbação que causaria o conhecimento do futuro, oculto ao homem pela sabedoria divina. O Espiritismo não está destinado a revelá-lo. Os Espíritos vêm para nos tornar melhores e não para nos revelar ou nos indicar os meios de ganhar dinheiro *na certa* e sem correr riscos, como diz o herói da aventura, ou se ocupar dos nossos interesses materiais, colocados pela Providência sob a salvaguarda de nossa inteligência, de nossa prudência, de nossa razão e de nossa atividade. Assim, todos aqueles que, *com desígnio premeditado*, julgaram encontrar no Espiritismo um novo elemento de especulação, *a um título qualquer*, equivocaram-se. As mistificações ridículas, e por vezes a ruína, em vez da fortuna, têm sido o fruto de seu engano. Eis o que todos os espíritas sérios devem esforçar-se em propagar, se quiserem servir utilmente à causa. Temos dito sempre aos que sonharam obter fortunas colossais com o concurso dos Espíritos, sob o especioso pretexto de que a sensação que um tal acontecimento produziria tornaria todo mundo crente, que se eles obtivessem êxito, desfeririam um golpe funesto na doutrina, excitando a cupidez em vez do amor ao bem. É por isto que as tentativas desse gênero, encorajadas por Espíritos mistificadores, sempre foram seguidas de decepções.

Há alguns anos alguém nos escrevia de Hamburgo que, tendo perdido tudo no jogo e achando-se sem recursos para partir, teve a ideia de se dirigir a um Espírito, que lhe indicou um número, no qual pôs o seu último florim e ganhou com que sair da dificuldade. A pessoa nos convidava a publicar o fato na *Revista*, como prova da intervenção dos Espíritos. Supondo a ação de um Espírito em tal circunstância, ela não via a severa lição que lhe era dada, pelo simples fato de lhe fornecerem os meios de ir-se embora e de o tirarem de uma dificuldade. Na verdade, era conhecer-nos muito pouco ou supor-nos bastante estúrdio para nos julgar capaz de preconizar semelhante fato como meio de propaganda, porquanto isso redundaria em favor das casas de jogo e não do Espiritismo. Teria sido realmente curioso ver-nos fazer a apologia dos Espíritos que favorecem os jogadores, e particularmente o roubo, porque ganhar *na certa*, quer com cartas marcadas, quer pela indicação de alguém, é uma verdadeira fraude.

Um indivíduo que não era espírita, apressamo-nos em dizê-lo, mas que absolutamente não negava a intervenção dos Espíritos, um dia veio fazer-nos esta proposta singular:

"As casas de jogo são profundamente imorais; o meio de extingui-las é provar que se pode lutar contra elas com segurança. Encontrei, por uma nova combinação, um meio infalível de arrebentá-las todas. Quando se virem arruinadas e na impossibilidade de resistir, serão forçadas a fechar, e o mundo será libertado dessa chaga, que é o roubo organizado. Mas para isto é preciso certo capital que estou longe de possuir. Será que, por meio dos Espíritos, não poderíeis indicar a quem me possa dirigir com segurança? Imaginai o efeito que isto produzirá quando se souber que é por meio dos Espíritos que tão grande resultado é obtido! Quem poderá deixar de acreditar? Os mais incrédulos, os mais obstinados deverão render-se à evidência. Como vedes, meu objetivo é muito moral e eu não me aborreceria se na ocasião tivesse o conselho dos Espíritos sobre a minha combinação."

– Sem consultar os Espíritos, facilmente vos posso dizer sua opinião. Eis o que eles vos responderiam: "Achais que o ganho nas bancas de jogo é ilícito e um roubo organizado. Para remediar o mal quereis, por um meio infalível, apoderar-vos desse dinheiro mal adquirido. Em outros termos, quereis roubar o ladrão, o que não é mais moral. Temos um outro meio de chegar ao resultado que vos propondes: Em vez de fazer ganharem os jogadores, arruiná-los o mais possível, a fim de desgostá-los. Os desastres causados por essa paixão provocariam o fechamento de mais casas de jogo do que poderiam fazê-lo os jogadores mais felizes. É o excesso do mal que faz abrir os olhos e conduz a reformas salutares, nisto como em todas as coisas. Para propagar a crença no Espiritismo, temos igualmente meios mais eficazes, e sobretudo mais morais: é o bem que ele faz, as consolações que proporciona e a coragem que dá nas aflições. Assim, dizemos a todos os que almejam o progresso da doutrina: Quereis servir utilmente à causa, fazer uma propaganda verdadeiramente frutífera? Mostrai que o Espiritismo vos tornou melhores; fazei que em vos vendo transformados, cada um possa dizer: Eis os milagres dessa crença; é, pois, uma coisa boa. Mas se, ao lado de uma profissão de fé de crentes, vos virem sempre viciados, ambiciosos, odientos, cúpidos, invejosos ou debochados, dareis razão aos que perguntam para que serve o Espiritismo. A verdadeira propaganda de uma doutrina essencialmente moral se faz tocando o coração e não visando a bolsa. Eis por que favorecemos a uns e desiludimos os cálculos de outros."

Voltemos a Gontran. Os fatos de previsão desse gênero, embora reais, não obstante são muito raros e podem ser considerados excepcionais; aliás, são *sempre* fortuitos e *jamais* o resultado de um cálculo premeditado. Quando acontecem, devem ser aceitos como fatos isolados, mas seria louco e muito imprudente quem se fiasse em sua realização.

Não se deve confundir esse tipo de revelações com as previsões que por vezes dão os Espíritos de grandes acontecimentos futuros, sobre cuja realização eles podem nos fazer pressentir no interesse geral. Isto tem sua utilidade para nos manter alerta e nos induzir a marchar no bom caminho. Mas as predições com dia certo, ou com um caráter de precisão muito grande, devem sempre ser consideradas suspeitas.

No caso de que se trata, esse pequeno fato tinha uma utilidade; era um meio, talvez o único para chamar a atenção de certas pessoas para a ideia dos Espíritos e sua intervenção no mundo, muito mais do que por um fato sério; isto é necessário para todos os caracteres. Entre eles, alguns simplesmente terão dito: "É singular!" Mas outros terão querido aprofundar a coisa, e terão encarado pelo lado sério e realmente útil. Ainda que fossem estes últimos apenas um em dez, seriam outros tantos elementos de ganho e de propaganda. Quanto aos outros, a ideia semeada em seu espírito germinará mais tarde.

Relatando o fato, porquanto ele teve grande publicidade, quisemos ressaltar as suas consequências, mas não o teríamos feito sem comentários e a título de simples anedota. O Espiritismo é uma mina inesgotável de assuntos de observação e de estudo por causa de suas inumeráveis aplicações.

Diz o autor do artigo, no preâmbulo: "Mostrai-nos fatos." Sem dúvida ele imagina que os Espíritos obedecem às ordens e que os fenômenos se obtêm à vontade, como as experiências num laboratório ou como os truques de escamoteação. Ora, não é assim. Aquele que quer fenômenos não deve pedir que lhos tragam, mas deve procurá-los, observá-los pessoalmente e aceitar os que se apresentem. Esses fenômenos são de duas naturezas: os que são produto dos médiuns propriamente ditos e que, até certo ponto, podem ser provocados, e os fenômenos espontâneos. Para os incrédulos, estes últimos têm a vantagem de não serem suspeitos de preparação; são numerosos e se apresentam sob uma infinita variedade de aspectos tais como: aparições, visões, pressentimentos, dupla vista, ruídos insólitos, barulhos, perturbações, obsessões etc. O caso do Sr. Bach pertence a esta categoria e o de Gontran à primeira. Para quem quer que queira seriamente convencer-se, os fatos não faltam, e aquele que os pede talvez mais de uma vez os tenha testemunhado sem o suspeitar; mas, para a maioria das pessoas, o erro é querer fatos à sua maneira, com hora marcada, e não se contentar com os que a Providência põe sob os seus olhos. A incerteza da obtenção desses fenômenos e a impossibilidade de provocá-los à vontade são provas de sua realidade, porque se fossem produto do charlatanismo ou de meios fraudulentos, jamais falhariam.

O que falta a certas pessoas não são os fatos, mas a paciência e a vontade de buscá-los e de estudar os que se apresentam.

TEORIA DOS SONHOS

É verdadeiramente estranho que um fenômeno tão vulgar quanto o dos sonhos tenha sido objeto de tanta indiferença por parte da Ciência, e que ainda estejamos a perguntar a causa dessas visões. Dizer que são produto da imaginação não é resolver a questão; é uma dessas palavras com o auxílio das quais querem explicar o que não compreendem, mas que nada explicam. Em todo caso, a imaginação é um produto do entendimento. Ora, como não se pode admitir entendimento nem imaginação na matéria bruta, é necessário crer que a alma entre nisso por algum motivo. Se os sonhos ainda são um mistério para a Ciência, é que ela se obstinou em fechar os olhos para a causa espiritual.

Procuram a alma nas dobras do cérebro, enquanto ela se ergue a cada instante à nossa frente, livre e independente, numa porção de fenômenos inexplicáveis só pelas leis da matéria, notadamente nos sonhos, no sonambulismo natural e artificial e na dupla vista à distância, não nos fenômenos raros, excepcionais, sutis, que exigem pacientes pesquisas do sábio e do filósofo, mas nos mais vulgares. Lá está ela, que parece dizer: Olhai e ver-me-eis; estou sob vossos olhos e não me vedes; vistes-me muitas e muitas vezes; vedes-me todos os dias; os próprios meninos me veem; o sábio e o ignorante, o homem de gênio e o ignorante me veem e vós não me reconheceis.

Mas há pessoas que parecem temer olhá-la de frente, e ter a prova de sua existência. Quanto aos que a procuram de boa-fé, até hoje lhes faltou a única chave que poderia tê-la desvelado. Essa chave o Espiritismo acaba de dar pela lei que rege as relações do mundo corporal com o mundo espiritual. Com a ajuda dessa lei e das observações sobre as quais se apoia, ele dá dos sonhos a mais lógica explicação jamais fornecida. Ele demonstra que o sonho, o sonambulismo, o êxtase, a dupla vista, o pressentimento, a intuição do futuro, a penetração do pensamento não passam de variantes e graus de um mesmo princípio: a emancipação da alma, mais ou menos desprendida da matéria.

A respeito dos sonhos, ele dá explicações precisas de todas as variedades que eles apresentam? Não. Ainda não. Nós possuímos o princípio, o que já é muito. Aqueles que podemos explicar pôr-nos-ão no caminho dos outros; sem dúvida faltam-nos alguns conhecimentos, que adquiriremos mais tarde. Não há uma única ciência que, de saída, tenha desenvolvido todas as suas consequências e aplicações; elas não se podem completar senão por sucessivas observações. Ora, nascido ontem, o Espiritismo está como a Química nas mãos dos Lavoisier e dos Berthollet, seus primeiros criadores; eles descobriram as leis fundamentais; as primeiras balizas fincadas puseram no caminho de novas descobertas.

Entre os sonhos, uns há que têm um caráter de tal modo positivo que racionalmente não poderiam ser atribuídos a simples jogo da imaginação; tais são aqueles nos quais, ao despertar, adquire-se a prova da realidade do que se viu e em que absolutamente não se pensava. Os mais difíceis de explicar são os que nos apresentam imagens incoerentes, fantásticas, sem realidade aparente. Um estudo mais aprofundado do singular fenômeno das criações fluídicas sem dúvida por-nos-á no caminho.

Enquanto se espera, eis uma teoria que parece permitir um passo no assunto. Não a damos como absoluta, mas como fundada na lógica e podendo ser submetida a estudo. Ela nos foi dada por um dos nossos melhores médiuns, em estado de sonambulismo muito lúcido, por ocasião do fato seguinte:

Solicitado pela mãe de uma jovem a lhe dar notícias de sua filha, que estava em Lyon, ele a viu deitada e adormecida, e descreveu com exatidão o apartamento em que ela se achava. Essa jovem, de dezessete anos, é médium escrevente; sua mãe perguntou se ela tinha aptidão para se tornar médium vidente. Esperai, disse o sonâmbulo, é preciso que eu siga o rastro de seu Espírito, que neste momento não está no corpo. Ela está aqui, na Villa Ségur, na sala onde estamos, atraída pelo vosso pensamento; ela vos vê e vos escuta. Para ela é um sonho, do qual não se recordará ao despertar.

Podemos, acrescenta ele, dividir os sonhos em três categorias caracterizadas pelo grau da lembrança que fica no estado de desprendimento no qual se acha o Espírito. São elas:

1º – Os sonhos que são provocados pela ação da matéria e dos sentidos sobre o Espírito, isto é, aqueles em que o organismo representa um papel preponderante pela mais íntima união entre o corpo e o Espírito. A gente se lembra claramente e, por pouco desenvolvida que seja a memória, dele conserva uma impressão durável.

2º – Os sonhos que podem ser chamados *mistos*. Deles participam, ao mesmo tempo, a matéria e o Espírito. O desprendimento é mais completo. A gente se recorda, ao despertar, para esquecê-lo quase instantaneamente, a menos que uma particularidade venha despertar a lembrança.

3º – Os sonhos *etéreos* ou puramente *espirituais*. São produtos só do Espírito, que está desprendido da matéria, tanto quanto o pode estar na vida do corpo. A gente não se recorda, ou se resta uma vaga lembrança de que se sonhou, nenhuma circunstância poderia trazer à memória os incidentes do sono.

O sonho atual da jovem pertence a esta terceira categoria. Ela não o recordará. Ela foi conduzida para cá por um Espírito muito conhecido do mundo espírita lionês, e mesmo do mundo espírita europeu – o médium sonambúlico descreve o Espírito Cárita. – Ele a trouxe com o objetivo de que ela conserve, senão uma lembrança precisa, um pressentimento do bem que se pode colher de uma crença firme, pura e santa, e do bem que se pode fazer aos outros, fazendo-o a si próprio.

Ela diz à sua mãe que se ela se lembrasse tão bem em seu estado normal quanto se lembra agora de suas encarnações precedentes, não demoraria muito no estado estacionário em que está, porque vê claramente e pode avançar sem hesitação, ao passo que no estado ordinário temos uma venda sobre os olhos. Ela diz aos assistentes: "Obrigado por vos terdes ocupado comigo." Depois beija sua mãe. Como é feliz! – acrescenta o médium, terminando – Como ela é feliz com este sonho, do qual não se recordará, mas que, nem por isso, deixará de lhe deixar uma salutar impressão! São esses sonhos inconscientes que proporcionam essas sensações indefiníveis de contentamento e de felicidade de que a gente não se dá conta, e que são um antegozo daquilo de que desfrutam os Espíritos felizes.

Disto ressalta que o Espírito encarnado pode sofrer transformações que lhe modificam as aptidões. Um fato que talvez não tenha sido suficientemente observado vem apoiar a teoria acima. Sabe-se que o esquecimento do sonho é um dos caracteres do sonambulismo. Ora, do primeiro grau de lucidez, por vezes o Espírito passa a um grau mais elevado, *que é diferente do êxtase*, e no qual adquire novas ideias e percepções mais sutis. Saindo desse segundo grau para entrar no primeiro, não se lembra do que disse nem do que viu. Depois, passando deste grau para o estado de vigília, há novo esquecimento. Uma coisa a notar é que há uma lembrança do grau superior para o inferior, ao passo que há esquecimento do grau inferior para o superior. É pois bem evidente que entre os dois estados sonambúlicos de que acabamos de falar, passa-se algo análogo ao que ocorre entre o estado de vigília e o primeiro grau de lucidez; que o que se passa influi sobre as faculdades e as aptidões do Espírito. Dir-se-ia que do estado de vigília ao primeiro grau o Espírito é despojado de um véu e que do primeiro ao segundo grau é despojado de um segundo véu. Nos graus superiores, não mais existindo esses véus, o Espírito vê o que está abaixo e se lembra; descendo novamente a escada, os véus se refazem sucessivamente e lhe ocultam o que está acima, com o que ele perde a sua lembrança. A vontade do magnetizador por vezes pode dissipar esse véu *fluídico* e permitir a lembrança.

Como se vê, há uma grande analogia entre esses dois estados sonambúlicos e as diferentes categorias de sonhos descritos acima. Parece-nos mais do que provável que, num e noutro caso, o Espírito se ache numa situação idêntica. A cada degrau que ele sobe, eleva-se acima de uma camada de névoa; sua vista e suas percepções tornam-se mais claras.

QUESTÕES E PROBLEMAS

CURA MORAL DOS ENCARNADOS

Muitas vezes veem-se Espíritos de natureza má ceder muito prontamente sob a influência da moralização e se melhorar. Pode-se agir do mesmo modo sobre os encarnados, mas com muito mais trabalho. Por que a educação moral dos Espíritos desencarnados é mais fácil que a dos encarnados?

Esta pergunta foi motivada pelo seguinte fato. Um jovem, cego há doze anos, tinha sido recolhido por um espírita dedicado, que se havia empenhado em curá-lo pelo magnetismo, pois os Espíritos haviam dito que isso era possível. Mas o jovem, em vez de se mostrar reconhecido pela bondade de que era objeto, e sem a qual teria ficado sem asilo e sem pão, só teve ingratidão e mau procedimento, e deu provas do pior caráter.

Consultado a respeito, respondeu o Espírito de São Luís: "Esse jovem, como muitos outros, é punido por onde pecou e suporta a pena de sua má conduta. Sua enfermidade não é incurável, e uma magnetização espiritual praticada com zelo, devotamento e perseverança, certamente teria êxito, ajudada por um tratamento médico destinado a corrigir seu sangue viciado. Já haveria uma sensível melhora em sua visão, que ainda não está completamente extinta, se os maus fluidos de que está cercado e saturado não opusessem um obstáculo à penetração dos bons fluidos que, de certo modo, são repelidos. No estado em que ele se encontra, a ação magnética será impotente, enquanto, por sua vontade e sua melhoria, ele não se desembaraçar desses fluidos perniciosos.

"É, pois, uma cura moral que se deve obter, antes de buscar a cura física. Uma mudança de direção em seu comportamento é a única coisa que pode tornar eficazes os cuidados de seu magnetizador, que os bons Espíritos procurarão ajudar. Caso contrário, deve-se esperar que ele perca o pouco de luz que lhe resta e que seja submetido a novas e muito terríveis provações que terá de sofrer.

"Agi, pois, sobre ele como fazeis com os maus Espíritos desencarnados, que quereis trazer ao bem. Ele não está sob uma obsessão: é sua natureza que é má e que, além disso, perverteu-se no meio onde viveu. Os maus Espíritos que o assediam só são atraídos pelas semelhanças com ele próprio. À medida que ele se melhorar, eles se afastarão. Só então a ação magnética terá toda a sua eficácia. Dai-lhe conselhos; explicai-lhe sua posição; que várias pessoas sinceras se unam em pensamento para orar, a fim de atrair influências salutares sobre ele. Se ele as aproveitar, não tardará a lhes experimentar os bons efeitos, porque será recompensado por uma sensível melhora na sua posição."

Esta instrução nos revela um fato importante, o obstáculo oposto pelo estado moral, em certos casos, à cura dos males físicos. A explicação acima é de uma lógica incontestável, mas não poderia ser compreendida pelos que apenas veem em toda parte a ação exclusiva da matéria. No caso de que se trata, a cura moral do paciente encontrou sérias dificuldades; foi o que motivou a pergunta acima, proposta na Sociedade Espírita de Paris.

Seis respostas foram obtidas, todas concordando perfeitamente entre si. Citaremos apenas duas, para evitar repetições inúteis. Escolhemos aquelas em que a questão é tratada com mais desenvolvimento.

I

Como o Espírito desencarnado vê manifestamente o que se passa e os exemplos terríveis da vida, compreende tanto mais rapidamente o que o exortam a crer e a fazer, por isso não é raro ver Espíritos desencarnados dissertarem sabiamente sobre questões que em vida estavam longe de comovê-los.

A adversidade amadurece o pensamento. Esta expressão é verdadeira sobretudo para os Espíritos desencarnados, que veem de perto as consequências de sua vida passada.

A despreocupação e a ideia preconcebida, ao contrário, triunfam nos Espíritos encarnados; as seduções da vida, e até os seus desenganos, dão-lhes uma misantropia ou uma indiferença completa pelos homens e pelas coisas divinas. A carne lhes faz esquecer o Espírito. Uns, fundamentalmente honestos, fazem o bem evitando o mal, por amor ao bem, mas a vida de sua alma é quase nula; outros, ao contrário, consideram a vida como uma comédia e esquecem seu papel de homens; outros, enfim, completamente embrutecidos e último degrau da espécie humana, nada vendo além, nada pressentindo, entregam-se, como o animal, aos crimes bárbaros, e esquecem sua origem.

Assim, uns e outros são arrastados pela própria vida, ao passo que os Espíritos desencarnados veem, escutam e se arrependem com mais boa vontade.

LAMENNAIS

(Médium: Sr. A. Didier)

II

Quantos problemas e questões a resolver antes que seja realizada a transformação humana conforme as ideias espíritas! A educação dos Espíritos e dos encarnados, do ponto de vista moral, está entre eles.

Os desencarnados estão desembaraçados dos laços da carne e não mais lhe sofrem as condições inferiores, ao passo que os homens, acorrentados numa matéria imperiosa do ponto de vista pessoal, deixam-se arrastar pelo estado das provas no qual estão mergulhados. É à diferença dessas diversas situações que se deve atribuir a dificuldade que os Espíritos iniciadores e os homens que têm essa missão experimentam para melhorar rapidamente, e, por assim dizer, nalgumas semanas, os homens que lhes são confiados. Ao contrário, os Espíritos aos quais a matéria não mais impõe suas leis e não mais fornece os meios de satisfazerem seus maus apetites, e que, por consequência, não têm mais desejos inconfessáveis, são mais aptos a aceitar os conselhos que lhes são dados.

Talvez respondam com esta pergunta, que tem a sua importância: Por que eles não escutam os conselhos de seus guias do espaço e esperam os ensinamentos dos homens? Porque é necessário que os dois mundos, visível e invisível, reajam um sobre o outro, e que a ação dos humanos seja útil aos que viveram, como a ação da maior parte destes é benéfica aos que vivem entre vós. É uma dupla corrente, uma dupla ação, igualmente satisfatória para esses dois mundos, que estão unidos por tantos laços.

Eis minha resposta à pergunta feita por vosso presidente.

ERASTO
(Médium: Sr. d'Ambel)

SOBRE A MORTE DOS ESPÍRITAS

Desde algum tempo a morte tem levado bem grande número de espíritas fervorosos e devotados, cujo concurso teria podido ser útil à causa. Qual a consequência a tirar deste fato?

Esta pergunta foi motivada pela morte recente do Sr. Geoffroy, de Saint-Jean-d'Angely, membro honorário da Sociedade Espírita de Paris.

(Sociedade de Paris, 26 de maio de 1865
– Médium: Sra. B...)

Como acaba de dizer o vosso presidente, um grande número de adeptos de nossa bela doutrina, de pouco tempo para cá, deixam o vosso mundo. Não os lamenteis. Depois de haverem dado as primeiras picaretadas nesse campo que ides preparar, eles foram repousar algumas horas, a fim de se prepararem para um novo trabalho; foram retemperar sua alma viril nessa fonte de vida e de progresso que, cada vez mais, deve derramar sobre vossa Terra suas ondas benfazejas. Em breve, novos atletas, eles reaparecerão na estacada, com novas forças e uma caridade mais perfeita, porque a alma que entreviu os esplendores da eterna verdade não pode recuar; mas, fiel à atração divina que quer aproximá-la do foco da Justiça, da Ciência e do Amor, segue seu caminho sem mais se desviar.

Ó, meus amigos, como é bela esta morada que vos está preparada! Tornai-vos dignos dela o quanto antes. Libertai-vos, pois, dessas suscetibilidades indignas que muitas vezes ainda se encontram entre vós. São os restos dessas raízes do orgulho, tão difícil de extirpar do vosso mundo. Entretanto, foi para destruí-lo que o Cristo se encarnou entre vós, porque enquanto ele subsistir entre os humanos, eles não chegarão à felicidade.

Meus amigos, há dezoito séculos vos pregam a admirável doutrina do Cristo, e ela ainda não foi compreendida, mas o Espiritismo, vindo ensinar-vos a desenvolver vossas faculdades intelectuais e a lhes dar uma boa direção, abre uma era nova em que se preencherá a lacuna que existia no ensino primitivo.

Estudai, pois, de maneira séria e digna de tão grave assunto, mas, sobretudo, modificai o que em vós há de imperfeito, porque o mestre diz a todos: "Tornai-vos perfeitos, porque vosso pai celeste é perfeito." Então vossa alma depurada elevar-se-á gloriosa para as esplêndidas regiões onde o mal não tem mais acesso e onde tudo é harmonia.

SÃO LUÍS

ESTUDOS MORAIS

A COMUNA DE KOENIGSFELD, MUNDO FUTURO EM MINIATURA

Lê-se no *Galneur* de *Colmar*:

"A comuna de Koenigsfeld, perto de Villingen, na Floresta Negra, que tem cerca de 400 habitantes, forma um estado modelo em miniatura. Há cinquenta anos, que é o tempo de existência dessa comuna, jamais aconteceu que um só habitante tivesse tido envolvimento com a polícia; jamais houve casos de delitos ou de crimes; durante cinquenta anos, jamais houve hasta pública ou nasceu um filho natural. Jamais foi aberto um processo nessa comuna. Também ali não há mendigos."

Esta interessante notícia foi lida na Sociedade de Paris e deu lugar à seguinte comunicação espontânea:

"É belo ver a virtude num centro restrito e pobre; ali todos se conhecem, todos se veem; a caridade ali é simples e grande. Não é o mais expressivo exemplo da solidariedade universal essa pequena comuna? Não é, em miniatura, o que um dia será o resultado da verdadeira caridade, quando esta for praticada por todos os homens? Tudo se resume nisto, espíritas: a caridade, a tolerância. Entre vós, a não ser o socorro ao infortúnio, que é exequível, as relações inteligentes, isentas de inveja, de ciúme e de dureza, o são sempre."

LAMENNAIS

(Médium: Sr. A. Didier)

Qual a causa da maior parte dos males da Terra, senão o contacto incessante dos homens maus e perversos? O egoísmo mata a benevolência, a condescendência, a indulgência, o devotamento, a afeição desinteressada e todas as qualidades que fazem o encanto e a segurança das relações sociais. Numa sociedade de egoístas não há segurança para ninguém, porque cada um, buscando apenas o próprio interesse, sacrifica sem escrúpulos o do vizinho. Muitas pessoas se creem perfeitamente honestas porque são incapazes de assassinar e de assaltar pelas estradas. Mas será que aquele que, por cupidez e dureza, causa a ruína de um indivíduo e o leva ao suicídio; que reduz toda uma família à miséria, ao desespero, não é pior que um assassino e um ladrão? Ele assassina em fogo lento, e porque a lei não o condena, porque os seus semelhantes aplaudem a sua maneira de agir e a sua habilidade, julga-se isento de censuras e caminha de cabeça erguida! Além disto, os homens sempre desconfiam uns dos outros; sua vida é uma ansiedade perpétua; se não temem a espada nem o veneno, estão às voltas com a astúcia, a inveja, o ciúme, a calúnia, numa palavra, com o assassinato moral. Que seria preciso para fazer cessar esse estado de coisas? Praticar a caridade. Tudo se resume nisto, como diz Lamennais.

 A comunidade de Koenigsfeld nos oferece em miniatura o que será o mundo quando for regenerado. O que é possível em pequena escala sê-lo-á em grande escala? Duvidar seria negar o progresso. Dia virá em que os homens, vencidos pelos males engendrados pelo egoísmo, compreenderão que seguem o caminho errado, e Deus quer que eles encontrem o caminho à sua custa, porque lhes deu o livre-arbítrio. O excesso do mal lhes fará sentir a necessidade do bem, e eles se voltarão para este lado, como para a única tábua de salvação. Quem os levará a isto? A fé séria no futuro, e não a crença no nada após a morte; a confiança num Deus bom e misericordioso, e não o medo dos suplícios eternos.

 Tudo está submetido à lei do progresso; os mundos também progridem fisicamente e moralmente; mas, se a transformação da Humanidade deve esperar o resultado da melhora individual; se nenhuma causa vier apressar essa transformação, quantos séculos, quantos milhares de anos serão ainda necessários? Tendo a Terra chegado a uma de suas fases progressivas, basta que não seja mais permitido aos Espíritos atrasados aqui encarnarem e que, na medida das extinções, Espíritos mais adiantados venham tomar o lugar dos que partem, para que em uma ou duas gerações o caráter geral da Humanidade seja mudado. Suponhamos, pois, que em vez de

Espíritos egoístas, a Humanidade seja, num dado tempo, formada de Espíritos imbuídos de sentimentos de caridade. Em vez de procurarem prejudicar-se, eles se ajudarão mutuamente. Viverão felizes e em paz. Não mais ambição de povo a povo e, portanto, não mais guerras. Não mais soberanos governando ao seu talante. A justiça em vez do arbítrio, portanto, não mais revoluções. Não mais os fortes esmagando e explorando o fraco. Equidade *voluntária* em todas as transações, portanto, não mais querelas nem trapaças. Tal será o estado do mundo depois de sua transformação. De um mundo de expiação e de provas, de um lugar de exílio para os Espíritos imperfeitos, ele se tornará um mundo feliz, um lugar de repouso para os bons Espíritos; de um mundo de punição, passará a ser um mundo de recompensa.

A comuna de Koenigsfeld incontestavelmente é composta de Espíritos adiantados, ao menos moralmente, senão cientificamente, e que praticam entre si a lei da caridade e do amor ao próximo. Esses Espíritos se reúnem por simpatia nesse recanto abençoado da Terra, para aí viver em paz, esperando que possam fazê-lo em toda a sua superfície. Suponhamos que alguns Espíritos embusteiros, egoístas e malévolos aí venham encarnar-se. Em breve semearão a perturbação e a confusão; ver-se-ão reviverem, como alhures, as querelas, os processos, os delitos e os crimes. Assim aconteceria com a Terra, após a sua transformação, se Deus a abrisse ao acesso dos maus Espíritos. Progredindo a Terra, aí eles estariam deslocados. É por isso que eles irão expiar seu endurecimento e refazer sua educação moral em mundos menos adiantados.

VARIEDADES

MANIFESTAÇÕES ESPONTÂNEAS DIVERSAS

Uma carta de um dos nossos correspondentes conta o seguinte:

...Começo por uma lembrança de minha infância, que jamais esqueci, embora remonte a uma época já bem afastada.

Em 1819 ou 1820, em Saumur, falou-se muito de uma aparição a um oficial da guarnição dessa cidade. Aquele oficial, alojado numa família distinta, deitou-se pela manhã para repousar de uma noite em claro. Algumas horas depois, abrindo os olhos, percebeu uma sombra no quarto, vestida de branco. Julgando tratar-se de uma brincadeira de um de seus camaradas, levantou-se para ir ao gaiato. A sombra recuou à sua frente, deslizou para a alcova e desapareceu. A porta, que ele havia fechado para não ser perturbado, ainda estava fechada, e uma mocinha da casa, que estava doente há algum tempo, acabara de morrer naquele mesmo instante.

O fato, que tange o maravilhoso, trouxe à lembrança de um de seus camaradas, o Sr. de R..., tenente de couraceiros, um sonho extraordinário que ele tinha tido algum tempo antes e que então deu a conhecer.

Estando na guarnição de Versalhes, o Sr. de R... sonhou que via um homem cortando o pescoço e colhendo o sangue num vaso. Às cinco da manhã, levantou-se, preocupado com o sonho, e dirigiu-se ao quartel de cavalaria; ele estava de serviço. Seguindo uma rua ainda deserta, notou um grupo de pessoas examinando algo com muita atenção. Aproximou-se e soube que um homem acabava de se matar e, coisa extraordinária, disseram-lhe, o homem havia cortado o pescoço e tinha deixado o sangue correr num balde. O Sr. de R... reconheceu, pela aparência desse homem, aquele mesmo que tinha visto durante a noite.

Eu só soube desses fatos por ouvir dizer, e não conheci nenhum dos oficiais.

Eis outros, que me são quase pessoais:

Minha mãe era uma senhora de uma piedade verdadeira e esclarecida, que as mais das vezes só se manifestava por uma caridade ardente, como o quer o Espiritismo, mas absolutamente sem caráter supersticioso e impressionável. Muitas vezes ela me falou dessa lembrança de sua mocidade. Quando moça, tinha uma amiga doente, junto da qual passava parte das noites, para lhe prestar socorros. Uma noite em que ela caía de fadiga, o pai da moça doente insistiu para que fosse repousar, prometendo-lhe que se a filha piorasse ele iria preveni-la. Minha mãe cedeu e foi para a cama, depois de ter fechado o quarto. Pelas duas horas da manhã, foi despertada pelo contacto de dois dedos gelados sobre a espádua. Ela ficou vivamente impressionada e não pôde mais dormir. Então vestiu-se para ir à sua querida doente. Quando ia abrir a porta do seu quarto, bateram à porta da rua. Era um criado que lhe vinha comunicar a morte da amiga que acabara de falecer.

Em 1851, um dia eu percorria a galeria de quadros e retratos da família do magnífico castelo de C..., conduzido pelo Dr. B..., que tinha sido médico da família. Parei algum tempo em frente ao retrato de um homem de quarenta e poucos anos, vestido, se bem me lembro, com um costume azul, colete raiado vermelho e preto e calças cinza. O Sr. B... aproximou-se e me disse:

"Eis como vi o conde de C..., quinze dias depois de sua morte." Pedi uma explicação, e eis o que ele me respondeu: Aproximadamente 15 dias após a morte do Sr. de C..., certa noite, ao anoitecer, eu saía do quarto da condessa. Para sair, eu precisava seguir um longo corredor, no qual se abria a porta do gabinete do Sr. de C... Quando cheguei em frente àquela porta, ela se abriu e o Sr. de C... saiu, avançou em minha direção e caminhou ao meu lado até a porta de saída.

O Sr. B... atribuiu esse fato a uma mera alucinação, mas, em todo caso, ela não se teria prolongado muito, porque penso que no fim do corredor havia outra peça a atravessar antes da saída.

Enfim, eis um fato que me é inteiramente pessoal:

Em 1829, creio, em Hagueneau, na Alsácia, eu era encarregado de um alojamento de convalescentes que nos enviava a numerosa guarnição de Strasbourg, então muito atacada por febres intermitentes. Entre os doentes eu tinha um jovem tambor que todas as noites, depois de meia noite, sentia alguém deslizar sobre sua cama, abraçá-lo e morder-lhe o peito à altura do mamilo esquerdo. Os seus companheiros de quarto me disseram que há oito dias eram despertados por seus gritos; que se aproximando dele, encontravam-no agitado, espantado e só conseguiam acalmá-lo passando a ponta de sabre por baixo da cama para lhe mostrar que não havia ninguém sob a cama nem nas proximidades. Encontrei o jovem soldado com o peito um pouco tumefacto e doloroso no lado esquerdo, e então atribuí seu estado à ação dessa causa física sobre sua imaginação; mas o efeito só se produzia uns instantes a cada vinte e quatro horas, e sempre na mesma hora. Produziu-se ainda algumas vezes, depois não mais ouvi falar do caso...

OBSERVAÇÃO: Sabe-se quão numerosos são os fatos espontâneos desse gênero. O Espiritismo os guarda na memória, porque ele dá a única explicação racional possível. Certamente há, entre esses casos, alguns que a rigor poderiam ser atribuídos àquilo que convencionou-se chamar de alucinação, ou a uma preocupação do espírito, mas eles já não poderiam ser assim considerados quando seguidos de um efeito material. Eles são tanto mais importantes quanto mais reconhecida sua autenticidade, e não podem, como dissemos num artigo precedente, ser levados à conta de charlatanice.

DISSERTAÇÕES ESPÍRITAS

O CARDEAL WISEMAN

A *Patrie* de 18 de março de 1865 relatava o seguinte:

"O Cardeal Wiseman, que acaba de falecer na Inglaterra, acreditava no Espiritismo. É o que prova o fato seguinte, citado pelo *Spiritualist Magazine*.

"Um bispo tinha lançado a interdição sobre dois membros de sua igreja, por causa de sua tendência para o Espiritismo. O cardeal suspendeu essa interdição e permitiu que os dois sacerdotes continuassem seus estudos e servissem como médiuns, dizendo-lhes: "Eu mesmo creio firmemente no Espiritismo e não poderia ser um bom membro da Igreja se tivesse a menor dúvida a respeito."

Esse artigo tinha sido lido e comentado numa reunião espírita em casa do Sr. Delanne, mas hesitavam em evocar o cardeal, quando ele se manifestou espontaneamente pelas duas comunicações seguintes:

I

Vosso desejo de me evocar me trouxe a vós e estou contente por vir dizer-vos, meus irmãos bem-amados, que sim, na Terra eu era espírita convicto. Tinha vindo com essas aspirações que não pude desenvolver, mas me sentia feliz por vê-las desenvolvidas por outros. Eu era espírita porque o Espiritismo é o caminho reto que conduz ao verdadeiro objetivo e à perfeição; eu era espírita porque reconhecia no Espiritismo a realização de todas as profecias, desde o começo do mundo até os nossos dias; eu era espírita porque esta doutrina é o desenvolvimento da religião, o esclarecimento dos mistérios e a marcha da Humanidade inteira para Deus, que é a unidade; eu era espírita porque compreendi que esta revelação vinha de Deus e que todos os homens sérios deviam ajudá-la a avançar, a fim de um dia poderem todos dar-se as mãos benévolas; eu era espírita, enfim, porque o Espiritismo não lança anátema sobre ninguém e, a exemplo do Cristo, nosso divino modelo, ele abre os braços a todos, sem distinção de classe e de culto. Eis por que eu era espírita cristão.

Ó meus bem-amados irmãos! Que imensa graça o Senhor concede aos homens em lhes enviando esta luz divina que lhes abre os olhos e lhes faz ver de maneira irrecusável que além do túmulo existe mesmo outra vida e que, em vez de temer a morte, quando se viveu segundo os desígnios de Deus, deve-se abençoá-la quando vem libertar um de nós das pesadas cadeias da matéria.

Sim, essa vida que se prega constantemente de maneira tão horripilante existe, mas nada tem de penosa para as almas que na Terra observaram as leis do Senhor. Sim, lá encontramos aqueles que amamos na Terra; é a mãe bem-amada, uma terna mãe que vos vem felicitar e receber; são amigos que vos vêm ajudar a vos reconhecerdes, em vossa verdadeira pátria, e que vos mostram todos os encantos da vida verdadeira, dos quais os da Terra não passam de tristes imagens.

Perseverai, meus irmãos bem-amados, em marchar na via abençoada do Espiritismo; que para vós isto não seja uma palavra vã; que as comunicações que recebeis vos ajudem a subir o rude calvário da vida, a fim de que, chegados ao topo, possais ir colher os frutos de vida que para vós próprios tiverdes preparado.

É o que vos almejo, a vós todos que me escutais e a todos os meus irmãos em Deus. Aquele que foi o cardeal Wiseman.

(Médium : Sra. Delanne)

II

Meus amigos, por que não viria eu a vós? Os sentimentos expressos quando eu estava em vossa Terra, e que devem ser os de todos os servos de Deus e da verdade, devem ser, para todo espírita convicto, uma segurança de que usarei da graça que o Senhor me concede de vir instruir e guiar meus irmãos. Oh! Sim, meus amigos, é com satisfação e reconhecimento por aquele a quem tudo devemos, que vos venho exortar, vós que tendes a felicidade de ser admitidos entre os obreiros do Senhor, a perseverardes na via em que estais empenhados. Ela é, senão a única, pelo menos a melhor, porque se uma parte da Humanidade pode construir a sua salvação com a fé cega, sem cair nos embustes e nos perigos que ela oferece, com mais forte razão aqueles cuja fé tem por base a razão e o amor a Deus, que nós vos fazemos conhecer tal qual ela é, devem chegar a conquistar a vida eterna no seio desse mesmo Deus.

Filhos, inclinai-vos, curvai a cabeça, porque o vosso Deus, vosso pai, vos abençoa. Glorificai-o e amai-o na eternidade!

Oremos juntos.

WISEMAN, *assistido por Santo Agostinho*
(Médium: Sr. Erambert, de Aix)

Estas duas comunicações foram ditadas simultaneamente, o que explica a assistência de Santo Agostinho na última. Enquanto Wiseman fazia um médium escrever, Santo Agostinho fazia escrever outro, ao qual transmitia o pensamento do cardeal. Muitas vezes veem-se Espíritos pouco adiantados, ou ainda perturbados, não podendo exprimir-se sem a ajuda de um Espírito mais elevado; mas aqui não é o mesmo caso: Wiseman é bastante desprendido para exprimir suas próprias ideias.

Ambas as comunicações foram obtidas a 24 de março, na Sociedade de Paris, sem evocação, após a leitura das precedentes. A quarta é uma apreciação dos fatos acima, pelo Espírito de Lamennais.

III

Meus amigos, venho confirmar minha comunicação de segunda-feira. Estou feliz por vir a um meio onde teria muito a dizer e onde estou certo de ser compreendido. Oh! Sim, será uma grande felicidade para mim ver desenvolver-se, aos olhos do mestre, o progresso da doutrina santa e regeneradora que deve conduzir o mundo inteiro a seu destino divino. Amigos, uni vossos esforços na obra que nos é confiada e sede reconhecidos pelo papel que o Criador de todas as coisas vos confiou. Jamais poderíeis fazer bastante para reconhecer a graça que ele vos concede. Mas a vossa boa vontade será levada em conta, como a vossa fé, a vossa caridade e o amor pelos vossos irmãos. Bendizei-o, amai-o e tereis a vida eterna. Oremos juntos, meus caros amigos.

WISEMAN

(Médium: Sr. Erambert, de Aix)

IV

A religião espiritualista é a alma do Cristianismo, é preciso não esquecer. Em meio do materialismo, do culto protestante e do católico, o cardeal Wiseman ousou proclamar a alma antes do corpo, o espírito antes da letra. Essa espécie de coragem é rara nos dois cleros, e é um espetáculo incomum, com efeito, o ato de fé espírita do cardeal Wiseman. Aliás, seria estranho que um Espírito tão culto, tão elevado quanto o do eminente cardeal tivesse visto no Espiritismo uma fé rebelde aos ensinos da mais pura moral do Cristianismo; nós, espíritas, nunca aplaudiríamos demais essa confiança afastada de todo respeito humano, de todo escrúpulo mundano. Não é um encorajamento a voz desse agonizante tão distinto? Não é um anúncio para o futuro, uma certeza de que com a boa vontade tão pregada pelo Evangelho, só há uma verdade contida na prática da caridade e na crença na imortalidade da alma? Outras vozes não

menos sagradas diariamente proclamam nossa verdade imortal. É um *hosannah* sublime que cantam os homens visitados pelo Espírito, *hosannah* tão puro, tão entusiasta quanto o das almas visitadas por Jesus.
Nós mesmos, almas em sofrimento, não afastemos de nós a lembrança que nos chega, e no purgatório que suportamos, escutemos as vozes dos que nos fazem ver o além.

LAMENNAIS

(Médium: Sr. A. Didier)

NOTÍCIAS BIBLIOGRÁFICAS

O QUE É O ESPIRITISMO? por Allan Kardec. Nova edição revista e consideravelmente aumentada. In-12, com cerca de 200 páginas. Preço: l franco; pelo correio, l,20 franco.
As matérias desta nova edição estão assim divididas:

CAP. I: PEQUENA CONFERÊNCIA
Primeira conversa: *O crítico*
Segunda conversa: *O céptico*
Espiritismo e Espiritualismo
Dissidências
Fenômenos espíritas simulados
Impotência dos detratores
O maravilhoso e o sobrenatural
Oposição da Ciência
Falsas explicações dos fenômenos
Os incrédulos não podem ver para se convencerem
Origem das ideias espíritas modernas
Meios de comunicação
Os médiuns interesseiros

Os médiuns e os feiticeiros
Diversidade nos Espíritos
Utilidade prática das manifestações
Loucura, suicídio, obsessão
Esquecimento do passado
Elementos de convicção
Sociedade Espírita de Paris
Interdição do Espiritismo
Terceira conversa: *O padre*. Objeções em nome da religião.

CAP. II: NOÇÕES ELEMENTARES DO ESPIRITISMO
Dos Espíritos
Comunicações com o mundo invisível
Objetivo providencial das manifestações espíritas
Dos médiuns
Escolhos dos médiuns
Qualidades dos médiuns
Charlatanismo
Identidade dos Espíritos
Contradições
Consequências do Espiritismo.

CAP. III: SOLUÇÃO DE ALGUNS PROBLEMAS PELA DOUTRINA ESPÍRITA
Pluralidade dos mundos
Da alma
O homem durante a vida terrena
O homem após a morte.

No prelo, para aparecer a 1º de agosto:
O CÉU E O INFERNO, ou *A Justiça Divina segundo o Espiritismo*, por Allan Kardec. Um volume grande in-12. Preço: 3,50 francos; pelo correio, 4 francos.

VIE DE GERMAINE COUSIN[1], de Pibrac, bem-aventurada na caridade, dada mediunicamente por ela própria à senhorita M. S., num grupo de família. Brochura in-12. Preço: I franco; pelo correio, 1,10 franco. Toulouse, nas principais livrarias.

A vida de *Germaine Cousin* é, ao mesmo tempo, edificante e dramática, mas, por outro lado, eminentemente interessante pelos numerosos fatos mediúnicos que encerra, e que sem o Espiritismo seriam inexplicáveis ou maravilhosos. Os fenômenos, dos quais somos testemunhas em nossos dias, provam pelo menos a sua possibilidade. Todas as pessoas que não tenham uma ideia preconcebida da negação, e sobretudo os espíritas, lerão essa brochura com interesse.

UNIÃO ESPÍRITA BORDALESA

Bordéus contava com quatro publicações espíritas periódicas: *La Ruche, le Sauveur, la Lumière* e *la Voix d'Outre-tombe*. Estando *la Lumière et le Sauveur* sob a mesma direção, na realidade havia apenas três, que acabam de fundir-se numa publicação única, sob o título de *l'Union spirite bordelaise*, sob a direção do Sr. A. Bez, diretor de *la Voix d'Outre-tombe*. Felicitamos esses senhores pela medida que adotaram e que os nossos adversários errarão se a tomarem como indício de decadência da doutrina. Fatos antes concludentes aí estão para provar o contrário.

As matérias sobre o Espiritismo, embora muito numerosas, giram num círculo mais ou menos uniforme, daí a falta de variedade suficiente, e para o leitor que quisesse receber todas, uma carga muito onerosa, sem compensação. A nova folha bordalesa só poderia ganhar com essa fusão, sob todos os pontos de vista, e fazemos votos por sua prosperidade. Lemos com prazer, nos primeiros números, uma boa refutação aos

---
[1] Damos sempre no original o título das obras não traduzidas para a nossa língua. N. do T.

artigos do *Sr. Fumeaux* sobre a iniquidade e os flagelos do Espiritismo, bem como um interessante relato de uma nova cura em Marmande. (Ver a seguir em obras diversas).

MÚSICA E LETRA compostas pelo Rei Henrique III em 1574, reveladas em sonho em 1865 ao Sr. N. C. Bach. Legouix, editor, Boulevard Poissonnière, 27 – Paris. Preço marcado: 3 francos.

ALLAN KARDEC

REVISTA ESPÍRITA

JORNAL DE ESTUDOS PSICOLÓGICOS

| ANO VIII | AGOSTO DE 1865 | VOL. 8 |

O QUE O ESPIRITISMO ENSINA

Há criaturas que perguntam quais são as conquistas novas que devemos ao Espiritismo. Pelo fato de ele não ter dotado o mundo com uma nova indústria produtiva, como o vapor, concluem que ele nada produziu. A maior parte dos que fazem tal pergunta, não se tendo dado ao trabalho de estudá-lo, só conhecem o Espiritismo de fantasia, criado para as necessidades da crítica, e que nada tem de comum com o Espiritismo sério. Não é, pois, de admirar que perguntem qual pode ser o seu lado útil e prático. Teriam tido que buscá-lo em sua fonte, e não nas caricaturas que dele fizeram os que só têm interesse em denegri-lo.

Numa outra ordem de ideias, alguns acham, ao contrário, a marcha do Espiritismo muito lenta para o seu gosto. Admiram-se que ele não tenha ainda sondado todos os mistérios da Natureza, nem abordado todas as questões que parecem ser de sua alçada; gostariam de vê-lo diariamente ensinar coisas novas, ou enriquecer-se com alguma descoberta. Como ele ainda não resolveu a questão da origem dos seres, do princípio e do fim de todas as coisas, da essência divina e de algumas outras do mesmo porte, concluem que não saiu do á-bê-cê; que ainda não entrou na verdadeira via filosófica e que se arrasta nos lugares-comuns, porque prega incessantemente a humildade e a caridade. Dizem eles: "Até hoje ele nada de novo nos ensinou, porque a reencarnação, a negação das penas eternas, a imortalidade da alma, a gradação através dos períodos da vitalidade intelectual, o perispírito, não são descobertas espíritas propriamente ditas; então é preciso caminhar para descobertas mais verdadeiras e mais sólidas."

A tal respeito julgamos que devemos apresentar algumas observações, que também não serão novidades, mas há coisas que devem ser repetidas sob diversas formas.

É verdade que o Espiritismo nada inventou de tudo isso, pois não há verdadeiras verdades senão aquelas que são eternas e que, por isto mesmo, devem ter germinado em todas as épocas. Mas não é alguma coisa havê-las tirado, senão do nada, ao menos do esquecimento; de um germe ter feito uma planta vivaz; de uma ideia individual, perdida na noite dos tempos, ou abafada pelos preconceitos, ter feito uma crença geral; ter provado o que estava em estado de hipótese; ter demonstrado a existência de uma lei no que parecia excepcional e fortuito; de uma teoria vaga ter feito uma coisa prática; de uma ideia improdutiva ter tirado aplicações úteis? Nada é mais verdadeiro que o provérbio: "Não há nada de novo sob o sol", e até mesmo essa verdade não é nova. Assim, não há uma descoberta da qual não se encontrem vestígios e o princípio em algum lugar. Por conta disto, Copérnico não teria o mérito de seu sistema, porque o movimento da Terra tinha sido suspeitado antes da era cristã. Era uma coisa tão simples, entretanto, era preciso encontrá-la. A história do ovo de Colombo será sempre uma eterna verdade.

Além disso, é incontestável que o Espiritismo ainda tem muito a nos ensinar. É o que não temos cessado de repetir, pois jamais pretendemos que ele tenha dito a última palavra. No entanto, considerando-se que ainda há o que fazer, segue-se que ele não tenha ainda saído do á-bê-cê? Seu á-bê-cê foram as mesas girantes, e a partir de então, ao que nos parece, ele tem dado alguns passos; parece-nos mesmo que tais passos foram grandes em alguns anos, se o compararmos às outras ciências que levaram séculos para chegar ao ponto em que estão. Nenhuma chegou ao apogeu num primeiro impulso; elas avançam, não pela vontade dos homens, mas à medida que as circunstâncias as põem no caminho de novas descobertas. Ora, ninguém tem o poder de comandar essas circunstâncias, e a prova é que todas as vezes que uma ideia é prematura, ela aborta, para reaparecer mais tarde, em tempo oportuno.

Mas em falta de novas descobertas, os homens de ciência nada terão que fazer? A Química não será mais a Química se diariamente não descobrir novos corpos? Os astrônomos serão condenados a cruzar os braços por não encontrarem novos planetas? E assim em todos os outros ramos das Ciências e da indústria. Antes de procurar coisas novas, não se tem que fazer aplicação daquilo que se sabe? É precisamente para dar aos homens tempo de assimilar, aplicar e vulgarizar o que sabem, que a Providência põe em compasso de espera a marcha para a frente. Aí está a História para nos mostrar que as Ciências não seguem uma marcha ascendente contínua, pelo menos ostensivamente. Os grandes movimentos que revolucionam uma ideia só se operam em intervalos mais ou menos distanciados. Não há, portanto, estagnação, mas elaboração, aplicação e frutificação daquilo que se sabe, o que sempre é progresso. Poderia o Espírito humano absorver incessantemente novas ideias? A própria Terra não necessita de um tempo de repouso antes de reproduzir? Que diriam de um professor que diariamente ensinasse novas regras aos seus alunos, sem lhes dar tempo para se exercitarem nas que aprenderam, de com elas se identificarem e de aplicá-las? Então Deus seria menos previdente e menos hábil que um professor?

Em todas as coisas, as ideias novas devem encaixar-se nas ideias adquiridas. Se estas não estão suficientemente elaboradas e consolidadas no cérebro; se o espírito não as assimilou, aquelas que aí quisermos implantar não criarão raízes. Estaremos semeando no vazio.

Dá-se o mesmo em relação ao Espiritismo. Os adeptos de tal modo aproveitaram o que ele até hoje ensinou, que nada mais tenham a fazer? São de tal modo caridosos, desprovidos de orgulho, desinteressados, benevolentes para os seus semelhantes; moderaram tanto as suas paixões, abjuraram o ódio, a inveja e o ciúme; enfim são tão perfeitos que de agora em diante seja supérfluo pregar-lhes a caridade, a humildade, a abnegação, numa palavra, a moral? Essa pretensão, por si só, provaria quanto ainda necessitam dessas lições elementares, que alguns consideram fastidiosas e pueris. É, entretanto, somente com o auxílio dessas instruções, se as aproveitarem, que poderão elevar-se bastante para se tornarem dignos de receber um ensinamento superior.

O Espiritismo tem como objetivo a regeneração da Humanidade: isto é um fato constatado. Ora, não podendo essa regeneração operar-se senão pelo progresso moral, daí resulta que seu objetivo essencial, providencial, é o melhoramento de cada um. Os mistérios que ele nos pode revelar são o acessório. Porque ele nos abriu o santuário de todos os conhecimentos, não estaríamos mais adiantados para o nosso estado futuro, se não fôssemos melhores. Para admitir-nos ao banquete da suprema felicidade, Deus não pergunta o que sabemos nem o que possuímos, mas o que valemos e o bem que fizemos. É, pois, no seu melhoramento individual que todo espírita sincero deve trabalhar, antes de tudo. Só aquele que dominou suas más inclinações realmente tirou proveito do Espiritismo e receberá a sua recompensa. É por isto que os bons Espíritos, por ordem de Deus, multiplicam suas instruções e as repetem à saciedade; só um orgulho insensato pode dizer: Não preciso de mais nada. Só Deus sabe quando elas serão inúteis e só a ele cabe dirigir o ensino de seus mensageiros e de adequá-lo ao nosso adiantamento.

Vejamos, entretanto, se fora do ensinamento puramente moral os resultados do Espiritismo são tão estéreis quanto pretendem alguns.

1º – Inicialmente ele dá, como sabem todos, a prova cabal da existência e da imortalidade da alma. É verdade que não é uma descoberta, mas é por falta de provas sobre este ponto que há tantos incrédulos ou indiferentes quanto ao futuro; é provando o que não passava de teoria, que ele triunfa sobre o materialismo e evita as funestas consequências deste sobre a Sociedade. Tendo transformado em certeza a dúvida sobre o futuro, é toda uma revolução nas ideias, cujas consequências são incalculáveis. Se a isto se limitassem os resultados das manifestações, esses resultados seriam imensos.

2º – Pela firme crença que desenvolve, ele exerce uma ação poderosa sobre o moral do homem; leva-o ao bem, consola-o nas aflições, dá-lhe força e coragem nas provações da vida e o desvia do pensamento do suicídio.

3º – Retifica todas as ideias falsas que se tivessem feito do futuro da alma, do o Céu, do inferno, das penas e das recompensas; destrói radicalmente, pela irresistível lógica dos fatos, os dogmas das penas eternas e dos demônios; numa palavra, desvela-nos a vida futura e no-la mostra racional e conforme à justiça de Deus. É ainda uma coisa de muito valor.

4º – Dá a conhecer o que se passa no momento da morte. Esse fenômeno, até hoje insondável, não mais tem mistérios; as menores particularidades dessa passagem tão temida são hoje conhecidas. Ora, como todo mundo morre, tal conhecimento interessa a todo mundo.

5º – Pela lei da pluralidade das existências, abre um novo campo à Filosofia; o homem sabe de onde vem, para onde vai, com que objetivo está na Terra. Explica a causa de todas as misérias humanas, de todas as desigualdades sociais; dá as próprias leis da Natureza como base dos princípios de solidariedade universal, de fraternidade, de igualdade e de liberdade, que se assentavam apenas na teoria. Enfim, lança luz sobre as questões mais árduas da Metafísica, da Psicologia e da Moral.

6º – Pela teoria dos fluidos perispirituais, dá a conhecer o mecanismo das sensações e das percepções da alma; explica os fenômenos da dupla vista, da visão à distância, do sonambulismo, do êxtase, dos sonhos, das visões, das aparições etc.; abre um novo campo à Fisiologia e à Patologia.

7º – Provando as relações existentes entre os mundos corporal e espiritual, mostra neste último uma das forças ativas da Natureza, um poder inteligente, e revela a razão de uma porção de efeitos atribuídos a causas sobrenaturais que alimentaram a maioria das ideias supersticiosas.

8º – Revelando o fato das obsessões, faz conhecer a causa, até aqui desconhecida, de numerosas afecções sobre as quais a Ciência se havia equivocado em detrimento dos doentes, e dá os meios de curá-los.

9º – Dando-nos a conhecer as verdadeiras condições da prece e seu modo de ação; revelando-nos a influência recíproca dos Espíritos encarnados e desencarnados, ensina-nos o poder do homem sobre os Espíritos imperfeitos para moralizá-los e arrancá-los aos sofrimentos inerentes à sua inferioridade.

10º – Dando a conhecer a magnetização espiritual, que era desconhecida, abre ao magnetismo um novo caminho e lhe traz um novo e poderoso elemento de cura.

O mérito de uma invenção não está na descoberta de um princípio, quase sempre anteriormente conhecido, mas na aplicação desse princípio. A reencarnação, sem dúvida, não é uma ideia nova, tanto quanto o perispírito, descrito por São Paulo sob o nome de corpo espiritual, nem mesmo a comunicação com os Espíritos. O Espiritismo, que não se gaba de haver descoberto a Natureza, procura cuidadosamente todos os traços que pode encontrar, da anterioridade de suas ideias, e quando os encontra, apressa-se em proclamá-los, como prova em apoio ao que propõe. Aqueles, pois, que invocam essa anterioridade visando depreciar o que ele faz, vão contra o seu objetivo, e agem incorretamente, pois isto poderia levantar a suspeita de uma ideia preconcebida.

A descoberta da reencarnação e do perispírito não pertence, pois, ao Espiritismo. É coisa sabida. Mas, até o aparecimento dele, que proveito a Ciência, a Moral, a Religião haviam tirado desses dois princípios, ignorados pelas massas, e mantidos em estado de letra morta? Ele não só os pôs à luz, os provou e fez reconhecer como leis da Natureza, mas os desenvolveu e faz frutificar; deles já fez saírem numerosos e fecundos resultados, sem os quais não se poderia compreender uma infinidade de coisas; diariamente nos leva a compreendermos coisas novas, e estamos longe de esgotar essa mina. Levando-se em conta que esses dois princípios eram conhecidos, por que ficaram tanto tempo improdutivos? Por que, durante tantos séculos, todas as filosofias se chocaram contra tantos problemas insolúveis? É que eram diamantes brutos, que deviam ser lapidados: é o que fez o Espiritismo. Ele abriu um novo caminho à Filosofia, ou melhor, criou uma nova Filosofia que diariamente conquista seu lugar no mundo. Então, estes são resultados de tal modo nulos que devamos acelerar a caminhada em busca de descobertas mais verdadeiras e mais sólidas?

Em resumo, um certo número de verdades fundamentais, esboçadas por alguns cérebros de escol, e conservadas, em sua maioria, como que em estado latente, uma vez que foram estudadas, elaboradas e provadas, de estéreis que eram, tornam-se uma mina fecunda, de onde saíram inúmeros princípios secundários e aplicações, e abriram um vasto campo à exploração, novos horizontes às Ciências, à Filosofia, à Moral, à Religião e à economia social.

Tais são, até hoje, as principais conquistas devidas ao Espiritismo, e não temos feito mais do que indicar os pontos culminantes. Supondo que devessem limitar-se a isto, já nos poderíamos dar por satisfeitos, e dizer que uma ciência nova, que dá tais resultados em menos de dez anos, não é acusada de nulidade, porque toca em todas as questões vitais da Humanidade e traz aos conhecimentos humanos um contingente que não se pode desdenhar. Até que apenas esses pontos tenham recebido *todas* as aplicações que lhes são susceptíveis, e que os homens os tenham aproveitado, ainda se passará muito tempo, e os espíritas que quiserem pô-los em prática para si próprios e para o bem de todos, não ficarão desocupados.

Esses pontos são outros tantos focos de onde irradiarão inumeráveis verdades secundárias que se trata de desenvolver e aplicar, o que se faz diariamente, porque diariamente se revelam fatos que levantam uma nova ponta do véu. O Espiritismo deu sucessivamente e em alguns anos todas as bases fundamentais do novo edifício. Cabe agora a seus adeptos pôr em prática esse material, antes de pedir materiais novos. Deus saberá bem lhos fornecer, quando tiverem completado sua tarefa. Dizem que os espíritas só sabem o á-bê-cê do Espiritismo. Que seja. Para começar, então, aprendamos a soletrar esse alfabeto, o que não é problema de um dia, porque, mesmo reduzido tão somente a essas proporções, passará muito tempo antes que tenhamos esgotado todas as combinações e recolhido todos os frutos. Não restam mais fatos a explicar? Aliás, os espíritas não têm que ensinar esse alfabeto aos que o ignoram? Já lançaram eles a semente em toda parte onde poderiam fazê-lo? Não resta mais incrédulos a converter, obsedados a curar, consolações a dar, lágrimas a enxugar? Temos razões para dizer que não há mais nada a fazer quando ainda não terminamos a tarefa, quando ainda restam tantas chagas a fechar? Aí estão nobres ocupações que vale a pena conhecer melhor e um pouco mais cedo que os outros.

Saibamos, pois, soletrar o nosso alfabeto antes de querer ler correntemente no grande livro da Natureza. Deus saberá bem no-lo abrir, à medida que avançarmos, mas não depende de nenhum mortal forçar sua vontade, antecipando o tempo para cada coisa. Se a árvore da Ciência é muito alta para que possamos atingi-la, esperemos para voar sobre ela que as nossas asas estejam crescidas e solidamente pregadas, para não termos a sorte de Ícaro.

PADRE DÉGENETTES, MÉDIUM

ANTIGO CURA DE NOTRE-DAME DES VICTOIRES, EM PARIS

O fato seguinte é tirado textualmente da obra intitulada *Mês de Maria*, pelo padre Défossés:

Eis como se produziu no mundo, *de uma maneira sobrenatural e celeste, a obra divina da arquiconfraria do santíssimo e imaculado Coração de Maria.* Deixemos ainda a palavra ao Sr. Dégenettes. Quem melhor do que ele poderia contar-nos o que se passou?

"A arquiconfraria nasceu a 3 de dezembro de 1836. Muitas pessoas que só julgam pelas aparências, *nos chamam seu fundador. Não podemos deixar passar este preconceito sem combatê-lo e destruí-lo. Não somos o seu fundador.* Só a Deus a honra e a glória. Não tínhamos nenhuma das disposições de espírito e de coração que nos pudessem preparar para isto. Devemos confessar, pedindo perdão a Deus e a Maria, que, sendo filho de Maria, habituado desde nossa mais tenra idade a amá-la e venerá-la como a mais terna das mães, nada compreendíamos da devoção de seu santo coração, que até evitávamos de pensar nisso. Acrescentamos ainda que um santo religioso, o padre Maccarty, um dia tendo pregado em nossa igreja das Missões estrangeiras sobre o santo coração de Maria, nenhum sentimento recolhemos de seu sermão, para dar nosso sufrágio ordinário à eloquência do pregador, mas aborrecido, tão grande era o orgulho de nossa prevenção, por ter ele tratado de um assunto que pensávamos não ser mais útil aos outros do que a nós. Tal foi nossa disposição constante até 3 de dezembro de 1836, festa de São Francisco Xavier.

"Naquele dia, às nove da manhã, eu começava a santa missa ao pé do altar da santa Virgem, que a partir de então consagramos ao seu santíssimo e imaculado Coração, e que é hoje o altar da arquiconfraria. Eu estava no primeiro versículo do salmo *Judica me,* quando um pensamento veio colher o meu espírito: era o pensamento da inutilidade de meu ministério nessa paróquia; ele não me era estranho e eu tinha muitas ocasiões de concebê-lo e recordá-lo, mas naquela circunstância ele me tocou mais vivamente que de ordinário. Como esse não era o lugar nem o momento para dele me ocupar, fiz todos os esforços possíveis para afastá-lo do meu espírito. Não foi possível consegui-lo e parecia-me sempre ouvir uma voz que vinha de meu íntimo e me dizia: *Não farás nada, teu ministério é nulo. Vê, há mais de quatro anos estás aqui; que ganhaste? Tudo está perdido. Este povo não tem mais fé. Por prudência deverias retirar-te!...*

"Malgrado todos os meus esforços para repelir esse pensamento infeliz, ele se obstinou de tal modo que absorveu todas as faculdades de meu espírito, a ponto de eu ler e recitar as preces sem mais compreender o que dizia. A violência que eu me tinha feito me havia fatigado e eu experimentava uma transpiração das mais abundantes. Fiquei nesse estado até o começo do cânon da missa. Depois de haver recitado o *Sanctus* parei um instante e procurei reunir minhas ideias; apavorado com o estado de meu espírito, disse para mim mesmo: "Meu Deus, em que estado estou? Como vou oferecer o divino sacrifício? Eu não tenho suficiente liberdade de espírito para consagrar. Ó meu Deus, livrai-me desta distração." Assim que proferi essas palavras, ouvi distintamente estas, pronunciadas de maneira solene: *Consagra tua paróquia ao santíssimo e imaculado Coração de Maria*. Tão logo ouvi essas palavras, que não me feriam o ouvido mas ressoavam apenas dentro de mim, recobrei imediatamente a calma e a liberdade de espírito. A fatal impressão que me tinha agitado tão violentamente, logo se apagou e não me ficou nenhuma impressão. Dei continuidade aos santos mistérios sem nenhuma lembrança de minha precedente distração.

"Após a minha ação de graças, examinei a maneira pela qual tinha oferecido o santo sacrifício. Só então me lembrei que tinha tido uma distração, mas era apenas uma lembrança confusa e fui obrigado, por uns instantes, a rebuscar qual tinha sido o objeto. Assegurei-me, dizendo: 'Eu não pequei. Eu não estava livre.' Perguntei-me como essa distração tinha cessado e a lembrança das palavras que tinha ouvido voltou ao meu espírito. Esse pensamento feriu-me com uma espécie de terror. Procurei negar a possibilidade do fato, mas minha memória confundia os raciocínios que eu me objetava. Batalhei comigo mesmo durante dez minutos. Eu dizia a mim mesmo: *Se eu me detivesse nisto, expor-me-ia a uma grande desgraça; ela afetaria meu moral e eu poderia tornar-me visionário.*

"Fatigado por esse novo combate, tomei minha decisão e disse: *Não posso deter-me neste pensamento; ele teria consequências muito desagradáveis; além do mais, é uma ilusão; tive uma longa distração durante a missa, eis tudo. O essencial para mim é não ter pecado. Não quero mais pensar nisto.* Apoiei as mãos no genuflexório onde estava de joelhos. No mesmo instante, e ainda não me tinha levantado (estava sozinho na sacristia) ouvi pronunciar bem distintamente: *Consagra tua paróquia ao santíssimo e imaculado Coração de Maria.* Caí de joelhos e minha primeira impressão foi um momento de estupefação. Eram as mesmas palavras, o mesmo som, a mesma maneira de ouvi-las. Durante alguns instantes tentei não acreditar; *queria ao menos duvidar e não podia mais.* Eu tinha ouvido, *não podia ocultá-lo a mim mesmo.* Um sentimento de tristeza apoderou-se de mim; as inquietudes que haviam acabado de atormentar o meu espírito apresentavam-se de novo. Em vão tentei expulsar todas essas ideias; eu me dizia: *É ainda uma ilusão, fruto do abalo dado em teu cérebro pela primeira impressão que ressentiste; não ouviste, não pudeste ouvir,* e o sentido íntimo me dizia: *Não podes duvidar; ouviste duas vezes.*

"Tomei a decisão de me não ocupar com o que acabava de acontecer, de tentar esquecer. Mas estas palavras: *Consagra tua paróquia ao santíssimo e imaculado Coração de Maria* se apresentavam incessantemente ao meu espírito. Para me livrar da impressão que me fatigava, cedi exausto e me disse: *É sempre um ato de devoção à santa Virgem, que pode ter um bom efeito. Tentemos.* Meu consentimento não era livre; era exigido pela fadiga do meu espírito. Entrei em meu apartamento. Para me livrar de tal pensamento, pus-me a compor os estatutos de nossa associação. Tão logo pus mãos à obra, o assunto se esclareceu aos meus olhos e os estatutos não tardaram a ser redigidos. Eis a verdade, e não a dissemos nas primeiras edições de nosso manual; até a ocultamos ao nosso venerável diretor de consciência. Tínhamo-la até aquele dia tornado um segredo, mesmo para os amigos mais íntimos. *Não ousávamos desvendá-lo; e hoje que a divina misericórdia assinalou tão autenticamente sua obra pelo estabelecimento, a prodigiosa propagação da arquiconfraria, e sobretudo pelos frutos admiráveis que ela produz, minha consciência me obriga a revelar este fato.* 'É glorioso, dizia o arcanjo Rafael a Tobias, é glorioso revelar as obras de Deus, a fim de que todos reconheçam que só a ele pertencem louvor, honra e glória.'"

O fato de mediunidade auditiva é aqui de máxima evidência. A quem negasse que seja um efeito mediúnico e o considerasse como miraculoso, responderíamos que o caráter de milagre é de ser excepcional e acima das leis da Natureza, e que jamais se pensou em dar essa qualidade aos fenômenos que se produzem diariamente; a reprodução é indício certo de que eles existem em virtude de uma lei e que, por conseguinte, não fogem à ordem natural. Ora, os fatos análogos ao do padre Dégenettes estão entre os mais vulgares, entre os da mediunidade; as comunicações por via auditiva são excessivamente numerosas.

Se, pois, segundo a opinião de alguns, o demônio é o único agente dos efeitos mediúnicos, seria forçoso concluir, para ser consequente, que a fundação da dita arquiconfraria é uma obra demoníaca, porque, em boa lógica, a analogia absoluta dos efeitos implica a da causa.

Um ponto muito embaraçoso para os partidários do demônio é a reprodução incessante de todos os fenômenos mediúnicos no seio do próprio clero e das comunidades religiosas, e a perfeita similitude de uma porção de efeitos reputados santos, com os que são reputados diabólicos. Forçoso, pois, é convir que os maus Espíritos não são os únicos com o poder de manifestar-se, do contrário a maioria dos santos não passariam de possessos, visto que muitos só deveram sua beatificação a fatos do gênero dos que hoje se produzem com os médiuns. Eles se esquivam dizendo que os bons Espíritos só se comunicam à Igreja ou que só à Igreja cabe distinguir os que vêm de Deus ou do diabo. Que seja. É uma razão como qualquer outra, que fica para a apreciação de cada um, mas que exclui a doutrina da comunicação exclusiva dos demônios.

Nosso colega Sr. Delanne, que teve a bondade de nos remeter o fato acima, juntou a comunicação seguinte, do padre Dégenettes, obtida pela Sra. Delanne:

"Meus caros filhos, respondo com prazer ao vosso apelo. Darei de boa vontade os detalhes que desejais conhecer, porque hoje estou ligado à grande falange dos Espíritos que têm por missão conduzir os homens no caminho da verdade.

"Quando eu estava na Terra, eu trabalhava de corpo e alma para reconduzir os homens a Deus, mas tinha apenas uma ideia muito fraca da importância desta grande lei pela qual todos os homens virão ao progresso. A matéria impõe graves entraves, e nossos instintos muitas vezes paralisam os esforços de nossa inteligência. Quando, pois, de minha *audição*, eu não sabia bem em que pensar; mas vendo que a voz continuava a fazer-se ouvir, concluí por um milagre. Não obstante, considerava-me como um verdadeiro instrumento, e tudo quanto obtive por essa intercessão, me confirmava essa ideia. Ah! Com efeito eu tinha sido um instrumento, mas não havia milagre: Eu era um dos homens designados a levar uma das primeiras pedras à doutrina, fornecendo a prova das comunicações espirituais.

"Estão próximos os tempos em que vos serão dados grandes desenvolvimentos concernentes às coisas chamadas *mistérios*, e que deviam sê-lo até o presente, porque os homens ainda não estavam aptos a compreendê-las. Oh! Mil vezes felizes os que hoje compreendem esta bela e invejável missão de propagar a doutrina da revelação e mostrar um Deus bom e misericordioso!

"Sim, meus caros filhos, quando eu estava em exílio na Terra, eu possuía o precioso dom da mediunidade; mas, eu vo-lo repito, não me dava conta disso. A partir do momento em que aquela voz falou ao meu coração, reconheci mais especialmente e mais visivelmente a proteção de Maria em todas as minhas ações, mesmo as mais simples, e se dissimulei antes de participar aos meus superiores o que se havia passado comigo, ainda foi *por conselhos dessa mesma voz* que me fazia compreender que ainda não havia chegado a hora de fazer aquela revelação. Eu tinha o pressentimento e uma vaga intuição da renovação que se opera. Eu compreendia que a revelação *não devia vir da Igreja*, mas que um dia a Igreja seria forçada a apoiá-la, por todos os fatos aos quais ela dá o nome de milagre e que atribui a causas sobrenaturais.

"Continuarei de outra vez, meus filhos. Que a paz do Senhor esteja em vossas almas e vos proporcione um sono pacífico.

"*P.* – Devemos mandar ao Sr. Allan Kardec esta comunicação e os fatos que a provocaram?

"*R.* – Eu não vos disse que eu era um dos propagadores da doutrina? Meu nome não tem grande valor, mas não vejo por que não vos autorizaria a fazê-lo. Aliás, não é a primeira vez que me comunico. Podeis, portanto, transmitir ao mestre minhas simples instruções, ou melhor, meus simples relatos.

DÉGENETTES

OBSERVAÇÃO: Com efeito, o padre Dégenettes comunicou-se várias vazes espontaneamente e ditou palavras dignas da elevação de seu Espírito.

Tanto quanto nos lembramos, foi ele que, num sermão pregado na igreja de Notre-Dame des Victoires, contou o seguinte fato: Uma pobre operária sem trabalho que veio orar na Igreja, à saída encontrou um senhor que a abordou e lhe disse:

– Buscais trabalho; ide a tal endereço, procurai a Sra. fulana de tal; ela vo-lo arranjará.

A pobre mulher agradeceu e foi ao endereço indicado, onde realmente encontrou a pessoa em questão, à qual contou o que acontecera. Aquela senhora lhe disse:

– Não sei quem poderia ter dado meu endereço, porque não pedi empregada. Contudo, como tenho algo para mandar fazer, vou encarregá-la disso.

A pobre mulher, vendo um retrato na sala, disse:

– Olhai, senhora. O senhor que me mandou vir aqui foi esse aí. – E apontou o retrato.

– É impossível, disse a senhora, esse retrato é de meu filho, falecido há três anos.

– Não sei como é isto, respondeu a operária, mas eu o reconheço perfeitamente.

Assim, o padre Dégenettes acreditava na aparição das almas após a morte, com a aparência que tinham em vida. Os fatos deste gênero não são insólitos e deles temos numerosos exemplos. Não é presumível que o padre Dégenettes tenha relatado este do púlpito sem provas autênticas. Sua crença neste ponto, somada à que lhe chegou pessoalmente, vem em apoio ao que disse de sua missão atual de propagar a doutrina dos Espíritos.

Um fato como o último que foi relatado necessariamente deveria passar por maravilhoso. Só o Espiritismo, pelo conhecimento das propriedades do perispírito, poderia dar-lhe uma explicação racional. Ele prova, por isto mesmo, a possibilidade da aparição do Cristo aos apóstolos, após a sua morte.

MANIFESTAÇÕES DE FIVES, PERTO DE LILLE (NORTE)

Lê-se no *Indépendant de Douai,* de 6 e 8 de julho de 1865, o relato seguinte, dos fatos que acabam de se passar em Fives:

"Há uns quinze dias, na Rua *du Prieuré,* em Fives, ocorrem fatos ainda não explicados e que causam uma profunda sensação em todo o bairro. A certos intervalos, no pátio de duas casas dessa rua, cai uma chuva de projéteis que quebram vidraças e por vezes atingem os moradores, sem que se possa descobrir nem o lugar de onde partem nem a pessoa que os atira. As coisas chegaram a tal ponto que um dos inquilinos teve que proteger suas janelas com tela, temeroso de ser atingido.

"A princípio os interessados observaram atentamente, depois recorreram à polícia, que exerceu a mais ativa vigilância durante vários dias. Isto não impediu que pedaços de tijolos, carvão de pedra etc. caíssem abundantemente nos dois pátios. Um agente chegou a ser atingido nos rins, no momento em que procurava explicar a um de seus camaradas a parábola que as pedras descreviam antes de cair.

"O vidraceiro, substituindo os vidros quebrados na véspera por pedaços de tijolo, foi igualmente atingido nas costas. Logo se adiantou, jurando descobrir o autor desses atos censuráveis, mas não foi mais feliz que os outros.

"Há alguns dias constata-se uma notável diminuição no volume dos projéteis, mas são mais numerosos, de sorte que a movimentação continua. Entretanto, esperam em breve descobrir o que há de misterioso neste caso.

II

"Os fenômenos bizarros que se produzem na Rua du Prieuré, em Fives, desde quinta-feira, 14 de junho, e dos quais já tínhamos falado, desde sábado entraram numa nova fase, diz o jornal de onde tiramos o primeiro relato.

"Não se trata mais de projéteis atirados de fora com um barulho extraordinário às portas e janelas, e muito menos violentamente nas pessoas.

"Eis o que se passa agora numa das duas casas de que falamos, pois a outra ficou perfeitamente tranquila.

"No sábado, caíram no pátio oito cêntimos e cinco moedas de dois cêntimos belgas. A dona da casa, vendo ao mesmo tempo vários móveis se mexerem e cadeiras caindo, foi chamar pessoas da vizinhança. Levantaram as cadeiras; por várias vezes elas caíram de novo. Ao mesmo tempo foram vistos no jardim os tamancos deixados à entrada pela criada pularem em cadência, como se estivessem nos pés de alguém que dançasse.

"À noite, um calendário posto em cima de uma lareira saltou e turbilhonou no ar; sapatos, postos no chão, também saltavam e caíam emborcados.

"Vindo a noite, o Sr. M..., dono da casa, resolveu velar.

"Tão logo ficou só, ouviu um barulho: era um candeeiro que caía sobre a lareira; enquanto ele o ergueu, uma concha rolou por terra; ele se abaixou para apanhá-la e outro candeeiro lhe caiu nas costas. Essas manobras duraram uma parte da noite.

"Nesse ínterim, a empregada, que dorme no andar de cima, gritou por socorro. Encontraram-na tão apavorada que não duvidaram de sua sinceridade, quando afirmou que haviam batido nela. Fizeram-na descer e deitar-se no quarto ao lado; logo ouviram os seus lamentos e escutaram até mesmo as pancadas que ela recebia.

"Essa moça ficou doente e teve que voltar para a casa dos pais.

"No domingo de manhã e no dia seguinte ainda caíram moedas belgas no pátio.

"À tarde, a Sra. X... saiu com uma de suas amigas, depois de haver examinado toda a casa, sem encontrar coisa alguma fora de ordem.

"A porta foi fechada cuidadosamente. Ninguém podia entrar. Voltando, a Sra. X... encontrou desenhado sobre a cama um grande 8 com meias e tecidos que estavam trancados armário.

"À noite, com seu marido, seu sobrinho e um pensionista, que com ela constituem todo o pessoal da casa, ela fez uma vistoria em todas as peças. Na manhã seguinte, subindo ao quarto outrora ocupado pela empregada, encontrou sobre o leito um desenho esquisito, formado com barretes, e, ao pé da escada, dez degraus cobertos com paletós de seu marido, de

seu sobrinho e do pensionista, estendidos e encimados por um chapéu.
"Na terça-feira de manhã ainda caiu no pátio um cêntimo belga. Eles tinham intenção de dá-lo aos pobres, com as moedas caídas dois dias anteriores, mas eis que o estojo onde elas estavam depositadas saltou de uma peça a outra e o dinheiro desapareceu, bem como a chave da escrivaninha.

"Varrendo a sala de jantar, de repente foram vistas duas facas se fincarem no soalho e outra no teto.

"De repente uma chave caiu no pátio. É a da porta da rua; depois veio a da escrivaninha; depois xales e lenços enrolados e em nós, que haviam desaparecido há algum tempo.

"À tarde viu-se no leito do Sr. M... uma roda formada com roupas, e no celeiro um desenho do mesmo gênero, formado com um capote velho e uma cesta.

"Todos estes fatos, bem como os de que falamos sábado, são atestados pelas pessoas da casa, cujo caráter está longe de ser levado ao exagero ou à ilusão. Eles parecem tanto mais singulares porque a vizinhança é perfeitamente bem habitada, e uma vigilância ativa não deixou de ser exercida há três semanas.

"Pode imaginar-se quanto as pessoas da casa sofrem com esse estado de coisas. Depois de ter começado por lacrar as janelas do lado do pátio, decidiram-se a abandonar as peças onde se produziam os fatos relatados, e agora estão, de certo modo, acampadas em duas ou três peças, esperando o fim de seus aborrecimentos.

"Pela crônica: TH. DENIS"

Como se vê, esses fatos têm uma certa analogia com os de Poitiers, do Boulevard Chave, em Marselha, da Rua des Grès e dos de Noyers, em Paris, de Hoerdt, perto de Estrasburgo, e de uma porção de outras localidades. Por toda parte eles puseram em cheque a mais ativa vigilância e as investigações da polícia. Graças à sua multiplicação, eles acabarão por abrir os olhos. Se eles se produzissem num único lugar, seríamos levados a atribuí-los a uma causa local, mas quando ocorrem em pontos tão afastados e em tempos diferentes, seremos forçados a reconhecer que a causa está no mundo invisível, pois não a encontramos aqui. Em presença desses fatos tão multiplicados e que, por consequência, têm tão numerosas testemunhas, a negação já não é possível, e assim vemos as notícias se limitarem, geralmente, a meros relatos.

Os Espíritos anunciaram que manifestações de toda natureza iam produzir-se em todos os pontos. Com efeito, se examinarmos o que se passa há algum tempo, veremos que eles são fecundos em recursos para atestarem sua presença. Os incrédulos pedem fatos; os Espíritos lhos apresentam a todo instante, com um valor tanto maior pelo fato de não serem provocados e se produzirem sem o concurso da mediunidade ordinária e na maior parte do tempo entre pessoas alheias ao Espiritismo. Parece que os Espíritos lhes dizem: Acusais os médiuns de compadrio, de prestidigitação, de alucinações; nós vos damos fatos que não são suspeitos. Se depois disto não credes, é porque quereis fechar os olhos e os ouvidos.

As manifestações de Fives, além do mais, nos são atestadas pelo Sr. Mallet, de Douai, oficial superior e homem de Ciência, que se informou de sua realidade nos próprios locais e junto a pessoas interessadas. Podemos, pois, garantir a sua perfeita exatidão.

PROBLEMA PSICOLÓGICO

DOIS IRMÃOS IDIOTAS

Numa família de operários de Paris encontram-se duas crianças atingidas de idiotia e que apresentam a particularidade de, até a idade de cinco a seis anos, gozarem de todas as faculdades intelectuais bem desenvolvidas. A menos que seja provocada por uma causa acidental, a idiotia nas crianças é quase sempre o resultado de uma parada no desenvolvimento dos órgãos e, consequentemente, se manifesta desde o nascimento. Além disso, aqui é notável o fato de duas crianças serem atingidas pela mesma enfermidade em condições idênticas.

Podendo esse duplo fenômeno ser objeto de estudo interessante, do ponto de vista psicológico, um dos membros da Sociedade de Paris, o Sr. Desliens, foi por um amigo introduzido na família, a fim de poder dar contas à Sociedade. Eis o resultado de suas observações:

"Quando o pai soube do objetivo de minha visita, disse ele, passou a um quarto, de onde voltou tendo nos braços um ser mais semelhante, pelos traços, a um animal do que a um foco de inteligência. Trouxe igualmente um segundo no mesmo estado de embrutecimento, mas com aparência física mais humana. Nenhum som sensato saía da boca desses infortunados; gritinhos agudos e grunhidos roucos são suas únicas manifestações sonoras. Quase sempre um riso bestial lhes anima a fisionomia. O mais velho chama-se Alfredo e o outro Paulino.

"Alfredo, atualmente com dezessete anos, nasceu com toda a sua inteligência, que se manifestou mesmo com certa precocidade. Aos três anos falava com senso e compreendia os menores sinais. Teve então uma ligeira doença, depois da qual perdeu o uso da palavra e as faculdades mentais. Os tratamentos médicos apenas levaram ao esgotamento das forças vitais, hoje traduzido por um raquitismo absoluto.

"Esse ser, que não tem nem mesmo a aparência de um homem, contudo tem sentimento, ama seus pais e seu irmão e sabe manifestar simpatia ou repulsa pelos que o rodeiam. Ele compreende tudo o que lhe dizem; em seus olhos brilha a inteligência; procura incessantemente, mas sem resultado, responder quando falam diante dele de coisas que lhe interessam. Tem um medo incontestável da morte e não pode ver um carro mortuário sem procurar esconder-se. Um dia lhe tendo dito sua tia, por brincadeira, que o envenenaria se ele fosse mau, ele compreendeu tão bem que, durante mais de um ano, recusou receber qualquer alimento de suas mãos, embora tenha um apetite extraordinário.

"Paulino, de quinze anos, tem corporalmente uma aparência mais humana. Tem no rosto embrutecido o cunho de um idiotismo absoluto. Contudo, ama, mas a isto se limitam suas manifestações exteriores. Ele nasceu igualmente com plena razão, que conservou até os seis anos. Gostava muito do irmão. Com essa idade adoeceu e passou pelas mesmas fases do mais velho. Ultimamente teve uma doença prolongada, depois da qual parece compreender melhor o que lhe dizem. O cura e os padres da paróquia disseram à família que se tratava de possessão do demônio, e que era preciso exorcizar os meninos. Os pais hesitaram. Contudo, fatigados com a insistência daqueles senhores e temendo perder o auxílio que recebiam por causa das crianças, concordaram. Mas então aqueles senhores afirmaram que com efeito teria havido possessão em outra época, mas que hoje não havia mais, e que nada mais podia ser feito. É preciso dizer, em homenagem aos pais, que sua ternura por essas infortunadas criaturas jamais foi desmentida e que elas têm sido constantemente objeto dos mais afetuosos cuidados."

Os senhores eclesiásticos renunciaram sabiamente ao exorcismo, que apenas teria levado a um fracasso. As crianças não apresentam nenhum dos caracteres da obsessão, no sentido do Espiritismo, e tudo prova que a causa do mal é puramente patológica. Em ambos a idiotia é produzida em consequência de uma doença que, sem dúvida, ocasionou a atrofia dos órgãos da manifestação do pensamento. Mas é fácil ver que por detrás desse véu existe um pensamento ativo que encontra um obstáculo invencível à sua livre expressão. A inteligência dessas crianças, durante os primeiros anos, prova que eles são Espíritos adiantados, que mais tarde se acharam encerrados em laços muito apertados para que se pudessem manifestar. Num envoltório em condições normais, teriam sido homens inteligentes, e quando a morte os tiver libertado de seus entraves, recuperarão o livre uso de suas faculdades.

Essa constrição imposta a um Espírito deve ter causa moral, providencial, e essa causa deve ser justa, pois que Deus é a fonte de toda justiça. Ora, como esses meninos nada puderam fazer nesta existência que pudesse merecer um castigo qualquer, é forçoso admitir que pagam a dívida de uma existência anterior, a menos que neguemos a justiça de Deus. Eles nos oferecem uma prova da necessidade da reencarnação, essa chave que resolve tantos problemas e que diariamente lança luz sobre tantas questões ainda obscuras." (Vide *O Evangelho segundo o Espiritismo*, Cap. V, item 6: Causas anteriores das aflições).

A comunicação seguinte foi dada a propósito desse assunto na Sociedade de Paris, a 7 de julho de 1865 (Médium, Sr. Desliens):

"A perda da inteligência nos dois idiotas dos quais se trata é certamente explicável do ponto de vista científico. Cada um deles teve uma curta doença; pode, pois, concluir-se com razão que os órgãos cerebrais foram afetados. Mas, por que esse acidente ocorreu após a manifestação evidente de todas as suas faculdades, contrariamente ao que, em geral, se passa na idiotia? Repito: Toda perturbação da inteligência ou das funções orgânicas pode ser explicada fisiologicamente, seja qual for a causa primeira, visto que tendo sido estabelecidas leis pelo Criador para as relações entre a inteligência e os órgãos de transmissão, elas não podem ser derrogadas. A perturbação dessas relações é uma consequência dessas leis, e pode ferir o culpado por suas faltas anteriores: aí está a expiação.

"Por que esses dois seres são feridos juntos? Porque participaram da mesma vida; estavam ligados durante a provação, e devem estar reunidos na vida de expiação.

"Por que sua inteligência a princípio se manifestou, contrariamente ao que normalmente acontece em casos semelhantes? Do ponto de vista da intenção providencial, é uma das mil nuanças da expiação, que tem sua razão de ser para o indivíduo, mas cujo motivo muitas vezes seria difícil sondar, pelo simples fato que ele é individual. É preciso aí ver, também, um desses fatos que diariamente vêm confirmar, para o observador atento, as bases da Doutrina Espírita, e sancionar, pela evidência, os princípios da reencarnação.

"Não esqueçais, também, que os pais têm sua parte no que aqui se passa. É para sua ternura por esses seres que não lhes oferecem qualquer compensação, uma grande provação. Eles devem ser felicitados por não haverem falido, porque essa compensação que não encontram neste mundo, encontrá-la-ão mais tarde. Dizeis em vosso íntimo que os cuidados e a afeição que prodigalizam a esses dois pobres seres, bem poderiam ser uma reparação em relação a eles, reparação que o estado de constrangimento da família torna ainda mais meritória."

MOKI

VARIEDADES

EPITÁFIO DE BENJAMIN FRANKLIN

Um dos nossos assinantes de Joinville, Haute-Marne, escreve-nos o que se segue:

"Sabendo da boa acolhida que é reservada a todos os documentos que têm qualquer relação com a Doutrina Espírita, apresso-me em vos dar conhecimento de uma passagem da biografia de Franklin, tirada de *Mosaïque* de 1839, página 287. Ela prova, mais uma vez, que, em todas as épocas, homens superiores tiveram a intuição das verdades espíritas. A crença desse grande homem na reencarnação e na progressão da alma se revela toda nas poucas linhas seguintes, que formam o epitáfio que ele próprio escreveu. Ele está assim concebido:

"Aqui repousa, entregue aos vermes, o corpo de Benjamin Franklin, impressor, como a capa de um velho livro cujas folhas foram arrancadas, e cujo título e douração, apagados. Mas por isto a obra não ficará perdida, pois reaparecerá, como ele acreditava, em nova e melhor edição, revista e corrigida pelo autor."

Um dos principais cidadãos, de que mais se honram os Estados Unidos, era, pois, reencarnacionista. Ele não só acreditava em seu renascimento na Terra, mas acreditava que para aqui voltaria, melhorado por seu trabalho pessoal. É exatamente o que diz o Espiritismo.

Se recolhêssemos todos os testemunhos esparsos em milhares de escritos em favor desta doutrina, reconheceríamos quanto ela teve raízes em pensadores de todas as épocas, e nos admiraríamos menos da facilidade com que ela é hoje acolhida, porque pode dizer-se que ela jaz latente na consciência da maioria. Esses pensamentos, semeados aqui e ali, eram as centelhas precursoras do fogo que devia brilhar mais tarde e mostrar aos homens o seu destino.

NOTÍCIAS BIBLIOGRÁFICAS

O MANUAL DE XÉFOLIUS

Este livro é uma nova prova de fermentação das ideias espíritas, muito antes que se tratasse dos Espíritos. Mas aqui não são alguns pensamentos esparsos, é uma série de instruções que se diriam calcadas sobre a doutrina atual, ou, pelo menos, bebidas na mesma fonte. Essa obra, atribuída a Félix de Wimpfen, guilhotinado em 1793, parece ter sido publicada em 1788. A princípio foram impressos apenas sessenta e seis exemplares para alguns amigos, conforme nota colocada no início da obra e, consequentemente, era excessivamente rara.

Eis o texto do prefácio, que tem a data de 1788, e cuja forma bastante ambígua bem poderia ser uma maneira de dissimular a personalidade do autor:

"Se eu dissesse como me caiu nas mãos a obra que hoje entrego ao público, o extraordinário que encerra esta história não satisfaria mais o leitor do que pode inquietá-lo o meu silêncio, e nada acrescentaria ao preço inestimável do presente que lhe faço. Surpresa e preocupada por esta singularidade, li com uma espécie de desconfiança; mas logo as conjecturas foram abafadas pela admiração; encontrei o que nenhum filósofo jamais nos havia oferecido, um sistema completo. Senti meu Espírito apoiar-se, fixar-se sobre uma base que lhe era em tudo correspondente; senti minha alma crescer e elevar-se; senti meu coração abrasar-se de um novo amor por meus semelhantes; minha imaginação foi ferida por um respeito mais profundo pelo autor de todas as coisas; vi o porquê de tantos de murmúrios contra a sabedoria eterna; encontrando-me melhor e mais venturosa, pensei que não era por acaso que eu tinha sido escolhida, e que a Providência me havia determinado para ser o instrumento da publicação deste manual, próprio a todos os cultos, que ele respeita, a todas as idades, que ele instrui, a todos os estados, que ele consola, do monarca ao mendigo. O sentimento e a razão me levaram a partilhar com meus irmãos as encorajadoras esperanças, a pacífica resignação, os impulsos para a perfeição de que me acho penetrada.

Fortalecida por uma felicidade que até então me era desconhecida, enfrento o ridículo que me atirarão os espíritos fortes pela fraqueza, e de antemão lhes perdoo os pesares com que talvez queiram pagar a felicidade à qual convido o leitor e que, mais cedo ou mais tarde, será sua partilha."

Um de nossos colegas da Sociedade Espírita de Paris, que mora em Gray, na Haute-Saône, há pouco tempo encontrou essa obra sobre sua mesa, sem que jamais tenha podido saber como nem por quem foi trazida, pois não conhece ninguém que tenha podido fazê-lo, e aliás não compreende o motivo para se ocultar. Entre as pessoas de seu conhecimento, nenhuma fez alusão a isto em conversa, nem pareceu ter conhecimento do livro, quando dele falou. Tocado pelas ideias que o mesmo encerra, ele no-lo informou em sua última viagem a Paris. Tendo sido feita uma publicação recente pela casa Hachette, apressamo-nos em obtê-lo. Seu título, que infelizmente nada diz, deve ter contribuído para deixá-lo ignorado pelo público. Cremos que os espíritas nos serão gratos por tirá-lo do esquecimento, chamando sua atenção sobre ele. Nada melhor podemos fazer do que citar algumas de suas passagens.

"Partimos todos do mesmo ponto, para chegar à mesma circunferência, seguindo por raios diferentes; e é da diversidade *dos tipos que temos usado* que provém a diversidade de inclinações dos homens para o seu primeiro protótipo. Quanto às inclinações dos que já usaram vários, elas têm tantas causas diversas e tantas diferentes nuanças, que querendo indicá-las nós nos perderíamos no infinito. Contentar-me-ei, pois, em dizer que enquanto nada fazemos senão girar no círculo das vaidades, a gente é sempre semelhante; mas aquele que entrou em suas leis não poderá conceber como pôde cometer certas ações tão pouco semelhantes e tão contrárias ao que é atualmente." (pág. 87).

"O homem não passa de um protótipo disforme ou débil senão quando criminosamente abusou da força e da beleza daquele que acaba de deixar, porque depois que fazemos a sua experiência, somos privados das vantagens de que abusamos, para nos afastarmos da felicidade e da salvação, e recebemos o que novamente delas nos pode aproximar. Se, pois, foi a beleza, *nasceremos feios, disformes;* se a saúde, fracos, doentios; se as riquezas, pobres, desprezados; se as grandezas, escravos, vilipendiados; tais, enfim, que o jogo das leis universais no-lo mostra, já aqui embaixo, alguns exemplos constantes naqueles que, depois de haverem abusado dos bens passageiros ou de convenção, para ultrajar os seus irmãos, tornaram-se para eles objeto de desprezo e de piedade." (pág. 89).

"Quando julgamos das penas que merece um crime, podemos variar na medida das punições. Mas todos concordamos que o crime deve ser punido. Estaremos igualmente de acordo para concordar que os castigos que de um mau sujeito fariam um bom cidadão seriam preferíveis à barbárie de supliciá-lo eternamente e inutilmente para si e para os outros, e que a Onipotência, não podendo ser ameaçada, ofendida, perturbada, não pode querer vingar-se; que assim, tudo quanto experimentamos não é senão para nos esclarecer e nos modificar; mas o preço inestimável que liga o homem a objetos de toda sorte o faz pensar que não é menos necessário um poder infinito para proporcionar o castigo ao delito do qual se tornou culpado contra ele; e em sua louca paixão, imagina que Deus não deixará de vingar-se, como ele se vingaria se fosse Deus, ao passo que outros procuram persuadir-se de que o Céu não toma conhecimento de seus crimes. Mas é assim que devem raciocinar os diversos transviados, cada um tomando seu interesse diferente como base." (pág. 134).

"Se não tivéssemos limitado o Universo ao nosso pequeno globo, a um Elísio, a um Tártaro, todo cercado de velas, teríamos sido mais justos para com Deus e para com os homens.

"Tu não sabes o que fazer desse tirano de Roma que, depois de inumeráveis erros, morreu com o pesar de não haver cometido todos aqueles que ainda se encontram na lista. Não podendo fazê-lo passar aos Elíseos, inventas as Fúrias, um Tártaro, e o precipitas num abismo de penas eternas. Mas quando souberes que aquele tirano, assassinado na flor da idade, não deixou de viver; que ele passou pelas mais abjetas condições; *que foi punido pela lei de Talião*; que sofreu sozinho tudo o que fez sofrerem tantos outros; quando souberes que *instruído pela desgraça, essa grande mestra do homem*, modificado pelos sofrimentos, desenganado, esclarecido sobre tudo o que perturba; aquele coração, no qual abundavam os erros e os vícios, e que vomitou os crimes *que as leis universais fizeram* servir para a modificação e salvação de uma porção de nossos irmãos; quando souberes, digo eu, que aquele mesmo coração é hoje asilo da verdade, das mais suaves e harmoniosas virtudes, quais serão teus sentimentos por ele?" (pág. 131).

"Quando os homens imaginaram um Deus vingativo, fizeram-no à sua imagem. O homem se vinga porque acredita ter sido lesado ou para provar que com ele não se brinca, isto é, ele não se vinga senão por avareza e por medo, crendo só se vingar por um sentimento de justiça. Ora, cada um sabe a que excessos podem levar-nos nossas paixões discordantes. Mas o Eterno, inacessível aos nossos ataques, o Eterno, tão bom quanto justo, só exerce sua justiça na mesma medida da sua bondade. Tendo a sua bondade nos criado para um destino feliz, ele ordenou justamente a natureza das coisas de maneira a:

"1º – que nenhum crime fique impune;

"2º – que a punição, mais cedo ou mais tarde, se torne *uma luz para o infrator* e para vários outros;

"3º – que não possamos deslocar nem infringir nossas leis sem cair num mal proporcional à nossa infração e à luxação moral do grau atual de nossa modificação. (pág. 132).

"Quanto mais avançares, mais encantos encontrarás na prece de amor, porque é pelo amor que seremos felizes e porque, sendo o amor o elo dos seres, teu bom gênio reagirá sobre ti. *Esse companheiro invisível talvez seja o amigo que julgas ter perdido*, ou esse outro tu mesmo que pensas existir apenas em teu desejo; mas, ainda um momento, e tu estarás com ele e com todos aqueles que houveres amado, ou que terias amado preferentemente, se os tivesses conhecido." (pág. 265).

"Quando uma injustiça ou uma maldade despertar em ti o sentimento de indignação, antes de raciocinar sobre essa injustiça ou essa maldade, racionaliza teu sentimento, a fim de que não se transforme em cólera. Dize para ti mesmo: É para suportar isto que necessito de sabedoria. *Não será isto uma velha dívida que eu pago?* Se me deixar perturbar, não tardarei a cair. Não estamos todos sob a mão do grande Obreiro e não sabe ele melhor do que eu qual o utensílio de que ele deve servir-se? Que conselhos eu daria ao meu amigo se o visse na minha posição? Não é verdade que eu lhe recordaria a gradação dos seres; que eu lhe perguntaria se uma árvore silvestre produz tão bons frutos quanto uma latada de árvores frutíferas; se ele quereria achar-se tão atrasado quanto o perverso, a fim de ser semelhante a ele; se o golpe que ele sofreu não cortou um elo que ele desconhecia ou que ele próprio não tinha força de romper? Não terminaria eu por fixar o seu olhar sobre essa felicidade eterna, preço do complemento de uma harmonia na qual não fazemos progressos senão à medida que nos esclarecemos, que nos destacamos dos miseráveis interesses de onde nascem os choques contínuos e que nos elevamos acima do finito!" (pág. 310).

Estas citações dizem o suficiente para dar a conhecer o espírito dessa obra e tornar supérfluo qualquer comentário. Tendo perguntado ao guia do médium Sr. Desliens, se seria possível evocar o Espírito do autor, ele respondeu: "Sim, certamente, e com tanto mais facilidade por não ser sua primeira comunicação. Vários médiuns já foram dirigidos por ele em diversas circunstâncias. Mas deixo a ele mesmo a tarefa de se explicar, conforme abaixo."

Evocado e interrogado quanto às fontes onde teria colhido as ideias contidas em seu livro, o Espírito deu a seguinte comunicação, a 29 de junho de 1865:

Considerando-se que lestes uma obra cujo mérito não me atribuo com exclusividade, deveis saber que o bem da Humanidade e a instrução dos meus irmãos foram o objetivo de meus caros desejos. Isto significa que venho com prazer vos dar as informações que de mim esperais. Já vim diversas vezes às sessões da Sociedade, não só como expectador, mas como instrutor, e não vos admireis do que adiante, quando vos disser, como já o sabeis, que em suas comunicações os Espíritos tomam o *nome tipo* do grupo a que pertencem. Assim, tal Espírito que assina Santo Agostinho não será o próprio Espírito de Santo Agostinho, mas um ser da mesma ordem, chegado ao mesmo grau de perfeição. Isto posto, sabei que fui, em minha vida corporal, um desses *médiuns inconscientes que se revelam frequentemente em vossa época*. Por que logo falei, e de uma forma que parece prematura, eu vos direi:

Para cada aquisição do homem nas ciências físicas ou morais, diversas balizas, a princípio desdenhadas, repelidas para, a seguir, triunfarem, tiveram que ser plantadas, a fim de insensivelmente preparar os Espíritos para os movimentos futuros. Toda ideia nova, fazendo, sem precedente, sua entrada no mundo que se costuma chamar sábio, quase não tem chance de êxito, em razão do espírito de partido e das oposições sistemáticas daqueles que o compõem. Entregar-se a ideias novas, cuja sabedoria entretanto reconhecem, é para eles uma humilhação, pois seria confessar sua fraqueza e provar a insanidade de seus sistemas particulares. Eles preferem negar por amor-próprio, pelo respeito humano, mesmo por ambição, até que a evidência os force a concordar que estão errados, sob pena de se verem cobertos do ridículo que tinham querido atirar sobre os novos instrumentos da Providência.

Assim foi em todos os tempos; também o foi para o Espiritismo. Não fiqueis, pois, admirados por encontrardes em épocas anteriores ao grande movimento espiritualista, diversas manifestações isoladas, cuja concordância com as da hora presente prova, mais uma vez, a intervenção da Onipotência em todas as descobertas que a Humanidade erroneamente atribui a qualquer gênio humano particular.

Sem dúvida, cada um tem seu gênio próprio; mas, reduzido às suas próprias forças, o que fará? Quando um homem dotado de uma inteligência capaz de propagar novas instituições com alguma chance de sucesso aparece na Terra ou alhures, ele é escolhido pela hierarquia dos seres invisíveis encarregados pela Providência de velar pela manifestação da nova invenção, para receber a inspiração dessa descoberta e trazer progressivamente os incidentes que devem assegurar-lhe o êxito.

Dizer-vos o que me impeliu a escrever esse livro, verdadeira manifestação de minha individualidade, ter-me-ia sido impossível ao tempo de minha encarnação. Agora vejo claramente que fui o instrumento, em parte passivo, do Espírito encarregado de me dirigir para o *ponto harmonioso* sobre o qual eu me devia modelar para adquirir a soma das perfeições que me era dado esperar na Terra.

Há duas espécies de perfeições, bem distintas uma da outra: as *perfeições relativas*, que nos são inspiradas pelo guia do momento, guia que ainda está muito longe do topo da escada da perfectibilidade, mas que apenas ultrapassa os seus protegidos em razão da compreensão de que são capazes, e a *perfeição absoluta*, que para mim é uma aspiração ainda velada, porque ainda a ignoro, e à qual se chega pela sucessão das perfeições relativas.

Em cada mundo que ela transita, a alma adquire novos sentidos morais, que lhe permitem conhecer coisas das quais não tinha a menor ideia. Dir-vos-ia eu o que fui? Que posição ocupo na escala dos seres? Com que finalidade? Que utilidade teria para mim um pouco de glória terrena?... Prefiro conservar a suave lembrança de ter sido útil aos meus semelhantes na medida de minhas forças e continuar aqui a tarefa que Deus, em sua bondade, me havia imposto na Terra. Eu me instruí instruindo os outros. Aqui faço o mesmo. Apenas vos direi que faço parte dessa categoria de Espíritos que designais pelo nome genérico de São Luís.

P. – Poderíeis dizer-nos: 1º – se, em vossa última encarnação, fostes a pessoa designada do prefácio da reedição de vossa obra, sob o nome de Félix de Wimpfen? 2º – se fazíeis parte da seita dos teósofos cujas opiniões se aproximam muito das nossas? 3º – se deveis reencarnar em breve e fazer parte da falange de Espíritos destinados a acabar o grande movimento a que assistimos? O Sr. Allan Kardec tem a intenção de dar a conhecer o vosso livro. Ele também gostaria de ter a vossa opinião a respeito.

R. – Não, não fui Félix de Wimpfen, crede-me. Se tivesse sido, não hesitaria em vo-lo dizer. Ele foi meu amigo, bem como diversos outros filósofos do século dezoito; até mesmo partilhei de seu fim cruel. Mas, repito, meu nome permanecerá desconhecido, e me parece inútil dá-lo a conhecer.

Certamente fui um teósofo, sem partilhar do entusiasmo que distinguiu alguns dos partidários daquela escola.

Tive relações com os principais dentre eles, e minhas ideias, como pudestes ver, eram em tudo conformes às deles.

Sou inteiramente submisso aos desígnios da Providência, e se lhe agradar mandar-me de novo à Terra para continuar a me purificar e esclarecer, bendirei sua bondade. Aliás, é um desejo que formulei e cuja realização espero ver em breve.

Vindo o conhecimento de meu livro apoiar as ideias espíritas, só posso aprovar a atitude do nosso caro presidente por ter pensado nisso. Mas talvez não seja o primeiro instigador dessa preparação e, de minha parte, estou certo que alguns Espíritos de meu conhecimento contribuíram para colocá-lo em suas mãos e para inspirar-lhe as intenções que traçou a esse respeito.

Quando me evocardes especialmente, dar-me-ei reconhecer, mas se vier vos instruir, como no passado, não reconhecereis em mim senão um dos Espíritos da ordem de *São Luís*.

DISSERTAÇÕES ESPÍRITAS

A CHAVE DO CÉU

(Sociedade de Montreuil-Sur-Mer, 5 de janeiro de 1865)

Quando se considera que tudo vem de Deus e retorna a Deus, é impossível não perceber, na generalidade das criações divinas, o laço que as une entre si e as sujeita a um trabalho de avanço comum, ao mesmo tempo que a um trabalho de progresso particular. Também não se pode desconhecer que a lei de solidariedade daí resultante não nos obriga a sacrifícios gratuitos de toda sorte, uns para com os outros. Além do mais, é de notar-se que Deus nos mostrou em tudo uma primeira aplicação dos princípios primordiais por ele estabelecidos. Assim, pela solidariedade, encontra-se esse princípio expresso na sensibilidade de que fomos dotados, sensibilidade que nos leva a compartilhar dos males alheios, a lhes ter piedade e a aliviá-los.

Isto não é tudo. Os profetas e o divino messias Jesus deram-nos o exemplo de uma segunda aplicação do princípio de solidariedade, inicialmente consagrando-a através de cerimônias simbólicas, e mais frequentemente pela autoridade de seus ensinamentos, o amor do homem pelo homem; depois, proclamando como um dever necessário e vigoroso a prática da caridade, que é a expressão da solidariedade. A caridade é o ato de nossa submissão à lei de Deus; é o sinal de nossa grandeza moral; é a chave do céu. Assim, é da caridade que vos quero falar. Encará-la-ei apenas sob um aspecto: o lado material, e a razão disto é simples: é o lado que menos agrada ao homem.

Nem os cristãos nem os espíritas negaram o princípio, ou melhor, a lei da solidariedade, mas procuraram subtrair-lhe as consequências, e para isto invocaram mil pretextos. Citarei alguns deles.

As coisas do espírito ou do coração, dizem, tendo um preço infinitamente superior ao das coisas materiais, segue-se que consolar aflições, por boas palavras ou por sábios conselhos, vale infinitamente mais que consolar por socorros materiais. Seguramente, senhores, tendes razão se a aflição de que falais tem uma causa moral; se encontra sua razão numa ferida do coração; mas se for a fome, se for o frio, se for uma doença; se, numa palavra, forem causas materiais que a provocaram, vossas sábias palavras bastarão para minimizá-la? Permitireis que eu duvide disso. Se Deus, colocando-vos na Terra, tivesse esquecido de prover o alimento para o vosso corpo, teríeis encontrado o seu equivalente nos socorros espirituais que ele vos concede? Mas Deus não é o homem. Deus é a sabedoria eterna e a bondade infinita. Ele vos impôs um corpo de lama, mas proveu às necessidades desse corpo fertilizando os vossos campos e fecundando os tesouros da Terra; aos socorros espirituais que se dirigiam à vossa alma, juntou os socorros materiais reclamados por vosso corpo. Desde então, e porque o egoísmo talvez tenha despojado o pobre de sua herança terrena, com que direito vos julgais quites para com ele? Porque a justiça humana o excluiu do número dos usufrutuários dos bens temporais, vossa caridade não encontraria uma justiça mais equitativa para lhe fazer?

Um ilustre pensador deste século não temia assim exprimir-se na sua memorável profissão de fé: "Cada abelha tem direito à porção de mel necessária à sua subsistência, e se, entre os homens, a alguns falta o necessário, é que a justiça e a caridade desapareceram de seu meio." Por mais excessiva que vos possa parecer esta linguagem, ela não deixa de conter uma grande verdade, verdade talvez incompreensível para o entendimento de muitos entre vós, mas evidente para nós, Espíritos que, mais tocados pelos efeitos, porque os abraçamos em seu conjunto, vemos assim as causas que os produzem.

Ah! diz este, ninguém mais que eu lamenta as penas e as privações cruéis do verdadeiro pobre, do pobre cujo trabalho, insuficiente para a manutenção da família, não lhe traz, em troca das fadigas, nem a alegria de nutrir os seus, nem a esperança de torná-los felizes; mas eu considerava um caso de consciência encorajar, por cegas liberalidades, a preguiça ou a má conduta em farrapos. Aliás, considero a caridade como indispensável à salvação do homem; somente a impossibilidade de descobrir as necessidades reais entre tantas necessidades simuladas parece-me justificar a minha abstenção.

A impossibilidade de descobrir as necessidades reais, tal é, meu amigo, a vossa justificação. Vede, entretanto, que essa justificativa jamais será sancionada por vossa consciência e não quero outra prova além da vossa confissão, porque, do direito que teria o verdadeiro pobre à vossa esmola, – e reconheceis esse direito – desse direito, digo eu, decorre para vós o dever de procurá-lo. Vós o procurais? A impossibilidade vos detém. É evidente! A caridade não tem limites, ela é infinita como Deus, de onde emana, e não admite qualquer impossibilidade! Sim, algo vos detém: é o egoísmo, e Deus, que sonda a razão e o coração, Deus o descobrirá facilmente sob os falaciosos pretextos com que o velais. Podeis enganar o mundo, conseguireis enganar momentaneamente a vossa consciência, mas nunca enganareis Deus. Em cem anos, em mil anos, aparecereis novamente na Terra; sem dúvida aí vivereis, despojados de vossa opulência presente e curvados ao peso da indigência. Eu vos declaro, então, que recebereis do rico o desdém e a indiferença que vós mesmos, outrora ricos, tiverdes demonstrado pelo pobre. Diz-se que a nobreza obriga; a solidariedade obriga ainda mais. Quem se subtrai a essa lei perde todos os seus benefícios. Eis por que vós, que tiverdes alimentado o fundo egoísta de vossa natureza, sofrereis, por vossa vez, o desprezo do egoísmo.

Escutai estas palavras de Rousseau:

"Para mim, sei que todos os pobres são meus irmãos e que não posso, sem uma inescusável dureza, recusar-lhes o fraco socorro que me pedem. Na maioria são vagabundos, concordo; mas conheço bem as penas da vida para ignorar por quantas desgraças o homem honesto pode encontrar-se reduzido em sua sorte. E como poderia eu estar certo de que o desconhecido que me vem implorar assistência em nome de Deus não é esse homem honesto, prestes a perecer de miséria, e que minha recusa vai reduzir ao desespero? Quando a esmola que se lhes dá não for para eles um socorro real, é ao menos um testemunho de que se participa de suas penas, um abrandamento da dureza da recusa, uma espécie de saudação que se lhes faz."

É um filho de Genebra, senhores, que fala da sorte; é um filósofo saciado nas fontes secas do século dezoito que teme desconhecer o homem honesto entre os desconhecidos que lhe estendem a mão, e que dá a todos. Ele dá a todos porque todos são seus irmãos: ele o sabe! Sabeis menos do que ele, senhores? Não ouso acreditar.

Mas, em que medida deveis dar, ou melhor, qual é nos vossos bens a parte que vos pertence e a que pertence aos pobres? Vossa parte, senhores, é o necessário, nada mais que o necessário, e não é preciso que exagereis. Em vão vos prevalecereis de vossa posição, dos encargos dela decorrentes, das obrigações de luxo que ela exige. Tudo isto diz respeito ao mundo, e se quereis viver para o mundo, não avançareis senão com o mundo, não ireis mais depressa que o mundo. Em vão, ainda, alegareis, para justificar vossos hábitos de moleza, um trabalho ao qual não se entrega o pobre, e que, praticado em vossa casa e por vós, vos torna beneficiários de maior comodidade. Em vão alegareis isto, porque todo homem é votado ao trabalho, para si ou para outros, porque a incúria de seu vizinho não o absolveria do abandono em que ele o teria deixado.

Do vosso patrimônio, como do vosso trabalho, não vos é permitido retirar senão uma coisa em vosso proveito: o necessário. O resto cabe aos pobres. Esta é a lei. Não nego que esta lei comporte, em certos casos e em dadas circunstâncias, temperamentos; no entanto, diante da luz, diante da verdade, diante da justiça divina, ela não comporta mais isso.

E a família, que será dela? Estamos quites com ela pelo fato de termos socorrido aqueles a quem chamamos de pobres? Não, evidentemente, senhores, porque, do momento em que reconheceis a necessidade de vos despojar pelos pobres, trata-se de fazer uma escolha e estabelecer uma hierarquia. Ora, vossas mulheres e vossos filhos são os vossos primeiros pobres; a ele deveis, pois, dar as vossas primeiras esmolas. Velai pelo futuro de vossos filhos; preocupai-vos em lhes preparar dias calmos e tranquilos em meio a esse vale de lágrimas; deixai-lhes até em depósito uma pequena herança que lhes permita continuarem o bem que haveis começado: isto é legítimo. Entretanto, não lhes ensineis jamais a viver egoisticamente e a olhar como deles o que é de todos. Antes e depois deles, os autores de vossos dias, aqueles que vos alimentaram e guardaram, aqueles que protegeram vossos primeiros passos e guiaram vossa adolescência, vosso pai e vossa mãe, têm direito à vossa solicitude. Depois vêm as almas que Deus vos deu como vossos irmãos segundo a carne; depois os amigos de coração; depois todos os pobres, a começar pelos mais miseráveis.

Vós o vedes, eu vos concedo temperamentos, estabeleço uma hierarquia conforme os instintos do vosso coração. Evitai, entretanto, favorecer demasiado a uns, com exclusão de outros. É pela partilha equitativa dos vossos benefícios que mostrareis vossa sabedoria, e é ainda por essa partilha equitativa que cumprireis a lei de Deus em relação aos vossos irmãos, que é a lei da solidariedade.

Diz Lamennais que "A justiça é a vida; a caridade também é a vida, mas uma vida mais bela e mais doce."

Sim, a caridade é uma bela e doce vida, é a vida dos santos, *é a chave do Céu*.

LACORDAIRE

A FÉ

(Grupo Espírita de Douai, 7 de junho de 1865)

A fé plana sobre a Terra, buscando uma pousada onde abrigar-se, buscando um coração para esclarecer. Onde irá ela?... Para começar, ela entrará na alma do homem primitivo e impor-se-á; porá um véu momentâneo sobre a razão que começa a desenvolver-se e vacila nas trevas do espírito. Ela conduzi-lo-á através das idades da simplicidade e far-se-á mestra pelas revelações. Mas, não estando ainda o raciocínio bastante amadurecido para discernir o que é justo do que é falso, para julgar o que vem de Deus, ela arrastará o homem para fora do reto caminho, tomando-o pela mão e pondo-lhe uma venda nos olhos. Muitos desvios, tal deve ser a divisa da fé cega que, entretanto, durante muito tempo teve sua utilidade e sua razão de ser.

Esta virtude desaparece quando a alma, pressentindo que pode ver com seus próprios olhos, a afasta e não mais quer marchar senão com a sua razão. Esta a ajuda a desfazer-se das crenças falsas que ela havia adotado sem exame. Nisto ela é boa. Mas o homem, encontrando em seu caminho muitos mistérios e verdades obscuras, quer desvendá-las e se atrapalha. Seu julgamento não pode acompanhá-la; ele quer ir muito depressa e a progressão em tudo deve ser gradual. Assim, não tem mais a fé que repeliu; não tem mais a razão que ele quis ultrapassar. Então ele faz como as borboletas temerárias; queima as asas na luz e se perde nos desvios impossíveis. Daí saiu a má filosofia que, buscando muito, fez tudo esboroar-se e nada substituiu.

Estava aí o momento da transformação. O homem não era mais o crente cego; também ainda não era o crente que racionaliza a crença; era a crise universal tão bem representada pelo estado da crisálida.

À força de procurar na noite, a claridade brilha, e muitas almas transviadas, encontrando com dificuldade a luz obscurecida por tantos desvios inúteis e retomando como guias seus condutores eternos: a fé e a razão, fazem-nos marchar à sua frente, a fim de que seus dois clarões reunidos impeçam-nos de perder-se uma segunda vez. Elas fazem assentar a fé sobre as bases sólidas da razão, ela própria ajudada pela inspiração.

É vossa oportunidade, meus amigos. Segui o caminho. Deus está no fim.

DEMEURE

AVISO

As sessões da Sociedade Espírita de Paris serão suspensas, como nos anos anteriores, de 1º de agosto a 1º de outubro.

ALLAN KARDEC

REVISTA ESPÍRITA

JORNAL DE ESTUDOS PSICOLÓGICOS

| ANO VIII | SETEMBRO DE 1865 | VOL. 9 |

DA MEDIUNIDADE CURADORA

Escrevem-nos de Lyon, a 12 de julho de 1865:
"Caro Senhor Kardec,
"Na qualidade de espírita, venho recorrer a vossa gentileza e pedir alguns conselhos relativamente à prática da mediunidade curadora pela imposição das mãos. Um simples artigo a respeito desse assunto na *Revista Espírita*, contendo alguns desenvolvimentos, seria acolhido, tenho certeza, com grande interesse, não só por aqueles que como eu se ocupam desta questão com ardor, mas ainda por muitos outros a quem a leitura poderia inspirar o desejo de também dela se ocuparem. Lembro-me sempre destas palavras de uma sonâmbula que eu tinha formado. Eu a mandava, durante seu sono magnético, visitar uma doente à distância, e à minha pergunta acerca de como poderíamos curá-la, disse ela: "Há alguém em sua aldeia que poderia fazê-lo. É fulano de tal. Ele é médium curador, mas *não sabe disso*."

"Não sei até que ponto essa faculdade é especial. Cabe a vós, mais do que a qualquer outro, apreciá-la. Mas se realmente o for, quanto seria desejável que sobre tal ponto chamásseis a atenção dos espíritas. Todos aqueles que, mesmo fora de nossas opiniões, vos lessem, não poderiam sentir qualquer repugnância em experimentar uma faculdade que apenas requer fé em Deus e a prece. Que de mais geral e mais universal? Não é mais questão de Espiritismo, e cada um, no seu terreno, pode conservar suas convicções. Quantas irmãs de caridade, quantos bons curas do campo, quantos milhares de pessoas piedosas, ardentes pela caridade, poderiam ser médiuns curadores! É o que sonho em todas as religiões, em todas as seitas.

Aceita por toda parte, essa faculdade, esse presente divino da bondade do Criador, em vez de ficar como apanágio de alguns, cairia, se assim me posso exprimir, no domínio público. Seria um belo dia para os que sofrem; e há tantos!

"Mas para exercer essa faculdade, independentemente de uma fé viva e da prece, podem existir condições a reunir, processos a seguir, para agir o mais eficazmente possível. Qual é a função do médium na imposição das mãos? Qual a dos Espíritos? É necessário empregar a vontade, como nas operações magnéticas, ou limitar-se a orar, deixando a influência oculta agir à vontade? Essa faculdade é, realmente, especial ou acessível a todos? O organismo aí representa um papel? Que papel? Essa faculdade é desenvolvível? Em que sentido?

"É aqui que vossa longa experiência, vossos estudos sobre as influências fluídicas, o ensino dos Espíritos elevados que vos assistem e, enfim, os documentos que recolheis de todos os recantos do mundo vos podem permitir esclarecer-nos e instruir-nos. Ninguém como vós está colocado nessa posição única. Todos os que se ocupam deste assunto desejam vossos conselhos tanto quanto eu, disto tenho certeza, e creio fazer-me o intérprete de todos. Que mina fecunda é a mediunidade curadora! Aliviar-se-á ou curar-se-á o corpo; e pelo alívio ou pela cura achar-se-á o caminho do coração, onde muitas vezes a lógica havia falhado. Que recursos possui o Espiritismo! Como é rico de meios a que está chamado a servir! Não deixemos nenhum improdutivo; que tudo contribua para elevá-lo e difundi-lo. Para tanto, nada negligenciais, caro senhor Kardec, e depois de Deus e dos bons Espíritos, o Espiritismo vos deve o que é. Já tendes uma recompensa neste mundo pela simpatia e pela afeição de milhões de corações que oram por vós, sem contar a verdadeira recompensa que vos espera no mundo melhor.

"Tenho a honra etc."

A. D.

O que nos pede o honrado correspondente é nada menos que um tratado sobre a matéria. A questão foi esboçada no *Livro dos Médiuns* e em muitos artigos da *Revista*, a propósito dos casos de cura e de obsessões; ela está resumida no *Evangelho segundo o Espiritismo*, a propósito das preces pelos doentes e dos médiuns curadores. Se um tratado regular e completo ainda não foi feito, isto se deve a duas causas: a primeira é que, a despeito de toda a atividade que desenvolvemos em nossos trabalhos, é-nos impossível fazer tudo ao mesmo tempo; a segunda, que é mais grave, está na insuficiência de noções que possuímos a respeito do assunto. O conhecimento da mediunidade curadora é uma das conquistas que devemos ao Espiritismo; mas o Espiritismo, que começa, ainda não pode ter dito tudo; ele não pode, de um só golpe, mostrar-nos todos os fatos que abarca; diariamente ele mostra fatos novos, dos quais decorrem novos princípios, que vêm corroborar ou completar os já conhecidos, mas é necessário tempo material para tudo. A mediunidade curadora deveria ter a sua vez. Embora parte integrante do Espiritismo, ela é por si só toda uma ciência, porque se liga ao Magnetismo e abarca não só as doenças propriamente ditas, mas todas as variedades de obsessões, tão numerosas e complexas que, também elas, influem no organismo. Não é, pois, nalgumas palavras que se pode desenvolver um assunto tão vasto. Nele trabalhamos, como em todas as outras partes do Espiritismo, mas como aí nada queremos introduzir de pessoal e de hipotético, procedemos somente pelas vias da experiência e da observação. Não nos permitindo os limites deste artigo lhe dar o desenvolvimento que comporta, resumimos alguns dos princípios fundamentais, que a experiência consagrou.

1. – Os médiuns que recebem indicações de remédios, da parte dos Espíritos, não são o que se chama médiuns curadores, pois eles próprios não curam; são simples médiuns escreventes, que têm uma aptidão mais especial que os outros para esse gênero de comunicações e que, por isto mesmo, podem ser chamados *médiuns consultores*, como outros são médiuns poetas ou desenhistas. A mediunidade curadora é exercida pela ação direta do médium sobre o doente, com o auxílio de uma espécie de magnetização de fato, ou pelo pensamento.

2. – Quem diz *médium* diz *intermediário*. A diferença entre o magnetizador propriamente dito e o médium curador é que o primeiro magnetiza com seu fluido pessoal e o segundo com o fluido dos Espíritos, aos quais serve de condutor. O magnetismo produzido pelo fluido do homem é o *magnetismo humano*; o que provém do fluido dos Espíritos é o *magnetismo espiritua*l.

3. – O fluido magnético tem, pois, duas fontes bem distintas: os Espíritos encarnados e os Espíritos desencarnados. Essa diferença de origem produz uma grande diferença na qualidade do fluido e nos seus efeitos.

O fluido humano está sempre mais ou menos impregnado de impurezas *físicas e morais* do encarnado; o dos bons Espíritos é necessariamente mais puro e, por isto mesmo, tem propriedades mais ativas, que acarretam uma cura mais rápida. Mas, passando através do encarnado, pode alterar-se como um pouco de água límpida passando por um vaso impuro, como todo remédio se altera se permanece muito tempo num recipiente impróprio e perde, em parte, suas propriedades benéficas. Daí, para todo verdadeiro médium curador, a necessidade *absoluta* de trabalhar sua depuração, isto é, seu melhoramento moral, segundo este princípio vulgar: Limpai o vaso antes de dele vos servirdes, se quiserdes ter algo de bom. Só isto basta para mostrar que o primeiro que aparecer não poderá ser um médium curador, na verdadeira acepção da palavra.

4. – O fluido espiritual será tanto mais depurado e benfazejo quanto mais o Espírito que o fornece for puro e desprendido da matéria. Compreende-se que o dos Espíritos inferiores deve aproximar-se do homem e pode ter propriedades *maléficas*, se o Espírito for impuro e animado de más intenções.

Pela mesma razão, as qualidades do fluido humano apresentam nuanças infinitas, conforme as qualidades *físicas* e *morais* do indivíduo. É evidente que o fluido que emana de um corpo malsão pode inocular princípios mórbidos no magnetizado. As qualidades morais do magnetizador, isto é, a pureza de intenção e de sentimento, o desejo ardente e desinteressado de aliviar seu semelhante, aliados à saúde do corpo, dão ao fluido um poder reparador que pode, em certos indivíduos, aproximar-se das qualidades do fluido espiritual.

Assim, seria um erro considerar o magnetizador como simples máquina de transmissão de fluidos. Nisto, como em todas as coisas, o produto está na razão do instrumento e do agente produtor. Por estes motivos, seria imprudência submeter-se à ação magnética do primeiro desconhecido que se apresente. Abstração feita dos conhecimentos práticos indispensáveis, o fluido do magnetizador é como o leite de uma nutriz: salutar ou insalubre.

5. – Sendo o fluido humano menos ativo, exige uma magnetização continuada e um verdadeiro tratamento, por vezes muito

longo. Gastando seu próprio fluido, o magnetizador se esgota e se afadiga, pois dá de seu próprio elemento vital, por isso ele deve, de vez em quando, recuperar suas forças. O fluido espiritual, mais poderoso em razão de sua pureza, produz efeitos mais rápidos e por vezes quase instantâneos. Não sendo esse fluido do magnetizador, disso resulta que a fadiga é quase nula.

6. – O Espírito pode agir diretamente, sem intermediário, sobre um indivíduo, como foi constatado em muitas ocasiões, quer para aliviá-lo, para curá-lo, se possível, quer para produzir o sono sonambúlico. Quando ele age por um intermediário, trata-se de *mediunidade curadora*.

7. – O médium curador recebe o influxo fluídico do Espírito, ao passo que o magnetizador tudo tira de si mesmo. Mas os médiuns curadores, na estrita acepção da palavra, isto é, aqueles cuja personalidade se apaga completamente ante a ação espiritual, são extremamente raros, porque essa faculdade, elevada ao mais alto grau, requer um conjunto de qualidades morais raramente encontradas na Terra; só esses podem obter, pela imposição das mãos, essas curas instantâneas que nos parecem prodigiosas. Muito poucas pessoas podem pretender esse favor. Sendo o orgulho e o egoísmo as principais fontes das imperfeições humanas, daí resulta que os que se gabam de possuir esse dom, que vão a toda parte contando as curas maravilhosas que fizeram ou que dizem ter feito; que buscam a glória, a reputação ou o proveito, estão nas piores condições para obtê-lo, porque essa faculdade é privilégio *exclusivo da modéstia, da humildade, do devotamento e do desinteresse*. Jesus dizia àqueles que ele havia curado: Ide dar graças a Deus e não o digais a ninguém.

8. – Sendo, pois, a mediunidade curadora uma exceção aqui na Terra, disso resulta que há quase sempre ação simultânea do fluido espiritual e do fluido humano; quer dizer que os médiuns curadores são todos mais ou menos magnetizadores, razão pela qual agem conforme os processos magnéticos. A diferença está na predominância de um ou do outro fluido e na cura mais ou menos rápida. Todo magnetizador pode tornar-se médium curador, se *souber* fazer-se assistir por bons Espíritos. Neste caso, os Espíritos vêm em seu auxílio, derramando sobre ele seu próprio fluido, que pode decuplicar ou centuplicar a ação do fluido puramente humano.

9. – Os Espíritos vêm aos que eles querem; nenhuma vontade pode constrangê-los; eles se rendem à prece, se for fervorosa,

sincera, mas nunca à injunção. Disto resulta que a vontade não pode dar a mediunidade curadora e que ninguém pode ser médium curador com desígnio premeditado. Reconhece-se o médium curador pelos resultados que obtém e não por *sua pretensão de o ser*.

10. – Mas se a vontade for ineficaz quanto ao concurso dos Espíritos, é onipotente para imprimir ao fluido, espiritual ou humano, uma boa direção e uma energia maior. No homem apático e *distraído*, a corrente é débil e a emissão é fraca; o fluido espiritual para nele, mas sem proveito para ele; no homem de vontade enérgica, a corrente produz o *efeito de uma ducha*. Não se deve confundir vontade enérgica com teimosia, porque a teimosia é sempre resultado do orgulho ou do egoísmo, ao passo que o mais humilde pode ter a *vontade do devotamento*.

A vontade é ainda onipotente para dar aos fluidos as qualidades especiais apropriadas à qualidade do mal. Este ponto, que é capital, se liga a um princípio ainda pouco conhecido, mas que está em estudo, o das criações fluídicas e das modificações que o pensamento pode produzir na matéria. O pensamento, que provoca uma emissão fluídica, pode operar certas transformações moleculares e atômicas, como vemos se produzirem sob a influência da eletricidade, da luz ou do calor.

11. – A prece, que é um pensamento, quando fervorosa, ardente, feita com fé, produz o efeito de uma magnetização, não só chamando o concurso dos bons Espíritos, mas dirigindo ao doente uma salutar corrente fluídica. A respeito disto chamamos a atenção para as preces contidas no *Evangelho segundo o Espiritismo*, pelos doentes ou pelos obsedados.

12. – Se a mediunidade curadora pura é privilégio das almas de escol, a possibilidade de suavizar certos sofrimentos, mesmo de curar, ainda que não instantaneamente, certas moléstias, a todos é dada, sem que haja necessidade de ser magnetizador. O conhecimento dos processos magnéticos é útil em casos complicados, mas não indispensável. Como a todos é dado apelar aos bons Espíritos, orar e *querer* o bem, muitas vezes basta impor as mãos sobre uma dor para acalmá-la; é o que pode fazer qualquer indivíduo, se ele estiver dotado de fé, fervor, vontade e confiança em Deus. É de notar que a maior parte dos médiuns curadores inconscientes, aqueles que não se dão conta de sua faculdade, e que por vezes são encontrados nas mais humildes posições e em gente privada de qualquer

instrução, recomendam a prece e orando se ajudam mutuamente. Apenas sua ignorância lhes faz crer na influência desta ou daquela fórmula. Às vezes, mesmo, a isto misturam práticas evidentemente supersticiosas, às quais devemos atribuir o valor que elas merecem.

13. – Mas, pelo simples fato de se ter obtido resultados satisfatórios uma ou mais vezes, seria temerário considerar-se médium curador e daí concluir que se pode vencer toda espécie de mal. A experiência prova que, na acepção restrita da palavra, entre os mais bem-dotados não há médiuns curadores universais. Este terá restituído a saúde a um doente e nada fará sobre outro; aquele terá curado um mal numa pessoa mas não curará o mesmo mal outra vez, no mesmo doente ou em outro; aquele outro, enfim, terá a faculdade hoje e não terá amanhã, e poderá recuperá-la mais tarde, conforme as afinidades ou as condições fluídicas em que se encontre.

14. – A mediunidade curadora é uma *aptidão* inerente ao indivíduo, como todos os gêneros de mediunidade, entretanto, o resultado efetivo dessa aptidão independe de sua vontade. Incontestavelmente, ela se desenvolve pelo exercício, sobretudo pela prática do bem e da caridade; mas, como não poderia ter a constância nem a regularidade de um talento adquirido pelo estudo, e do qual se é sempre senhor, ela não poderia tornar-se uma profissão. Seria, pois, abusivo alguém apresentar-se ao público como médium curador. Estas reflexões não se aplicam aos magnetizadores, porque a força está neles e eles têm a liberdade de dela dispor.

15. – É um erro crer que aqueles que não partilham de nossas ideias não terão a menor repugnância em experimentar essa faculdade. A mediunidade curadora *racional* está intimamente ligada ao Espiritismo, porque repousa essencialmente no concurso dos Espíritos. Ora, aqueles que não creem nos Espíritos nem em sua própria alma, e ainda menos na eficácia da prece, não saberiam colocar-se nas condições requeridas, pois isto não é coisa que se possa experimentar maquinalmente. Entre os que acreditam na alma e na sua imortalidade, quantos ainda hoje não recuariam de medo ante um apelo aos bons Espíritos, por receio de atrair o demônio, e que ainda julgam de boa-fé que todas as curas são obra do diabo? O fanatismo é cego; não raciocina. Certamente não será sempre assim, mas ainda passará muito tempo antes que a luz penetre em certos

cérebros. Enquanto se espera, façamos o maior bem possível, com o auxílio do Espiritismo; façamo-lo mesmo aos nossos inimigos, ainda que tivéssemos de ser pagos com a ingratidão. É o melhor meio de vencer certas resistências e de provar que o Espiritismo não é tão negro como alguns pretendem.'

CURA DE UMA FRATURA PELA MAGNETIZAÇÃO ESPIRITUAL

Sem dúvida os leitores se lembram do caso de uma cura quase instantânea de um entorse, operada pelo Espírito do Dr. Demeure poucos dias após a sua morte e que relatamos na *Revista* de março último, assim como a descrição da cena tocante ocorrida na ocasião. Esse excelente Espírito vem ainda assinalar a sua boa vontade, por uma cura ainda mais maravilhosa, na mesma pessoa. Eis o que nos escrevem de Montauban, a 14 de julho de 1865:

O Espírito do Dr. Demeure acaba de dar-nos mais uma prova de sua solicitude e de seu profundo saber. Eis em que ocasião.

Na manhã de 26 de maio último, a Sra. Maurel, nossa médium vidente e escrevente mecânica, sofreu uma queda desastrosa e quebrou o antebraço, um pouco abaixo do cotovelo.

Essa fratura, complicada por distensões no punho e no cotovelo, estava bem caracterizada pela crepitação dos ossos e inchação, que são os sinais mais comuns.

Sob a impressão da primeira emoção produzida pelo acontecimento, os pais da Sra. Maurel iam procurar o primeiro médico que aparecesse quando ela, retendo-os, tomou de um lápis e escreveu mediunicamente, com a mão esquerda: "Não procureis um médico; eu me encarrego disto. Demeure." Então esperaram com confiança.

Conforme as indicações do Espírito, faixas e um aparelho foram imediatamente confeccionados e colocados. Em seguida foi feita uma magnetização espiritual praticada pelos bons Espíritos que, provisoriamente, ordenaram repouso.

Na noite do mesmo dia, alguns adeptos convocados pelos Espíritos reuniram-se em casa da Sra. Maurel que, adormecida por um médium magnetizador, não demorou a entrar em estado sonambúlico. Então o Dr. Demeure continuou o tratamento que havia iniciado pela manhã, agindo mecanicamente sobre o braço fraturado. Imediatamente, sem outro recurso aparente além de sua mão esquerda, nossa doente rapidamente havia tirado o primeiro aparelho, deixando apenas as faixas, quando vimos insensivelmente, sob a influência da atração magnética espiritual, o membro tomar diversas posições, próprias para facilitar a redução da fratura. Parecia, então, ser objeto de toques inteligentes, sobretudo no ponto onde devia operar-se a soldadura dos ossos; depois se alongava, sob a ação de trações longitudinais.

Após alguns instantes dessa magnetização espiritual, a Sra. Maurel procedeu sozinha à fixação das faixas e a uma nova aplicação do aparelho, que consistia em duas tabuinhas ligadas entre si e ao braço por meio de uma correia. Tudo, pois, se havia passado como se um hábil cirurgião tivesse, ele próprio, operado visivelmente; e, coisa curiosa, ouvia-se durante o trabalho estas palavras que, sob a constrição de sua dor, escapavam da boca da paciente: "Não aperte tanto!... Vós me maltratais!..." Ela via o Espírito do doutor e era a ele que se dirigia, suplicando poupar sua sensibilidade. Era, pois, um ser invisível para todos, exceto para ela, que lhe fazia apertar o braço, servindo-se inconscientemente de sua própria mão esquerda.

Qual o papel do médium magnetizador durante esse trabalho? Aos nossos olhos ele parecia inativo, entretanto, com sua mão direita apoiada na espádua da sonâmbula, contribuía com sua parte para o fenômeno, pela emissão de fluidos necessários à sua realização.

Na noite de 27 para 28, tendo a Sra. Maurel desarranjado o braço, em consequência de uma posição falsa tomada durante o sono, declarou-se uma febre alta, pela primeira vez. Era urgente remediar esse estado de coisas. Assim, reuniram-se novamente no dia 28 e, uma vez estabelecido o sonambulismo, foi formada a cadeia magnética, a pedido dos bons Espíritos. Após diversos passes e manipulações, em tudo semelhantes às acima descritas, o braço foi recolocado em bom estado, não sem ter a pobre senhora experimentado dores muito cruéis.

Apesar do novo incidente, o membro já se ressentia do efeito salutar produzido pelas magnetizações anteriores. O que se segue, aliás, o prova. Momentaneamente desembaraçado das tabuinhas, o braço repousava sobre almofadas, quando de repente se levantou alguns centímetros em posição horizontal e foi movimentado suavemente para a esquerda e para a direita; depois baixou obliquamente e foi submetido a uma nova tração. A seguir os Espíritos se puseram a girá-lo e tornar a girar em todos os sentidos, de vez em quando, fazendo trabalhar corretamente as articulações do cotovelo e do punho. Tais movimentos automáticos imprimidos a um braço fraturado, inerte, contrários a todas as leis conhecidas da gravidade e da mecânica, só podiam ser atribuídos à ação fluídica. Se não tivesse havido a certeza da existência dessa fratura, bem como os gritos dilacerantes dessa pobre senhora, confesso que teria tido muita dificuldade em admitir o fato, um dos mais curiosos que a ciência poderia registrar. Assim, posso dizer, com toda a sinceridade, que me sinto feliz por ter testemunhado semelhante fenômeno.

Nos dias 29, 30, 31 e seguintes, as magnetizações espirituais sucessivas, acompanhadas de manipulações variadas de mil maneiras, trouxeram uma sensível melhora no estado geral de nossa doente. Diariamente o braço adquiria novas forças. Sobretudo o dia 31 deve ser assinalado, marcando o primeiro passo para a convalescença. Naquela noite, dois Espíritos, que se faziam notar pelo brilho de sua radiação, assistiam ao nosso amigo Demeure. Pareciam dar-lhe conselhos, que este se apressava em pôr em prática. Um deles, até, de vez em quando se punha à obra e, por sua suave influência, produzia sempre um alívio instantâneo. Pelo fim da noite as tabuinhas foram definitivamente abandonadas e ficaram só as faixas, para sustentar o braço e mantê-lo em determinada posição. Devo acrescentar que, além disso, um aparelho de suspensão vinha aumentar a solidez do enfaixamento. Assim, no sexto dia após o acidente, e malgrado a recaída sobrevinda a 27, a fratura estava em tal via de cura, que o emprego dos meios usados pelos médicos durante trinta ou quarenta dias tinha se tornado inútil. A 4 de junho, dia fixado pelos bons Espíritos para a redução da fratura complicada por distensões, reunimo-nos à noite. A Sra. Maurel, tão logo entrou em sonambulismo, pôs-se a desenrolar as faixas que ainda envolviam seu braço, imprimindo-lhe um movimento de rotação tão rápido que o olho seguia com dificuldade a curva descrita. A partir desse momento, ela se serviu do braço, como habitualmente. Estava curada.

No fim da sessão houve uma cena tocante, que merece ser aqui relatada. Os bons Espíritos, em número de trinta, no começo formavam uma cadeia magnética paralela à que nós próprios formávamos. A Sra. Maurel, tendo-se colocado, pela mão direita, em comunicação direta, sucessivamente, com cada dupla de Espíritos, colocada, como ela estava, no interior das duas cadeias, recebia a ação benéfica de uma dupla corrente fluídica energética. Radiante de satisfação, ela aproveitava a ocasião para agradecer com efusão o poderoso concurso que eles tinham prestado à sua cura. Por sua vez, ela recebia encorajamento a fim de perseverar no bem. Terminado isto, ela experimentou suas forças de mil modos: apresentando o braço aos assistentes, fazia-os tocar nas cicatrizes da soldadura dos ossos; apertava-lhes a mão com força, anunciando-lhes com alegria a cura operada pelos bons Espíritos. Ao despertar, vendo-se livre em todos os movimentos, desfaleceu, dominada por profunda emoção!...

Quando testemunhamos tais fatos, não podemos deixar de proclamá-los alto e bom som, pois merecem atrair a atenção das pessoas sérias. Por que, então, no mundo inteligente se encontra tanta resistência em admitir a influência do Espírito sobre a matéria? Porque se encontram pessoas que creem na existência e na individualidade do Espírito, mas lhes recusam a possibilidade de se manifestarem. É porque elas não se dão conta das faculdades *físicas* do Espírito, que se lhes afigura imaterial de maneira absoluta. Ao contrário, a experiência demonstra que, por sua própria natureza, ele age diretamente sobre os fluidos imponderáveis e, por conseguinte, sobre os fluidos ponderáveis, e mesmo sobre os corpos tangíveis.

Como procede um magnetizador ordinário? Suponhamos que ele queira agir, por exemplo, sobre um braço. Ele concentra sua atenção sobre esse membro e, por um simples movimento de seus dedos, executados à distância e em todos os sentidos, agindo absolutamente como se o contacto da mão fosse real, dirige uma corrente fluídica sobre o ponto desejado. O Espírito não age diversamente. Sua ação fluídica se transmite de periespírito a periespírito, e deste ao corpo material. O estado de sonambulismo facilita consideravelmente essa ação, graças ao desprendimento do periespírito, que melhor se identifica com a natureza fluídica do Espírito, e sofre, então, a influência magnética espiritual, elevada ao seu maior poder.

Toda a cidade ocupou-se dessa cura, obtida sem auxílio da ciência oficial, e cada um deu o seu palpite. Uns pretenderam que o braço não se tinha quebrado, mas a fratura tinha sido bem e devidamente constatada por numerosas testemunhas oculares, entre outras o Dr. D..., que visitou a doente durante o tratamento. Outros disseram: "É muito surpreendente!" e pararam nisto. Inútil acrescentar que alguns afirmavam que a Sra. Maurel tinha sido curada pelo diabo. Se ela não estivesse entre mãos profanas, nisso teriam visto um milagre. Para os espíritas, que se dão conta do fenômeno, aí veem muito simplesmente a ação de uma força natural até agora desconhecida, e que o Espiritismo veio revelar aos homens.

OBSERVAÇÕES: Se há fatos espíritas que até certo ponto poderíamos atribuir à imaginação, como, por exemplo, os das visões, neste já não seria o mesmo. A Sra. Maurel não sonhou que havia quebrado o braço, como não sonharam diversas pessoas que acompanharam o tratamento; as dores que sentia não eram alucinação; sua cura em oito dias não é uma ilusão, pois se serve de seu braço. O fato brutal aí está, diante do qual devemos necessariamente inclinar-nos. Ele confunde a Ciência, é verdade, porque no estado atual dos conhecimentos, parece impossível, mas não foi assim todas as vezes que novas leis foram reveladas? É a rapidez da cura que vos espanta? Mas a Medicina não descobriu inúmeros agentes mais ativos do que os que conhecia para apressar certas curas? Nos últimos tempos não foram achados meios de cicatrizar certas feridas quase que instantaneamente? Não foram encontrados meios de ativar a vegetação e a frutificação? Por que não se poderia ter um meio para ativar a soldagem dos ossos? Então conheceis todos os agentes da Natureza? Deus não tem mais segredos para vós? Não há mais lógica em negar hoje a possibilidade de uma cura rápida do que havia, no século passado, de negar a possibilidade de fazermos em algumas horas o caminho que levávamos dez dias para percorrer. Direis que este meio não está no códex; é verdade; mas antes que a vacina nele fosse inscrita, seu inventor não foi tratado como louco? Os remédios homeopáticos também lá não se acham, o que não impede que os médicos homeopatas se encontrem em toda parte e curem. Aliás, como aqui não se trata de uma preparação farmacêutica, é mais provável que esse meio de cura não figure por muito tempo na ciência oficial.

Mas, dirão, se os médicos vêm exercer sua arte depois de mortos, eles vêm fazer concorrência aos médicos vivos; é bem possível; entretanto, que estes últimos fiquem tranquilos; se eles lhes arrebatam algumas práticas, não é para suplantá-las, mas para lhes provar que eles não estão absolutamente mortos, e oferecer o concurso desinteressado aos que quiserem aceitá-lo. Para melhor fazê-los compreender, mostram-lhes que, em certas circunstâncias, pode-se passar sem eles. Sempre houve médicos e os haverá sempre; apenas os que aproveitarem as novidades que lhes trouxerem os desencarnados terão uma grande vantagem sobre os que ficarem para trás. Os Espíritos vêm *ajudar o desenvolvimento da Ciência humana*, e não suprimi-la.

Na cura da Sra. Maurel, um fato que surpreenderá, talvez, ainda mais que a rápida soldadura dos ossos, é o movimento do braço fraturado, que parece contrário a todas as leis conhecidas da dinâmica e da gravidade. Contrário ou não, o fato aí está; se ele existe, tem uma causa; se ele se repete, está submetido a uma lei. Ora, é essa lei que o Espiritismo nos vem dar a conhecer pelas propriedades dos fluidos perispirituais. Aquele braço que, submetido apenas às leis da gravidade, não podia erguer-se, suponde-o mergulhado num líquido de uma densidade muito maior que a do ar, fraturado como está, uma vez sustido por esse líquido que lhe diminui o peso, poderá aí mover-se sem esforço, e até ser erguido sem o menor esforço. É assim que num banho, o braço que parece muito pesado fora da água, parece muito leve dentro da água. Substituí o líquido por um fluido que goze das mesmas propriedades e tereis o que se passa no caso presente, fenômeno que repousa no mesmo princípio que o das mesas e das pessoas que se mantêm no espaço sem ponto de apoio. Esse é o fluido perispiritual, que o Espírito dirige à vontade, e cujas propriedades modifica pela simples ação da vontade. Na circunstância presente, deve-se, pois, imaginar o braço da Sra. Maurel mergulhado num meio fluídico que produz o efeito do ar sobre os balões.

Alguém perguntava, a respeito, se na cura dessa fratura o Espírito do Dr. Demeure teria agido com ou sem concurso da eletricidade e do calor.

A isto respondemos que a cura foi produzida, no caso, como em todos os casos de cura pela magnetização espiritual, pela ação do fluido emanado do Espírito; que esse fluido, embora etéreo, não deixa de ser matéria; que pela corrente que lhe imprime, o Espírito pode com ele impregnar e saturar todas as moléculas da parte doente; que ele pode modificar suas propriedades, como o magnetizador modifica as da água, dando-lhe uma virtude curativa adequada às necessidades; que a energia da corrente está na razão do número, da *qualidade* e da *homogeneidade* dos elementos que constituem a corrente das pessoas chamadas a fornecer seu contingente fluídico. Essa corrente provavelmente ativa a secreção que deve produzir a soldadura dos ossos e assim produz uma cura mais rápida do que quando entregue a si mesma.

Agora, a eletricidade e o calor representam um papel no fenômeno? Isto é tanto mais provável se levarmos em consideração que o Espírito *não curou por milagre*, mas por uma aplicação mais judiciosa das leis da Natureza, em razão de sua clarividência. Se, como a Ciência é levada a admitir, a eletricidade e o calor não são fluidos especiais, mas modificações ou propriedades de um fluido elementar universal, eles devem fazer parte dos elementos constitutivos do fluido perispiritual. Sua ação, no caso vertente, está implicitamente compreendida, absolutamente como quando se bebe vinho necessariamente se bebe água e álcool.

ALUCINAÇÃO NOS ANIMAIS

NOS SINTOMAS DA RAIVA

Um dos nossos colegas transmitiu à Sociedade o resumo seguinte de um relatório lido na Academia de Medicina pelo Sr. Dr. H. Bouley, sobre os sintomas da raiva no cão.

"No período inicial da raiva e quando a doença está completamente declarada, nas intermitências dos acessos, há no cão uma espécie de delírio que poderia chamar-se delírio rábico, do qual o primeiro a falar foi Youatt, que o descreveu perfeitamente.

"Esse delírio se caracteriza por movimentos estranhos, que denotam que o animal doente vê objetos e ouve ruídos que só existem naquilo que se tem pleno direito de chamar a sua imaginação. Com efeito, ora o animal se mantém imóvel, atento, como se estivesse de emboscada; depois, de repente, atira-se e morde no ar, como faz, no estado de saúde, o cão que quer apanhar uma mosca no voo. Outras vezes atira-se, furioso e uivando, contra a parede, como se tivesse ouvido, do outro lado, ruídos ameaçadores.

"Raciocinando por analogia, somos autorizados a admitir que são sinais de verdadeira alucinação. Contudo, quem não estivesse prevenido não ligaria importância a esses sintomas, que são muito fugazes e, para que desapareçam, basta que se faça ouvir a voz do dono. Então vem um momento de repouso; os olhos se fecham lentamente, a cabeça pende, os membros dianteiros parecem desaparecer sob o corpo e o animal está prestes a cair. Mas de repente se ergue, e novamente fantasmas vêm cercá-lo; ele olha em torno de si com uma expressão selvagem, abocanha, como para pegar um objeto ao alcance dos dentes, e se lança até a extremidade da sua corrente, ao encontro de um inimigo que só existe em sua imaginação."

Esse fenômeno, minuciosamente observado pelo autor da memória, como se vê, parece denotar que nesse momento o cão é atormentado pela visão de algo invisível para nós. É uma visão real ou uma criação fantástica de sua imaginação, por outras palavras, uma alucinação? Se for uma alucinação, certamente não é pelos olhos do corpo que ele vê, pois não são objetos reais; se forem seres fluídicos ou Espíritos, como não produzem, também, nenhuma impressão sobre os sentidos da visão, é, pois, por uma espécie de visão espiritual que ele os percebe. Num caso como no outro, ele gozaria de uma faculdade, até certo ponto análoga à que possui o homem. A Ciência ainda não se tinha aventurado a dar uma *imaginação* aos animais. Ora, da imaginação a um princípio independente da matéria a distância não é grande, a menos que se admita que a matéria bruta – a madeira, a pedra etc., – possa ter imaginação.

Todos os fenômenos de visões são atribuídos pela Ciência à imaginação superexcitada. Contudo, por vezes têm-se visto crianças em tenra idade, que ainda não falam, correr atrás de um ser invisível, sorrir-lhe, estender-lhe os braços e querer apanhá-lo. Em analogia com a raiva, este fato não tem uma grande semelhança com o do cão acima citado? O menino ainda não pode dizer o que vê, mas os que começam a falar dizem, positivamente, ver seres invisíveis para os assistentes. Nós os vimos descreverem seus avós mortos, que eles não conheceram. Compreende-se a superexcitação numa pessoa preocupada com uma ideia, mas certamente não é o caso de uma criancinha. A imaginação superexcitada poderá reavivar uma lembrança; o medo, a afeição, o entusiasmo, poderão criar imagens fantásticas, concordamos; sob o império de certas crenças, uma pessoa exaltada imaginará ver aparecer um ser que lhe é caro, a virgem ou os santos, ainda concordamos; mas como explicar, só por estas causas, o fato de uma criança de três a quatro anos descrever sua avó, que ela nunca viu? Certamente não pode ser o produto de uma lembrança, nem da preocupação, nem de uma crença qualquer.

Digamos, de passagem, e como corolário ao que precede, que a mediunidade vidente parece ser frequente, e mesmo geral, nas criancinhas. Nossos anjos de guarda viriam, assim, conduzir-nos, como que pela mão, até o limiar da vida, para facilitar-nos a entrada e mostrar-nos sua ligação com a vida espiritual, a fim de que a transição de uma à outra não seja muito brusca. À medida que a criança cresce e pode fazer uso de suas próprias forças, o anjo de guarda se vela à sua vista, para deixá-la ao seu livre-arbítrio. Parece dizer-lhe: "Vim acompanhar-te até o navio que te vai transportar pelo mar do mundo; agora, parte; voa com tuas próprias asas; mas, do alto do céu, velarei por ti; pensa em mim, e quando voltares, lá estarei para receber-te." Feliz aquele que, durante a travessia, não esquece seu anjo de guarda!

Voltemos ao assunto principal que nos conduziu a esta digressão. Desde que admitamos uma imaginação no cão, poderíamos dizer que a doença da raiva o superexcita a ponto de lhe produzir alucinações. Mas numerosos exemplos tendem a provar que o fenômeno das visões ocorre em certos animais, no estado mais normal, sobretudo no cão e no cavalo. Pelo menos é nestes que temos podido observar mais. Raciocinando por analogia, podemos supor que assim seja com o elefante e com animais que, por sua inteligência, mais se aproximam do homem. É certo que o cão sonha; nós o vemos, por vezes, durante o sono, fazer movimentos que simulam a corrida; gemer ou manifestar contentamento. Seu pensamento está, pois, ativo, livre e independente do instinto propriamente dito. O que faz ele? O que vê? Em que pensa nos seus sonhos? É o que, infelizmente, não nos pode dizer; mas o fato aí está.

Até agora nós nos tínhamos pouco preocupado com o princípio inteligente dos animais, e ainda menos com sua afinidade com a espécie humana, a não ser do ponto de vista exclusivo do organismo material. Hoje procura-se conciliar seu estado e seu destino com a justiça de Deus; mas a esse respeito apenas foram construídos sistemas mais ou menos lógicos, que nem sempre estão de acordo com os fatos. Se a questão ficou tanto tempo indefinida, é que nos faltavam, como para muitas outras, elementos necessários à sua compreensão. O Espiritismo, que dá a chave de tantos fenômenos não compreendidos, mal observados ou despercebidos, não pode deixar de facilitar a solução desse grave problema, ao qual não dedicamos toda a atenção que ele merece, porque é uma solução de continuidade nos anéis da cadeia que liga todos os seres e no conjunto harmonioso da criação.

Por que, pois, o Espiritismo não solucionou imediatamente a questão? Seria o mesmo que perguntar a um professor de Física por que ele não ensina aos alunos, desde a primeira lição, as leis da eletricidade e da óptica. Ele começa pelos princípios fundamentais da Ciência, pelos que devem servir de base para a compreensão dos outros princípios, e reserva para mais tarde a explicação das leis subsequentes. Assim procedem os grandes Espíritos que dirigem o Movimento Espírita; em boa lógica, eles começam pelo começo e esperam que estejamos instruídos num ponto, antes de abordar outro. Ora, qual devia ser o ponto de partida de seu ensino? A alma humana. Cabe-nos convencer de sua existência e de sua imortalidade. Cabe a nós dar a conhecer seus verdadeiros atributos e o destino que, de saída, era preciso a ela ligar. Numa palavra, precisávamos compreender nossa alma, antes de procurar compreender a dos animais. O Espiritismo já nos ensinou bastante sobre a alma e suas faculdades; cada dia mais nos ensina e lança luz sobre algum ponto novo. Mas quanto ainda resta a explorar!

À medida que o homem avança no conhecimento de seu estado espiritual, sua atenção é despertada para todas as questões que a ele se ligam, de perto ou de longe, e a dos animais não é das que menos interessam. Ele apreende melhor as analogias e as diferenças; busca compreender o que vê; tira consequências; ensaia teorias, uma após outra desmentidas ou confirmadas por novas observações. É assim que, pelos esforços de sua própria inteligência, ele pouco a pouco se aproxima do objetivo. Nisto, como em todas as coisas, os Espíritos não nos vêm libertar do trabalho das pesquisas, porque o homem deve usar suas faculdades: eles o ajudam, dirigem-no, o que já é muito, mas não lhe dão a ciência acabada. Desde que esteja no caminho da verdade, então lha vêm revelar claramente, para fazer calar as incertezas e aniquilar os falsos sistemas. Mas, enquanto espera, seu espírito foi preparado para melhor compreendê-la e aceitá-la, e quando ela se mostra, não o surpreende, pois já estava no fundo do pensamento.

Vede o caminho que o Espiritismo trilhou. Veio ele colher os homens de improviso? Certamente não, sem falar nos fatos que se produziram em todas as épocas, porque ele está em a Natureza. Como a eletricidade, do ponto de vista do princípio, há um século ele havia preparado seu aparecimento; Swedenborg, Saint-Martin, os teósofos, Charles Fourier, Jean Reynaud e tantos outros, sem esquecer Mesmer, que deu a conhecer a força fluídica, de Puységur, o primeiro a observar o sonambulismo, todos levantaram uma ponta do véu da vida espiritual; todos giraram em torno da verdadeira luz e dela se aproximaram mais ou menos; todos prepararam os caminhos e dispuseram os espíritos, de sorte que, por assim dizer, o Espiritismo apenas teve que completar o que havia sido esboçado. Eis por que ele conquistou quase que instantaneamente tão numerosas simpatias. Não falamos das outras causas múltiplas que lhe vieram em auxílio, provando que certas ideias não mais estavam no nível do progresso humano, e fizeram pressentir o surgimento de uma nova ordem de coisas, porque a Humanidade não pode ficar estacionária. Dá-se o mesmo a em todas as grandes ideias que mudaram a face do mundo. Nenhuma veio deslumbrá-lo, como um relâmpago. Cinco séculos antes do Cristo, Sócrates e Platão já não haviam lançado a semente das ideias cristãs?

Um outro motivo tinha feito adiar a solução relativa aos animais. Essa questão toca em preconceitos longamente arraigados, e que teria sido imprudente atacar de frente, razão pela qual os Espíritos não o fizeram. A questão é hoje abordada; agita-se em diversos pontos, mesmo fora do Espiritismo; os desencarnados nela tomam parte, cada um de acordo com suas ideias pessoais; essas várias teorias são discutidas, examinadas; uma porção de fatos, como, por exemplo, o de que trata este artigo, e que outrora teriam passado despercebidos, hoje chamam a atenção, em razão mesmo dos estudos preliminares que têm sido feitos. Sem adotar esta ou aquela opinião, a gente se familiariza com a ideia de um ponto de contacto entre a animalidade e a humanidade, e quando vier a solução definitiva, seja qual for o sentido em que vier, ela deverá apoiar-se em argumentos peremptórios, que não darão lugar a qualquer dúvida. Se a ideia for verdadeira, terá sido pressentida; se for falsa, é que teremos encontrado algo de mais lógico para substituí-la.

Tudo se liga, tudo se encadeia, tudo se harmoniza em a Natureza. O Espiritismo veio dar uma ideia mãe, e pode ver-se quão fecunda é essa ideia. Antes da luz que ele lançou sobre a Psicologia, teríamos dificuldade em crer que tantas considerações pudessem surgir a propósito de um cão raivoso.

Lido na Sociedade de Paris o resumo acima do relatório do Sr. Bouley, um Espírito deu a respeito a seguinte comunicação.

(Sociedade Espírita de Paris, 30 de junho de 1865
– Médium: Sr. Desliens)

Existe a visão no cão e nalguns outros animais, nos quais fenômenos semelhantes aos descritos pelo Sr. Bouley podem produzir-se? Para mim, não há sombra de dúvida sobre a questão. Sim, o cão e o cavalo veem ou sentem os Espíritos. Nunca testemunhastes a repugnância que manifestam, por vezes, esses animais, de passar por um lugar onde ignoravam que um corpo humano tivesse sido enterrado? Certamente direis que seus sentidos podem ser despertados pelo odor particular dos corpos em putrefação. Então por que passam indiferentes ao lado do cadáver enterrado de outro animal? Por que se diz que o cão sente a morte? Jamais ouvistes cães uivando sob a janela de uma pessoa agonizante, quando esta lhe era desconhecida? Não vedes, também, fora da superexcitação da raiva, diversos animais se recusarem a obedecer à voz do dono, recuar com medo ante um obstáculo invisível, que parece barrar-lhes a passagem, e se encolerizarem, e depois passarem tranquilamente pelo mesmo lugar que lhes inspirava tão grande terror, como se o obstáculo tivesse desaparecido? Têm-se visto animais salvarem seus donos de um perigo iminente, recusando percorrer o caminho onde estes poderiam ter sucumbido. Os fatos de visões nos animais se encontram na Antiguidade e na Idade Média, assim como em nossos dias.

Assim, sem dúvida os animais veem os Espíritos. Aliás, dizer que eles têm imaginação não é conceder-lhes um ponto de semelhança com o espírito humano, e o instinto não é neles a inteligência rudimentar apropriada às suas necessidades, antes que tenha passado pelos cadinhos modificadores que devem transformá-la e lhe dar novas faculdades? O homem também tem instintos que o fazem agir de maneira inconsciente, no interesse de sua conservação. Mas, à medida que nele se desenvolvem a inteligência e o livre-arbítrio, o instinto se enfraquece, para dar lugar à razão, porque o guia cego lhe é menos necessário.

O instinto, que tem toda a sua força no animal, perpetuando-se no homem, onde se perde pouco a pouco, certamente é um traço de união entre as duas espécies. A sutileza dos sentidos no animal, como no selvagem e no homem primitivo, substituindo nuns e noutros a ausência ou insuficiência do senso moral, é outro ponto de contacto. Enfim, a visão espiritual, que muito evidentemente lhes é comum, embora em graus muito diferentes, também vem diminuir a distância que parecia erguer uma barreira intransponível. Contudo, nada concluais de modo absoluto, mas observai atentamente os fatos, porque somente dessa observação um dia surgirá para vós a verdade.

MOKI

OBSERVAÇÃO: Este conselho é muito sábio, pois evidentemente apenas nos fatos é que se pode assentar uma teoria sólida. Fora disto só haverá opiniões e sistemas. Os fatos são argumentos sem réplica, cujas consequências, mais cedo ou mais tarde, quando constatadas, terão que ser aceitas. Foi este princípio que serviu de base à Doutrina Espírita, o que nos leva a dizer que ela é uma ciência de observação.

UMA EXPLICAÇÃO

A PROPÓSITO DA REVELAÇÃO DO SR. BACH

Sob o título de *Carta de um desconhecido*, assinada por Bertelius, o *Grand Journal* de 18 de junho de 1865 traz a seguinte explicação do fato relatado na *Revista Espírita* de julho de 1865, relativa à ária do rei Henrique III, revelada em sonho ao Sr. Bach. O autor se apoia exclusivamente no sonambulismo, e parece fazer abstração completa da intervenção dos Espíritos. Embora, sob esse ponto, difiramos de sua maneira de ver, sua explicação não é menos sabiamente raciocinada; e se não é, em nossa opinião, exata em todos os pontos, contém pontos de vista incontestavelmente verdadeiros e dignos de atenção.

Contrariamente a certos magnetizadores ditos *fluidistas*, que não veem em todos os efeitos magnéticos senão a ação de um fluido material, sem levar a alma em conta, o Sr. Bertelius faz esta representar o papel capital. Ele a apresenta no seu estado de emancipação e de desprendimento da matéria, gozando de faculdades que não possui em estado de vigília. É, pois, uma explicação de um ponto de vista completamente espiritualista, se não completamente espírita, o que já é alguma coisa para a afirmação da possibilidade do fato por outras vias que não a da materialidade pura, e isto num jornal importante.

É de notar que neste momento se produz, entre os negadores do Espiritismo, uma espécie de reação, ou antes, forma-se uma terceira opinião, que pode ser considerada como uma transição. Hoje, muitos reconhecem a impossibilidade de explicar certos fenômenos só pelas leis da matéria, mas não podem ainda resolver-se a admitir a intervenção dos Espíritos. Eles procuram a sua causa na ação exclusiva da alma encarnada, agindo independentemente dos órgãos materiais. Incontestavelmente é um passo que se deve considerar como uma primeira vitória sobre o materialismo. Da ação independente e isolada da alma durante a vida, a esta mesma ação após a morte, não é grande a distância. Eles serão conduzidos a isso pela evidência dos fatos e pela impossibilidade de tudo explicar apenas com o auxílio do Espírito encarnado.

Eis o artigo do *Grand Journal*.

"Contando, no penúltimo número do *Grand Journal*, o caso singular ocorrido com o Sr. G. Bach, fazeis as seguintes perguntas: "A espineta pertenceu a Baltazzarini? – Foi o Espírito de Baltazzarini que escreveu a romança e a sarabanda? Eis um mistério que não ousamos aprofundar."

"Explicai-me, por favor, por que um homem, que me apraz crer livre de preconceitos, recua ante a busca da verdade? Mistério, dizeis vós. – Não, senhor, não há mistério. Há uma simples faculdade com que Deus dotou certos homens, como dotou outros com uma bela voz, com o gênio poético, com o espírito de cálculo, com uma rara perspicácia, faculdades que a educação pode despertar, desenvolver, melhorar. Por outro lado, existe uma infinidade de outras faculdades conferidas ao homem, e que a civilização, o progresso, a educação aniquilam, em vez de favorecer o seu desenvolvimento.

"Não é verdade, por exemplo, que os povos selvagens têm uma sensibilidade auditiva que não possuímos? Que aplicando o ouvido no chão, distinguem o passo de um homem ou de vários homens, de um cavalo ou de vários cavalos ou de uma fera a uma grande distância?

"Também não é certo que eles medem o tempo com precisão, sem pêndulo e sem relógio? Que orientam com segurança sua caminhada através de florestas virgens, ou suas canoas nos rios e no mar, olhando as estrelas, sem o concurso da bússola e sem noções de Astronomia? Enfim, não é verdade que curam suas doenças sem médicos; as picadas dos mais venenosos animais com ervas simples, que distinguem em meio a tantas outras, e encontram aos seus pés? Não se sabe que curam as mais perigosas feridas com argila? E eles não provam, como me dizia tão judiciosamente, nos confins dos Estados Unidos, um chefe pele-vermelha, que o *Grande Ser sempre* pôs o remédio ao lado do mal?

"Estas verdades tornaram-se banais por força da repetição, mas uns delas se servem para disfarçar sua ignorância, e outros, que constituem a maioria, para aí colher assuntos para controvérsias. É tão fácil tomar atitudes de espírito forte negando tudo! É tão difícil explicar a obra de Deus, cujo segredo procuramos nos livros, quando encontraríamos sua solução na Natureza! Eis o grande livro aberto a todas as inteligências; mas nem todas são feitas para decifrar esses mistérios, porque ali uns leem através de suas prevenções ou seus preconceitos, e outros através de sua insuficiência ou de seu orgulho de sábio.

"Servi-vos dos meios mais simples para aprofundar os mistérios da Natureza, e encontrareis a solução, até os limites impostos à inteligência humana por uma inteligência superior.

"Dissestes que o Sr. Bach não é sonâmbulo. Que sabeis disso, e o que sabe ele próprio? – Afirmo, sem jamais ter tido a honra de encontrá-lo e sem conhecê-lo, que o Sr. Bach é sonâmbulo. Nele o sonambulismo ficou em estado latente; foi necessário um acontecimento excepcional, uma sensação muito viva e muito persistente, uma emoção que compreenderão todos os que têm amor à curiosidade e à coleção, para revelar a si mesmo uma faculdade da qual ele deve ter tido muitos exemplos, conservados desapercebidos em sua vida, mas dos quais hoje sem dúvida lembrar-se-á, se quiser interrogar o seu passado e refletir.

"Segundo o que nos informastes, o Sr. Bach empregou uma parte do dia na contemplação de sua preciosa espineta; descobriu a idade do instrumento (abril de 1564). 'Ao deitar-se pensava nela; quando o sono lhe veio fechar as pálpebras, ainda nela pensava.'

"O sonâmbulo age por etapas. – Quando quiserdes que ele veja o que se passa em Londres, por exemplo, deveis dizer-lhe que o embarcais numa carruagem, que ele toma a estrada de ferro, que o trem avança, que ele embarca em um navio, atravessa o mar (aí, por vezes, ele sente enjoo), que desembarca, retoma a estrada de ferro e finalmente chega ao termo de sua viagem.

"O Sr. Bach seguiu o caminho habitual dos sonâmbulos. Tinha virado, revirado, desmontado, examinado a sua espineta; estava tomado por essa ideia e mentalmente, sem nisso pensar, deve ter dito para si mesmo: 'A quem pode ter pertencido este instrumento?' A corrente magnética – e os espíritos fortes não negarão tal corrente – estabeleceu-se entre ele o instrumento. Ele adormeceu e caiu no sono natural e, a seguir, passou naturalmente ao estado de sonambulismo. Então procurou, escavou o passado e se pôs em comunicação mais íntima com a espineta; deve tê-la virado, mexido, posto a mão onde o antigo proprietário do instrumento havia posto há três séculos. E, interrogando o passado – o que é infinitamente mais fácil do que ver o futuro – achou-se em contacto com esse ser que não mais existe. Ele o viu vestido com suas roupas, e executou a ária que tantas vezes o instrumento havia reproduzido; ouviu as palavras tantas vezes acompanhadas; e, arrastado por essa força magnética que se chama eletricidade, o Sr. Bach escreveu aquela ária de próprio punho, tão bem quanto hoje pode ser transmitida a Lyon uma mensagem escrita por vossa mão e com a vossa letra. O Sr. Bach a escreveu no estado de sonambulismo, repito-o, essa música e essa letra que jamais ouvira. E, superexcitado por uma emoção muito viva, despertou banhado em lágrimas.

"Ides gritar que é impossível. – Pois bem! Escutai este fato: – Eu mesmo mandei uma sonâmbula à Inglaterra; ela realizou a viagem, não no sono sonambúlico, mas numa condição que não era o estado inteiramente natural, nem o de sonambulismo completo. – Apenas lhe ordenei que todas as noites dormisse o tempo necessário em sono natural e *escrevesse* o que deveria alcançar em sua viagem. – Ela não sabia uma palavra de inglês. Não conhecia ninguém. O encargo que a preocupava era sério... Ela realizou sua viagem, escreveu todas as noites relatos do que devia fazer, as pessoas que devia ver, os endereços onde devia encontrá-las. Seguiu textualmente e ao pé da letra as indicações que recebera. Foi à casa de pessoas que ela não conhecia e das quais jamais ouvira falar e que eram justamente as que tudo podiam... Tão bem que ao cabo de oito dias, uma missão que teria exigido anos, sem esperança de chegar ao fim, foi terminada, para sua completa satisfação, e minha sonâmbula voltou depois dele ter realizado maravilhas. – No estado natural, essa mulher extraordinária é apenas uma criatura muito comum.

"Notai este fato: Sua letra, no sono, é inteiramente diferente da escrita habitual. Palavras foram escritas em inglês, que ela desconhece. Ela conversa comigo em italiano e, em vigília, não seria capaz de dizer duas palavras nessa língua.

"O próprio Sr. Bach escreveu e anotou, de próprio punho, a ária de Henrique III, embora talvez não reconheça a sua letra. E o que é mais notável é que deve duvidar de suas faculdades magnéticas, como a minha sonâmbula, que é, a esse respeito, de uma incredulidade tão radical que não se pode falar de magnetismo em sua presença, sem que se apresse em declarar que é absurdo acreditar nisso.

"E talvez ainda, embora não digais, o Sr. Bach não tinha papel nem tinta. Minha sonâmbula, em Londres, encontrou sobre sua mesa as indicações necessárias escritas a lápis. Ela não tinha lápis!... Estou certo de que ela foi procurar no hotel, encontrou o lápis de que precisava e o trouxe ao seu quarto, com essa exatidão, essas precauções, essa ligeireza vaporosa, quase sobrenatural, comum nos sonâmbulos.

"Eu vos poderia citar fatos mais surpreendentes que o do Sr. Bach. Mas chega por hoje. Hesito mesmo em vos enviar estas notas, escritas ao correr da pena.

"Há vinte anos que magnetizo e escondi, mesmo dos melhores amigos, o resultado de minhas descobertas. É tão fácil taxar um homem de loucura! Há tanta gente preocupada em pôr a luz sob o velador! E, sobretudo, é preciso dizê-lo, há tantos charlatães que abusaram do magnetismo, que seria necessária uma coragem sobre-humana para a pessoa declarar que dele se ocupa. Seria melhor confessar que se assassinou pai e mãe do que confessar que nele se acredita.

"Regra geral, entretanto: Não creiais nunca, jamais, em experiências públicas, em sonâmbulos aos quais se fazem consultas pagas, que dão oráculos como as sibilas antigas, que agem e falam à menor ordem e com hora marcada, diante de numeroso público, como um autômato habilmente fabricado. Isto é charlatanismo! Nada é mais imprevisível, voluntarioso, instável, desconfiado, odiento que um sonâmbulo. Um nada lhe paralisa as faculdades de segunda vista; um nada o faz mentir por malícia; um nada o perturba e o desvia, e isto se compreende. Há alguma coisa mais susceptível que uma corrente elétrica?

"Eu me separei de um ilustre cientista, o Dr. E..., muito conhecido em Londres, com o qual iniciei minhas experiências magnéticas, justamente porque sempre considerei como falta grave o abuso do magnetismo. Arrastado pelos miraculosos resultados que obtínhamos, um dia ele quis enxertar o sistema frenológico no magnetismo. Ele afirmava que tocando certas bossas da cabeça, o sonâmbulo experimentava a sensação da qual aquela bossa era sede. Tocando a presumível bossa do canto, o paciente cantava; a da gulodice, ele mastigava no vácuo, dizendo que tal comida tinha este ou aquele gosto, e assim por diante.

"Considerei que seria levar a experiência até o abuso e, sobre um fato real, o sonambulismo, assentar uma ciência problemática, a frenologia. Eu queria ampliar o domínio das descobertas magnéticas, mas não abusar delas, como geralmente se faz.

"Tive a irreverência de declarar ao meu professor que ele se desviava, e eu sustentava que era dever de todos quantos conhecem os fenômenos magnéticos erguer-se contra todas essas experiências, cujo único objetivo é satisfazer uma curiosidade ignorante, explorar algumas fraquezas humanas e não o de buscar um resultado prático para a Humanidade e útil a todos.

"Mas é mais difícil do que se pensa manter-se nesses limites honestos quando se chegou a resultados maravilhosos. Os mais fortes magnetizadores se deixam arrastar e, fenômeno ainda mais maravilhoso, quando se chega ao ponto de sempre exigir experiências públicas de seu paciente, ele parece desequilibrar-se, não tem mais esse imprevisto, essa lucidez, essa clarividência que o distinguiam; torna-se uma máquina automática, que responde sobre um tema dado e cujas faculdades empobrecem a ponto de desaparecerem.

"Infelizmente, pessoas que não tentariam uma simples experiência de física recreativa, que se confessam incapazes de fazer o menor passe de prestidigitação, jamais hesitam, sem preparação, sem o menor estudo prévio, em fazer experiências magnéticas.

"Ah! se eu não temesse adormecer os leitores do vosso *Grand Journal* num sono menos interessante, porém mais barulhento que o dos meus sonâmbulos, eu vos entreteria em breve com fatos eminentemente curiosos... Mas antes é preciso saber que acolhimento dareis a esta primeira carta, e é o que saberei sábado, virando as páginas do meu exemplar."

BERTELLIUS

UM EGOÍSTA

ESTUDO ESPÍRITA MORAL

Em data de 10 de janeiro de 1865, um dos nossos correspondentes de Lyon nos transmite o seguinte relato.

Numa localidade vizinha, conhecíamos um indivíduo cujo nome não declaramos para não sermos maledicente e porque o nome nada tem a ver com o fato. Ele era espírita, e sob o domínio dessa crença se havia melhorado, no entanto não havia dela tirado todo o proveito que poderia, levando-se em consideração a sua inteligência. Vivia com uma velha tia, que o amava como a um filho, e que não poupava trabalhos nem sacrifícios por seu caro sobrinho. Por economia, ela tomava conta da casa. Até aí tudo muito natural. O que era menos natural é que o sobrinho, jovem e saudável, a deixava fazer trabalhos acima de suas forças, sem que jamais tivesse a ideia de poupar-lhe esforços penosos para a sua idade, tais como o transporte de fardos e coisas semelhantes. Ele não arredava um móvel em casa, como se tivesse criados às suas ordens. Se previsse algum penoso serviço excepcional, arranjava um pretexto para ausentar-se, temeroso que lhe pedissem uma ajuda que não poderia recusar. Entretanto, a esse respeito ele tinha recebido muitas lições, poderia dizer-se afrontas, capazes de fazer refletir um homem de coração, mas era insensível a elas. Um dia em que a tia se extenuava rachando lenha, lá estava ele sentado, fumando tranquilamente o seu cachimbo. Entrou um vizinho e, vendo isto, lançou um olhar de desprezo ao jovem e disse: "Isto é trabalho para homem, e não para mulher." Depois, tomando o machado, começou a rachar a lenha, enquanto o outro olhava. Ele era considerado um homem direito e de boa conduta, mas seu caráter não tinha amenidade nem perseverança, por isso não era estimado, e a maioria dos amigos se haviam afastado. Nós, espíritas, nos afligíamos por essa falta de sentimento e dizíamos que um dia ele pagaria muito caro.

A previsão realizou-se recentemente. Devemos dizer que, devido aos esforços que fazia, a velha senhora foi acometida por uma hérnia muito grave, que a fazia sofrer muito, mas ela tinha a coragem de não se lamentar. Durante estes últimos períodos de frio, querendo esquivar-se de um trabalho pesado, o sobrinho saiu cedo, mas não voltou. Ao atravessar uma ponte, foi atingido por uma viatura que deslizou por uma encosta escorregadia, e morreu duas horas depois.

Quando fomos informados do fato, quisemos evocá-lo e eis o que foi respondido por um dos nossos bons guias:

"Aquele a quem quereis chamar não poderá comunicar-se antes de algum tempo. Venho responder por ele e vos dizer o que quereis saber. Mais tarde ele vo-lo confirmará. Neste momento ele está muito perturbado pelos pensamentos que o agitam. Ele vê sua tia e a doença que ela contraiu em consequência das fadigas corporais e da qual morrerá. Eis o que o atormenta, pois se considera o seu assassino. E ele é, de fato, pois poderia ter-lhe poupado o trabalho que será a causa de sua morte. É para ele um remorso pungente que o perseguirá por muito tempo, até que tenha reparado sua falta. Ele queria fazê-lo neste momento; não deixa sua tia, mas seus esforços são improfícuos, e então ele se desespera. Para seu castigo, deve vê-la morrer em consequência de sua indiferença egoísta, pois sua conduta é uma espécie de egoísmo. Orai por ele, a fim de sustentar seu arrependimento, que mais tarde o salvará."

Pergunta. – Nosso caro guia poderia dizer-nos se não lhe serão levados em conta outros defeitos de que se corrigiu por força do Espiritismo e se sua situação não se abrandou?

Resposta. – Sem nenhuma dúvida, essa melhora lhe é levada em conta, pois nada escapa ao olhar perscrutador da divina providência. Mas eis de que maneira cada boa ou má ação tem suas consequências naturais, inevitáveis, segundo estas palavras do Cristo: A cada um segundo as suas obras. Aquele que se corrigiu de algumas falhas se poupa da punição que as mesmas teriam acarretado, e recebe, ao contrário, o prêmio das qualidades que as substituíram, mas não pode escapar às consequências dos defeitos que persistem. Assim, ele não é punido senão na proporção e segundo a gravidade destes últimos. Quanto menos defeitos tiver, melhor sua posição. Uma qualidade não resgata um defeito; ela diminui o número destes e, por conseguinte, a soma das punições.

Aqueles que são corrigidos logo de início são os mais fáceis de extirpar e o mais difícil de desfazer-se é o egoísmo. As pessoas julgam ter feito muito porque moderaram a violência do caráter, se resignaram à sua sorte ou se desfizeram de alguns maus hábitos. Sem dúvida é algo que lhes beneficia, mas não impede de pagarem o tributo de depuração pelo resto.

Meus amigos, o egoísmo é o que melhor se vê nos outros, porque a gente sente o seu contragolpe e porque o egoísta nos fere, mas o egoísta encontra em si mesmo sua satisfação, razão por que dele não se apercebe. O egoísmo é sempre uma prova de secura do coração; ele estiola a sensibilidade para os sofrimentos alheios. O homem de coração, ao contrário, ressente esse sofrimento e se emociona; é por isto que ele se dedica a não impô-lo ou minimizá-lo em relação aos outros, porque quereria que os outros fizessem o mesmo por ele. Assim, é feliz quando poupa um esforço ou um sofrimento a alguém. T*endo-se identificado com o mal de seu semelhante, ele experimenta um alívio real quando não mais existe o mal.* Contai com o seu reconhecimento se lhe prestardes serviço.

Entretanto, do egoísta não espereis senão a ingratidão. O reconhecimento em palavras nada lhe custa, mas a ação o fatigaria e perturbaria o seu repouso. Ele só age por outro quando forçado, nunca espontaneamente. Seu devotamento está na razão do bem que espera das pessoas, e isto algumas vezes malgrado seu.

O moço de quem falamos certamente gostava da tia e ter-se-ia revoltado se lhe tivessem dito o contrário, contudo, sua afeição não chegava ao ponto de fatigar-se por ela. De sua parte, não era um desígnio premeditado, mas uma repulsa instintiva, consequente de seu egoísmo inato. A luz que ele não soube encontrar em vida, hoje lhe aparece, e ele lamenta não ter aproveitado melhor os ensinamentos que recebeu. Orai por ele.

O egoísmo é o verme roedor da Sociedade, é mais ou menos o de cada um de vós. Em breve eu farei uma dissertação na qual ele será encarado sob suas múltiplas nuanças; será um espelho: olhai-o com cuidado, para ver se não percebeis num canto qualquer um reflexo de vossa personalidade.

VOSSO GUIA ESPIRITUAL

NOTÍCIAS BIBLIOGRÁFICAS

(À Venda)

O CÉU E O INFERNO, OU A JUSTIÇA
DIVINA SEGUNDO O ESPIRITISMO

Conteúdo: Exame comparado das doutrinas sobre a passagem da vida corporal à vida espiritual, as penas e recompensas futuras, os anjos e os demônios, as penas eternas etc., seguido de numerosos exemplos sobre a situação real da alma durante e após a morte.

Por ALLAN KARDEC

Como não nos cabe fazer nem o elogio nem a crítica desta obra, limitamo-nos a dar a conhecer o seu objetivo, reproduzindo um resumo do prefácio.

"O título desta obra indica claramente o seu objetivo. Aí reunimos todos os elementos próprios para esclarecer o homem sobre o seu destino. Como nos nossos outros escritos sobre a Doutrina Espírita, aí nada introduzimos que seja produto de um sistema preconcebido ou de uma concepção pessoal que não teria nenhuma autoridade. Tudo ali é deduzido da observação e da concordância dos fatos.

"O *Livro dos Espíritos* contém as bases fundamentais do Espiritismo; é a pedra angular do edifício; todos os princípios da doutrina aí são apresentados, até os que devem constituir o seu coroamento; mas era necessário dar-lhe os desenvolvimentos, deduzir-lhe todas as consequências e todas as aplicações, à medida que se desenrolavam pelo ensino complementar dos Espíritos e por novas observações. Foi o que fizemos no *Livro dos Médiuns* e no *Evangelho segundo o Espiritismo*, sob pontos de vista especiais; é o que fazemos nesta obra sob outro ponto de vista, e é o que faremos sucessivamente nas que nos resta publicar, e que virão a seu tempo.

"As ideias novas só frutificam quando o terreno está preparado para recebê-las. Ora, por este terreno preparado devem entender-se algumas inteligências precoces, que só dariam frutos isolados, mas um certo conjunto na predisposição geral, a fim de que, não só dê frutos mais abundantes, mas que a ideia, encontrando maior número de pontos de apoio, encontre menos oposição e seja mais forte, para resistir a seus antagonistas. *O Evangelho segundo o Espiritismo* já era um passo à frente; *O Céu e o Inferno* é um passo a mais, cujo alcance será mais facilmente compreendido, porque trata vivamente de certas questões, mas não devia vir mais cedo.

"Se considerarmos a época em que veio o Espiritismo, reconheceremos sem esforço que ele veio em tempo oportuno, nem muito cedo nem muito tarde. Mais cedo, teria abortado, porque, não sendo numerosas as simpatias, teria sucumbido aos golpes dos adversários; mais tarde, teria perdido a ocasião favorável de se produzir; as ideias poderiam ter tomado outro curso, do qual teria sido difícil desviá-las. Era necessário deixar às velhas ideias o tempo de se gastarem e provar sua insuficiência, antes de apresentar outras novas.

"As ideias prematuras abortam porque não se está maduro para compreendê-las e ainda não se faz sentir a necessidade de uma mudança de posição. Hoje é para todos evidente que se manifesta um imenso movimento de opinião; uma formidável reação se opera, no sentido progressivo, contra o espírito estacionário ou retrógrado da rotina; os satisfeitos da véspera são os impacientes do dia seguinte. A Humanidade está no trabalho de parto; há qualquer coisa no ar, uma força irresistível que a impele para a frente; ela está como um jovem saído da adolescência, que entrevê novos horizontes sem defini-los, e sacode os cueiros da infância. Vemos algo de melhor, alimento mais sólido para a razão. Mas esse melhor ainda está no vazio; nós o buscamos; todos trabalham nisto, do crente ao incrédulo, do operário ao cientista. O Universo é um vasto canteiro; uns destroem, outros reconstroem; cada um talha uma pedra para o novo edifício, do qual só o grande arquiteto possui o plano definitivo, e cuja economia só será compreendida quando suas formas começarem a se desenhar acima da superfície do solo. Foi este momento que a soberana sabedoria escolheu para o advento do Espiritismo.

"Os Espíritos que presidem ao grande movimento regenerador agem, pois, com mais sabedoria e previdência do que podem fazê-lo os homens, porque abarcam a marcha geral dos acontecimentos, ao passo que nós só vemos o círculo limitado do nosso horizonte. Estando chegados os tempos da renovação, conforme os desígnios divinos, era preciso que, em meio às ruínas do velho edifício e para não perder a coragem, o homem entrevisse as fiadas da nova ordem de coisas; era preciso que o marinheiro percebesse a estrela polar, que deve guiá-lo ao porto.

"A sabedoria dos Espíritos, que se mostrou no surgimento do Espiritismo, revelada quase que instantaneamente em toda a Terra na época mais propícia, não é menos evidente na ordem e na gradação lógica das revelações complementares sucessivas. Não cabe a ninguém constranger a vontade deles a tal respeito, porque eles não medem seus ensinos ao sabor da impaciência dos homens. Não nos basta dizer: "Gostaríamos de ter tal coisa" para que ela nos seja dada. Ainda menos nos convém dizer a Deus: "Julgamos chegado o momento para nos dardes tal coisa; nós nos julgamos bastante adiantados para recebê-la", porque isto significaria dizer-lhe: "Sabemos melhor que vós o que convém fazer." Aos impacientes, os Espíritos respondem: "Começai por bem saber, bem compreender e sobretudo bem praticar o que sabeis, a fim de que Deus vos julgue dignos de aprender mais; depois, quando chegar o momento, saberemos agir e escolher nossos instrumentos."

"A primeira parte desta obra, intitulada *Doutrina*, contém o exame comparado das diversas crenças sobre o céu e o inferno, os anjos e os demônios, as penas e recompensas futuras. O dogma das penas eternas aí é encarado de maneira especial e refutado por argumentos tirados das próprias leis da Natureza e que lhes demonstram não só o lado ilógico, já centenas de vezes demonstrado, mas a sua impossibilidade material. Com as penas eternas, caem, naturalmente, as consequências que tinham acreditado delas poder tirar.

"A segunda parte encerra numerosos exemplos em apoio à teoria, ou melhor, que serviram ao estabelecimento da teoria. Eles fundamentam sua autoridade na diversidade dos tempos e lugares onde foram obtidos, porque se emanassem de uma única fonte, poderiam ser considerados como produto de uma mesma influência. Além disso, tiram-na da sua concordância com o que diariamente se obtém por toda parte onde se ocupam das manifestações espíritas de um ponto de vista sério e filosófico. Esses exemplos poderiam ter sido multiplicados ao infinito, porque não há Centro Espírita que não os possa fornecer em notável contingente. Para evitar repetições fastidiosas, tivemos que fazer uma escolha entre os mais instrutivos. Cada um desses exemplos é um estudo em que todas as palavras têm o seu alcance para quem quer que as medite com atenção, porque de cada ponto jorra uma luz sobre a situação da alma após a morte, e sobre a passagem, até agora tão obscura e tão temida, da vida corporal à vida espiritual. É o guia do viajor, antes de entrar num país novo. A vida de Além-Túmulo aí se desenrola sob todos os seus aspectos, como um vasto panorama; cada um aí colherá novos motivos de esperança e de consolação e novos suportes para firmar sua fé no futuro e na justiça de Deus.

"Nesses exemplos, em sua maioria tomados de fatos contemporâneos, dissimulamos os nomes próprios, sempre que o julgamos útil, por motivos de conveniência fáceis de apreciar. Aqueles a quem tais exemplos podem interessar reconhecê-los-ão facilmente. Para o público, nomes mais ou menos conhecidos e por vezes muito obscuros, nada teriam acrescentado à instrução que dos mesmos se pode colher.

Eis os títulos dos capítulos:
PRIMEIRA PARTE. *Doutrina*. I O porvir e o nada. – II Da apreensão da morte. – III O céu. – IV O inferno. – V Quadro comparativo do inferno pagão e do inferno cristão. – VI O purgatório. – VII Da doutrina das penas eternas. – VIII Das penas futuras, segundo o Espiritismo. – IX Os anjos. – X Os demônios. – XI Intervenção dos demônios nas manifestações modernas. – XII Da proibição de evocar os mortos.

SEGUNDA PARTE. *Exemplos*. I A passagem. – II Espíritos felizes. – III Espíritos em condição média. – IV Espíritos sofredores. – V Suicidas. – VI Criminosos arrependidos. – VII Espíritos endurecidos. – VIII Expiações terrestres.

CONVERSAS FAMILIARES SOBRE O ESPIRITISMO

PELA SRA. ÉMILIE COLLIGNON (DE BORDÉUS)

Temos a satisfação e cumprimos o dever de chamar a atenção dos nossos leitores para esta brochura, que apenas anunciamos no último número, e que inscrevemos com prazer entre os livros recomendados. É uma exposição completa, embora sumária, dos princípios verdadeiros da doutrina, em linguagem familiar, ao alcance de todos, e sob uma forma atraente. Fazer a análise desta produção seria fazer a do Livro dos Espíritos e do Livro dos Médiuns. Não é, pois, como contendo ideias novas, que recomendamos esse opúsculo, mas como um meio de propagar a doutrina.

ALLAN KARDEC

REVISTA ESPÍRITA

JORNAL DE ESTUDOS PSICOLÓGICOS

| ANO VIII | OUTUBRO DE 1865 | VOL. 10 |

NOVOS ESTUDOS SOBRE OS ESPELHOS MÁGICOS OU PSÍQUICOS

O VIDENTE DA FLORESTA DE ZIMMERWALD

Na *Revista Espírita* de outubro de 1864, fizemos minucioso relato das observações que acabávamos de fazer de um camponês do cantão de Berne, que possui a faculdade de ver num copo as coisas distantes. Novas visitas que lhe fizemos este ano nos permitiram completar as observações e retificar, em certos pontos, a teoria que havíamos dado dos objetos vulgarmente designados sob o nome de *espelhos mágicos*, mais exatamente chamados *espelhos psíquicos*. Como antes de tudo buscamos a verdade e não pretendemos ser infalível, quando acontece nos enganarmos, não hesitamos em reconhecer. Não conhecemos nada de mais tolo do que aferrar-se a uma opinião errada.

Para a compreensão do que se segue, e a fim de evitar repetições, rogamos aos leitores se reportem ao artigo precitado, que contém uma notícia detalhada sobre o vidente em questão e sua maneira de operar.

Apenas lembraremos que se dá o nome de *espelhos mágicos* a objetos de diversas formas e naturezas, quase sempre de reflexo brilhante, tais como copos, garrafas, vidros e placas metálicas, nos quais certas pessoas veem coisas ausentes. Tendo-nos convencido uma observação atenta que essa faculdade não é senão a *dupla vista*, isto é, *a visão espiritual* ou *psíquica*, independente da visão orgânica, pois a experiência demonstra diariamente que essa faculdade existe sem o concurso de qualquer objeto, tínhamos concluído, de maneira muito absoluta, pela inutilidade desses objetos, pensando que apenas o hábito de empregá-los fazia com que se tornassem necessários, e que todo indivíduo que vê com o seu concurso, poderia ver perfeitamente bem sem eles, se o quisesse. Ora, aqui é que está o erro, como vamos demonstrar.

Daremos previamente um ligeiro relato dos novos fatos observados, porque servem de base às instruções a que os mesmos deram lugar.

Assim, tendo voltado à casa daquele homem, acompanhado pelo Sr. Comandante de W... que teve a gentileza de nos servir de intérprete, logo de saída ele se ocupou de nossa saúde; descreveu com facilidade e perfeita exatidão a sede, a causa e a natureza do mal e indicou os remédios necessários.

Em seguida, sem ser provocado por qualquer pergunta, falou de nossos trabalhos, de seu objetivo e de seus resultados, no mesmo sentido que no ano passado, sem, contudo, ter conservado qualquer lembrança do que havia dito, mas aprofundou muito mais o assunto, cuja envergadura parece ter compreendido melhor. Entrou em detalhes circunstanciados sobre a marcha atual e futura da causa que nos ocupa, sobre as causas que devem produzir este ou aquele resultado, sobre os obstáculos que nos serão suscitados e os meios de superá-los, sobre as pessoas que nisto representam ou devem representar um papel pró ou contra, aquelas sobre cujo devotamento e sinceridade pode-se ou não se pode contar, descrevendo-as física e moralmente de maneira a provar que as via perfeitamente. Numa palavra, deu-nos uma instrução longamente desenvolvida e logicamente motivada, tanto mais notável quanto confirma, em todos os pontos, e completa, sob certos aspectos, as dos nossos Espíritos protetores. As partes cuja exatidão podíamos apreciar não podiam deixar dúvida sobre a sua clarividência. Tendo tido com ele várias conversas, cada vez ele voltava ao mesmo assunto, confirmando-o ou completando-o, sem jamais se contradizer, mesmo no que havia dito no ano anterior, de que as conversas atuais pareciam ser a continuação.

Sendo essa instrução absolutamente pessoal e confidencial, abstemo-nos de relatá-la em detalhes. Mencionamo-la por causa do fato importante que dela ressalta e que relatamos a seguir. Ela é sem dúvida de alto interesse para nós, mas nosso objetivo principal, voltando a ver esse homem, era fazer novos estudos sobre sua faculdade, no interesse da ciência espírita.

Um fato que constatamos é que não se pode constranger sua lucidez. Ele vê o que se lhe apresenta e o descreve, mas não se lhe pode fazer ver à vontade aquilo que se deseja, nem aquilo em que se pensa, embora leia os pensamentos. Na sessão principal que nos foi consagrada, em vão tentamos chamar sua atenção para outros assuntos; malgrado seus esforços, declarou não ver nada disso no copo.

Quando trata de um assunto, pode-se fazer-lhe perguntas relativas ao mesmo, mas é inútil interrogá-lo sobre a primeira coisa que ocorrer. Entretanto, por vezes lhe ocorre passar bruscamente do assunto que o ocupa a outro completamente estranho; depois volta ao primeiro. Quando se lhe pergunta a razão, responde que diz o que vê, e que isto não depende dele.

Ele vê *espontaneamente* as pessoas ausentes, quando estas se ligam diretamente ao que é objeto de seu exame, mas não de outro modo. Seu ponto de partida é o consulente, sua pessoa, sua residência. Daí decorrem os fatos consecutivos. Assim, inutilmente tentamos a seguinte experiência. Um dos nossos amigos de Paris, que acabava de nos escrever, desejava que o consultássemos a respeito da doença da filha. Apresentamos-lhe a carta, pedindo-lhe a pusesse no côncavo da mão, sob o fundo do copo, pensando que a radiação do fluido facilitaria a visão da pessoa. Ele não fez nada disso, porque o reflexo branco do papel o incomodava; disse que a pessoa estava muito longe, contudo, alguns instantes antes, acabara de descrever, com perfeita exatidão e detalhes minuciosos, um indivíduo em quem absolutamente não pensávamos, bem como o lugar onde reside, que fica a uma distância quatro vezes maior. Mas essa pessoa estava envolvida no assunto que nos ocupava, ao passo que aquela outra a ele era completamente estranha. O encadeamento dos acontecimentos o conduzia a um, e não ao outro.

Assim, a sua lucidez não é flexível nem manejável, e absolutamente não se presta ao capricho do interrogador. Não está, pois, de modo algum, apto a satisfazer os que a ele viessem apenas por curiosidade. Aliás, como ele lê o pensamento, seu primeiro cuidado é ver a intenção do visitante, caso não o conheça. Se a intenção não for séria, e se ele vê que o objetivo não é moral nem útil, recusa-se a falar e despede quem quer que lhe venha pedir o que se chama a boa sorte ou lhe fazer perguntas fúteis ou indiscretas. Numa palavra, é um vidente sério e não um adivinho.

Sua clarividência, como dissemos no ano passado, se aplica principalmente às fontes e aos cursos d'água subterrâneos. Só acessoriamente e por condescendência se ocupa de outras coisas.

Ele é de uma ignorância absoluta sobre os princípios, mesmo os mais elementares, das ciências, mas tem muito senso natural e, devido à sua lucidez, muitas vezes supre a falta de conhecimentos adquiridos. Eis um exemplo.

Um dia, em nossa presença, alguém o interrogava sobre a possibilidade da existência de uma fonte mineral em certa localidade. Não há, disse ele, porque o terreno não é propício. Nós lhe fizemos ver que a origem das fontes por vezes está muito afastada do lugar onde se mostram, e se infiltram através de camadas terrestres. "É verdade, retorquiu, mas há regiões onde as camadas são horizontais e outras onde são verticais. Nesse de que o senhor fala elas são verticais e aí está o obstáculo." De onde lhe vinha essa ideia da direção das camadas terrestres, quando não tem a menor noção de Geologia?

Observamo-lo cuidadosamente durante todo o curso de suas operações, e eis o que notamos:

Uma vez sentado, ele toma o seu copo, segura-o como descrevemos em nosso artigo anterior, olha alternativamente o fundo do copo e os assistentes e, durante cerca de um quarto de hora, fala de coisas indiferentes, depois do que, aborda o assunto principal. Nesse momento, seus olhos naturalmente vivos e penetrantes ficam semicerrados, velam-se e se agitam; as pupilas desaparecem para o alto, deixando ver o branco. De vez em quando, ao fixar alguém, as pupilas por um instante se mostram parcialmente, para de novo desaparecerem totalmente e, contudo, olha sempre o fundo do copo e as linhas que traça a giz. Ora, é bem evidente que, nesse estado, não é pelos olhos que ele vê. Salvo esta particularidade, nada há nele de sensivelmente anormal. Sua linguagem é a de um homem grave e sério; fala com simplicidade, sem ênfase, como no estado ordinário, e não como um inspirado.

Na noite em que tivemos a nossa principal sessão, pedimos, através de um médium escrevente, instruções aos bons Espíritos sobre os fatos que acabáramos de testemunhar.

Pergunta. – Que pensar das revelações espontâneas que hoje nos fez o vidente da floresta?

Resposta. – Quisemos dar-vos uma prova da faculdade desse homem. Preparamos o assunto de que devia ele tratar, por isto ele não pôde responder às outras perguntas que lhe fizestes. O que ele vos disse era apenas a nossa opinião. Ficastes admirado com o que ele vos disse. Ele falava por nós, sem o saber, e neste momento não se lembra mais do que disse, assim como não mais se lembrava do que havia dito no ano passado, porque seu raio de inteligência não chega até lá. Falando, nem mesmo compreendia o alcance do que dizia; ele falava melhor do que poderia tê-lo feito o médium aqui presente, temeroso de ir longe demais. Eis por que nos servimos dele, como instrumento mais dócil, para as instruções que vos queríamos dar.

Pergunta. – Ele falou de um indivíduo que, segundo o retrato físico e moral que dele fez, e por sua posição, parecia ser tal criatura. Poderíeis dizer se é realmente a que ele quis designar?

Resposta. – Ele disse o que deveis saber.

OBSERVAÇÃO: É portanto evidente que à faculdade natural desse homem se alia a mediunidade, ao menos acidentalmente, senão de maneira permanente. Isto significa que a lucidez lhe é pessoal e não uma questão de Espíritos, mas os Espíritos podem dar a essa lucidez a direção que lhes convém, num caso determinado; inspirar-lhe o que deve dizer e só deixá-lo dizer aquilo que é necessário. É, pois, conforme a necessidade, *médium inconsciente.*

A faculdade de ver à distância e através dos corpos opacos não nos parece extraordinária, incompreensível, senão porque constitui um sentido de que não gozamos no estado normal. Nós somos exatamente como os cegos de nascença, que não compreendem que se possa conhecer a existência, a forma e as propriedades dos objetos sem tocá-los e não compreendem que o fluido luminoso é o meio que nos põe em contacto com os objetos afastados e nos traz a sua imagem. Sem o conhecimento das propriedades do fluido perispiritual, não compreendemos a visão sem o concurso dos olhos. A tal respeito somos verdadeiros cegos. Ora, a faculdade de ver à distância, com o auxílio do fluido perispiritual, não é mais maravilhosa nem mais miraculosa que a de ver os astros a milhares de léguas, com o auxílio do fluido luminoso[1].

Pergunta. – Teríeis a bondade de dizer-nos se o copo de que este homem se serve lhe é verdadeiramente útil; se não poderia igualmente ver em qualquer copo, num objeto qualquer, ou mesmo sem objeto, caso o quisesse; se a necessidade ou a especialidade do copo não seria um efeito do hábito, que lhe faz crer não poder dispensá-lo; enfim, se a presença do copo é necessária, que ação exerce sobre a sua lucidez?

Resposta. – Estando o seu olhar concentrado no fundo do copo, o *reflexo brilhante* a princípio age sobre os olhos, depois sobre o sistema nervoso, e provoca uma espécie de meio sonambulismo, ou, mais exatamente, sonambulismo desperto, no qual o Espírito, desprendido da matéria, adquire a clarividência, a visão da alma, que chamais segunda vista.

Existe uma certa relação entre a forma do fundo do copo e a forma exterior ou disposição de seus olhos. Eis por que ele não encontra facilmente um copo que reúna as condições necessárias (vide artigo de outubro de 1864). Mesmo que aparentemente os copos sejam semelhantes, há no poder refletor e no modo de radiação, segundo a forma, a espessura e a qualidade, nuanças que não podeis apreciar, e que são adequadas ao seu organismo individual.

Para ele, pois, o copo é um meio de desenvolver e fixar sua lucidez. É-lhe realmente necessário, porque nele, *não sendo permanente o estado lúcido*, necessita ser provocado. Um outro objeto não poderia substituí-lo, e esse mesmo copo, que sobre ele produz esse efeito, nada produziria sobre outra pessoa, mesmo que fosse vidente. Os meios de provocar essa lucidez variam conforme os indivíduos.

Consequências da explicação precedente.

---

[1] Neste momento o Siècle publica, sob o título de *A dupla vista*, um interessantíssimo romance folhetim de Élie Berthet. Neste momento vem a propósito. Há cerca de dois anos o Sr. Xavier Saintine tinha publicado no *Constitutionnel*, sob o título de *A segunda vista*, uma série de fatos baseados na pluralidade das existências e as relações espontâneas que se estabelecem entre os vivos e os mortos. É assim que a literatura ajuda na vulgarização das ideias novas. Apenas falta o vocábulo *Espiritismo*.

Eis-nos no ponto principal a que nos propusemos. A explicação precedente parece resolver a questão com perfeita clareza. Tudo está nestas palavras: A *lucidez não é permanente nesse homem*. O copo é um meio de provocá-la, pela ação da radiação sobre o sistema nervoso, mas é necessário que o modo de radiação esteja em relação com o organismo. Daí a variedade dos objetos que podem produzir tal efeito, conforme os indivíduos predispostos a sofrê-los. Disto resulta:

1º - Que para aqueles em que a visão psíquica é espontânea ou permanente, o emprego de agentes artificiais é inútil.

2º - Que esses agentes são necessários quando a faculdade necessita ser superexcitada.

3º - Que devendo esses agentes ser apropriados ao organismo, o que tem ação sobre uns não tem sobre outros.

Certas particularidades do nosso vidente encontram sua razão de ser nesta explicação.

A carta colocada debaixo do copo, em vez de facilitar o perturbava, porque modificava a natureza do reflexo que lhe é próprio.

Como dissemos, inicialmente ele fala de coisas indiferentes, enquanto olha o copo. É que a ação não é instantânea, e essa conversação preliminar sem objetivo aparente ocorre no tempo necessário à produção do efeito.

Assim como o estado lúcido só se desenvolve gradualmente, não cessa bruscamente. Eis a razão por que esse homem continua vendo ainda por alguns instantes depois de haver deixado de olhar em seu copo, o que nos tinha levado a supor que o objeto fosse útil. Mas como, de certo modo, o estado lúcido é artificial, de vez em quando ele recorre ao copo para mantê-lo.

Até certo ponto compreende-se o desenvolvimento da faculdade por um meio material. Mas, como pode apresentar-se no copo a imagem de uma pessoa distante? Só o Espiritismo pode resolver este problema, pela explicação que ele dá acerca da natureza da alma, de suas faculdades, das propriedades de seu envoltório perispiritual, de sua radiação, de seu poder de emancipação e de seu desprendimento do envoltório corporal. No estado de desprendimento, a alma desfruta de percepções que lhe são próprias, sem o concurso dos órgãos materiais; a visão é um atributo do ser espiritual; ele vê por si mesmo, sem o concurso dos olhos, como ouve sem o concurso do ouvido. *Se os órgãos dos sentidos fossem indispensáveis às percepções da alma, seguir-se-ia que, após a morte, não mais tendo esses órgãos, ela seria surda e cega.* O desprendimento completo que se dá depois da morte se produz parcialmente durante a vida, e é então que se manifesta o fenômeno da visão espiritual ou, por outras palavras, a dupla vista, ou segunda vista, ou visão psíquica, cujo poder se estende tão longe quanto a radiação da alma.

No caso de que se trata, a imagem não se forma na substância do copo; é a própria alma que, por sua radiação, percebe o objeto no lugar onde ele se encontra. Mas como, nesse homem, o copo é o agente provocador do estado lúcido, a imagem lhe aparece muito naturalmente na direção do copo. É absolutamente como aquele que tem necessidade de um óculo de alcance para ver ao longe o que não pode distinguir a olho nu. A imagem do objeto não está nos vidros da luneta, mas na direção dos vidros, que lhe permitem ver. Tirai-lhe o instrumento e ele nada mais verá. Continuando a comparação, diremos que, assim como aquele que tem uma boa vista não necessita de óculos, aquele que goza naturalmente da visão psíquica não precisa de meios artificiais para provocá-la.

Há alguns anos, um médico descobriu que pondo entre os olhos, na raiz do nariz, uma tampa de garrafa, uma bola de cristal ou de metal brilhante e fazendo convergirem os raios visuais para esse objeto durante algum tempo, a pessoa entrava numa espécie de estado cataléptico, durante o qual se manifestavam algumas das faculdades que se notam nalguns sonâmbulos, entre outras a insensibilidade e a visão à distância através dos corpos opacos, e que esse estado cessava pouco a pouco, após a retirada do objeto. Evidentemente era um efeito magnético, produzido por um corpo inerte. Que papel fisiológico representa o reflexo brilhante nesse fenômeno? É o que ignoramos. Mas foi constatado que se essa condição é necessária na maioria dos casos, mas não sempre, e que o mesmo efeito é produzido em certos indivíduos com o auxílio de objetos moles.

Esse fenômeno, ao qual se deu o nome de *hipnotismo*, fez furor nos corpos científicos. Experimentaram. Uns tiveram sucesso, outros não, como devia ser, pois as aptidões não eram as mesmas em todos os pacientes. Se a coisa fosse excepcional, certamente valeria a pena ser estudada. Mas, é lamentável dizer, a partir de quando perceberam que era uma porta secreta pela qual o magnetismo e o sonambulismo iriam penetrar, sob outra forma e outro nome, no santuário da ciência oficial, não mais se tratou de hipnotismo (Vide *Revista Espírita* de janeiro de 1860). Entretanto, jamais a Natureza perde seus direitos. Se as leis são desconhecidas por algum tempo, ela tantas vezes volta à carga e as apresenta sob formas tão variadas que, mais cedo ou mais tarde, obriga a abrir os olhos. O Espiritismo é prova disto. Podem negá-lo, denegri-lo, repeli-lo; ele bate em todas as portas de cem maneiras diversas e, bom grado malgrado, penetra naqueles mesmos que dele não querem ouvir falar.

Aproximando este fenômeno daquele que nos ocupa, e sobretudo das explicações dadas acima, observamos, nos efeitos e nas causas, uma analogia chocante. Daí pode-se tirar a conclusão de que os corpos vulgarmente chamados *espelhos mágicos* não passam de agentes hipnóticos, infinitamente variados em suas formas e efeitos, conforme a natureza e o grau das aptidões.

Sendo assim, não seria impossível que certas pessoas, dotadas espontânea e acidentalmente dessa faculdade, sofressem, malgrado seu, a influência magnética de objetos exteriores, sobre os quais maquinalmente fixam os olhos. Por que o reflexo da água, de um lago, de um pântano, de um riacho, mesmo de um *astro*, não produziria o mesmo efeito que um copo ou uma garrafa sobre certas organizações convenientemente predispostas? Mas isto é uma hipótese que necessita de confirmação pela experiência.

Além disto, esse fenômeno não é uma descoberta moderna. Ele é encontrado, mesmo em nossos dias, nos povos mais atrasados, tanto é certo que o que está em a Natureza tem o privilégio de ser de todos os tempos e lugares. A princípio aceitam-no como um fato; a explicação vem depois, com o progresso, e à medida que o homem avança no conhecimento das leis que regem o mundo.

Tais são as consequências que nos parecem decorrer logicamente dos fatos observados.

PARTIDA DE UM ADVERSÁRIO DO ESPIRITISMO PARA O MUNDO DOS ESPÍRITOS

Escrevem-nos de V...:
"Há algum tempo morreu um padre nas nossas vizinhanças. Era um adversário declarado do Espiritismo, mas não um desses adversários furibundos, como se veem tantos, que suprem a falta de boas razões pela violência e pela injúria. Era um homem instruído, de inteligência superior. Combatia-o com talento, sem acrimônia e sem se afastar das conveniências. Infelizmente, para ele, malgrado todo seu saber e seu mérito incontestável, ele só lhe pôde opor os lugares-comuns ordinários, e para derrubá-lo não encontrou nenhum desses argumentos que levam ao espírito das massas uma convicção irresistível. Sua ideia fixa, pelo menos a que ele buscava fazer prevalecer, era apenas que o Espiritismo teria um tempo restrito; que sua rápida propagação era apenas um entusiasmo passageiro, e que cairia como todas as ideias utópicas.

"Tivemos a ideia de evocá-lo em nosso pequeno círculo. Sua comunicação pareceu-nos instrutiva, sob vários aspectos, razão pela qual nós vo-la remetemos. Em nossa opinião, ela tem um incontestável cunho de identidade.

"Eis a comunicação:

Pergunta (ao guia do médium) – Teríeis a bondade de dizer se podemos fazer a evocação do Sr. Padre D...?

Resposta. – Sim. Ele virá, mas, embora persuadido da realidade de vossos ensinos, de que a morte o convenceu, ainda tentará provar-vos a inutilidade dos vossos esforços para difundi-los de maneira séria. Ei-lo pronto a apoiar-se em dissensões momentâneas suscitadas por alguns irmãos que se desgarraram, para vos provar a insanidade de vossa doutrina. Escutai-o. Sua linguagem vos fará conhecer de que maneira deveis falar-lhe.

Evocação. – Caro Espírito do Sr. D..., esperamos que com a ajuda de Deus e dos bons Espíritos, tenhais a bondade de vir comunicar-vos conosco. Todo sentimento de curiosidade, como podeis ver, está longe de nosso pensamento. Provocando esta comunicação, nosso objetivo é dela tirar uma instrução proveitosa para nós e talvez igualmente para vós. Assim, vos seremos reconhecidos pelo que nos quiserdes dizer.

Resposta. – Tendes razão de me chamar, mas vos enganais supondo que eu pudesse recusar-me a vir a vós. Acreditai que meu título de adversário do Espiritismo para mim não é outro motivo para guardar silêncio. Tenho boas razões para falar. Minha vinda é uma confissão, uma afirmação dos vossos ensinos. Eu sei disso e o reconheço. Estou convencido da realidade das manifestações que hoje experimento, mas não é uma razão para que reconheça a sua excelência e que admita como certo o objetivo a que vos propondes. Sim, os Espíritos se comunicam, e não são apenas os *demônios*, como nós ensinamos, e por motivos óbvios. É inútil que me estenda a respeito, pois conheceis tão bem quanto eu as razões que nos levam a assim agir. Certamente os Espíritos de todas as categorias se comunicam; eu sou uma prova, porque, embora não tenha a vaidade de me acreditar um ser superior, quer pelos conhecimentos, quer pela moralidade, tenho bastante consciência do meu valor para me julgar acima dessas categorias de Espíritos sujeitos à expiação das mais vis imperfeições. Não sou perfeito. Como qualquer outro, posso ter cometido faltas, mas o reconheço com orgulho. Se fui homem de opinião, fui, ao mesmo tempo, homem de bem, no inteiro sentido da palavra.

Escutai-me, pois. Os padres podem estar errados em vos combater. Não sei o que reserva o futuro e não entrarei em discussão sobre se há ou não fundamento em sua oposição, verdadeiramente sistemática; mas, também, examinando com cuidado todas as consequências de uma aceitação, não podem deixar de reconhecer que causaríeis a sua ruína social ou, pelo menos, uma transformação tão absoluta, que todo privilégio, toda separação dos outros homens, a rigor, seriam aniquiladas. Ora, não se renuncia com alegria no coração a uma realeza muito invejável, a um prestígio que eleva acima do comum, a riquezas que, por serem materiais, não são menos necessárias à satisfação do padre quanto à do homem comum. Pelo Espiritismo, não mais oligarquia clerical; o padre não é ninguém e é alguém; o padre é o homem de bem que ensina a verdade aos seus irmãos; é o operário caridoso que ergue seu companheiro *caído*; vosso sacerdócio é a fé; vossa hierarquia, o mérito; vosso salário, Deus! É grande! É belo! Mas também, é preciso dizer, mais cedo ou mais tarde é a ruína, não do homem, que não pode senão ganhar com esses ensinos, mas da família clerical. Não se renuncia de boa vontade, repito, às honras, ao respeito que se está habituado a colher. Tendes razão, eu admito, contudo não posso desaprovar nossa atitude frente ao vosso ensino. Digo *nossa*, porque ainda é minha, a despeito de tudo o que vejo e de tudo o que me podereis dizer.

Admitamos vossa doutrina firmada; ei-la escutada, por toda parte estendendo suas ramificações, entre o povo como nas classes ricas; entre os artistas como entre os literatos; e *é este último que vos prestará o concurso mais eficaz*, entretanto, o que resultará de tudo isto? Em minha opinião, ei-lo: Já se operaram divisões entre vós. Existem duas grandes seitas entre os espíritas: os espiritualistas da escola americana e os espíritas da escola francesa. Mas consideremos apenas esta última. Ela é una? Não. Eis, de um lado, os *puristas ou kardecistas*, que só admitem uma verdade depois de um exame atento e da concordância com todos os dados; é o núcleo principal, mas não está só; diversos ramos, depois de se haverem penetrado pelos grandes ensinamentos do centro, separam-se da mãe comum para formar seitas particulares; outros, não inteiramente destacados do tronco, emitem opiniões subversivas. Cada chefe de oposição tem os seus aliados; os campos ainda não estão delineados, mas se formam e em breve rebentará a cisão. Eu vos digo que o Espiritismo, como as doutrinas filosóficas que o precederam, não poderia ter uma longa duração. Ele nasceu e cresceu, mas agora está no auge e já decresce. Ele diariamente faz alguns adeptos, mas, como o sansimonismo, como o fourrierismo, como os teósofos, ele cairá para talvez ser substituído, mas cairá, eu o creio firmemente.

Contudo, seu princípio existe: os Espíritos. Mas, também, não tem os seus perigos? Os Espíritos inferiores podem comunicar-se, e isto é a sua perda. Os homens são, antes de tudo, dominados por suas paixões, e os Espíritos de que acabo de falar são habituados a excitá-las. Como há mais imperfeições do que qualidades em nossa Humanidade, é portanto evidente que o Espírito do mal triunfará e que se o Espiritismo algo pode, será certamente a invasão de um flagelo terrível para todos.

Assim sendo, concluo que, bom em essência, ele é mau por seus resultados e, então, é prudente rejeitá-lo.

O médium. – Caro Espírito, se o Espiritismo fosse uma concepção humana, eu estaria de acordo convosco, mas se vos é impossível negar a existência dos Espíritos, também não podeis desconhecer, no movimento dirigido pelos seres invisíveis, a mão poderosa da divindade. Ora, a menos que negásseis os vossos próprios ensinos de quando estáveis na Terra, não poderíeis admitir que a ação do homem possa ser um obstáculo à vontade de Deus, seu criador. De duas, uma: ou o Espiritismo é uma obra de invenção humana e, como toda obra humana, sujeito à ruína, ou é obra de Deus, a manifestação de sua vontade, e nesse caso nenhum obstáculo poderia impedi--lo, nem mesmo retardá-lo em seu desenvolvimento. Se, pois, reconheceis que existem Espíritos, e que esses Espíritos se comunicam para nos instruir, isto não pode estar fora da vontade divina, porque então existiria, ao lado de Deus, um poder independente, que destruiria sua qualidade de todo-poderoso e, por consequência, de Deus. O Espiritismo não poderia ser arruinado pelo fato de algumas dissensões que os interesses humanos poderiam fazer nascer em seu seio.

Resposta. – Talvez tenhais razão, meu jovem amigo (o médium era um rapaz), mas eu mantenho o que disse. Cesso qualquer discussão a respeito. Isto à parte, estou à vossa disposição para qualquer pergunta que me queirais fazer.

O médium. – Então, considerando que o permitis, sem insistir num assunto que talvez vos fosse penoso prosseguir neste momento, rogaremos nos descrevais vossa passagem desta vida para a em que estais, dizer se ficastes perturbado e se, na vossa posição atual, vos podemos ser úteis.

Resposta. – Malgrado meu, não posso deixar de reconhecer a excelência desses princípios que ensinam ao homem o que é a morte e que lhe dão a afeição por seres que lhes são totalmente desconhecidos. Mas... enfim, meu caro rapaz, vou responder à vossa pergunta. Não abusarei do vosso tempo e satisfarei ao vosso desejo em poucas palavras.

Assim, confessarei que no momento de morrer não deixava de estar apreensivo. Era a matéria que me levava a lamentar esta existência? Era a ignorância do futuro? Não vo-lo ocultarei, eu tinha medo! Perguntais se fiquei perturbado. Como entendeis isto? Se quereis dizer com isto que a ação violenta da separação me mergulhou numa espécie de letargia moral, da qual saí como de um sono penoso, sim, fiquei perturbado. Mas se entendeis uma perturbação nas funções da inteligência: a memória, a consciência de mim mesmo, não. Não passei por isto. Contudo, a perturbação se verifica em certos seres; talvez também para mim, se bem que eu não acredite. Mas o que creio é que geralmente esse fenômeno não deve ocorrer imediatamente após a morte. É verdade que fiquei surpreso ao ver a existência do Espírito tal qual ensinais, mas isto não é perturbação. Eis como entendo a perturbação, e em que circunstâncias a experimentei.

Se eu não estivesse certo da verdade da minha crença; se a dúvida entrasse em minha alma a respeito do que até agora acreditei; se uma modificação brusca se tivesse operado em mim na maneira de ver, aí eu teria ficado perturbado. Mas minha opinião é que tal perturbação não se deve dar logo após a morte. Se creio no que me diz a razão, ao morrer, o ser deve ficar tal qual era antes de passar... Só mais tarde, quando o isolamento e a mudança que se opera gradualmente ao seu redor modificam suas opiniões; quando o seu ser experimenta um abalo moral que faz vacilar sua segurança primitiva é que realmente começa a perturbação.

Perguntais se me podeis ser útil nalguma coisa. Minha religião me ensina que a prece é boa; vossa crença diz que ela é útil. Orai, pois, por mim, e tende certeza da minha gratidão.

Malgrado a dissidência que existe entre nós, não ficarei menos encantado por vir algumas vezes conversar convosco.

PADRE D...

Nosso correspondente tinha razão ao dizer que esta comunicação é instrutiva. Com efeito, ela é instrutiva sob vários aspectos, e nossos leitores apreenderão facilmente os graves ensinos que dela ressaltam, sem que tenhamos necessidade de destacá-los. Aí vemos um Espírito que em vida tinha combatido nossas doutrinas e contra ela esgotado todos os argumentos que seu profundo saber lhe havia fornecido. Sábio teólogo, é provável que não tivesse desprezado nenhum. Como Espírito há pouco desencarnado, reconhecendo as verdades fundamentais em que nos apoiamos, nem por isso persiste menos em sua posição, e isto pelos mesmos motivos. Ora, é incontestável que se, mais lúcido no seu estado espiritual, ele tivesse achado argumentos mais peremptórios para nos combater, tê-los-ia feito valer. Longe disto, parece ter medo de ver muito claro, entretanto, pressente uma modificação em suas ideias. Ainda imbuído das ideias terrenas, a elas liga todos os seus pensamentos. O futuro o apavora, por isto não ousa encará-lo.

Responder-lhe-emos como se em vida tivesse escrito o que ditou após a morte. Dirigimo-nos tanto ao homem quanto ao Espírito, assim respondendo aos que partilham sua maneira de ver e nos poderiam opor os mesmos argumentos.

Assim, lhe diremos:

Senhor padre, embora tenhais sido nosso adversário declarado e militante na Terra, nenhum de nós assim vos quer hoje e jamais vos quis durante vossa existência, primeiro porque nossa fé faz da tolerância uma lei e aos nossos olhos todas as opiniões são respeitáveis, quando sinceras. A liberdade de consciência é um dos nossos princípios; nós a queremos para os outros, como a queremos para nós. Só a Deus pertence julgar da validade das crenças, e nenhum homem tem o direito de anatematizar em nome de Deus. A liberdade de consciência não tira o direito de discussão e de refutação, mas a caridade ordena não amaldiçoar ninguém. Em segundo lugar, não vos queremos menos, pois vossa oposição não causou nenhum prejuízo à doutrina. Servistes à causa do Espiritismo, malgrado vosso, como todos os que o atacam, ajudando a torná-lo conhecido e provando, sobretudo em razão do vosso mérito pessoal, a insuficiência das armas que empregam para combatê-lo.

Permiti-me, agora, discutir algumas de vossas proposições. Sobretudo uma me parece pecar, de saída, contra a lógica. É aquela em que dizeis que "*O Espiritismo, bom pela essência, é mau por seus resultados.*" Parece que esquecestes a máxima do Cristo, tornada proverbial, pela força da verdade: "Uma árvore boa não pode dar maus frutos." Não se compreenderia que uma coisa boa *na sua própria essência*, pudesse ser perniciosa.

Em outro momento, dizeis que o perigo do Espiritismo está na manifestação dos maus Espíritos que, em proveito do mal, explorarão as paixões dos homens. Eis uma das teses que sustentáveis em vida. Mas, ao lado dos maus Espíritos, há os bons, que excitam ao bem, ao passo que, segundo a doutrina da Igreja, o poder de se comunicar só é dado aos demônios. Se, pois, achais o Espiritismo perigoso porque admite a comunicação dos maus Espíritos ao lado dos bons, se a doutrina da Igreja fosse verdadeira, seria ainda muito mais perigosa, porque não admite senão a dos maus.

Aliás, não foi o Espiritismo que inventou a manifestação dos Espíritos, nem é a causa de sua comunicação. Ele apenas constata um fato que se produziu em todos os tempos, porque está em a Natureza. Para que o Espiritismo deixasse de existir, fora preciso que os Espíritos parassem de se manifestar. Se essa manifestação oferece perigos, não se deve acusar por isso o Espiritismo, mas a Natureza. A ciência da eletricidade é a causa dos danos causados pelo raio? Certamente que não. Ela dá a conhecer a causa do raio e ensina os meios de desviá-lo. O mesmo ocorre com o Espiritismo. Ele dá a conhecer a causa de uma influência perniciosa que age sobre o homem, malgrado seu, e lhe indica os meios de contra ela se proteger, ao passo que se a ignorasse sofreria os seus efeitos e a ela estaria exposto sem suspeitar.

A influência dos maus Espíritos faz parte dos flagelos a que o homem está exposto aqui embaixo, como as doenças e os acidentes de toda sorte, porque está numa terra de expiação e de provação, onde deve trabalhar por seu adiantamento moral e intelectual. Mas, ao lado do mal, em sua bondade, Deus sempre põe o remédio; ele deu ao homem a inteligência para descobri-lo. É a isto que conduz o progresso das ciências. O Espiritismo vem indicar o remédio a um desses males. Ele ensina que para a ele subtrair-se e neutralizar a influência dos maus Espíritos, é preciso tornar-se melhor, dominar suas más inclinações e praticar as virtudes ensinadas pelo Cristo: a humildade e a caridade. Então a isto chamais de maus resultados?

A manifestação dos Espíritos é um fato positivo, reconhecido pela Igreja. Ora, hoje a experiência vem demonstrar que os Espíritos são as almas dos homens, e essa é razão pela qual há tantos imperfeitos. Se esse fato vem contradizer certos dogmas, o Espiritismo não é mais responsável do que a Geologia por ter demonstrado que a Terra não foi feita em seis dias. O erro é desses dogmas que não estão de acordo com as leis da Natureza. Por essas manifestações, como pelas descobertas da Ciência, Deus quer reconduzir o homem a crenças mais verdadeiras. Repudiar o progresso, portanto, é desconhecer a vontade de Deus; atribuí-lo ao demônio é blasfemar contra Deus. Querer, de bom grado ou de mau grado, manter uma crença contra a evidência e fazer de um princípio reconhecido como falso a base de uma doutrina, é escorar uma casa no esteio bichado. Pouco a pouco o esteio se quebra e a casa cai.

Dizeis que a oposição da Igreja ao Espiritismo tem sua razão de ser e a aprovais, porque seria a ruína do clero, cuja separação do comum dos homens seria aniquilada. Dizeis: "Com o Espiritismo, não mais oligarquia clerical; o padre não é ninguém e é alguém; é o homem de bem que ensina a verdade a seus irmãos; é o operário caridoso que ergue o companheiro caído; vosso sacerdócio é a fé; vossa hierarquia, o mérito; vosso salário, Deus! É grande! É belo! Mas não se renuncia de coração alegre a uma realeza, a um prestígio que vos eleva acima do vulgo, a respeitos, a honras que se está habituado a colher, a riquezas que, por serem materiais, não são tão menos necessárias à satisfação do padre quanto a do homem vulgar."

Mas quê! Então o clero seria movido por sentimentos tão mesquinhos? Neste ponto ele desconheceria as palavras do Cristo: "Meu reino não é deste mundo", a ponto de sacrificar o interesse da verdade à satisfação do orgulho, da ambição e das paixões mundanas? Então ele não acreditaria nesse reino prometido por Jesus Cristo, porque a ele prefere o da Terra. Assim, ele teria seu ponto de apoio no Céu apenas em aparência, e para se dar prestígio, mas na verdade para salvaguardar seus interesses terrenos! Nós preferimos crer que se tal for o móvel de alguns de seus membros, não é o sentimento da maioria. Se assim não fosse, seu reino estaria bem próximo de acabar, e vossas palavras seriam sua sentença, porque apenas o reino celeste é o eterno, ao passo que os da Terra são frágeis e instáveis.

Ides muito longe, senhor padre, em vossas previsões sobre as consequências do Espiritismo, mais longe do que eu em meus escritos. Sem vos acompanhar neste terreno, apenas direi, porque cada um o pressente, que o resultado inevitável será uma transformação da Sociedade; ele criará uma nova ordem de coisas, novos hábitos, novas necessidades; ele modificará as crenças, as relações sociais; ele fará à moral o que fazem, do ponto de vista material, todas as grandes descobertas da Indústria e das Ciências. Essa transformação vos apavora e é por isso que, pressentindo-a, vós a afastais do vosso pensamento; quereríeis nela não crer; numa palavra, fechais os olhos para não ver e os ouvidos para não ouvir. Assim há muitos homens na Terra. Contudo, se essa transformação está nos desígnios da Providência, ela se realizará, façam o que fizerem. Será preciso suportá-la de boa vontade ou à força e a ela se dobrar, como os homens do antigo regime tiveram que sofrer as consequências da Revolução, que eles também negavam e declaravam impossível, antes que se tivesse realizado.

A quem lhes houvesse dito que em menos de um quarto de século todos os privilégios estariam abolidos; que um menino, ao nascer, não seria mais coronel; que não mais se compraria um regimento como uma boiada; que o soldado poderia tornar-se marechal e o último plebeu, ministro; que os direitos seriam os mesmos para todos e que o lavrador teria voz igual nos grandes negócios de seu país, ao lado do seu senhor, eles teriam balançado a cabeça em sua incredulidade, contudo, se um deles tivesse então adormecido e acordado, como Epimênides, quarenta anos mais tarde, julgaria achar-se num outro mundo.

É o medo do futuro que vos faz dizer que o Espiritismo terá apenas um tempo. Procurais criar uma ilusão, quereis prová-la para vós mesmo e acabeis crendo de boa-fé, porque isto vos tranquiliza. Mas que razão apresentais? A menos concludente de todas, como é fácil demonstrar.

Ah! Se provásseis peremptoriamente que o Espiritismo é uma utopia, que repousa num erro material *de fato*, sobre uma base falsa, ilusória, sem fundamento, então teríeis razão. Mas, ao contrário, afirmais a existência do princípio e, ademais, a excelência desse princípio. Reconheceis, e convosco a Igreja, a realidade do fato material sobre o qual repousa: o das manifestações. Tal fato pode ser aniquilado? Não, assim como não se pode aniquilar o movimento da Terra. Levando-se em conta que ele está em a Natureza, produzir-se-á sempre. Esse fato, outrora incompreendido, porém mais bem estudado e compreendido em nossos dias, traz *em si mesmo* consequências inevitáveis. Se não o podeis aniquilar, sois forçado a sofrer-lhe as consequências. Segui-o passo a passo em suas ramificações, e chegareis fatalmente a uma revolução nas ideias. Ora, uma mudança nas ideias traz, forçosamente, uma mudança na ordem das coisas. (Vide *O que é o Espiritismo*).

Por outro lado, o Espiritismo não dobra as inteligências ao seu jugo; ele não impõe uma crença cega; ele quer que a fé se apoie na compreensão. É principalmente nisto, senhor padre, que divergimos na maneira de ver. Assim, a cada um deixa ele inteira liberdade de exame, em virtude do princípio que, sendo a verdade *una*, mais cedo ou mais tarde ela deve prevalecer sobre o que é falso, e que um princípio baseado no erro cai pela força das coisas. As ideias falsas, postas em discussão, mostram seu lado fraco e se apagam ante o poder da lógica. Essas divergências são inevitáveis no começo; são mesmo necessárias, porque ajudam a depuração e o estabelecimento da ideia fundamental. É preferível que elas se produzam desde o começo, pois a doutrina verdadeira delas se desembaraçará mais cedo. Eis por que sempre dissemos aos adeptos: Não vos inquieteis com as ideias contraditórias que podem ser emitidas ou publicadas. Vede quantas já morreram no nascedouro! Quantos escritos dos quais não mais se fala! O que buscamos? O triunfo, a qualquer preço, de nossas ideias? Não, mas o da verdade. Se entre as ideias contrárias, algumas forem mais verdadeiras que as nossas, elas triunfarão e deveremos adotá-las; se forem falsas, não poderão suportar a prova decisiva do controle do ensino universal dos Espíritos, único critério da ideia que sobreviverá.

Falta exatidão na assimilação que estabeleceis entre o Espiritismo e outras doutrinas filosóficas. Não foram os homens que fizeram do Espiritismo o que ele é, nem os que farão o que ele será mais tarde: são os Espíritos por seus ensinos. Os homens apenas o põem em ação e coordenam os materiais que lhes são fornecidos. Esse ensino ainda não está completo e não se deve considerar o que deram até hoje senão como as primeiras balizas da ciência. Pode-se compará-lo às quatro regras em relação às matemáticas, e ainda estamos nas equações do primeiro grau. É por isso que muita gente ainda não lhe compreende a importância nem o alcance. Mas os Espíritos regulam o ensino à sua vontade, e de ninguém depende fazê-los ir mais depressa ou mais devagar do que eles querem; eles nem acompanham os apressados nem vão a reboque dos retardatários.

O Espiritismo não é obra *de um só Espírito* nem *de um só homem*. Ele é obra *dos Espíritos* em geral. Segue-se daí que a opinião de um Espírito sobre um princípio qualquer só é considerada pelos espíritas como opinião individual, que pode ser justa ou falsa e só tem valor quando sancionada pelo ensino da maioria, dado nos diversos pontos do globo. Foi esse ensino universal que dele fez o que ele é e que dele fará o que ele será. Diante desse poderoso critério caem, necessariamente, todas as teorias particulares que são produto de ideias sistemáticas, quer de um homem, quer de um Espírito isolados. Sem dúvida uma ideia falsa pode reunir *ao seu redor* alguns partidários, mas jamais prevalecerá contra a que é ensinada em toda parte.

O Espiritismo, que apenas acaba de nascer, mas que já levanta questões da mais alta importância, necessariamente põe em efervescência uma porção de imaginações. Cada um vê a coisa de seu ponto de vista. Daí a diversidade de sistemas surgidos em seu começo, a maioria dos quais já ruíram diante da força do ensino geral. Dar-se-á o mesmo com os que não estiverem com a verdade, porque, ao ensino divergente de um Espírito, dado por um médium, opor-se-á sempre o ensino de milhões de Espíritos, dado por milhões de médiuns. Eis a razão pela qual certas teorias excêntricas viveram apenas alguns dias e não saíram do círculo onde nasceram. Privadas de sanção, elas não encontram eco nem simpatia na opinião das massas e se, além disso, chocam a lógica e o senso comum, provocam um sentimento de repulsa que lhes precipita a queda.

Assim, o Espiritismo possui um elemento de estabilidade e de unidade tirado de sua natureza e de sua origem, o que não é próprio de nenhuma das doutrinas filosóficas de concepção puramente humana; é o escudo contra o qual sempre virão quebrar-se todas as tentativas feitas para derrubá-lo ou dividi-lo. Essas divisões jamais podem ser senão parciais, circunscritas e momentâneas.

Falais de seitas que, em vossa opinião, dividem os espíritas, de onde concluís pela próxima ruína de sua doutrina. Mas esqueceis todas as que dividiram o Cristianismo desde seu nascimento, que o ensanguentaram, que o dividem ainda, e cujo número, até hoje, não se eleva a menos de trezentas e sessenta. Contudo, a despeito das dissidências profundas sobre os dogmas fundamentais, o Cristianismo ficou de pé, prova de que é independente dessas questões de controvérsia. Por que quereríeis que o Espiritismo, que se liga, por sua própria base, aos princípios do Cristianismo, e que só é dividido em questões secundárias que dia a dia se esclarecem, sofresse com a divergência de algumas opiniões pessoais, quando tem um ponto de ligação tão poderoso como o controle universal?

Assim, mesmo que o Espiritismo fosse hoje dividido em vinte seitas, o que não é nem será, isto não teria qualquer consequência, porque é o trabalho de parto. Se fossem suscitadas divisões por ambições pessoais, por homens dominados pela ideia de se fazerem chefes de seita, ou de explorar a ideia em proveito de seu amor-próprio ou de seus interesses, sem a menor dúvida seriam as menos perigosas. As ambições pessoais *morrem* com os indivíduos, e se os que tiverem querido elevar-se não tiverem por si a verdade, suas ideias morrerão com eles, e talvez antes deles. Mas a verdade verdadeira não poderá morrer.

Estais certo, senhor padre, dizendo que haverá ruínas no Espiritismo, mas não como entendeis. As ruínas serão as de todas as opiniões errôneas, que fervem e surgem. Se todas estiverem em erro, cairão todas, o que é inevitável, mas se houver uma só verdadeira, ela infalivelmente sobreviverá.

Duas divisões bem marcadas, e às quais poderia realmente dar-se o nome de seitas, se haviam formado há alguns anos quanto ao ensinamento de dois Espíritos que, enfeitando-se com nomes venerados, tinham captado a confiança de algumas pessoas. Hoje não se fala mais nisto. Diante de que tombaram? Diante do bom senso e da lógica das massas, de um lado, e diante do ensino geral dos Espíritos concordes com essa mesma lógica.

Contestareis o valor desse controle universal pela razão de que, sendo os Espíritos as almas dos homens, estão igualmente sujeitos ao erro? Mas estaríeis em contradição convosco mesmo. Não admitis que um concílio geral tem mais autoridade que um concílio particular, porque é mais numeroso, e que sua opinião prevalece sobre a de cada padre, de cada bispo e mesmo sobre a do Papa? Que a maioria faz lei em todas as assembleias dos homens? E não queríeis que os Espíritos, que governam o mundo sob as ordens de Deus, também tivessem os seus concílios, as suas assembleias? O que admitis nos homens como sanção da verdade, recusais aos Espíritos? Então esqueceis que se, entre eles, os há inferiores, não é a esses que Deus confia os interesses da Terra, mas aos Espíritos superiores, que transpuseram as etapas da Humanidade, e cujo número é incalculável? E como eles nos transmitem as instruções da maioria? Pela voz de um só Espírito, ou de um só homem? Não, mas como disse, por milhões de Espíritos e milhões de homens. É num único centro, numa cidade, num país, numa casta, num povo privilegiado como outrora os israelitas? Não, é por toda parte, em todos os países, em todas as religiões, na casa dos ricos e na casa dos pobres. Como queríeis que a opinião de alguns indivíduos, encarnados e desencarnados, pudesse triunfar sobre esse conjunto formidável de vozes? Acreditai-me, senhor padre, essa sanção universal vale bem a de um concílio ecumênico.

O Espiritismo é forte, precisamente porque se apoia sobre essa sanção e não sobre opiniões isoladas. Proclama-se ele imutável no que hoje ensina, e diz que nada mais tem a ensinar? Não, porque até hoje seguiu, e seguirá no futuro, o ensino progressivo que lhe for dado, e isto constitui ainda para ele uma causa de força, pois jamais se deixará distanciar pelo progresso.

Esperai um pouco mais, senhor padre, e antes de um quarto de século vereis o Espiritismo cem vezes menos dividido do que hoje é o Cristianismo, após dezoito séculos.

Das flutuações que notastes nas sociedades ou reuniões espíritas, erradamente concluístes pela instabilidade da doutrina. O Espiritismo não é uma teoria especulativa baseada numa ideia preconcebida. É uma questão de fato e, por consequência, de convicção pessoal. Quem quer que admita o fato e as suas consequências é espírita, sem que tenha de fazer parte de uma sociedade. Pode-se ser perfeito espírita sem isto. O futuro do Espiritismo está em seu próprio princípio, princípio imperecível, porque está na Natureza e não nas reuniões, muitas vezes formadas em condições pouco favoráveis, compostas de elementos heterogêneos e, consequentemente, subordinadas a uma porção de eventualidades.

As sociedades são úteis, mas nenhuma é indispensável, e todas poderiam deixar de existir sem que o Espiritismo deixasse de continuar a sua marcha, visto que não é no seio delas que se forma o maior número de convicções. Elas representam muito mais para os crentes que aí buscam centros simpáticos do que para os incrédulos. As sociedades sérias e bem dirigidas são, sobretudo, úteis para neutralizar a má impressão daquelas onde o Espiritismo é mal apresentado ou desfigurado. A Sociedade de Paris não faz exceção à regra, porque não se arroga nenhum monopólio. Ela não consiste no maior ou menor número de seus membros, mas na ideia mãe que representa. Ora, essa ideia é independente de qualquer reunião constituída, e, aconteça o que acontecer, o elemento propagador não deixará de substituí-la. Assim, pode dizer-se que a Sociedade de Paris está em qualquer parte onde se professem os mesmos princípios, do Oriente ao Ocidente, e que se ela morresse materialmente, a ideia sobreviveria.

O Espiritismo é uma criança que cresce e cujos primeiros passos naturalmente são vacilantes; mas, como as crianças precoces, cedo ela fez pressentir a sua força. É por isto que certas pessoas se amedrontam e gostariam de abafá-lo no berço. Se ele se tivesse apresentado como um ser tão débil quanto o supondes, não teria causado tanta contrariedade, nem levantado tantas animosidades, e vós mesmos não teríeis procurado combatê-lo. Deixai, então, a criança crescer e vereis o que dará o adulto.

Predissestes o seu fim próximo, mas inúmeros encarnados e desencarnados também fizeram o seu horóscopo num outro sentido. Escutai, pois, as suas previsões, que se sucedem ininterruptamente há dez anos, e se repetem em todos os pontos do globo.

"O Espiritismo vem combater a incredulidade, que é o elemento dissolvente da Sociedade, substituindo a fé cega, que se extingue, pela fé raciocinada, que vivifica.

"Ele traz o elemento regenerador da Humanidade, e será a bússola das gerações futuras.

"Como todas as grandes ideias renovadoras, ele deverá lutar contra a oposição dos interesses que ferirá e das ideias que derrubará. Suscitar-lhe-ão todos os tipos de entraves; contra ele empregarão todas as armas, leais e desleais, que julgarão próprias a derrubá-lo. Seus primeiros passos serão semeados de urzes e espinhos. Seus adeptos serão denegridos, ridicularizados, vítimas da traição, da calúnia e da perseguição; terão desapontamentos e decepções. Felizes aqueles cuja fé não tiver sido abalada nesses dias nefastos; que tiverem sofrido e combatido pelo triunfo da verdade, porque serão recompensados por sua coragem e sua perseverança.

"Entretanto, o Espiritismo continuará sua marcha através dos embustes e dos escolhos; é inabalável, como tudo o que está na vontade de Deus, porque se apoia nas próprias leis da Natureza, que são as eternas leis de Deus, ao passo que tudo quanto for contrário a essas leis cairá.

"Pela luz que lança sobre os pontos obscuros e controvertidos das Escrituras, ele conduzirá os homens à unidade de crença.

"Dando as próprias leis da Natureza por base aos princípios de igualdade, liberdade e fraternidade, fundará o reino da verdadeira caridade cristã, que é o reino de Deus sobre a Terra, predito por Jesus Cristo.

"Muitos ainda o repelem porque não o conhecem ou não o compreendem, mas quando reconhecerem que ele realiza as mais caras esperanças do futuro da Humanidade, aclamá-lo-ão, e assim como o Cristianismo encontrou um suporte em São Paulo, ele encontrará defensores entre os adversários da véspera. Da multidão surgirão homens de escol, que tomarão em mãos a sua causa e a autoridade de sua palavra imporá silêncio aos detratores.

"A luta ainda durará muito tempo, porque as paixões, superexcitadas pelo orgulho e pelos interesses materiais, não podem apaziguar-se subitamente. Mas essas paixões extinguir-se-ão com os homens, e não passará o fim deste século antes que a nova crença tenha adquirido um lugar preponderante entre os povos civilizados, e do século próximo datará a era da regeneração."

OS IRMÃOS DAVENPORT

Os irmãos Davenport, que neste momento atraem a atenção em tão alto grau, são dois jovens de vinte e quatro e vinte cinco anos, nascidos em Buffalo, no Estado de Nova Iorque e que se apresentam em público como médiuns. Contudo, sua faculdade é limitada a efeitos exclusivamente físicos, dos quais o mais notável consiste em se fazerem amarrar com cordas de maneira inextricável e a serem desatados instantaneamente por uma força invisível, a despeito de todas as precauções tomadas para verificar que são incapazes de fazê-lo por si próprios. A isto juntam outros fenômenos mais conhecidos, como o transporte de objetos pelo espaço, o toque espontâneo de instrumentos de música, a aparição de mãos luminosas, a apalpação por mãos invisíveis etc.

Os Srs. Didier, editores do *Livro dos Espíritos*, acabam de publicar uma tradução de sua biografia, contendo o relato minucioso dos efeitos que produzem e que, salvo as cordas, têm numerosos pontos de semelhança com os do Sr. Home. A emoção que a presença deles causou na Inglaterra e em Paris dá a essa obra um forte interesse de atualidade. Seu biógrafo inglês, o Dr. Nichols, pois não foram eles que escreveram o livro, mas forneceram os documentos, limitou-se ao relato dos fatos sem explicações; mas os editores franceses tiveram a feliz ideia de juntar à sua publicação, para esclarecimento das pessoas estranhas ao Espiritismo, nossos dois opúsculos: *Resumo da Lei dos Fenômenos Espíritas* e *O Espiritismo na sua Expressão mais Simples*, com numerosas notas explicativas no corpo do texto[2]. Assim, nessa obra encontrar-se-ão os ensinamentos desejáveis sobre o caso desses senhores, em cujos detalhes não podemos entrar, pois temos que encarar a questão de outro ponto de vista.

Diremos apenas que sua aptidão para produzir esses fenômenos se revelou de maneira espontânea, desde sua infância. Durante vários anos eles percorreram as principais cidades da América setentrional, onde adquiriram certa reputação. Em setembro de 1864 vieram à Inglaterra, onde produziram viva sensação. Alternativamente foram ali aclamados, denegridos, ridicularizados e até injuriados pela imprensa e pelo público. Notadamente em Liverpool foram objeto da mais insigne malevolência, a ponto de verem comprometida sua segurança pessoal.

As opiniões sobre eles se dividiram: Segundo uns, não passavam de hábeis charlatães; segundo outros, eram de boa-fé e podia-se admitir uma causa oculta para seus fenômenos; mas, em suma, ali conquistaram muito poucos prosélitos à ideia espírita propriamente dita. Naquele país essencialmente religioso, o bom senso natural repelia o pensamento que seres espirituais viessem revelar sua presença por exibições teatrais e demonstrações de força. Sendo ali pouco conhecida a filosofia espírita, o público confundiu Espiritismo com essas representações, e construiu opinião mais contrária do que favorável à doutrina.

É verdade que na França o Espiritismo começou pelas mesas girantes, mas em condições muito diferentes. Tendo-se revelado imediatamente a mediunidade em grande número de pessoas de todas as idades e de ambos os sexos, e nas famílias mais respeitáveis, os fenômenos se produziram em condições que excluíam qualquer pensamento de charlatanismo; cada um pôde certificar-se por si mesmo, na intimidade, e por observações repetidas, da realidade dos fatos aos quais foi ligado um poderoso interesse quando, saindo dos efeitos puramente materiais que nada diziam à razão, viram as consequências morais e filosóficas deles decorrentes. Se, em vez disto, esse gênero de mediunidade primitiva tivesse sido privilégio de alguns indivíduos isoladas e tivesse sido preciso ir para a frente dos tablados comprar a fé, há muito não se falaria mais dos

---
[2] Vide boletim bibliográfico.

Espíritos. A fé nasce da impressão moral. Ora, tudo o que é de natureza a produzir uma impressão má, a repele em vez de provocá-la. Haveria hoje muito menos incrédulos, em relação ao Espiritismo, se os fenômenos sempre tivessem sido apresentados de maneira séria. O incrédulo, naturalmente disposto à troça, não pode ser levado a tomar a sério o que é cercado de circunstâncias que não impõem respeito nem confiança. A crítica, que não se dá ao trabalho de aprofundar, forma sua opinião sobre uma primeira aparência desfavorável e confunde o bom e o mau numa mesma reprovação. Muito poucas convicções se formaram em reuniões de caráter público, ao passo que a imensa maioria saiu das reuniões íntimas, onde a notória honorabilidade dos membros podia inspirar toda confiança e desafiar toda suspeita de fraude.

Na última primavera, depois de haver explorado a Inglaterra, os irmãos Davenport vieram a Paris. Algum tempo antes de sua chegada, uma pessoa veio ver-nos, da parte deles, para pedir que nós os apoiássemos, em nossa Revista. Mas sabe-se que não nos entusiasmamos facilmente, mesmo pelas coisas que conhecemos e, com mais forte razão, pelas que não conhecemos. Assim, não pudemos prometer um concurso antecipado, tendo por hábito só falar com conhecimento de causa. Na França, onde eles só eram conhecidos pelos relatos contraditórios dos jornais, a opinião, como na Inglaterra, estava dividida a seu respeito. Assim, não podíamos, prematuramente, formular uma censura, que poderia ter sido injusta, nem uma aprovação, da qual teriam podido prevalecer-se. Por isto nos abstivemos.

Em chegando, foram morar no pequeno castelo de Gennevilliers, perto de Paris, onde ficaram vários meses, sem dar ao público notícia de sua presença. Ignoramos o motivo dessa abstenção. Nos últimos dias eles fizeram algumas sessões particulares, de que os jornais deram notícia de um modo mais ou menos pitoresco. Enfim, foi anunciada sua primeira sessão pública para 12 de setembro na sala Hertz. Conhece-se o desfecho deplorável dessa sessão que renovou, em escala menor, as cenas tumultuosas de Liverpool, na qual um dos espectadores, pulando para o estrado, quebrou o aparelho desses senhores e, mostrando uma tábua, exclamou: "Eis o truque!" Esse ato inqualificável num país civilizado, levou a confusão ao cúmulo. Não tendo terminado a sessão, devolveram o dinheiro ao público. Mas, como tinham sido doados muitos bilhetes, o caixa constatou um déficit de setecentos francos, ficando assim provado que setenta assistentes que entraram gratuitamente haviam saído com dez francos a mais no bolso, sem dúvida para se indenizarem dos gastos do passeio.

A polêmica que se estabeleceu a respeito dos irmãos Davenport oferece vários pontos instrutivos, que vamos examinar. A primeira pergunta que os próprios espíritas se fizeram foi esta: Esses senhores são ou não são médiuns? Todos os fatos relatados em sua biografia entram no círculo das possibilidades mediúnicas, porque efeitos análogos, notoriamente autênticos, foram obtidos muitas vezes sob a influência de médiuns sérios. Se os fatos, por si mesmos, são admissíveis, as condições em que eles se produzem, temos que convir, ensejam a suspeita. A que choca logo à primeira vista é a necessidade da obscuridade, que evidentemente facilita a fraude. Mas isto não seria uma objeção sólida. Os efeitos mediúnicos absolutamente nada têm de sobrenatural; todos, sem exceção, são devidos à combinação dos fluidos próprios do Espírito e do médium; esses fluidos, embora imponderáveis, não deixam de ser matéria sutil. Há, pois, aí uma causa e um efeito de certo modo materiais, o que nos levou sempre a dizer que, sendo os fenômenos espíritas baseados nas leis da Natureza, eles nada têm de miraculosos. Como muitos outros fenômenos, eles só nos pareceram miraculosos porque não se conheciam suas leis. Hoje, conhecidas essas leis, desaparecem o sobrenatural e o maravilhoso, dando lugar à realidade. Assim, não há um só espírita que se atribua o dom dos milagres. É isto o que os críticos saberiam, se se dessem ao trabalho de estudar aquilo de que falam.

Para voltar à questão da obscuridade, sabe-se que em química há combinações que não se podem operar à luz; que ocorrem composições e decomposições sob a ação do fluido luminoso. Ora, sendo todos os fenômenos espíritas, como dissemos, o resultado de combinações fluídicas, e esses fluidos sendo da matéria, nada haveria de estranho que em certos casos o fluido luminoso fosse contrário a essa combinação.

Uma objeção mais séria é a pontualidade com que se produzem os fenômenos, em dias e horas certas e à vontade. Esta submissão ao capricho de certos indivíduos é contrária a tudo quanto se sabe da natureza dos Espíritos, e a repetição facultativa de um fenômeno qualquer sempre foi considerada e em princípio deve ser considerada como legitimamente suspeita, *mesmo em caso de desinteresse*, e com mais forte razão quando se trata de exibições públicas feitas com objetivo de lucro, às quais repugna à razão pensar que Espíritos possam submeter-se.

A mediunidade é uma *aptidão natural* inerente ao médium, como a faculdade de produzir sons é inerente a um instrumento; mas, da mesma forma que para que um instrumento toque uma ária é preciso um músico, para que um médium produza efeitos mediúnicos são necessários os Espíritos. Os Espíritos vêm quando querem e *quando podem*, donde resulta que o médium mais bem dotado por vezes nada obtém. Então, ele é como um instrumento sem músico. É o que se vê todos os dias; é o que acontecia ao Sr. Home, que muitas vezes ficava meses inteiros sem nada produzir, a despeito de seu desejo, ainda que em presença de um soberano.

Resulta, portanto, da própria essência da mediunidade, e se pode estabelecer como princípio ABSOLUTO, que um médium *jamais está seguro* de receber um efeito determinado qualquer, porque *isso não depende dele*. Afirmar o contrário seria provar completa ignorância dos mais elementares princípios da ciência espírita. Para *prometer* a produção de um fenômeno com hora marcada, é preciso ter à disposição meios materiais que não vêm dos Espíritos. É este o caso dos irmãos Davenport? Ignoramo-lo. O julgamento cabe aos que acompanharam as suas experiências.

Falaram de desafios, de apostas propostas a quem fizesse as melhores mágicas. Os Espíritos não são fazedores de peripécias e jamais um médium sério entrará em luta com alguém e, ainda menos, com um prestidigitador. Este dispõe de meios próprios; o outro é o instrumento passivo de uma vontade estranha, livre, independente e da qual ninguém pode dispor sem seu consentimento. Se o prestidigitador diz que faz mais que os médiuns, deixai-o dizer. Ele tem razão, pois age na certa; diverte o público: é seu propósito; gaba-se: é seu papel; faz a sua propaganda: é uma necessidade da posição. O médium sério, sabendo que não tem nenhum mérito pessoal no que faz, é modesto; não pode envaidecer-se do que não é produto de seu talento, nem prometer o que de si não depende.

Contudo, os médiuns fazem algo mais. Por seu intermédio os bons Espíritos inspiram a caridade e a benevolência para com todos; ensinam aos homens a se olharem como irmãos, sem distinção de castas nem de seitas; a perdoar aos que lhes dizem injúrias; a vencer as más inclinações; a suportar com paciência as misérias da vida; a olhar a morte sem medo, pela certeza da vida futura. Eles dão consolo aos aflitos, coragem aos fracos, esperança aos que não acreditavam etc. Eis o que não ensinam nem as mágicas dos prestidigitadores nem as dos Srs. Davenport.

As condições inerentes à mediunidade não poderiam, assim, prestar-se à regularidade e à pontualidade, que são a condição indispensável das sessões a hora certa, onde, a qualquer preço, é preciso satisfazer o público. Se, entretanto, os Espíritos se prestassem a manifestações desse gênero, o que não seria radicalmente impossível, porquanto há Espíritos de todos os graus possíveis de adiantamento, eles não poderiam ser, em todo caso, senão Espíritos de baixa classe, porque seria soberanamente absurdo pensar que Espíritos, por pouco elevados que fossem, viessem divertir-se fazendo exibições. Mas, mesmo nesta hipótese, o médium não deixaria de estar à mercê de tais Espíritos, que pedem deixá-lo no momento em que sua presença fosse mais necessária e fazer falhar a representação ou a consulta. Ora, como antes de tudo é preciso contentar ao que paga, se os Espíritos não comparecerem, tratam de dispensá-los; com um pouco de habilidade é fácil fazer a mudança. É o que acontece muitas vezes a médiuns originariamente dotados de faculdades reais, mas insuficientes para o objetivo a que se propõem.

De todos os fenômenos espíritas, os que melhor se prestam à imitação são os efeitos físicos. Ora, se bem que as manifestações reais tenham um caráter distintivo e só se produzam em condições especiais bem determinadas, a imitação pode aproximá-las da realidade, a ponto de iludir as pessoas, sobretudo as que não conhecem as leis dos fenômenos verdadeiros. Mas pelo fato de poderem ser imitados, seria ilógico concluir que não existem, assim como ilógico seria pretender que não haja diamantes verdadeiros porque há diamantes artificiais.

Aqui não fazemos qualquer aplicação pessoal. Damos os princípios fundados na experiência e na razão, de onde tiramos esta consequência: que um exame escrupuloso, feito com perfeito conhecimento dos fenômenos espíritas, é o único que permite distinguir a trapaça da mediunidade real. E acrescentamos que a melhor de todas as garantias é o respeito e a consideração que se ligam à pessoa do médium, sua moralidade, sua notória honorabilidade, seu desinteresse absoluto, material e moral. Ninguém discordaria que em tais circunstâncias as qualidades do indivíduo não constituam um precedente que impressiona favoravelmente, porque afastam até a suspeita de fraude.

Não julgamos os Srs. Davenport, e longe de nós pôr em dúvida a sua honorabilidade. Mas, à parte as qualidades morais, das quais não temos nenhum motivo de suspeita, é preciso confessar que eles se apresentam em condições pouco favoráveis para atestar seu título de médiuns, e que é no mínimo com grande leviandade que certos críticos se apressaram em qualificá-los de apóstolos e sumo sacerdotes da Doutrina. O objetivo de sua viagem à Europa está claramente definido nesta passagem de sua biografia:

"Creio, sem cometer erro, que foi a 27 de agosto que os irmãos Davenport deixaram Nova Iorque, trazendo consigo, por causa de uma debilidade sobrevinda ao Sr. William Davenport, um ajudante na pessoa do Sr. William Fay, que não deve ser confundido com o Sr. H. Melleville Fay que, segundo não sei que gênero de autoridade, ao que se diz, foi descoberto no Canadá, tentando produzir manifestações semelhantes, ou pelo menos parecidas. Eles estavam acompanhados pelo Sr. Palmer, muito conhecido como *empresário e agente de negócios* no mundo dramático e lírico, e a quem, graças à sua experiência, foi confiada a parte material e econômica do empreendimento."

Está, pois, constatado que foi um empreendimento conduzido por um empresário e agente de negócios dramáticos. Os fatos relatados na biografia estão, ao que nos disseram, nas possibilidades mediúnicas; a idade e as circunstâncias em que começaram a se manifestar afastam o pensamento de charlatanice. Tudo tende, pois, a provar que esses jovens eram realmente médiuns de efeitos físicos, como se encontram muitos em seu país, onde a exploração dessa faculdade tornou-se hábito e nada tem de chocante para a opinião pública. Se eles ampliaram suas faculdades naturais, como o fizeram outros médiuns exploradores, para aumentar seu prestígio e suprir a falta de flexibilidade dessas mesmas faculdades, é o que não afirmamos, pois não temos qualquer prova. Mas, admitindo a integridade dessas faculdades, diremos que se iludiram quanto ao acolhimento do público europeu, pois foram apresentadas sob a forma de espetáculo de curiosidade e em condições tão contrárias aos princípios do Espiritismo filosófico, moral e religioso. Os espíritas sinceros e esclarecidos, que aqui são numerosos, sobretudo na França, não podiam aclamá-los em tais condições, nem considerá-los como apóstolos, mesmo supondo uma perfeita sinceridade da parte deles. Quanto aos incrédulos, cujo número é tão grande e que ainda dominam na imprensa, a ocasião de exercer sua veia trocista era muito bela para que a deixassem escapar. Aqueles senhores ofereceram, assim, o flanco à mais larga crítica e lhes deram o direito que cada um compra na bilheteria de um espetáculo qualquer. Ninguém duvida que, se se tivessem apresentado em condições mais sérias, teriam tido outra acolhida; teriam fechado a boca dos detratores. Um médium é forte quando pode dizer corajosamente: "Quanto vos custou vir aqui, e quem vos obrigou a vir? Deus me deu uma faculdade que me pode retirar quando lhe aprouver, como me pode retirar a visão ou a palavra. Só a utilizo para o bem, no interesse da verdade e não para satisfazer a curiosidade ou servir aos meus interesses. Dela só recolho o trabalho do devotamento; nem mesmo procuro a satisfação do amor-próprio, porque ela não depende de mim. Considero-a como uma coisa santa, porque me põe em relação com o mundo espiritual e me permite dar a fé aos incrédulos e consolo aos aflitos. Eu consideraria como um sacrilégio traficar com ela, porque não me julgo com o direito de vender a assistência dos Espíritos, que vêm gratuitamente. Tendo em vista que dela não tiro qualquer proveito, não tenho nenhum interesse em vos enganar." O médium que assim pode falar é forte, repetimo-lo. É uma resposta sem réplica e que sempre impõe respeito.

Nesta circunstância, a crítica foi mais que malévola; foi injusta e injuriosa e englobou na mesma reprovação todos os espíritas e todos os médiuns, aos quais não poupou os mais ultrajantes epítetos, sem pensar até que altura feria, e que atingia as mais respeitáveis famílias. Não repetiremos expressões que só desonram aos que as proferem. Todas as convicções sinceras são respeitáveis, e vós todos que incessantemente proclamais a liberdade de consciência como um direito natural, pelo menos respeitai-a nos outros. Discuti as opiniões, pois é um direito vosso, mas a injúria sempre foi o pior dos argumentos e jamais é o da boa causa.

Nem toda a imprensa é solidária com esses desvios do decoro; entre os críticos, em relação aos irmãos Davenport, uns há cujo caráter não exclui nem as conveniências nem a moderação, e que são justos. A que vamos citar ressalta precisamente o lado fraco de que falamos. É tirada do *Courrier de Paris du Monde Illustré*, de 16 de setembro de 1865, com a assinatura de *Neuter*.

"Uma primeira objeção parecia-me bastar para demonstrar que os bons rapazes que deram uma sessão pública na sala Hertz eram hábeis para os exercícios aos quais os mundos superiores ficavam completamente estranhos. Esta objeção eu a tiro da *própria regularidade com que exploravam seu pretenso poder miraculoso*. Como! garantiam que eram Espíritos que vinham manifestar-se em público em *seu proveito*, e eis que os irmãos Davenport tratavam esses Espíritos, que afinal de contas não eram seus empregados, com tanta liberdade quanto um diretor de teatro ditando regras às suas coristas! Sem perguntar aos seus comparsas sobre-humanos se o dia lhes convinha, se estavam fatigados, se o calor não os incomodava, eles marcavam para uma data fixa, para um hora determinada, e era preciso que os seres fluídicos não se indispusessem naquela data, entrassem em cena naquela hora, executassem sua brincadeiras musicais com a precisão de um músico a quem o seu café concerto concede um cachê de um franco!

"Francamente, era fazer *do mundo espírita uma ideia muito mesquinha*, no-lo apresentar assim como povoado de gênios comandados, de duendes comissários que iam à cidade a um sinal do patrão. Ora! Jamais um descanso para esses figurantes *supra*-terrestres! Quando a fluxão do mais humilde cabotino lhe dá o direito de mudar o espetáculo, as almas do bando Davenport eram escravos a quem era interdito tirar um instante de folga. É bem duro morar em planetas fantásticos para ficar reduzido a esse grau de escravidão.

"E para que tarefa convocavam essas infelizes almas de Além-Túmulo! Para fazer passar suas mãos – mãos de almas!!! – através das fendas de um armário! *Para rebaixá-las até a exibições de saltimbancos!* Para obrigá-las a brincar com violões, esses instrumentos grotescos que nem mais querem os trovadores que arrulham nos pátios, de olho em moedas de cinco centavos!..."

Com efeito, não é pôr o dedo na ferida? Se o Sr. Neuter tivesse sabido que o Espiritismo diz precisamente a mesma coisa, embora de maneira menos espirituosa, ele não teria dito: "Mas isto não é Espiritismo!" absolutamente como, ao ver um charlatão, diz: "Isto não é medicina." Ora, assim como nem a Ciência nem a Religião são solidárias com os que delas abusam, também o Espiritismo não o é com aqueles que lhe tomam o nome. A má impressão do autor vem, pois, não da pessoa dos irmãos Davenport, mas das condições nas quais se colocam perante o público e da ideia ridícula que dão do mundo espiritual as experiências feitas em tais condições, que a própria incredulidade fica chocada por ver explorar e arrastar sobre o tablado. Esta foi a impressão da crítica em geral, que a traduziu em termos mais ou menos polidos, e ela será a mesma sempre que os médiuns não estiverem em condições de natureza a fazer respeitar a crença que professam.

O revés dos irmãos Davenport é uma sorte para os adversários do Espiritismo, que entretanto se afobam para cantar vitória e ridicularizam como podem os seus adeptos, gritando-lhes que ele está mortalmente ferido, como se o Espiritismo estivesse encarnado nos irmãos Davenport. O Espiritismo não está encarnado em ninguém; está na Natureza, e não cabe a ninguém deter-lhe a marcha, porque os que tentam fazê-lo trabalham pelo seu avanço. O Espiritismo não consiste em se fazer amarrar por cordas, nem nesta ou naquela experiência física. Jamais tendo tomado esses senhores sob o seu patrocínio e jamais os tendo apresentado como colunas da Doutrina, que eles nem mesmo conhecem, não recebe nenhum desmentido de sua desventura. Seu fracasso não é um revés para o Espiritismo, mas para os exploradores do Espiritismo.

De duas uma: ou são hábeis prestidigitadores, ou são verdadeiros médiuns. Se são charlatães, devemos ser gratos a todos os que ajudam a desmascará-los; a tal respeito, devemos agradecimentos especiais ao Sr. Robin, porque no caso presta um grande serviço ao Espiritismo, que só poderia ter sofrido caso houvessem acreditado em suas fraudes. Todas as vezes que a imprensa assinalou abusos, explorações ou manobras de natureza a comprometer a Doutrina, os Espíritos sinceros, longe de se lamentarem por isso, aplaudiram. Se são médiuns verdadeiros, as condições em que se apresentam, sendo de natureza a produzir uma impressão desfavorável, não podem servir utilmente à causa. Num caso como no outro, o Espiritismo não tem nenhum interesse em tomar partido a seu favor.

Agora, qual será o resultado de todo este barulho? Ei-lo:

A crônica, que nestes dias de calor tropical passava fome, com isto ganha um assunto que se apressa em segurar, para encher suas colunas carentes de casos políticos e de notícias teatrais ou de salões.

O Sr. Robin aí encontra, para o seu teatro de prestidigitação, uma excelente publicidade que ele explorou com muita habilidade, que lhe desejamos seja muito fecunda, porque todos os dias ele aí fala dos espíritas e do Espiritismo.

Com isto a crítica perde um pouco de consideração, pela excentricidade e pela incivilidade de sua polêmica.

Falando materialmente, talvez os menos beneficiados sejam os Srs. Davenport, cuja especulação se acha singularmente comprometida.

Quanto ao Espiritismo, evidentemente é ele que mais lucrará. Seus adeptos o compreendem tão bem que absolutamente não se emocionam com o que se passa e esperam o resultado com confiança. No interior, onde são, ainda mais do que em Paris, vítimas das troças dos adversários, eles se contentam em lhes responder: Esperai, e em pouco tempo vereis quem estará morto e enterrado.

Com isto, a princípio o Espiritismo ganhará uma imensa popularidade e tornar-se-á conhecido, pelo menos de nome, por uma multidão que dele não tinha ouvido falar. Mas, entre esses, muitos não se contentam com o nome. Sua curiosidade é excitada pelo ardor dos ataques; querem saber o que há com essa doutrina, que dizem tão ridícula; irão à fonte, e quando virem que apenas lhe deram uma paródia, dirão, de si para si, que ela não é uma coisa tão má. Assim, pois, o Espiritismo ganhará por ser mais bem compreendido, mais bem julgado e mais bem apreciado.

Ainda ganhará pondo em evidência os adeptos sinceros e devotados com os quais se pode contar, e distingui-los dos adeptos de nome, que não tomam da doutrina senão as aparências ou a superfície. Seus adversários não deixarão de explorar a circunstância para suscitar divisões ou defecções reais ou simuladas, com cuja ajuda esperam arruinar o Espiritismo. Depois de haverem fracassado por todos os outros meios, aí está a sua suprema e última saída, mas que não lhes dará melhor êxito, porque não destacarão do tronco senão os galhos mortos, que não produziam nenhuma seiva, e o tronco, privado dos ramos parasitas, será revigorado.

Estes resultados, e vários outros que nos abstemos de enumerar, são inevitáveis, e não nos surpreenderíamos de saber que foram os bons Espíritos que provocaram todo esse reboliço para atingirem esse objetivo mais prontamente.

EXÉQUIAS DE UM ESPÍRITA

A alocução seguinte foi por nós pronunciada nas exéquias do Sr. Nant, um dos nossos colegas da Sociedade de Paris, a 23 de setembro de 1865. Publicamo-la a pedido da família e porque, nas circunstâncias relatadas no artigo precedente, ela mostra onde está a verdadeira doutrina.

"Senhores e caros colegas da Sociedade de Paris, e vós todos, nossos irmãos em crença, aqui presentes:

"Há apenas um mês, vínhamos a este mesmo lugar, render as nossas últimas homenagens a um dos nossos antigos colegas, o Sr. Dozon[3]. A partida de outro irmão aqui nos traz hoje. O Sr. Nant, membro da Sociedade, acaba, também ele, de entregar à terra seus despojos mortais, para revestir o brilhante envoltório dos Espíritos. Vimos, conforme a expressão consagrada, dizer-lhe o último adeus? Não, pois sabemos que a morte não é apenas a entrada na verdadeira vida, mas que não passa de uma separação corporal de alguns instantes, e que o vazio que deixa no lar é apenas aparente.

"Ó doce e santa crença, que incessantemente nos mostra ao nosso lado os seres que nos são caros! Se ele fosse uma ilusão, deveria ser abençoada, porque enche o coração de inefável consolação! Mas não, não é uma esperança vã; é uma realidade, diariamente atestada pelas relações que se estabelecem entre os mortos e os vivos segundo a carne. Abençoada seja, pois, a ciência que nos mostra a tumba como o sólio da libertação, e nos ensina a olhar a morte de frente e sem terror!

"Oh! Meus irmãos! Lamentemos aqueles que o véu da incredulidade ainda cega. É para eles que a morte representa

---

[3] Sr. Dozon, autor das *Revelações de Além-Túmulo*, 4 vol. Falecido em Passy (Paris), a 1º de agosto de 1865.

terríveis apreensões! Para os sobreviventes, ela é mais que uma separação; é a destruição, para todo o sempre, dos seres mais queridos. Para aquele que vê aproximar-se a sua última hora, é o abismo do nada, que se abre à sua frente, pensamento horrível que legitima as angústias e os desesperos.

"Que diferença para aquele que não só crê na vida futura, mas que a compreende e com ela se identificou! Ele já não marcha com ansiedade para o desconhecido, mas com confiança para os novos caminhos que se abrem à sua frente. Ele já os entrevê, e conta com sangue frio os minutos que deles ainda o separam, como o viajante que se aproxima do termo da viagem e sabe que à sua chegada vai encontrar repouso e receber os abraços dos amigos.

"Assim foi o Sr. Nant: Sua vida tinha sido a de um homem de bem por excelência; sua morte foi a do justo e do verdadeiro espírita. Sua fé nos ensinos de nossa doutrina era sincera e esclarecida; nela bebeu imensas consolações durante a vida, a resignação nos sofrimentos que o levaram ao seu término, e uma calma radiosa nos últimos instantes. Ele nos ofereceu um tocante exemplo da morte consciente; seguiu com lucidez os progressos da separação, que se operou sem abalos, e quando sentiu partir-se o último elo, abençoou os assistentes; depois, tomando as mãos de seu neto de dez anos, colocou-as sobre os olhos, para que ele próprio os fechasse. Alguns segundos depois soltou o último suspiro, exclamando: Oh! Eu o vejo!

"Nesse momento, seu neto, tomado de violenta emoção, foi subitamente adormecido pelos Espíritos. Em seu êxtase, viu a alma de seu avô, acompanhada por uma porção de outros Espíritos, elevar-se no espaço, mas preso ainda ao envoltório corporal pelo cordão fluídico.

"Assim, à medida que se fechavam sobre ele as portas da vida terrena, abriam-se-lhe as do mundo espiritual, cujos esplendores ele entrevia.

"Ó sublime e tocante espetáculo! Por que não tinha ele por testemunhas aqueles que a esta hora troçam da ciência que nos revela tão consoladores mistérios?! Eles a teriam saudado com respeito, em vez de ridicularizá-la. Se lhe atiram a ironia e a injúria, perdoemo-los: é que eles não a conhecem e vão procurá-la onde não está.

"De nossa parte, rendamos graças ao Senhor, que quis retirar de nossos olhos o véu que nos separa da vida futura, porque a morte só parece terrível aos que nada entreveem no Além. Ensinando ao homem de onde vem, para onde vai e por que está na Terra, o Espiritismo dotou-o de um imenso benefício, pois lhe dá coragem, resignação e esperança.

"Caro Sr. Nant, nós vos acompanhamos em pensamento no mundo dos Espíritos, onde ides recolher o fruto de vossas provações terrestres e das virtudes de que destes exemplo. Recebei nosso adeus, até o momento em que nos será permitido aí nos reunirmos.

"Sem dúvida revistes o nosso irmão que vos precedeu há pouco, o Sr. Dozon, que certamente vos acompanha neste momento. Juntamo-nos a ele, em pensamento, na prece que por vós vamos dirigir a Deus"

(Aqui é dita a prece pelos que acabam de deixar a Terra, que se acha no *Evangelho segundo o Espiritismo*).

NOTA: No momento de imprimir este número da Revista, soubemos que o Sr. Nant, por disposição testamentária, legou 2.000 francos para serem aplicados na propagação do Espiritismo.

VARIEDADES

VOSSOS FILHOS E VOSSAS FILHAS PROFETIZARÃO

O Sr. Delanne, que muitos de nossos leitores já conhecem, tem um filho de oito anos. Esse menino, que a cada instante ouve falar do Espiritismo em sua família, e que muitas vezes assiste às reuniões dirigidas por seu pai e sua mãe, assim cedo se viu iniciado na Doutrina, e surpreende pela justeza com que discute os seus princípios. Isto nada tem de surpreendente, pois é apenas o eco das ideias com que foi embalado. Mas, não é esse o objetivo deste artigo: é apenas a introdução no tema do fato que vamos relatar e que tem cabida nas circunstâncias atuais.

As reuniões do Sr. Delanne são graves, sérias e conduzidas com uma ordem perfeita, como devem ser todas aquelas nas quais se quer colher frutos. Embora as comunicações escritas ali ocupem o primeiro lugar, eles também se ocupam, acessoriamente e a título de instrução complementar, de manifestações físicas e tiptológicas, porém a título de ensinamento, e nunca como objeto de curiosidade. Dirigidas com método e recolhimento e sempre apoiadas em algumas explicações teóricas, elas estão nas condições desejadas para levar à convicção, pelas impressões que produzem. É em tais condições que as manifestações físicas são realmente úteis; elas falam ao espírito e impõem silêncio à troça. A gente se sente em presença de um fenômeno cuja profundidade se entrevê e que até afasta a ideia da brincadeira. Se estas espécies de manifestações, de que tanto se tem abusado, fossem sempre apresentadas dessa maneira, em vez de serem um divertimento e pretexto para perguntas fúteis, a crítica não as teria taxado de charlatanice. Infelizmente, muitas vezes dão ensejo a isso.

O filho do Sr. Delanne muitas vezes participara dessas manifestações e, influenciado pelo bom exemplo, as considerava como coisa séria.

Um dia ele se achava em casa de uma pessoa conhecida e brincava no pátio da casa com sua priminha de cinco anos e dois meninos, um de sete e outro de quatro anos. Uma senhora que morava no rés-do-chão os convidou a entrar em sua casa e lhes deu bombons. As crianças, como se pode imaginar, não se fizeram de rogadas.

A senhora perguntou ao filho do Sr. Delanne:
– Como te chamas, meu filho?
– Eu me chamo Gabriel, senhora.
– Que faz teu pai?
– Senhora, meu pai é espírita.
– Eu não conheço essa profissão.
– Mas, senhora, não é uma profissão; meu pai não é pago para isto, ele o faz com desinteresse e para fazer o bem aos homens.
– Meu rapazinho, não sei o que queres dizer.
– Como! Jamais ouvistes falar das mesas girantes?
– Então, meu amigo, bem gostaria que teu pai estivesse aqui para fazê-las girar.
– Não precisa, senhora, eu mesmo tenho o poder de fazê-las girar.

– Então, queres experimentar e me mostrar como se procede?
– Com muito prazer, senhora.

Dito isto, ele se sentou ao pé de uma mesinha da sala e fez se sentarem os seus três amiguinhos; e eis os quatro gravemente pondo as mãos sobre a mesa. Gabriel fez uma evocação, em tom muito sério e com recolhimento. Mal terminou, para grande estupefação da senhora e das crianças, a mesa ergueu-se e bateu com força.

– Perguntai, senhora, disse Gabriel, quem vem responder pela mesa.

A vizinha interrogou e a mesa soletrou as palavras: *teu pai.* A senhora empalideceu de emoção. Ela continuou:

– Então, meu pai, podes dizer se devo mandar a carta que acabo de escrever?

– Sim, sem falta, respondeu a mesa.

– Para me provar que és tu, meu bom pai, que estás aí, poderias dizer-me há quantos anos estás morto?

Logo a mesa bateu oito pancadas bem acentuadas. Estava correto o número de anos.

– Poderias dizer-me teu nome e o da cidade onde morreste?

A mesa soletrou esses dois nomes.

As lágrimas jorraram dos olhos daquela senhora, que não pôde continuar, aterrada por essa revelação e dominada pela emoção.

Seguramente este fato desafia toda suspeita de preparação do instrumento, de ideia preconcebida e de charlatanismo. Também não se podem pôr os dois nomes soletrados à conta do acaso. Duvidamos muito que essa senhora tivesse recebido tamanha impressão numa das sessões dos Srs. Davenport, ou em qualquer outra do mesmo gênero. Ademais, não é a primeira vez que a mediunidade se revela em crianças, na intimidade das famílias. Não é o cumprimento daquelas palavras proféticas: *Vossos filhos e vossas filhas profetizarão?* (Atos dos Apóstolos, II:17).

ALLAN KARDEC

REVISTA ESPÍRITA

JORNAL DE ESTUDOS PSICOLÓGICOS

| ANO VIII | NOVEMBRO DE 1865 | VOL. 11 |

DA SOCIEDADE ESPÍRITA DE PARIS AOS ESPÍRITAS DA FRANÇA E DO ESTRANGEIRO

Caríssimos e mui honrados irmãos em crença,

Uma circunstância recente forneceu aos nossos adversários ocasião para renovar contra nossa doutrina ataques que ultrapassaram, em violência, o que até hoje havia sido feito, e derramar sobre os seus adeptos o sarcasmo, a injúria e a calúnia. A opinião de algumas pessoas por um instante pôde ser desviada, mas os protestos verbais ou escritos foram tão gerais que ela já volta atrás. Todos vós compreendestes que o Espiritismo está assente em bases inabaláveis para receber qualquer ataque, e que esse levante não poderá senão auxiliar para que ele seja mais bem compreendido e mais popularizado.

É próprio de todas as grandes verdades receber o batismo da perseguição. As animosidades que o Espiritismo levanta são a prova de sua importância, porque, se o julgassem sem valor, com ele não se preocupariam. No conflito que acaba de ser levantado, todos os espíritas conservaram a calma e a moderação, que são os signos da verdadeira força; todos sustentaram o choque com coragem; ninguém duvidou do resultado, e ficai persuadidos de que essa atitude, ao mesmo tempo digna e firme, em oposição às invectivas e à acrimônia da linguagem de nossos antagonistas, não deixa de fazer refletir e de pesar muito sobre a opinião. O público imparcial não se engana. Mesmo sem levar em consideração o fato e a causa a favor de um ou do outro, uma secreta simpatia o atrai para aquele que na discussão sabe conservar a dignidade. A comparação lhe é sempre vantajosa. Assim, estes últimos acontecimentos conquistaram numerosos partidários para o Espiritismo.

Nesta circunstância, a Sociedade de Paris sente-se feliz em oferecer a todos os seus irmãos da França e do estrangeiro suas felicitações e seus sinceros agradecimentos. Nas novas lutas que poderão ocorrer, ela conta com eles, como eles podem contar com ela.

Recebei, senhores e caros irmãos, a certeza de nosso integral e afetuoso devotamento.

Pelos membros da Sociedade,
O presidente,

ALLAN KARDEC

(Aprovada por unanimidade na seção de
27 de outubro de 1865)

ALOCUÇÃO

NA REABERTURA DAS SESSÕES DA SOCIEDADE
DE PARIS, A 6 DE OUTUBRO DE 1865

Senhores e caros colegas,

No momento de retomar o curso de nossos trabalhos, é para todos nós, e para mim em particular, uma grande satisfação encontrarmo-nos novamente reunidos. Sem dúvida vamos reencontrar nossos bons guias espirituais. Façamos votos para que, graças ao seu concurso, este ano seja fecundo em resultados. Ao ensejo, permiti-me dirigir-vos algumas palavras a propósito.

Depois de nossa separação, fez-se um grande alarido a propósito do Espiritismo. A bem dizer, só tive conhecimento no meu retorno, porque apenas alguns ecos chegaram ao meu retiro no meio das montanhas.

A respeito disso, não entrarei em detalhes, hoje supérfluos e, quanto à minha apreciação pessoal, vós a conheceis pelo que eu disse na Revista. Apenas acrescentarei uma palavra. É que tudo vem confirmar minha opinião sobre as consequências do que se passou. Sinto-me feliz por ver que tal apreciação é compartilhada pela grande maioria, senão pela unanimidade dos espíritas, do que tenho provas diárias em minha correspondência.

Um fato evidente ressalta da polêmica travada por ocasião dos irmãos Davenport: a absoluta ignorância dos críticos em relação ao Espiritismo. A confusão que estabelecerem entre o Espiritismo sério e a charlatanice sem dúvida pode momentaneamente induzir algumas pessoas ao erro, mas é notório que a própria excentricidade de sua linguagem levou muita gente a indagar o que ele tem de justo, e grande foi sua surpresa ao encontrar coisas diversas dos golpes de mágica. Assim, o Espiritismo ganhará, como eu disse, por tornar-se mais conhecido e mais apreciado. Essa circunstância, que está longe de ser filha do acaso, incontestavelmente apressará o desenvolvimento da doutrina. Pode-se dizer que é um golpe de gravata cujo alcance não tardará a se fazer sentir.

Ademais, em breve o Espiritismo entrará numa nova fase, que forçosamente chamará a atenção dos mais indiferentes, e o que acaba de acontecer aplanará os caminhos. Então realizar-se-á aquela palavra profética do padre D..., cuja comunicação citei na Revista: "Os literatos serão os vossos mais poderosos auxiliares." Eles já são, involuntariamente, porém, mais tarde sê-lo-ão voluntariamente. Preparam-se circunstâncias que precipitarão esse resultado, e é com segurança que digo que nestes últimos tempos os negócios do Espiritismo avançaram mais do que se poderia crer.

Desde nossa separação, eu soube muitas coisas, senhores. Não penseis que durante esta interrupção de nossos trabalhos comuns eu tenha ido gozar o *dolce far niente*. É verdade que não fui visitar Centros Espíritas, mas nem por isto vi menos e menos observei, e por isto mesmo, trabalhei muito.

Os acontecimentos marcham com rapidez, e como os trabalhos que me restam para terminar são consideráveis, devo apressar-me, a fim de estar pronto em tempo oportuno. Em presença da grandeza e da gravidade dos acontecimentos que tudo faz pressentir, os incidentes secundários são insignificantes; as questões pessoais passam, mas a coisas capitais ficam.

Assim, é preciso ligar às coisas uma importância apenas relativa e, pelo que pessoalmente me concerne, devo afastar de minhas preocupações o que é apenas secundário e que poderia retardar-me ou me desviar do objetivo principal. Este objetivo cada vez se desenha mais nitidamente, e o que aprendi nestes últimos tempos foram sobretudo os meios de atingi-lo mais seguramente e de superar os obstáculos.

Deus me guarde de ter a presunção de me julgar o único capaz, ou mais capaz do que qualquer outro, ou o único encarregado de realizar os desígnios da Providência. Não. Tal pensamento está longe de mim. Neste grande movimento renovador, tenho minha parte de ação. Assim, só falo do que me concerne; mas o que posso afirmar sem vã fanfarronada é que, no papel que me incumbe, não me faltarão coragem nem perseverança. Jamais fraquejei, mas hoje, que vejo a rota iluminar-se com uma claridade maravilhosa, sinto as forças crescerem. Jamais duvidei, mas hoje, graças às novas luzes que a Deus aprouve dar-me, tenho certeza, e o digo a todos os nossos irmãos, com mais segurança do que nunca: Coragem e perseverança, porque um deslumbrante sucesso coroará os nossos esforços.

Malgrado o estado próspero do Espiritismo, seria abusar estranhamente crer que de agora em diante ele vai marchar sem obstáculos. Ao contrário, devemos esperar novas dificuldades e novas lutas. Assim, ainda teremos que atravessar momentos penosos, porque nossos adversários não se dão por vencidos e disputarão o terreno palmo a palmo. Mas é nos momentos críticos que se conhecem os corações sólidos, os devotamentos verdadeiros. É então que as convicções profundas se distinguem das crenças superficiais ou simuladas. Na paz não há mérito em ter coragem. Neste momento, nossos chefes invisíveis contam os seus soldados e as dificuldades para eles são um meio de pôr em evidência aqueles sobre os quais podem apoiar-se. Também é para nós um meio de saber realmente quem está conosco ou contra nós.

A tática dos nossos adversários – não seria demais repeti-lo – é neste momento procurar dividir os adeptos, lançando inopinadamente os fachos da discórdia, excitando os desfalecimentos verdadeiros ou simulados; e, é preciso dizer, eles têm como auxiliares certos Espíritos que se veem perturbados pelo aparecimento de uma fé que deve religar os homens num sentimento comum de fraternidade. Assim, estas palavras de um de nossos guias são perfeitamente verdadeiras: O Espiritismo revoluciona o mundo visível e o mundo invisível.

Há algum tempo os nossos adversários têm em mira as sociedades e as reuniões espíritas, onde semeiam em profusão o fermento da discórdia e do ciúme. Homens de vista curta, enceguecidos pela paixão, julgam ter conquistado uma grande vitória, quando conseguiram causar algumas perturbações numa localidade, como se o Espiritismo estivesse enfeudado num lugar qualquer, ou encarnado em alguns indivíduos! Ele está em toda parte, na Terra e no espaço! O movimento não é dado pelos homens, mas pelos Espíritos prepostos por Deus. Ele é irresistível porque é providencial. Não é, pois, uma revolução humana que se possa deter pela força material. Assim, quem se julgará capaz de travá-lo atirando uma pedrinha debaixo da roda? Pigmeu na mão de Deus, ele será arrastado pelo turbilhão.

Que todos os Espíritos sinceros se unam, pois, numa santa comunhão de pensamentos, para enfrentar a tempestade; que todos os que estão penetrados da grandeza do objetivo ponham de lado as pueris questões secundárias; que façam calar as suscetibilidades do amor-próprio, para ver apenas a importância do resultado para o qual a Providência conduz a Humanidade.

Encaradas as coisas deste elevado ponto de vista, em que se torna a questão dos irmãos Davenport? Contudo, esta mesma circunstância, apesar de muito secundária, é um aviso salutar. Ela impõe deveres especiais a todos os espíritas, e a nós em particular. Como se sabe, o que falta aos que confundem o Espiritismo com a charlatanice é saber o que é o Espiritismo. Sem dúvida poderão sabê-lo pelos livros, quando se derem ao trabalho. Mas, que é a teoria ao lado da prática? Não basta dizer que a doutrina é bela; é necessário que os que a professam mostrem a sua aplicação. Cabe, pois, aos adeptos dedicados à causa, provar o que ela é, por sua maneira de agir, quer em particular, quer nas reuniões, evitando, com o máximo cuidado, tudo quanto pudesse dar margem à malevolência e produzir nos incrédulos uma impressão desfavorável. Quem quer que se encerre nos princípios da doutrina poderá ousadamente desafiar a crítica e jamais incorrerá na censura da autoridade, nem na severidade da lei.

Posta em evidência mais que qualquer outra, a Sociedade de Paris, sobretudo, deve dar o exemplo. Sentimo-nos todos felizes ao dizer que ela jamais faltou aos seus deveres e por termos constatado a boa impressão produzida por seu caráter eminentemente sério, pela gravidade e pelo recolhimento que presidem às suas reuniões. É um motivo a mais para ela evitar escrupulosamente até as aparências do que poderia comprometer a reputação que adquiriu. Incumbe a cada um de nós velar por isso, no próprio interesse da causa. É preciso que a qualidade de membro, ou de médium a lhe prestar concurso, seja um título de confiança e de consideração. Conto, pois, com a cooperação de todos os nossos colegas, cada um no limite de suas possibilidades. Não se deve perder de vista que as questões de pessoas devem apagar-se ante a questão do interesse geral. As circunstâncias em que vamos entrar são graves, repito, e cada um de nós terá sua missão, pequena ou grande. Por isso devemos pôr-nos em condições de cumpri-la, pois disso nos pedirão contas. Peço me perdoeis esta linguagem um pouco austera na retomada de nossos trabalhos, mas ela é imposta pelas circunstâncias.

Senhores, em nossa primeira reunião, um dos nossos colegas falta corporalmente à chamada. Durante nosso recesso, o Sr. Nant, pai de nossa boa e excelente espírita, a Sra. Breul, retornou ao mundo dos Espíritos, de onde, esperamos, terá a bondade de vir até nós. Em seus funerais, rendemos-lhe um justo tributo de simpatia, que julgamos dever renovar hoje e ficaremos felizes se dentro em breve ele tiver a bondade de dirigir-nos algumas palavras e, no futuro, juntar-se aos bons Espíritos que nos ajudam com seus conselhos. Peçamos-lhes, senhores, que tenham a bondade de continuarem a dar-nos a sua assistência.

DA CRÍTICA A PROPÓSITO DOS IRMÃOS DAVENPORT

(2º ARTIGO)

Começa a acalmar-se a agitação causada pelos irmãos Davenport. Após a bordoada lançada pela imprensa contra eles e o Espiritismo, restam apenas alguns atiradores que, aqui e ali, queimam os últimos cartuchos, à espera de outro assunto que venha alimentar a curiosidade pública. De quem foi a vitória? O Espiritismo está morto? É o que não tardarão a saber. Suponhamos que a crítica tivesse matado os Srs. Davenport, o que não é de nossa conta. O que teria resultado? O que dissemos no artigo precedente. Em sua ignorância do que é o Espiritismo, ela atirou naqueles senhores, exatamente como um caçador que atira num gato pensando atirar numa lebre: o gato morreu, mas a lebre continua correndo.

Assim acontece com o Espiritismo, que não foi nem podia ser atingido pelos golpes que dão em seus flancos. Então a crítica enganou-se, o que teria evitado facilmente se tivesse observado a etiqueta. Entretanto, não lhe faltaram avisos. Alguns escritores até confessaram a influência das refutações que lhes chegavam de todos os lados, e isto da parte *das mais honradas pessoas*. Isto não lhes deveria ter aberto os olhos? Mas não, eles se haviam metido por um caminho e não queriam recuar; era preciso ter razão a todo o custo. Muitas dessas refutações nos foram enviadas. Todas se distinguiam por uma moderação que contrasta com a linguagem dos nossos adversários e, na maior parte, são de perfeita justeza de apreciação. Certamente ninguém pretendeu impor a opinião àqueles senhores, mas constitui um dever da imparcialidade admitir as retificações para pôr o público em condições de julgar os prós e os contras. Ora, como é mais cômodo ter razão quando se fala sozinho, muito poucas dessas retificações viram a luz da publicidade. Quem sabe, até, se a maior parte delas foi lida? Então é preciso ser grato aos jornais que se mostraram menos exclusivos. Entre eles está o *Journal des Pyrénées-Orientales* que, em seu número de 8 de outubro, publica a seguinte carta:

"Perpignan, 5 de outubro de 1865.

"Senhor Gerente,

"Não me venho lançar na polêmica; apenas solicito vossa equidade de me permitir, uma vez única, responder aos vivos ataques contidos na *carta parisiense*, publicada no último número de vosso jornal, contra os espíritas e o Espiritismo.

"Como os verdadeiros católicos, os verdadeiros espíritas não dão espetáculo público. Eles estão penetrados do respeito de sua fé, aspiram ao progresso moral de todos, e sabem que não é no palco que fazem prosélitos.

"Eis o que concerne aos irmãos Davenport.

"Haveria muito a dizer para refutar os erros do autor desses ataques irônicos. Apenas direi que, tendo Deus dado o livre-arbítrio ao homem, atentar contra a sua liberdade de crer, de pensar, é colocar-se acima de Deus, por consequência um enorme pecado do orgulho.

"Dizer que esta nova ciência fez imensos progressos e que muitas cidades contam com grande número de adeptos; que têm suas sedes, seus presidentes, e que suas reuniões contêm homens cultos, eminentes por sua posição na sociedade civil e militar, na advocacia, na magistratura, não é confessar que o Espiritismo está baseado na verdade?

"Se o Espiritismo é apenas um erro, por que ocupar-se tanto com ele? O erro tem apenas uma duração efêmera, é um fogo-fátuo que dura algumas horas e desaparece. Se, ao contrário, é uma verdade, por mais que façais não podereis destruí-lo nem detê-lo. A verdade é como a luz: só os cegos lhe negam a beleza.

"Também dizem que o Espiritismo provocou casos de alienação mental. Direi isto: O Espiritismo não ocasionou a loucura, tanto quanto o Cristianismo ou os outros cultos não são responsáveis pelos casos de idiotia que se encontram muitas vezes entre os praticantes das diversas religiões. Os espíritos mal conformados estão sujeitos à exaltação e aos desarranjos. Deixemos, pois, de uma vez por todas, esse último argumento no arsenal com as armas fora de uso.

"Termino esta resposta dizendo que o Espiritismo nada vem destruir a não ser a crença nos castigos eternos. Ele nos fortalece na fé em Deus; torna evidente que a alma é imortal e que o Espírito se depura e progride pelas reencarnações; prova-nos que as diferentes posições sociais têm a sua razão de ser; ensina-nos a suportar nossas provações, sejam quais forem; enfim, demonstra-nos que um só caminho nos conduz a Deus: o amor ao bem, a caridade!

"Recebei, senhor Gerente, meus agradecimentos e minhas respeitosas saudações.

"Tenho a honra de ser o vosso servidor."

BREUX

Todas as refutações que temos sob os olhos, e que foram dirigidas aos jornais, protestam contra a confusão que fizeram entre o Espiritismo e as sessões dos Srs. Davenport. Se, pois, a crítica persiste em torná-los solidários, é porque ela o quer.

NOTA: Num artigo que por falta de espaço temos que adiar para o próximo número, examinaremos as mais importantes proposições que ressaltam da polêmica suscitada a propósito dos Srs. Davenport.

POESIA ESPÍRITA

UM FENÔMENO
(FÁBULA)

Por uma dessas noites serenas de primavera,
Que fazem luzir no céu tantos fogos brilhantes,
Alguns bons burgueses da cidade
Discorriam, em passo lento e tranquilo
Sobre as avenidas espaciais.
Cada um, por sua vez, erguia os olhos
Do chão à abóbada celeste
E, sem dúvida, pensareis
Que o tema de seus discursos
Rolava sobre o poder eterno e infinito,
Que submete todos esses corpos às leis da harmonia!
Não, eles davam um outro curso
Aos pensamentos: a alta ou queda na Bolsa,
As colheitas, seus preços, eram a única fonte
A lhes alimentar o espírito,
Quando um deles, parando, falou,
Como se tocado de súbito estupor:
"Que vejo? É possível? Uma estrela se agita!

Eleva-se..., depois desce!"
E esfregando os olhos: "Que digo eu,
Uma estrela...? Palavra, penso que é um prodígio,
A menos que eu sonhe, vai crescendo;
Uma, duas, três e mesmo quatro estrelas
Movem-se e dançam sem ruído;
Estranho mistério que a noite
Parece ter prazer em cobrir com seus véus!"
E o espírito dos burgueses, cujo olhar atônito
Acompanha as fases do fenômeno,
Em vão, para explicá-lo, recolhe-se, concentra-se;
Só o acaso os conduz.
Andam, e sua fronte é tocada pelas fitas
Que sustentam no ar outros tantos papagaios
Ornados de uma luz vacilante
Ao sopro de brisas novas;
E os garotos, autores do fato maravilhoso,
Ficavam a sorrir, a dois passos deles.
Que disseram após essa dupla surpresa,
Depois desse desencanto?
Que todos os fogos do firmamento
Não passam de artifícios, de obra da tolice,
Para lançar os ingênuos no pasmo.
Assim, se o horizonte se avermelha e se colore,
E reveste a noite de luz misteriosa;
Se a chama de um meteoro
Súbito resplandece no fundo negro do céu;
Se uma estrela cadente em vivas fagulhas
Sulca os campos do éter,
Esses bons burgueses, com os olhos e os braços no ar
Vão por toda parte procurando as fitas.
A verdade sempre tem sua contrafação:
Cabe-nos distinguir, pela comparação,
O verdadeiro do embuste.
O ceticismo, emocionado, berra: charlatanice!
Ante os fatos sujeitos a uma lei eterna.
Para julgar direito os efeitos e as causas,

Ao céptico faltam duas coisas:
Um pouco de modéstia – e boa-fé.

C. DOMBRE, de Marmande.

O ESPIRITISMO NO BRASIL

EXTRAÍDO DO DIÁRIO DA BAHIA

Sob o título de *A Doutrina Espírita*, o *Diário da Bahia* de 26 e 27 de setembro de 1865 contém dois artigos, que são a tradução para o português dos que foram publicados há seis anos pelo Dr. Déchambre na *Gazette Médicale* de Paris. Acabava de aparecer a segunda edição do *Livro dos Espíritos* e é dessa obra que o Dr. Déchambre faz um relato semiburlesco. Mas, a propósito, ele prova historicamente, e por citações, que o fenômeno das mesas girantes e vibrantes é mencionado em Teócrito, sob o nome de *Kosskinomanteia*, adivinhação pelo *crivo*, porque então se serviam de um crivo para esse gênero de operação, de onde conclui, com a lógica ordinária dos nossos adversários, que não sendo nosso esse fenômeno, não tem qualquer fundo de realidade. Para um homem de ciências positivas, é forçoso convir que aí está um argumento singular. Lamentamos que a erudição do Sr. Déchambre não lhe tivesse permitido remontar ainda mais longe, porque ele o teria encontrado no antigo Egito e nas Índias. Um dia voltaremos a esse artigo, que tínhamos perdido de vista, e que faltava em nossa coleção. Enquanto esperamos, perguntaremos ao Sr. Déchambre se devemos rejeitar a Medicina e a Física modernas porque seus rudimentos se acham misturados às práticas supersticiosas da Antiguidade e da Idade Média. Se a sábia Química de hoje não teve o seu berço na Alquimia, e a Astronomia o seu na Astrologia judiciária. Por que, então, os fenômenos espíritas, que não são, em definitivo, senão fenômenos naturais cujas leis não conhecíamos, também não se encontrariam nas crenças e práticas antigas?

Tendo sido esse artigo pura e simplesmente reproduzido sem comentários, nada prova, da parte do jornal brasileiro, uma hostilidade sistemática contra a Doutrina. É mesmo provável que não o conhecendo, ele julgou encontrar ali uma apreciação exata. O que o provaria é seu afã em inserir, no número seguinte, de 28 de setembro, a refutação que os espíritas da Bahia lhe dirigiram, e que está assim concebida:

"Senhor redator,
"Como agis de boa-fé, no que concerne à doutrina do Espiritismo, rogamos a bondade de publicar no *Diário* uma passagem do *Livro dos Espíritos*, do Sr. Allan Kardec, que já atingiu a décima terceira edição, a fim de que vossos leitores possam apreciar, em seu justo valor, a reprodução que fizestes de um artigo da *Gazette Médicale* de Paris, escrito há mais de seis anos pelo Dr. Déchambre, contra essa mesma doutrina, e no qual se reconhece que o dito doutor não é fiel nas citações que faz do *Livro dos Espíritos*, visando depreciar essa doutrina.

"Somos, senhor redator, vossos amigos agradecidos,

"LUÍS OLYMPIO TELLES DE MENEZES
"JOSÉ ÁLVARES DO AMARAL
"JOAQUIM CARNEIRO DE CAMPOS"

Segue, como resposta e refutação, um extrato muito extenso da introdução do *Livro dos Espíritos*.

As citações textuais das obras espíritas são, com efeito, a melhor refutação das deformações a que certos críticos submetem a Doutrina. A Doutrina se justifica por si mesma, razão pela qual as sofre. Não se trata de convencer seus adversários que ela é boa, o que, às mais das vezes, é tempo perdido, porque, a bem da justiça, eles têm inteira liberdade de achá-la má, mas simplesmente de provar que ela diz o contrário do que a fazem dizer. Cabe ao público imparcial julgar, pela comparação, se ela é boa ou má. Ora, como, a despeito de tudo quanto puderam fazer, ela recruta incessantemente novos partidários, é uma prova de que não desagrada a todo mundo, e que os argumentos que lhe opõem são impotentes para desacreditá-la. Podemos ver, por esse artigo, que ela não tem nacionalidade e dá a volta ao mundo.

O ESPIRITISMO E A CÓLERA

Sabemos de que acusações eram vítimas os primeiros cristãos em Roma. Não havia crimes de que não fossem capazes, nem desgraças públicas de que, no dizer de seus inimigos, eles não fossem os autores voluntários ou a causa involuntária, porque sua influência era perniciosa. Daqui a uns séculos teremos dificuldade em crer que espíritos fortes do século dezenove tenham tentado ressuscitar essas ideias a respeito dos espíritas, declarando-os autores de todas as perturbações da Sociedade, comparando sua doutrina à peste, e estimulando a persegui-los. Isto é história impressa; estas palavras caíram de mais de uma cátedra evangélica, mas, o que é mais surpreendente, é que as encontramos nos jornais, que dizem falar em nome da razão e se arvoram em campeões de todas as liberdades e, em particular, da liberdade de consciência. Já possuímos uma curiosíssima coleção de amenidades desse gênero, que nos propomos mais tarde reunir em volume, para maior glória de seus autores e edificação da posteridade. Seremos, pois, reconhecido aos que nos ajudarem a enriquecer essa coleção, enviando-nos tudo o que, em seu conhecimento, apareceu ou aparecer a respeito. Comparando esses documentos da história do Espiritismo com os da história dos primeiros séculos da Igreja, ficaremos surpresos de aí encontrar pensamentos e expressões idênticas. Só falta uma coisa: as feras do circo, o que, não obstante, é um progresso.

Sendo, pois, o Espiritismo uma peste eminentemente contagiosa, porquanto, segundo a confissão de seus adversários, ela invade com terrível rapidez todas as classes da Sociedade, ele tem uma certa analogia com a cólera. Assim, nesta última batalha, certos críticos facciosamente o chamaram de *Spirito--morbus*; nada haveria de surpreendente se o acusassem de haver importado o flagelo, porque observa-se que dois campos diametralmente opostos se dão as mãos para combatê-lo. Em um, ao que nos disseram, mandaram cunhar uma medalha com a efígie de São Bento, que basta usar para se preservar do contágio espírita. Não nos disseram se tal meio cura os que foram contagiados.

Certamente há uma analogia entre o Espiritismo e a cólera. É o medo que ambos causam a certas pessoas. Mas consideremos a coisa de um ponto de vista mais sério. Eis o que nos escrevem de Constantinopla:

"...Os jornais vos informaram do rigor com que o terrível flagelo acaba de açoitar nossa cidade e seus subúrbios, já atenuando sua devastação. Algumas pessoas, dizendo-se bem informadas, elevam o número dos coléricos mortos a 70 mil, e outros a quase cem mil. De qualquer modo, fomos rudemente provados, e podeis imaginar as dores e o luto geral de nossas populações. É sobretudo nestes tristes momentos de epidemia espantosa que a fé e a crença espírita dão coragem. Acabamos todos de dar a mais verídica das provas. Quem sabe se não devemos a essa calma da alma, a essa persuasão da imortalidade, a essa certeza das existências sucessivas, em que os seres são compensados segundo seu mérito e seu grau de adiantamento; quem sabe, digo eu, se não é por essas crenças, bases de nossa bela doutrina, que nós todos, espíritas de Constantinopla, que somos, como sabeis, bastante numerosos, devemos ter sido preservados do flagelo que se espalhou e ainda se espalha em torno de nós! Digo isto principalmente porque foi constatado, aqui e alhures, que o medo é o predisponente mais perigosos da cólera, como a ignorância infelizmente se torna uma fonte de contágio..."

REPOS FILHO, advogado

Certamente seria absurdo crer que a fé espírita seja um atestado de garantia contra a cólera. Mas como está cientificamente reconhecido que o medo, enfraquecendo, ao mesmo tempo, o moral e o físico, torna mais impressionável e mais susceptível de ser atingido pelas moléstias contagiosas, é evidente que toda causa tendente a fortificar o moral é um preservativo. Isto hoje é tão bem compreendido que se evita, tanto quanto possível, quer nos relatórios, quer nas disposições materiais, aquilo que pode ferir a imaginação por um aspecto lúgubre.

Sem dúvida os espíritas podem morrer de cólera, como todo mundo, porque seu corpo não é mais imortal que o dos outros e porque, quando chega a hora, há que partir, por esta ou aquela causa. A cólera é uma das causas que só tem de particular levar um maior número de pessoas ao mesmo tempo, o que produz maior sensação. Parte-se em massa, em vez de isoladamente, eis a diferença. Mas a certeza que eles têm do futuro, e sobretudo o conhecimento desse futuro, que responde a todas as suas aspirações e satisfaz à razão, fazem que absolutamente não lamentem deixar a Terra, onde se consideram como em passageiro exílio. Enquanto em presença da morte o incrédulo só vê o nada, ou pergunta o que vai ser de si, o espírita *sabe* que, se morrer, apenas será despojado de um envoltório material sujeito aos sofrimentos e às vicissitudes da vida, mas que continuará sendo *ele mesmo* com um corpo etéreo inacessível à dor; que desfrutará de percepções novas e de maiores faculdades; que vai reencontrar os que amou e que o esperam no sólio da verdadeira vida, da vida imperecível. Quanto aos bens materiais, sabe que deles não mais necessita, e que os prazeres que eles proporcionam serão substituídos por outros mais puros e invejáveis, que não deixam atrás de si nem amarguras nem pesares. Assim, abandona-os sem esforço e com alegria, e lamenta aqueles que, ficando depois de si na Terra, ainda vão deles precisar. É como aquele que, tornando-se rico, deixa seus trapos velhos aos infelizes. Assim, ao deixar os amigos, lhes diz: Não me lastimeis; não choreis minha morte; antes felicitai-me por me ver livre das preocupações da vida e por entrar no mundo radioso onde vos esperarei.

Quem quer que tenha lido e meditado nossa obra *O Céu e o Inferno segundo o Espiritismo*, sobretudo o capítulo sobre *as apreensões da morte*, compreenderá a força moral que os espíritas adquirem em sua crença, em presença do flagelo que dizima as populações.

Segue-se que vão negligenciar as precauções necessárias em casos semelhantes e baixar a cabeça diante do perigo? Absolutamente não. Eles tomarão todas aquelas que são aconselhadas pela prudência e por uma higiene racional, porque não são fatalistas e porque, se não temem a morte, sabem que não devem procurá-la. Ora, desprezar as medidas sanitárias que podem preservá-los seria um verdadeiro suicídio, cujas consequências conhecem muito bem para a ele se exporem. Consideram como um dever velar pela saúde do corpo, porque a saúde é necessária à realização dos deveres sociais. Se buscam prolongar a vida corporal, não é por apego à Terra, mas para ter mais tempo para progredir, melhorar-se, depurar-se, despojar-se do homem velho e adquirir maior soma de méritos para a vida espiritual. Mas se, a despeito de todos os cuidados, devem sucumbir, tomam o seu partido sem queixa, sabendo que todo progresso tem seus frutos, que nada do que se adquire em moralidade e em inteligência fica perdido, e que se não se desmereceram aos olhos de Deus, serão sempre melhores no outro mundo do que neste, mesmo que não tenham o primeiro lugar. Eles apenas dizem: Vamos um pouco mais cedo para onde iríamos um pouco mais tarde.

Crê-se que com tais pensamentos não se esteja em melhores condições de tranquilidade de espírito recomendadas pela ciência? Para o incrédulo ou para aquele que duvida, a morte tem todos os seus terrores, porque ele perde tudo e nada espera. Que pode dizer um médico materialista para acalmar nos doentes o medo de morrer? Nada senão o que um dia dizia um deles a um pobre diabo que tremia à simples palavra cólera: "Bah! Enquanto não estamos mortos, há esperança; depois, em definitivo, só morremos uma vez, e logo a coisa passa; quando estamos mortos, *tudo está acabado*; não sofremos mais." Tudo está acabado quando se está morto, eis o supremo consolo que ele dá.

Ao contrário, o médico espírita diz ao que vê a morte à sua frente: "Meu amigo, vou empregar todos os recursos da Ciência para vos restabelecer a saúde e vos conservar o maior tempo possível. Nós conseguiremos, assim espero. Mas a vida do homem está nas mãos de Deus, que nos chama quando terminada nossa prova aqui embaixo. Se a hora de vossa libertação tiver chegado, rejubilai-vos, como o prisioneiro que vai sair da sua prisão. A morte nos desembaraça do corpo que nos faz sofrer e nos leva à verdadeira vida, vida isenta de perturbações e misérias. Se deveis partir, não penseis que estejais perdido para os vossos parentes e amigos que ficam depois de vós. Não, não estareis menos no meio deles; vê-los-eis e os ouvireis melhor do que podeis fazê-lo neste momento. Vós os aconselhareis, os dirigireis, os inspirareis para o bem. Se, pois, aprouver a Deus vos chamar a si, agradecei-lhe por vos dar a liberdade; se ele prolongar a vossa estada aqui, agradecei-lhe por vos dar tempo de acabar a vossa tarefa. Na dúvida, submetei-vos sem murmúrio à sua santa vontade."

Tais palavras não são adequadas a trazer serenidade à alma, e esta serenidade não secunda a eficácia dos remédios, ao passo que a perspectiva do nada mergulha o moribundo na ansiedade do desespero?

Além desta influência moral, o Espiritismo tem outra mais material. Sabe-se que os excessos de toda sorte são uma das causas que mais predispõem aos ataques da epidemia reinante. Assim, os médicos recomendam sobriedade em tudo, prescrição salutar à qual muita gente tem dificuldade de submeter-se. Admitindo que o façam, é sem dúvida um ponto importante, mas acredita-se que uma abstenção momentânea possa reparar instantaneamente as desordens orgânicas causadas por abusos inveterados, degenerados pelo hábito, que estragaram o corpo e, por isso mesmo, o tornaram acessível aos miasmas deletérios? Fora da cólera, não se sabe quanto o hábito da intemperança é pernicioso nos climas tórridos, e naqueles onde a febre amarela é endêmica? Pois bem! Por força de suas crenças e da maneira de encarar o objetivo da vida presente e o resultado da vida futura, o espírita modifica completamente os seus hábitos. Em vez de viver para comer, come para viver; não pratica excessos; não vive como cenobita; assim, usa de tudo, mas não abusa de nada. Isto deve ser, certamente, uma consideração preponderante a acrescentar à que faz valer o nosso correspondente de Constantinopla.

Eis, pois, um dos resultados desta doutrina, sobre a qual a incredulidade lança a injúria e o sarcasmo, escarnece, taxa de loucura e, segundo ela, traz a perturbação à Sociedade. Mantende a vossa incredulidade, se ela vos apraz, mas respeitai uma crença que torna felizes e melhores os que a possuem. Se é uma loucura crer que nem tudo acaba com a vida; que depois da morte vivemos uma vida melhor, isenta de preocupações; que voltamos ao meio daqueles que amamos; ou ainda crer que depois da morte não somos mergulhados nas chamas eternas sem esperança de sair de lá, o que não valeria mais do que o nada, nem perdidos na ociosa e beata contemplação do infinito, aprouvesse a Deus que todos os homens fossem loucos desta maneira, pois haveria entre eles muito menos crimes e suicídios.

Numerosas comunicações foram dadas sobre a cólera; várias o foram na Sociedade de Paris ou no nosso círculo íntimo. Apenas reproduzimos duas, fundidas numa só, para evitar as repetições, e porque resumem o pensamento dominante da maioria.

(Sociedade de Paris – Médiuns: Srs. Desliens e Morin)

Considerando-se que a cólera é um assunto de atualidade e cada um traz o seu remédio para afastar o terrível flagelo, eu me permitirei, se o quiserdes, dar também o meu conselho, se bem que me pareça pouco provável que tenhais que temer sua ação de maneira cruel. Contudo, como é bom que na ocasião não faltem os meios, ponho minha pouca luz à vossa disposição.

Essa afecção, apesar do que dizem, não é imediatamente contagiosa, e aqueles que se acham numa região onde ela grassa, não devem temer prestar socorro aos doentes.

Não existe um remédio universal contra essa moléstia, seja preventivo, seja curativo, visto que o mal se complica de várias maneiras que ora se devem ao temperamento dos indivíduos, ora ao seu estado moral e aos seus hábitos, ora às condições climáticas, o que faz que tal remédio dê resultado em certos casos e não em outros. Pode-se dizer que a cada período de invasão, e conforme as localidades, o mal deve ser objeto de estudo especial e requer uma medicação diferente. É assim que, por exemplo, o gelo, a triaga etc., que puderam curar casos numerosos nas cóleras de 1832 e 1849, e em certas regiões, poderiam dar apenas resultados negativos em outras épocas e em outros países. Há, pois, uma porção de remédios bons, e nenhum que seja específico. É essa diversidade nos resultados que desnorteou e desnorteará ainda a Ciência, e faz com que nós mesmos não possamos dar um remédio aplicável a todos, porque a natureza do mal não o comporta. Há, entretanto, regras gerais, frutos da observação, das quais importa não se afastar.

O melhor preservativo consiste nas precauções de higiene sabiamente recomendadas em todas as instruções dadas a respeito, que consistem na limpeza, no afastamento de toda causa de insalubridade e dos focos de infecção, e na abstenção de todo excesso. Além disto, deve-se evitar a mudança de hábitos alimentares, salvo para evitar as coisas debilitantes. É preciso igualmente evitar os resfriados, as transições bruscas de temperatura e abster-se, ao menos por necessidade absoluta, de toda medicação violenta que possa trazer perturbação à economia.

Sabeis que muitas vezes, em casos semelhantes, o medo é pior que o mal. Infelizmente o sangue-frio não se impõe, mas vós, espíritas, não necessitais de conselhos sobre este ponto, pois encarais a morte sem receio e com a calma dada pela fé.

Em caso de ataque, importa não negligenciar os primeiros sintomas. O calor, a dieta, uma transpiração abundante, as fricções, a água de arroz com algumas gotas de láudano, são medicamentos pouco custosos e cuja ação é muito eficaz, se a energia moral e o sangue-frio a tudo isso se vierem juntar. Como às vezes é difícil conseguir láudano, por falta de médico, pode-se dar, em casos de urgência, qualquer outra composição calmante, e em particular o suco de alface, mas em dose fraca. Aliás, pode-se apenas ferver algumas folhas de alface em água de arroz.

A confiança em si e em Deus é, em tais circunstâncias, o primeiro elemento da saúde.

Agora que a vossa saúde material está ao abrigo do perigo, permiti-me pensar em vosso temperamento espiritual, ao qual uma epidemia de outro gênero parece querer atacar. Nada temais por esse lado, pois o mal só poderia atingir os seres a quem falta a vida verdadeiramente espiritual e já mortos na haste. Todos os que se votaram sem retorno e sem segundas intenções à Doutrina, ao contrário, nela encontrarão novas forças, para fazer frutificar o ensino, que consideramos um dever transmitir-vos. A perseguição, seja qual for, é sempre útil. Ela põe à luz os corações sólidos, e se destaca do tronco alguns galhos mal fixados, os jovens rebentos, amadurecidos pelas lutas nas quais triunfarão, segundo nosso conselho, tornar-se-ão homens sérios e refletidos. Assim, pois, muita coragem. Marchai sem medo pelo caminho que vos é traçado, e contai com aquele que jamais vos faltará, na medida de suas forças.

Doutor DEMEURE

UM NOVO NABUCODONOSOR

Escrevem-nos de Charkow, na Rússia:
Escrevendo-vos, Sr. Presidente, ouso esperar que o Espiritismo talvez venha lançar alguma luz sobre um fato até hoje inexplicável, e que me parece oferecer um poderoso interesse. Colhi-o de uma testemunha ocular, parente próximo da pessoa em questão. Eis o que ele me contou.
 Todos os membros da família R... se faziam notados pela originalidade do caráter e por suas inclinações. Mas aqui falarei apenas dos dois irmãos Alexandre e Voldemar. O que impressionava neste último eram os olhos, cuja impressão é impossível descrever. Crianças, brincávamos juntos; mesmo longe de ser um poltrão, eu não podia, entretanto, suportar o seu olhar. Fiz a observação a meu pai, que me confessou experimentar, olhando-o, o mesmo sentimento de perturbação, e aconselhou-me que o evitasse. Parece que Voldemar não era o favorito da família. Quando chegou a idade dos estudos sérios, os dois irmãos entraram para a Universidade de Kazan. Voldemar não tardou em deixar estupefatos os mestres e os colegas, por atitudes esquisitas; muitas vezes gabava-se em presença do irmão, que havia escolhido para vítima de suas troças. Mas seus sucessos não duraram. Aos dezesseis anos ele morreu nos braços de seu irmão. É deste último que nos vamos ocupar.
 Mesmo em menor grau, Alexandre também possuía nos olhos negros esse magnetismo fascinante que tanto chocava em seu irmão. Também não tinha as brilhantes qualidades, mas isto não o impedia de ter muito espírito e de aprender com facilidade. A morte do irmão causou-lhe tal impressão que se tornou outro homem. Seis semanas depois, ficou sem abrir os olhos, deixou de se pentear, de se lavar, e não quis, sob nenhum pretexto, mudar de roupa, de modo que as roupas apodreciam-lhe no corpo e caíam em farrapos.
 Então a mãe o levou para o campo. Um tio que morava perto conseguiu que ela lhe confiasse seu sobrinho por algum

tempo, prometendo fazê-lo esquecer todas as suas fantasias. Com efeito, disse-lhe muito severamente que se quisesse manter semelhante atitude em sua casa, não teria escrúpulos com os meios de corrigi-lo. Alexandre logo tornou-se perfeitamente razoável; não ofereceu qualquer resistência às ordens do tio, mas escreveu secretamente à sua mãe, pedindo-lhe que viesse livrá-lo de seu carrasco. Sua mãe atendeu logo ao seu desejo. No entanto, uma vez longe do tio, as bizarrices recomeçaram mais intensas. Entre outras coisas, ele exigia que tocassem os sinos da igreja, quando se sentava à mesa. Pensaram num desarranjo cerebral e puseram-no numa casa de saúde de Kazan. Coisa estranha! Também dessa vez mudou completamente. Nada em sua conduta ou nas palavras denotava um cérebro doentio. Os médicos pensaram numa intriga de família e não mais o observaram de perto.

Uma noite, vendo que todos dormiam, ele enfiou o barrete e a jaqueta de um dos médicos, saiu do quarto, passou perto do porteiro sem ser reconhecido, ganhou a rua e fez 30 verstas[1] a pé até a sua fazenda. Entrou numa espécie de cabana, que servia de galinheiro, tirou toda a roupa e pondo-se no meio da cabana declarou que uma toesa[2] quadrada de chão bastava para a vida de um homem que de nada necessitava. Em vão a mãe, de joelhos, lhe suplicou que mudasse de ideia; em vão tentaram persuadi-lo a permitir que construíssem um teto para sua cabana. Ele ficou inabalável; quis ao seu lado apenas uma velha criada que jamais o tinha deixado e que por ele tinha uma fidelidade e um apego de cão. Seu pai, vendo que nada conseguia, ordenou a todos os seus camponeses que deixassem o lugar e fossem instalar-se a 7 verstas dali; ele próprio partiu, apelidando a aldeia de Aldeia Perdida. Então quiseram pôr a propriedade sob tutela. Nomearam comissões, mas Alexandre, que era sempre prevenido a tempo, vestiu-se, mesmo sem roupas íntimas, e veio ao encontro de todos. Respondeu a todas as perguntas com um bom senso e uma justeza que nada deixavam a desejar, e tão bem que a comissão que ao chegar imaginava tratar com um louco, retirou-se desapontada.

Isto se passou em 1842, e até agora Alexandre permanece no mesmo estado. Ele se mantém de pé, sem nenhuma roupa,

---
[1] Antiga medida itinerária russa equivalente a 1.067 metros. (Nota do revisor Boschiroli)
[2] Antiga unidade de medida de comprimento, equivalente a 1,98m. (Nota do revisor Boschiroli)

num pardieiro sem portas nem janelas, exposto a todas as intempéries e onde, no inverno, o frio chega a 30º abaixo de zero. Ele se alimenta de um pouco de geleia de uva que lhe trazem uma vez por dia numa tigela de barro; atiram-na com uma colher e ele a apanha no ar, à maneira dos animais, dos quais adotou o mugido, porque não mais se serve da voz humana. De tanto manter a cabeça inclinada, não pode mais erguê-la; seus pés atingiram uma largura desmesurada e ele não pode mais andar. Algumas vezes, à noite, acomoda-se e permite que o cubram com uma pele de carneiro. Seu aspecto nada apresenta de extraordinário, salvo os olhos. Não é gordo nem magro. O rosto tem uma expressão de sofrimento. Certa vez lhe perguntaram a razão de sua conduta extraordinária. Ele respondeu: "Não me fale nisto, é uma falta de vontade." Não conseguiram mais. Que entendia ele por falta de vontade? Seria um voto?... Às vezes ele pronuncia o nome do irmão morto; outras vezes exclama: "Mas quando isto terminará?" Não segue nenhuma das regras de sua religião. Tinham mandado seus cabelos a um célebre sonâmbulo de Londres. A resposta foi que "*era a doença de Nabucodonosor.*"

Contudo, ele não é louco! O que há de mais extraordinário é que ao lado dessa existência puramente bestial, há nele uma vida intelectual, pois se interessa por tudo o que se passa no mundo. Ele manda vir muitos jornais, e como o ambiente onde vive é sombrio, permitiu que fizessem um rancho ao lado do seu. Era aí que outrora, durante horas, sua mãe lia para ele. Agora que ela está morta, foi substituída por uma leitora contratada.

A comissão encarregada de aprofundar-se no caso obteve os seguintes detalhes, que no fundo apenas o embrulharam. D..., colega de Alexandre R... na universidade, disse que quando estavam juntos, pôde observar que ele era apaixonado pela mulher de um farmacêutico; era uma criatura de rara beleza e muito virtuosa. Diariamente Alexandre montava a cavalo, para ter o prazer de passar em frente às suas janelas e vê-la, às vezes, de longe. A isto se limitaram os seus amores. Contudo, diariamente, à mesma hora, vinham trazer-lhe uma carta lacrada, e se houvesse alguém em seu quarto, ele se apressava em escondê-la numa gaveta. Persuadido de que fossem bilhetes amorosos, D... não se interessava em conhecer o conteúdo. Mais tarde, quando começaram as pesquisas, só encontraram duas cartas, pois ele havia queimado todas as demais, e supõe-se que eram daquelas que ele recebia da universidade. A primeira era mais ou menos nestes termos:

"Ontem aconteceu-me uma coisa estranha. Eu voltava de nossa Suíça Russa (nome de um passeio nos arredores de Kazan), e atravessava o campo de Ars, quando ouvi gritar: Socorro! Também gritei, e me precipitando para o lugar de onde vinham os gritos, cheguei perto de um cemitério murado. Vi aparecer em cima do muro um jovem que agradecia vivamente a minha intervenção dizendo que tinha sido atacado por ladrões; mas ouvindo uma voz, fugiram. (Uma fábrica de tecidos estava situada no campo de Ars; tinham parado o trabalho por algum tempo, e alguns operários, não mais tendo como ganhar o pão, se deram ao roubo). Tomamos juntos o caminho da cidade, e estabeleceu-se entre nós uma conversa muito interessante e animada. Não posso dizer-te aqui de que se tratava, mas direi quando nos encontrarmos.

"Enfim chegamos à casa do meu desconhecido e aí passei toda a tarde. Dizendo-me adeus, agradeceu-me ainda uma vez, sem contudo convidar-me a vir vê-lo em casa. Apenas indicou-me um lugar onde passeava todos os dias a uma hora certa e onde, se eu quisesse, poderia vê-lo. O que há de estranho é que, de volta à minha casa, foi-me impossível lembrar a rua e a casa que acabara de deixar, embora conheça perfeitamente a cidade onde moro há quatro anos. Proponho-me ir ver o meu desconhecido no lugar indicado. Tratarei de ir à sua casa e certamente dessa vez eu me lembrarei."

Não havia assinatura.

Eis a segunda carta, que é uma continuação da precedente. Apenas é muito mais curta:

"Vi o meu desconhecido no lugar indicado; ele convidou-me a ir à sua casa; passamos a tarde juntos, mas, de volta à minha casa, de novo esqueci completamente a rua e a casa."

Sem assinatura. Examinando a letra atentamente, pareceu que havia uma grande semelhança com a de um de seus camaradas, mas quando mostraram a este último as duas cartas, ele se pôs a rir, declarando que jamais em sua vida havia escrito semelhantes coisas.

Aqui param todas as pesquisas. Supõe-se que haja nisto um grande mistério e que esse mistério seja conhecido por apenas três pessoas. Primeiro sua mãe, depois a velha criada, que não o deixava nunca, e por fim sua irmã. As duas primeiras estão mortas; a terceira mora com seu marido na mesma aldeia que Alexandre. Diariamente ela vai vê-lo e permanece com ele três ou quatro horas a fio. De que podem falar? Seu irmão esquece os rugidos para falar uma linguagem humana e voltar a ser razoável? É o que ninguém sabe. O que há de singular é que esse fato tão extraordinário é muito pouco conhecido. Ele jamais foi publicado por qualquer jornal, entretanto se passa bem perto de Kazan, cidade onde há uma universidade, cientistas e médicos. É verdade que no começo fizeram pesquisas, mas parece-me que logo se desencorajaram. Contudo, que vasto campo para a observação da Ciência, sem falar do lado psicológico! É um fato atual, que qualquer um pode constatar.

Poderia o Espiritismo, que explica tantas coisas, dar a solução para esse estranho fenômeno? Não ouso pedir-vos uma resposta por escrito, pois vosso tempo é muito precioso. Apenas espero que se considerardes o fato digno do vosso exame, emitais a vossa opinião na *Revista Espírita*, que aqui recebemos.

Aceitai etc.

Uma coisa ressalta evidente deste relato. É que o jovem não é louco, na acepção científica do vocábulo; ele goza da plenitude da razão, quando quer. Mas qual pode ser a causa de semelhante excentricidade, nessa idade? Cremos que muito tempo passará antes que a Ciência a encontre, com seus recursos puramente materiais. Entretanto, existe algo que não é uma simples mania: é a assimilação da voz e dos gestos dos animais. É verdade que já vimos indivíduos abandonados nos bosques, desde tenra idade, vivendo com as feras, adotando seus gritos e seus costumes por imitação. Mas não é este o caso. Esse jovem fez estudos sérios, vive em suas terras e no meio de uma aldeia; está em contacto diário com seres humanos. Neste caso, portanto, não se trata de uma questão de hábito e de isolamento.

Disse o sonâmbulo de Londres que é uma doença de Nabucodonosor. Mas que moléstia é essa? A história desse rei não é uma lenda? É possível que um homem se transforme em fera? Contudo, se aproximarmos o relato bíblico do fato atual de Alexandre R..., notaremos entre eles mais de um ponto de semelhança. Compreende-se que o que se passa em nossos dias pode ter-se passado outrora, e que o rei da Babilônia pode ter sido atingido por um mal semelhante. Se, pois, aquele rei, dominado por uma influência análoga, deixou o seu palácio, como Alexandre R... deixou o seu castelo; se viveu e gritou como ele, à maneira das feras, puderam dizer, na linguagem alegórica daquela época, que ele tinha sido transformado em fera. É verdade que isto destrói o milagre. Mas quantos milagres hoje caem ante as leis da Natureza que se descobrem diariamente! A religião com isto ganhará se for aceito como natural um fato que era considerado como maravilhoso. Quando os adversários do Espiritismo dizem que ele ressuscita o sobrenatural e a superstição, eles provam que lhe ignoram as primeiras palavras, porquanto ele vem, ao contrário, provar que certos fatos reputados misteriosos não passam de efeitos naturais.

Lido este relato na Sociedade de Paris, como assunto de estudo, foi solicitado um médium que evocasse os Espíritos que pudessem dar uma explicação. Foram obtidas as três comunicações seguintes, uma do irmão falecido, Voldemar; a segunda do Espírito protetor dos dois irmãos e a terceira, do guia espiritual de outro médium.

(Sociedade Espírita de Paris, 13 de outubro de 1865)
(Médium: Sr. Desliens)

I

Eis-me aqui!... Que quereis?... Com que direito vos imiscuís em negócios íntimos de família?!... Sabei que ninguém jamais me ofendeu em vão, e temei incorrer em minha cólera tentando vasculhar um segredo que não vos pertence! Quereis ter a chave das razões que levam meu irmão a fazer semelhantes tolices? Sabei que toda a causa reside em mim, que o puni dessa maneira pela falta de fé com que se tornou culpado em relação a mim. Um elo nos unia, elo terrível, elo de morte!... Ele devia cumprir a sua promessa e não o fez; foi covarde!... Pois que ele sofra a pena por uma falta que não encontraria graça em mim!... Meu cúmplice na ação, ele deveria seguir-me no suplício. Por que hesitou?... Hoje ele suporta o castigo por suas hesitações.

Não podendo obrigá-lo a seguir-me, pelo menos imediatamente, empreguei a força magnética, que possuo em grau extremo, para obrigá-lo a abandonar sua vontade e seu ser a meu livre-arbítrio. Ele sofre nessa posição?... Tanto melhor! Cada um de seus gemidos interiores me causa um tremor de sombria satisfação.

Estais contentes com a minha urbanidade? Achais suficientes as minhas explicações?... Não. Quereríeis moralizar-me?... Mas, que sois vós para me pregar sermões? Sois padre? Não. Pois então, a que título quereis que vos escute? Nada quero ouvir e volto ao lugar que não deveria ter deixado. Ele compreende seus males neste momento. Talvez sua vontade reaja sobre a sua matéria! Infelizes de vós se o fizerdes escapar ao meu domínio!

VOLDEMAR R...

II

Não tenteis, pelo menos agora, constranger esse pobre insensato a vos escutar. Ele não poderia fazê-lo e vossas palavras não teriam outros resultados senão excitar sua raiva brutal. Venho em seu lugar dar-vos algumas explicações que lançarão um pouco de luz sobre o drama sombrio de que esses dois seres foram autores em outra existência. Neste momento eles expiam, sofrendo as consequências da ação criminosa em cujos detalhes eu não poderia entrar hoje. Sabei apenas que, dessas duas individualidades, Alexandre, sob outro nome e noutra época, foi subordinado de Voldemar, numa condição social que podereis presumir por algumas palavras do relato que lestes. Meditai na passagem em que se diz que Alexandre exigia que fosse tocado o sino no começo de suas refeições, e estareis no caminho. Como eu vos disse, subordinado a Voldemar, e sob as instigações deste, ele perpetrou diversas ações cuja responsabilidade ambos carregam hoje, e que são a fonte de seus sofrimentos.

Alexandre era – e ainda é – um caráter fraco e vacilante, quando uma causa qualquer dava a alguém o domínio sobre ele. Em relação a todas as outras pessoas ele era altivo, despótico, brutal. Em suma, estava sob o domínio do irmão. O que ambos fizeram é o que o futuro vos dirá, no correr deste estudo. Passemos aos resultados.

Eles prometeram jamais trair-se ou se afastarem e, além disto, Voldemar se reservou o direito, com toda a sua vontade poderosa, de fazer o seu infeliz cúmplice suportar todo o seu peso. Vistes que ele o tinha tomado como alvo de suas brincadeiras, no fragmento de existência que percorreram juntos. Dotados de uma inteligência pouco comum, esses dois seres tinham formado anteriormente, pela associação de suas inclinações más, uma liga temível contra a Sociedade. Voldemar foi recolhido, por um desígnio da Providência, que assim preparava o caminho da renovação desses dois seres. Sob o império de sua promessa, Alexandre queria seguir seu irmão no túmulo, mas sua afeição por uma pessoa da qual se falou no relato, e a fadiga de um jugo que suportava com esforço, fizeram com que ele tomasse a resolução de lutar. Seu irmão não podia matá-lo materialmente, mas o matou moralmente, cercando-o de um feixe de influências que determinaram a cruel obsessão cujas consequências conheceis.

O sonâmbulo que designou essa afecção com o nome de *moléstia de Nabucodonosor* não estava tão longe da verdade quanto se podia crer, porque Nabucodonosor não passava de um obsedado que se convenceu de que se havia transformado em fera. É, pois, uma obsessão, que não exclui, como sabeis, a ação da inteligência e não a aniquila de maneira fatal. É um dos casos mais notáveis, cujo estudo poderá ser a todos proveitoso. Nesta noite ele nos arrastaria muito longe, pelos desenvolvimentos que requer. Limitar-me-ei a esta exposição, pedindo-vos ao mesmo tempo que reunais vossas forças espirituais para evocar Voldemar. Como o teme com razão, em sua ausência o irmão recobra a energia e pode libertar-se. Eis por que lhe repugna deixá-lo, e sobre ele exerce uma ação magnética contínua.

O guia de ambos
PAULOWITCH

III

(Médium: Sra. Delanne)

Meus bem-amados irmãos, certos fatos relatados nas Escrituras, por muita gente são olhados como fábulas para as crianças. Desdenharam-nos porque não os compreenderam e recusaram dar-lhes fé. Não obstante, despido da forma alegórica, o fundo é verdadeiro, e só o Espiritismo podia dar-lhe a chave. Fatos de diversas naturezas vão produzir-se não só com os espíritas, mas com todo mundo e por toda a Terra, que forçarão os cientistas a estudar, e é então que poderão convencer-se, a despeito do que dizem alguns, que o Espiritismo ensina coisas novas, porque é por ele que se terá a explicação do que ficou incompreendido até hoje. Não vos disseram que a obsessão iria revestir novas formas? Este é um exemplo.

A punição de Nabucodonosor não é, portanto, uma fábula. Ele não foi, como dissestes muito judiciosamente, transformado em fera; mas ele era, como o caso que vos ocupa no momento, privado por algum tempo do livre exercício de suas faculdades intelectuais, e isso em condições que o assemelhavam às feras e transformavam o poderoso déspota em objeto de piedade para todos. Deus o tinha ferido no seu orgulho.

Todas estas questões se ligam às dos fluidos e do magnetismo. Nesse jovem, há obsessão e subjugação. Ele tem muita lucidez como Espírito, e seu irmão exerce sobre ele uma irresistível influência magnética; atrai-o facilmente para fora de seu corpo, quando uma pessoa amiga e simpática lá não está para retê-lo. Ele sofre quando desprendido; para ele, também, é uma punição, e é então que solta rugidos ferozes.

Não vos apresseis em condenar o que está escrito nos livros sagrados, como faz a maioria dos que só veem a letra e não o espírito. Diariamente vos esclareceis mais, e novas verdades desenrolar-se-ão aos vossos olhos, pois estais longe de ter esgotado todas as aplicações daquilo que sabeis em Espiritismo.

SÃO BENTO

Resulta desta explicação eminentemente racional, que esse jovem está sob o império de uma obsessão, ou melhor, de uma terrível subjugação, semelhante à que sofreu o rei Nabucodonosor. Isto destrói a justiça de Deus que tinha punido o monarca orgulhoso? Absolutamente não, pois sabemos que as obsessões são, ao mesmo tempo, provações e castigos. Assim, Deus podia puni-lo pondo-o sob o jugo de um Espírito maléfico que o constrangesse a agir como uma fera, sem com isso metamorfoseá-lo em fera. A primeira dessas punições é natural e se explica pela lei das relações entre o mundo visível e o invisível; a outra é antinatural, fantástica e não se explica. Uma se apresenta, em nossos dias, como uma realidade, sob as formas diversas da obsessão, a outra só se acha nos contos de fadas. Enfim, uma é aceitável pela razão, a outra não.

Do ponto de vista do Espiritismo, esse fato oferece importante tema de estudo. A obsessão aí se apresenta sob um aspecto novo quanto à forma e quanto à causa determinante, mas nada tem de surpreendente, depois do que nos é dado ver diariamente. São Bento tem toda razão ao dizer que estamos longe de haver esgotado todas as aplicações do Espiritismo e de compreendermos tudo quanto ele nos pode explicar. Tal como é, ele apresenta-nos uma rica mina a explorarmos, auxiliados pelas leis que nos dá a conhecer. Antes de dizer que está estacionário, saibamos, pois, tirar proveito do que ele nos ensina.

O PATRIARCA JOSÉ E O VIDENTE DE ZIMMERWALD

Um dos nossos assinantes de Paris escreve o que segue:

"Lendo o número da *Revista Espírita* de outubro, reportei-me a uma passagem da Bíblia que assinala um fato análogo à mediunidade do vidente da floresta de Zimmerwald. Ei-lo:

"Quando os irmãos de José saíram da cidade, como ainda tinham andado um pequeno trecho do caminho, José chamou o intendente de sua casa e lhe disse: Correi atrás daquelas pessoas; parai-as e dizei-lhes: Por que fizestes o mal pelo bem? – A taça que roubastes é aquela em que meu Senhor bebe, *e da qual ele se serve para adivinhar*. Fizestes uma ação muito má.

"Quando os irmãos de José foram trazidos à sua presença, ele lhes disse:

"Por que agistes assim comigo? Ignorais que ninguém me iguala na *ciência de adivinhar as coisas ocultas*?" (Gênesis, 44: 4, 5 e 15).

"O gênero de mediunidade que assinalais existia, pois, entre os egípcios e os judeus."

C...

Advogado.

Com efeito, nada mais positivo. José possuía a arte de adivinhar, isto é, de ver as coisas ocultas, e se servia de uma taça de beber, como o vidente de Zimmerwald se serve de seu copo. Se a mediunidade é uma faculdade demoníaca, eis um dos personagens mais venerados da Antiguidade sagrada convicto de agir pelo demônio. Se agisse por Deus, e os nossos médiuns pelo demônio, então o demônio faz o mesmo que Deus, e, consequentemente, o iguala em poder. Admiram-se de ver homens graves sustentarem semelhante tese, que arruína sua própria doutrina.

Assim, o Espiritismo não descobriu nem inventou os médiuns, mas descobriu as leis da mediunidade, e a explica. Assim, é a verdadeira chave para a compreensão do Antigo e do Novo Testamento, onde abundam fatos desse gênero. Por falta dessa chave é que foram feitos tantos comentários contraditórios sobre as Escrituras, e que nada explicaram. A incredulidade ia crescendo incessantemente na direção desses fatos e invadia a própria Igreja. De agora em diante serão admitidos como fenômenos naturais, pois eles se repetem em nossos dias, por leis agora conhecidas. Então temos razão de dizer que o Espiritismo é uma ciência positiva, que destrói os últimos vestígios do maravilhoso.

Suponhamos que se tivessem perdido os livros dos Antigos, que nos explicam a teogonia pagã ou mitologia. Compreenderíamos hoje o sentido das inumeráveis inscrições que se descobrem diariamente, e que se referem mais ou menos diretamente a essas crenças? Compreenderíamos a finalidade, os motivos de estrutura da maior parte dos monumentos cujos restos contemplamos? Saberíamos o que representam a maioria das estátuas e baixos-relevos? Certamente não. Sem o conhecimento da Mitologia, todas as coisas para nós seriam letra morta, como a escritura cuneiforme e os hieróglifos egípcios. A Mitologia é, pois, a chave com o auxílio da qual reconstruímos a história do passado, por meio de um fragmento de pedra, como Cuvier, com um osso, reconstruía um animal antediluviano. Porque não mais acreditamos em fábulas das divindades pagãs, há que negligenciar ou desprezar a mitologia? Quem emitisse tal pensamento seria tratado de bárbaro.

Pois bem! O Espiritismo, como crença na existência e na manifestação das almas, como meio de com elas comunicar-se; o magnetismo, como meio de cura; o sonambulismo, como dupla vista, sendo muito espalhados na Antiguidade, se misturaram a todas as teogonias, mesmo à teogonia judaica, e mais tarde à cristã; aí se faz alusão a uma porção de monumentos e inscrições que nos restam. O Espiritismo, que abarca, ao mesmo tempo, o magnetismo e o sonambulismo, é um facho para a Arqueologia e para o estudo da Antiguidade. Estamos mesmo convencidos que é uma fonte fecunda para a compreensão dos hieróglifos, porque essas crenças eram muito espalhadas no Egito, e seu estudo fazia parte dos mistérios ocultos ao vulgo. Eis alguns fatos em apoio a esta asserção:

Um de nossos amigos, sábio arqueólogo que reside na África, e que é, ao mesmo tempo, um espírita esclarecido, encontrou, há alguns anos, nos arredores de Sétif, uma inscrição tumular cujo sentido era absolutamente ininteligível sem o conhecimento do Espiritismo.

Lembramo-nos de ter visto no Louvre, há bastante tempo, uma pintura egípcia que representava um indivíduo deitado e adormecido, e outro de pé, com os braços e os dedos dirigidos para o primeiro, sobre o qual fixava o olhar, na exata atitude de um homem aplicando passes magnéticos. Dir-se-ia um desenho calcado na pequena vinheta que o Sr. Barão Dupotet punha outrora no frontispício do seu *Journal du Magnetisme*. Para qualquer magnetizador, não era possível engano quanto ao motivo desse quadro. Para quem quer que não tivesse conhecido o magnetismo, ele não tinha sentido. Só esse fato provaria, se não houvesse uma porção de outros, que os antigos egípcios sabiam magnetizar, e que a isto se dedicavam mais ou menos como nós. Então isto fazia parte de seus costumes, porquanto se achava consagrado num monumento público. Sem o magnetismo moderno, que nos deu a chave de certas alegorias, não o saberíamos.

Uma outra pintura egípcia, igualmente no Louvre, representava uma múmia de pé, envolta em pequenas faixas; um corpo da mesma forma e tamanho, mas sem faixas, destacava-se a meio, como se saísse da múmia, e um outro indivíduo, posto à frente, parecia atraí-lo a si. Então não conhecíamos o Espiritismo e nos perguntávamos o que aquilo podia significar.

Hoje é claro que essa pintura alegórica representa a alma separando-se do corpo, mas conservando a aparência humana, e cujo desprendimento é facilitado pela ação de outra pessoa encarnada ou desencarnada, como nos ensina o Espiritismo.

Não creiais no Espiritismo, se não quiserdes. Admiti que seja uma quimera. Ninguém vo-lo impõe. Estudai-o como estudaríeis mitologia, a título se simples ensinamento, e rindo da credulidade humana, e vereis que horizontes ele vos abrirá, por pouco circunspectos que sejais.

DISSERTAÇÕES ESPÍRITAS

O REPOUSO ETERNO

(Sociedade de Paris, 13 de outubro de 1865)
(Médium: Sr. Leymarie)

Quando deixei meu envoltório terreno, fizeram vários discursos em meu túmulo, e todos estavam impregnados da mesma ideia. Sonnez, meu amigo, dizia um, ides gozar do repouso eterno. Alma, dizia o padre, repousa na contemplação divina. Amigo, repetia o terceiro, dorme em paz após uma vida bem vivida. Enfim, era o repouso eterno contínuo, que ressaltava do fundo de tantos adeuses tocantes.

O repouso eterno! Que entendiam por esta expressão e pelas mesmas palavras continuamente repetidas, cada vez que um homem desaparecia da Terra e ia para o desconhecido?

Ah! meus amigos, dizeis que repousamos. Que erro estranho! Compreendeis o repouso à vossa maneira. Olhai em torno de vós; existe o repouso? Neste momento, as árvores vão se despojar de seus envoltórios encantadores; tudo geme nesta estação; a Natureza parece preparar-se para a morte, contudo, se procurarmos, acharemos a vida em preparação sob essa morte aparente. Tudo se depura nesse grande laboratório terrestre: a seiva e a flor, o inseto e o fruto, tudo o que deve adornar e fecundar.

Esta montanha, que parece ter uma imobilidade eterna, não repousa. As infinitas moléculas que a compõem realizam um trabalho enorme. Elas tendem, umas a se agregar, outras a se separar, e essa lenta transformação causa espanto a princípio e depois admiração ao pesquisador que acha em tudo instintos diversos e mistérios a explorar. E se a Terra assim se agita em suas entranhas, é que esse grande cadinho elabora e prepara o ar que respirais, os gazes que devem sustentar a Natureza inteira. É que ela imita os milhões de planetas que percebeis no espaço, e cujos movimentos diários e trabalho contínuo obedecem à vontade soberana. Sua evolução é matemática e se eles encerram outros elementos além dos que vos fazem agir, vamos! Acreditai! Esses elementos trabalham para a sua depuração, para a sua perfeição.

Sim, para a sua perfeição, porque essa é a palavra eterna. A perfeição é o objetivo, e para atingi-lo, átomos, moléculas, seiva, minério, árvores, animais, homens, planetas e Espíritos se empenham nesse movimento geral, que é admirável por sua diversidade, pois é harmonia. Todas as tendências vão ao mesmo fim, e esse fim é Deus, centro de toda atração.

Depois da minha partida da Terra, minha missão não está realizada; busco e trabalho todos os dias; meu pensamento aumentado abarca melhor o poder dirigente; sinto-me melhor fazendo o bem e, como eu, legiões inumeráveis de Espíritos preparam o futuro. Não acrediteis no repouso eterno! Os que pronunciam essas palavras não compreendem o seu vazio. Vós todos que me ouvis, podeis matar o pensamento, forçá-lo ao repouso? Oh! não. O vagabundo procura e procura sempre e não desagrada aos amáveis e úteis charlatães que negam o Espírito e seu poder. O Espírito existe, nós o provamos e o provaremos melhor quando chegar a hora. Nós lhes ensinaremos, a esses apóstolos da incredulidade, que o homem não é o nada, um agregado de átomos reunidos pelo acaso e pelo acaso destruídos. Nós lhes mostraremos o homem radiante por sua vontade e seu livre-arbítrio, senhor de seu destino, elaborando na geena terrestre o poder da ação necessária a outras vidas, a outras provas.

SONNEZ

NOTÍCIAS BIBLIOGRÁFICAS

No prelo, para ser publicado dentro de poucos dias

O EVANGELHO SEGUNDO O ESPIRITISMO

POR ALLAN KARDEC

3ª edição

REVISTA, CORRIGIDA E MODIFICADA

Esta edição foi objeto de um remanejamento completo da obra. Além de algumas adições, as principais alterações consistem numa classificação mais metódica, mais clara e mais cômoda das matérias, o que torna sua leitura e as buscas mais fáceis.

A "GAZETTE DU MIDI" ANTE O ESPIRITISMO

A PROPÓSITO DOS IRMÃOS DAVENPORT

ESTUDO FILOSÓFICO

POR ERNEST ALTONY

Brochura in-8º Preço 1 franco. Pelo correio, 1,20 franco. Em Marselha, na Livraria Mengelle, Rua Longue-des-Capucins. 32 bis.

Venda em benefício das famílias vítimas da cólera. Para receber esta brochura, enviar l,20 franco em selos postais ao Sr. Mengelle, livreiro em Marselha.

AVISO

O Sr. Ledoyen, livreiro em Paris (Palais-Royal), retirou-se da atividade e não deixou sucessores. Todos os pedidos de assinaturas e outros que lhe fossem dirigidos ficariam sem efeito.

ALLAN KARDEC

REVISTA ESPÍRITA

JORNAL DE ESTUDOS PSICOLÓGICOS

| ANO VIII | DEZEMBRO DE 1865 | VOL. 12 |

ABRI-ME!

APELO DE CÁRITA

Escrevem-nos de Lyon:

"...O Espiritismo, esse grande traço de união entre todos os filhos de Deus, nos abriu um horizonte tão largo, que podemos olhar de um a outro ponto todos esses corações esparsos que as circunstâncias colocaram no oriente e no ocidente, e vê-los vibrar a um só apelo de Cárita. Ainda me lembro da profunda emoção que senti quando, no ano passado, a *Revista Espírita* nos dava conta da impressão produzida em todas as partes da Europa por uma comunicação desse excelente Espírito. Sem dúvida poder-se-á dizer tudo quanto se queira contra o Espiritismo: é uma prova de que ele cresce, porque geralmente não se atacam as coisas pequenas, mas os grandes efeitos. Ademais, o que são esses ataques senão como a cólera de uma criança que atirasse pedras ao oceano para impedi-lo de roncar? E os detratores do Espiritismo quase não suspeitam que denegrindo a doutrina, eles cobrem todas as despesas de uma propaganda que dá a todos os que a leem vontade de conhecer esse terrível inimigo que tem como palavra de ordem: "Fora da caridade não há salvação..."

Esta carta estava acompanhada da seguinte comunicação, ditada pelo Espírito de *Cárita*, a eloquente e graciosa pedinte que os bons corações conhecem tão bem.

(Lyon, 8 de novembro de 1865)

"Faz frio, chove, o vento sopra muito forte; abri-me!
"Fiz uma longa caminhada através da região da miséria e retorno com o coração semimorto e as espáduas vergadas ao fardo de todas as dores. Abri-me bem depressa, meus amados, vós que sabeis que quando a caridade bate à vossa porta é que encontrou muitos infelizes em seu caminho. Abri vosso coração para receber minhas confidências; abri a vossa bolsa para enxugar as lágrimas dos meus protegidos e escutai-me com essa emoção que a dor faz subir de vossa alma aos vossos lábios. Oh! vós que sabeis o que Deus reserva, e que muitas vezes chorais essas lágrimas de amor que o Cristo chamava de orvalho da vida celeste, abri-me!... Obrigada! Eu entrei.

"Parti esta manhã. Chamavam-me de todos os lados, e o sofrimento tem a voz tão vibrante que basta um só apelo. Minha primeira visita foi para dois pobres velhos: marido e mulher. Eles viveram ambos esses longos dias em que o pão rareia, em que o sol se esconde, em que o trabalho falta aos braços fortes que o chamam. Eles sepultaram sua miséria no crisol da dignidade, e ninguém pôde adivinhar que muitas vezes o dia transcorria sem trazer seu pão cotidiano. Depois chegou a idade, os membros enfraqueceram, os olhos ficaram velados e o patrão que fornecia trabalho disse: Nada mais tenho para fazer. Entretanto, a morte não veio, e a fome e o frio diariamente são os visitantes habituais da pobre morada. Como responder a essa miséria? Proclamando-a? Oh! não. Há feridas que não se curam arrancando a atadura que as cobre. O que acalma o coração é uma palavra de consolo, dita por uma voz amiga que adivinhou, com sua alma, o que lhe foi oculto aos olhos. Para esses pobres, abri-me!

"E depois vi uma mãe repartir seu único pedaço de pão com os três filhinhos, e como o pedaço era minúsculo, nada guardou para si. Vi o fogão apagado, o leito sem lençóis; vi os membros tiritantes envolvidos em trapos; vi o marido entrar em casa sem ter encontrado trabalho; vi enfim o filho menor morrer sem socorro, porque o pai e a mãe são espíritas e tiveram que sofrer humilhações das obras de beneficência.

"Vi a miséria em toda a sua chaga horrível; vi os corações se atrofiarem e a dignidade extinguir-se sob o verme roedor da necessidade de viver. Vi criaturas de Deus renegarem sua origem imortal, porque não compreendiam a provação. Vi, enfim, o materialismo crescer com a miséria e em vão exclamei:

Abri-me! Eu sou a caridade. Venho a vós com o coração cheio de ternura. Não choreis mais, eu venho vos consolar. Mas o coração dos infelizes não me escutou, pois suas entranhas tinham muita fome!

"Então aproximei-me de vós, meus bons amigos, de vós que me escutastes; de vós que sabeis que Cárita é a mendiga para os pobres e vos disse: Abri-me!

"Acabo de vos contar o que vi em minha longa jornada e vos peço: Tende para os meus pobres um pensamento, uma palavra, uma suave lembrança, a fim de que à noite, à hora da prece, eles não adormeçam sem agradecer a Deus, porque vós lhes sorristes de longe. Sabeis que os pobres são a pedra de toque que Deus envia à Terra para experimentar vossos corações. Não os repilais, a fim de que um dia, quando tiverdes transposto o sólio que conduz ao espaço, Deus vos reconheça pela pureza dos vossos corações e vos admita na morada dos eleitos!

CÁRITA"

É com felicidade que nos fazemos intérpretes da boa Cárita e esperamos que ela não tenha dito em vão: Abri-me! Se ela bate à porta com tanta insistência, é que o inverno, por sua vez, também aí bate.

SUBSCRIÇÃO

EM BENEFÍCIO DOS POBRES DE LYON E DAS VÍTIMAS DA CÓLERA

(Aberta no escritório da *Revista Espírita*)

Este ano uma causa de sofrimento veio juntar-se aos rigores do inverno que avança a passos largos. Sem dúvida, jamais a solicitude da autoridade se mostrou mais inteligente e mais previdente do que nesta última invasão do flagelo, em relação aos atingidos; rapidez e sábia distribuição dos socorros médicos e outros, nada faltou nesse particular. É uma justiça que cada um se apraz em lhe render. Assim, graças às medidas tomadas, sua devastação foi rapidamente circunscrita. Entretanto, ele deixa após si traços cruéis de sua passagem nas famílias pobres, e os mais lastimáveis não são os que sucumbem. É aí sobretudo que se faz necessária a caridade particular.

O montante das somas recebidas e sua distribuição são submetidos ao controle da Sociedade Espírita de Paris.

OS ROMANCES ESPÍRITAS

Espírita, por Théophile Gautier
A *Dupla Vista*, por Élie Berthet

Quem diz romance, diz obra de imaginação. A própria essência do romance é representar um assunto fictício, quanto aos fatos e personagens. Mas, mesmo nesse gênero de produções, há regras de que o bom senso não permite afastar-se e que, aliadas às qualidades do estilo, constituem o seu mérito. Se os detalhes não forem verdadeiros em si mesmos, ao menos devem ser verossímeis e de perfeito acordo com o meio onde se passa a ação.

Nos romances históricos, por exemplo, é de rigor a manutenção estrita da cor local, e há anacronismos que não seriam toleráveis. O leitor deve poder transportar-se pelo pensamento para o tempo e para os lugares de que se fala e deles fazer uma ideia justa. Aí estava o grande talento de Walter Scott. Lendo-o, encontramo-nos em plena Idade Média. Se ele tivesse atribuído os fatos e gestos de Francisco I a Luís XI, ou mesmo se tivesse feito este e os personagens de sua corte falarem como no tempo da Renascença, o mais belo estilo não poderia tê-lo absolvido de tais erros.

Dá-se o mesmo nos romances de costumes. Seu mérito está na verdade dos quadros, porque seria extremamente ridículo emprestar a um súdito espanhol os hábitos e o caráter dos ingleses.

Para começar, o romance parece ser o gênero mais fácil. Consideramo-lo mais difícil que a História, apesar de ser menos sério. O historiador tem o seu quadro traçado pelos fatos, dos quais não pode afastar-se uma linha; o romancista deve tudo criar; mas muitos pensam que basta um pouco de imaginação e de estilo para fazer um bom romance. É um grave erro: é necessária muita erudição. Para fazer a sua *Nossa Senhora de Paris*, Victor Hugo devia conhecer sua velha Paris arqueológica tão bem quanto a sua Paris moderna.

Podem fazer-se romances sobre o Espiritismo, como sobre todas as coisas. Dizemos até que quando for conhecido e compreendido em sua essência, ele fornecerá às letras e às artes fontes inesgotáveis de deslumbrante poesia. Mas não seria certamente para os que só o vissem nas mesas girantes, nas cordas dos irmãos Davenport ou nas artes dos charlatães. Como nos romances históricos ou de costumes, é indispensável conhecer a fundo a talagarça sobre a qual se quer bordar, a fim de não produzir contra-sensos, que seriam outras tantas provas de ignorância. Assim se dá com o músico que faz variações sobre um tema que se deve sempre reconhecer através das adições da fantasia. Aquele, pois, que não estudou a fundo o Espiritismo em seu espírito, em suas tendências, em suas máximas, tão bem quanto em suas formas materiais, também é tão inapto para fazer um romance espírita de algum valor, quanto teria sido Lesage para fazer Gil Blas, se não tivesse conhecido a história e os costumes da Espanha.

Para isto é, pois, necessário ser espírita crente e fervoroso? Absolutamente não. Basta ser verídico, e não se pode sê-lo sem conhecimento de causa. Para fazer um romance árabe, certamente não é necessário ser muçulmano, mas é indispensável conhecer bastante a religião muçulmana, seu caráter, seus dogmas e suas práticas, bem como os costumes daí decorrentes, para não fazer os africanos falarem como cavaleiros franceses. Mas há aqueles que acham que é suficiente, para dar o cunho da raça, prodigalizar a torto e a direito os *Allah!* os nomes de *Fátima* e de *Zulema*, pois é quase tudo o que eles sabem do Islamismo. Numa palavra, se não é preciso ser muçulmano, é preciso impregnar-se do espírito muçulmano, como para fazer uma obra espírita, mesmo fantástica, é necessário impregnar-se do espírito do Espiritismo. Enfim, é preciso que, lendo um romance espírita, os espíritas possam reconhecer-se, como os árabes deverão reconhecer-se num romance árabe e poderem dizer: é isto; mas nem uns nem outros reconhecer-se-ão se eles forem deturpados, e o autor terá feito uma obra informe, como se um pintor pintasse damas francesas em trajes chineses.

Essas reflexões nos são sugeridas a propósito do romance-folhetim que neste momento o Sr. Théophile Gautier publica no grande *Moniteur*, com o título de *Espírita*. Não temos a honra de conhecer pessoalmente o autor e não sabemos quais são as suas convicções ou seus conhecimentos acerca do Espiritismo. Sua obra, que está no começo, ainda não permite ver a conclusão. Diremos apenas que se ele não encarasse o seu assunto senão de um só ponto de vista, o das manifestações, desprezando o lado filosófico e moral da Doutrina, não responderia à ideia geral e complexa que o seu título abarca, embora o nome *Espírita* seja o de um de seus personagens. Se os fatos que ele imagina, pela necessidade da ação, não se encerrassem nos limites traçados pela experiência; se os apresentasse como se passando em condições admissíveis, sua obra falsearia a verdade e faria supor que os espíritas creem nas maravilhas dos contos das *Mil e Uma Noites*. Se ele atribuísse aos espíritas práticas e crenças que estes *desautorizam*, ela não seria imparcial e, sob tal ponto de vista, não seria uma obra literária séria.

A Doutrina Espírita não é secreta como a da maçonaria. Não tem mistérios para ninguém e se mostra à luz da publicidade. Não é mística nem abstrata nem ambígua, mas clara e ao alcance de todos; nada tendo de alegórico, não pode dar lugar a equívocos nem a falsas interpretações; diz claramente o que admite e o que não admite. Os fenômenos cuja possibilidade reconhece, não são sobrenaturais nem maravilhosos, mas fundados nas leis da Natureza, de sorte que ela não faz milagres nem prodígios. Aquele, pois, que não a conhece, ou que se engana quanto às suas tendências, é porque não se quer dar ao trabalho de conhecê-la. Essa clareza e essa vulgarização dos princípios espíritas, que contam com adeptos em todos os países e em todas as camadas sociais, são a mais peremptória refutação às diatribes de seus adversários, porque não há uma só de suas alegações erradas que não encontre uma resposta categórica. O Espiritismo, portanto, não pode senão ganhar em ser conhecido, e é no que trabalham, sem querer, os que julgam arruiná-lo por ataques desprovidos de qualquer argumento sério. Os desvios da conveniência na linguagem produzem efeito absolutamente contrário ao que se propõem. O público os analisa e não é favorável aos que a tal se permitem. Quanto mais violenta a agressão, tanto mais gente é levada a buscar a verdade, até mesmo nas fileiras da literatura hostil. A calma dos espíritas diante desse levante; o sangue-frio e a dignidade que conservaram em suas respostas, fazem com a acrimônia dos antagonistas um contraste que choca até os indiferentes, e lançaram a incerteza nas fileiras opostas, que hoje registram mais de uma deserção.

O romance espírita pode ser considerado como uma transição passageira entre a negação e a afirmação. É preciso coragem real para enfrentar e desafiar o ridículo que se liga às ideias novas, mas essa coragem vem com a convicção. Mas tarde – estamos convencido – das camadas dos nossos adversários da imprensa sairão campeões sérios da doutrina.

Quando as tendências da obra do Sr. Théophile Gautier estiverem mais bem desenhadas, nós faremos a nossa apreciação do ponto de vista da verdade espírita.

As reflexões acima naturalmente se aplicam às obras do mesmo gênero sobre o magnetismo e o sonambulismo. Ultimamente a *dupla vista* forneceu ao Sr. *Élie Berthet* assunto para um romance muito interessante publicado pelo *Siècle*, e que, ao talento do escritor, alia o mérito da exatidão. Incontestavelmente, o autor deve ter feito um estudo sério dessa faculdade. Para descrevê-la como o faz, é preciso ter visto e observado bem. Contudo, poder-se-ia censurar-lhe um pouco de exagero na extensão que lhe dá, em certos casos. Outro erro, em nossa opinião, é o de apresentá-la como uma doença. Ora, uma faculdade natural, seja qual for, pode coincidir com um estado patológico, mas, por si mesma, não é uma doença, e a prova é que uma porção de pessoas dotadas da dupla vista no mais alto grau, gozam de perfeita saúde. A heroína é aqui uma jovem tuberculosa e cataléptica: eis o seu verdadeiro mal. A faculdade de que ela goza causou infelicidades pelos enganos que se seguiram, razão pela qual ela deplora o dom *funesto* que recebeu. Mas esse dom só foi funesto por ignorância, inexperiência e imprudência dos que dele se serviram incorretamente. Deste ponto de vista, não há uma só de nossas faculdades que não possa tornar-se um presente funesto, pelo mau uso ou falsas aplicações que dela possam ser feitas.

Feitas estas reservas, diremos que o fenômeno é perfeitamente descrito. Ele descreve judiciosamente essa visão da alma desprendida que não conhece distâncias, que penetra a matéria como um raio de luz penetra os corpos transparentes, e que é a prova patente e visível da existência e da independência do princípio espiritual; judiciosamente descreve também o quadro da estranha transfiguração que se opera no êxtase, dessa prodigiosa lucidez que confunde por sua precisão em certos casos, e que desconcerta pelas ilusões que às vezes produz. Para os personagens do drama, é o quadro mais verdadeiro dos sentimentos que agitam os crentes, os incrédulos, os incertos e os espantados. Há aí um médico que flutua entre o ceticismo e a crença, mas, como homem de bom senso, ele não acredita que a Ciência tenha dito a última palavra. Ele observa, estuda e constata os fatos. Sua conduta durante as crises da moça atesta a sua prudência. Há também o desânimo dos exploradores, que aí são justamente fustigados.

O autor teria feito obra incompleta, se tivesse negligenciado o lado moral da questão. Seu objetivo não é açular a curiosidade com fatos extraordinários, mas deduzir-lhes as consequências úteis e práticas. Entre outros, um episódio prova que ele compreendeu perfeitamente esta parte de seu programa.

A jovem vidente descobre num subterrâneo importantes papéis que devem pôr termo a um grave processo de família. Ela descreve minuciosamente os lugares e as circunstâncias. As escavações, feitas conforme suas indicações, provam que ela viu muito bem. Eles encontram os papéis e o processo é anulado. Notemos, de passagem, que ela fez tal descoberta espontaneamente, solicitada pelo interesse que tem pela família, e não por solicitações. A peça principal consistia de uma carta em estilo antigo, da qual ela faz a leitura *textual e completa* com tanta facilidade quanto se a tivesse sob os olhos. É aí, sobretudo, que sua faculdade nos parece levada ao exagero.

Mais adiante ela vê um outro subterrâneo, onde estão imensos tesouros, cuja origem explica. Para lá chegar há que atravessar outra caverna, cheia de restos humanos, de numerosas vítimas dos tempos do feudalismo. Até aí, nada que não seja provável;

O que absolutamente não é provável é que as almas dessas vítimas aí tenham ficado encerradas há séculos e possam erguer-se ameaçadoras ante os que venham perturbar seu sombrio repouso, à cata de um tesouro. Aí está o fantástico. Se fossem os carrascos, nada haveria de surpreendente. Sabemos, por numerosos exemplos, que tal é, muitas vezes, o castigo *temporário* dos culpados, condenados a ficar no mesmo lugar e em presença de seus crimes, até que, tocados pelo arrependimento, elevem o pensamento a Deus para implorar sua misericórdia. Mas aqui são as vítimas inocentes que seriam punidas, o que não é racional.

O dono do castelo, velho avarento, atraído pela descoberta dos papéis, quer continuar as escavações. Elas são difíceis, perigosas para os operários, mas nada o detém. A vidente lhe suplica em vão que renuncie; prediz que, se ele persistir, virá a desgraça.

– Além do mais, acrescenta ela, não o conseguireis.

– Então esses tesouros não existem? pergunta o velho avaro.

– Existem tais quais os descrevi, eu garanto; mas, ainda uma vez, lá não chegareis.

– E quem me impedirá?

– As almas que estão na caverna que é preciso atravessar.

O velho avarento, cético endurecido, admitia a visão extracorpórea da moça, sem compreender muito bem, porque acabara de ter uma prova disso em seu prejuízo, porquanto os papéis encontrados frustraram suas pretensões no processo, mas ele acreditava mais no dinheiro do que nas forças invisíveis.

Ele continua:

– Com que direito eles se oporão? Esses tesouros me pertencem, porque estão na minha propriedade.

– Não. Eles serão um dia descobertos sem dificuldade por aquele que deve desfrutá-los; mas não é a vós que estão destinados. Eis por que não o conseguireis. Repito, se persistirdes, virá a desgraça.

Eis o lado essencialmente moral, instrutivo e verdadeiro do relato. Essas palavras parecem tiradas do *Livro dos Médiuns*, no artigo sobre o concurso dos Espíritos para a descoberta dos tesouros: "Se a Providência destina tesouros ocultos a alguém, este os encontrará *naturalmente*, do contrário, não." (Cap. XXVI, nº 295). Com efeito, não há exemplo de que Espíritos ou sonâmbulos tenham facilitado semelhantes descobertas, assim como a recuperação de heranças, e todos os que, embalados por essa esperança, fizeram semelhantes tentativas, sofreram muito e gastaram um bom dinheiro. Tristes e cruéis decepções esperam os que baseiam a esperança de enriquecimento por semelhantes meios. Os Espíritos não têm por missão favorecer a cupidez e nos proporcionar riqueza sem trabalho, o que não seria justo nem moral. Sem dúvida o sonâmbulo lúcido vê, mas apenas o que lhe é permitido ver, e os Espíritos podem, conforme as circunstâncias, e por ordem superior, obliterar a sua lucidez, ou pôr obstáculos à realização de coisas que não estão nos desígnios da Providência. No caso de que se trata, foi permitido achar os papéis que deviam pôr um termo às dissensões de família; não foi achar tesouros, que não deviam servir senão para satisfazer a cupidez. Eis por que o velho avarento pereceu, vítima de sua obstinação.

As terríveis peripécias do drama imaginado pelo Sr. Élie Berthet não são tão fantásticas quanto se poderia crer. Elas lembram as mais reais, sofridas pelo Sr. Borreau, de Niort, em pesquisas da mesma natureza, e cujo relato comovente se acha em sua brochura *Como e por que me tornei espírita*. (Vide nosso relato na *Revista* de dezembro de 1864).

Uma outra instrução, não menos importante, ressalta do livro do Sr. Élie Berthet. A moça viu coisas positivas, e, em outra circunstância grave, ela se engana, atribuindo um crime a uma pessoa inocente. Que consequência daí tira o autor? A negação da faculdade? Não, pois que, ao lado disto, ele a prova; mas esta conclusão, justificada pela experiência, demonstra que a mais comprovada lucidez não é infalível e que nela não se poderia confiar de maneira absoluta, sem controle. A visão, pela alma, de coisas que o corpo não pode ver, prova a existência da alma. Já é um resultado muito importante. Mas ela não é dada para a satisfação das paixões humanas.

Por que, então, a alma, em seu estado de emancipação, não vê sempre claramente? É que, sendo o homem ainda imperfeito, sua alma não pode gozar das prerrogativas da perfeição. Embora isolada, ela participa das influências materiais, até sua completa depuração. Assim é com as almas desencarnadas ou Espíritos e, com mais forte razão, com as que ainda estão ligadas à vida corporal. Eis o que o Espiritismo ensina aos que se dão ao trabalho de estudá-lo.

MODO DE PROTESTO DE UM ESPÍRITA CONTRA OS ATAQUES DE CERTOS JORNAIS

Um de nossos correspondentes escreve-nos o seguinte.
"Eis o que escrevi, há dois anos, ao Sr. Nefftzer, diretor do jornal *le Temps*:

"Eu era assinante de vosso jornal, cujas tendências e opiniões me eram simpáticas. Assim, é com pesar que cancelei minha assinatura. Permiti vos dê os motivos. Em vosso número de 3 de junho, vos esforçais em ridicularizar o Espiritismo e os espíritas, contando uma história mais ou menos autêntica, sem citar nomes nem data nem lugar, o que é cômodo. Procurais estabelecer, tema hoje obrigatório dos materialistas, incomodados enormemente pelo Espiritismo, que essa crença leva à loucura. Sem dúvida, espíritos fracos, já tendo tendências para um desarranjo das faculdades cerebrais, de fato perderam a cabeça ao se ocuparem do Espiritismo, como lhes teria acontecido sem isto, e como acontece aos que se ocupam de Química, de Física ou de Astronomia, e mesmo a escritores que não acreditam em Espíritos. Também não nego que haja charlatães que exploram o Espiritismo, pois qual é a ciência que está livre do charlatanismo? Não temos charlatães literários, industriais, agrícolas, militares, políticos, sobretudo destes últimos? Mas concluir daí contra o Espiritismo em geral é pouco lógico e pouco sensato. Antes de lançar uma acusação dessa natureza, seria preciso, ao menos, conhecer a coisa de que se fala, mas essa muitas vezes é a menor preocupação de quem escreve. Cortam e decidem a torto e a direito, o que é mais cômodo do que aprofundar e compreender.

"Se já experimentardes grandes desgraças, vivas dores, crede-me, senhor, estudai o Espiritismo; somente nele encontrareis a consolação e as verdades que vos farão suportar vossas mágoas, vossos prejuízos e vossos desesperos, o que valerá mais que o suicídio. O que teríeis a oferecer-nos, melhor do que essa bela e consoladora filosofia cristã? O culto dos interesses materiais, do bezerro de ouro? É talvez o que convém ao temperamento da generalidade dos felizes de hoje, mas outra coisa é necessária para aqueles que não mais querem o fanatismo, a superstição, as práticas ridículas e grosseiras da Idade Média, o ateísmo, o panteísmo e a incredulidade sistemática dos séculos dezoito e dezenove.

"Permiti-me, senhor, aconselhar-vos a ser mais prudente em vossas diatribes contra o Espiritismo, porque elas se dirigem hoje, só na França, a cerca de trezentas ou quatrocentas mil pessoas.

"BLANC DE LALÉSIE

"Proprietário em Genouilly, perto de Joncy (Saône-et-Loire)"

"Os jornais nos informaram, há poucos dias, da morte do filho único do Sr. Nefftzer. Não sei se essa desgraça o terá feito lembrar-se de minha carta.
"Acabo de dirigir ao Sr. Émile Aucante, administrador do jornal *Univers Illustré*, a carta seguinte:

"Há dezoito meses sou assinante do *Univers Illustré*, e desde essa época, quase não há edições em que o vosso cronista, sob o pseudônimo de Gérôme, não tenha julgado útil ocupar sua pena com troças em todos os tons, sobre o Espiritismo e os espíritas. Até agora, esse divertimento, um pouco fastidioso por sua frequência, é muito inocente: o Espiritismo não vai mal por isto. Mas o Sr. Gérôme, sem dúvida percebendo que pouco se inquietam com suas piadas, muda de linguagem e, na edição de 7 de outubro, trata todos os espíritas, em massa, de idiotas. Da piada ele passa à injúria, e não teme insultar milhares de pessoas tão instruídas, tão esclarecidas e tão inteligentes quanto ele, porque elas creem ter uma alma imortal e pensam que essa alma, numa outra vida, será recompensada ou punida, conforme seus méritos ou deméritos. O Sr. Gérôme não tem tais preconceitos. Irra! Sem dúvida ele crê que come, bebe, reproduz sua espécie, nem mais nem menos que meu cachorro ou meu cavalo. Rendo-lhe meus cumprimentos!
"Se o Sr. Gérôme se dignasse receber um conselho, eu me permitiria convidá-lo a só falar de coisas que conhece e a

calar-se em relação às que não conhece, ou, ao menos, estudá-las, o que seria fácil com sua alta e incontestável inteligência. Ele aprenderia coisas das quais não faz a menor ideia, como o fato de que o Espiritismo não é senão o Cristianismo desenvolvido, e que as manifestações dos Espíritos, que existiram em todos os tempos, nada acrescentam à doutrina, que não deixa de existir, com ou sem manifestações.

"Mas por que falo de Espíritos a um homem que só acredita no seu, e que talvez ignore se tem uma alma?! Enfim, que o Sr. Gérôme seja envolto na bandeira do materialismo, do panteísmo ou do paganismo – este último seria melhor, porque nele ao menos se acreditava na existência da alma e na vida futura – pouco importa! Mas que ele saiba, respeitando-se a si mesmo, respeitar a crença de seus leitores. É evidente que não me seria possível continuar dando meu dinheiro para me fazer insultar, e se essas injúrias devessem continuar, eu teria o pesar de deixar de ser vosso assinante..."

O Sr. Lalésie é modesto ao avaliar o número dos espíritas da França em trezentos ou quatrocentos mil. Teria podido dobrar a cifra sem exagero e ainda estaria muito abaixo dos cálculos do autor de uma brochura que pretendia pulverizar-nos e a elevava a 20 milhões. Aliás, um recenseamento exato dos espíritas é coisa impossível, porque eles não estão arregimentados, não formam uma corporação, nem uma filiação, nem uma congregação cujos membros são registrados e podem ser contados.

O Espiritismo é uma crença. Quem quer que creia na existência e na sobrevivência das almas e na possibilidade de relações entre os homens e o mundo espiritual, é espírita, e muitos o são intuitivamente, sem jamais terem ouvido falar de Espiritismo nem de médiuns. É-se espírita por convicção, como outros são incrédulos, por isto, absolutamente não é necessário fazer parte de uma sociedade, e a prova é que nem a milésima parte dos adeptos frequenta reuniões. Para fazer a sua contagem não há nenhum registro a consultar. Seria preciso fazer um inquérito junto a cada indivíduo e lhe perguntar o que pensa. Todos os dias, na conversa, descobrem-se pessoas simpáticas à ideia e que, por isto só, são espíritas, sem que haja necessidade de diploma ou de um ato público qualquer. Seu número cresce diariamente. O fato é constatado por nossos adversários, que reconhecem com pavor que esta crença invade todas as camadas da Sociedade, de alto a baixo da escala. É, pois, uma opinião que hoje deve ser levada em consideração, e que tem de particular que não é circunscrita a uma classe, nem a uma casta ou seita, nem a uma nação ou partido político. Ela tem representantes em toda parte, nas letras, nas artes, nas ciências, na medicina, na magistratura, no fórum, no exército, no comércio etc.

Na França, o número de espíritas seguramente ultrapassa em muito o dos assinantes de todos os jornais de Paris. É evidente que eles constituem uma parte considerável desses assinantes. É, pois, a esses que lhes pagam que os senhores jornalistas dizem injúrias. Ora, como diz com razão o Sr. de Lalésie, não é agradável dar seu dinheiro para ser ridicularizado e injuriado. Por isso cortou a assinatura dos jornais onde se via maltratado em sua crença, e ninguém deixará de achar lógica sua maneira de agir.

Isto significa que para agradar aos espíritas os jornais devam adotar suas ideias? De modo algum. Todos os dias eles discutem opiniões que não compartilham, mas não injuriam os que as professam. Esses escritores não são judeus, no entanto não se permitem lançar o anátema e o desprezo sobre os judeus em geral, nem a submeter sua crença ao ridículo. Por que isto? Porque, dizem, há que respeitar a liberdade de consciência. Por que, então, não existiria essa liberdade para os espíritas? Não são eles cidadãos como todo mundo? Reclamam eles isenções e privilégios? Eles só pedem uma coisa: o direito de pensar como entenderem. Aqueles que inscrevem em sua bandeira: "Liberdade, igualdade, fraternidade" quereriam então criar na França uma classe de párias?

COMO O ESPIRITISMO VEM SEM SER PROCURADO

JOVEM CAMPONESA MÉDIUM INCONSCIENTE

É um fato constatado pela experiência que os Espíritos agem sobre as pessoas mais alheias às ideias espíritas, malgrado seu. Já citamos vários exemplos nesta revista. Não conhecemos um único gênero de mediunidade que não se tenha revelado espontaneamente, mesmo o da escrita. Como aqueles que atribuem todas essas manifestações ao efeito da imaginação ou da charlatanice explicarão o fato seguinte?

A pequena aldeia de E..., no departamento de Aube, até os últimos tempos tinha sido muito favorecida, neste tempo de epidemia moral, por ser preservada do flagelo do Espiritismo. O próprio nome dessa obra satânica jamais havia ferido o ouvido de seus pacíficos habitantes, sem dúvida porque o cura do lugar não tinha decidido pregar contra. Mas quem conta sem seu hóspede conta duas vezes; ele não devia contar com a ausência dos Espíritos, que não precisam de licença. Eis o que aconteceu, há uns quatro meses.

Na aldeia há uma jovem de dezessete anos, quase iletrada, filha de um pobre e honesto cultivador e que, ela própria, vai diariamente trabalhar nos campos. Um dia, voltando à sua cabana, foi tomada de completa perturbação; depois, ela que não escrevia desde que saíra da escola, teve a ideia de escrever. Escrever o quê? Não sabia nada, mas queria escrever. Uma outra ideia, não menos bizarra, lhe veio à mente, a de procurar um lápis, embora bem soubesse que não havia nenhum em sua cabana, nem mesmo a menor folha de papel.

Enquanto procurava se dar conta da incoerência de suas ideias e se esforçava por descartá-las, avistou na lareira um tição apagado; sentiu-se irresistivelmente atraída para apanhá-lo, depois guiada por uma força invisível para a parede caiada. De repente o braço ergueu-se maquinalmente e traçou na parede, em caracteres bem legíveis, esta frase: "Arranja papel e penas e deles te servirás para te corresponderes com os Espíritos."

Coisa singular, embora jamais tivesse ouvido falar de manifestações de Espíritos, não ficou surpreendida com o que acabava de se passar. Deu conhecimento a seu pai, que falou com um de seus amigos, humilde camponês como ele, mas dotado de grande perspicácia. Esse amigo veio com prudência verificar o fato; depois, como um espírita experimentado, embora tão ignorante do assunto quanto a moça, ele fez perguntas ao Espírito que se tinha manifestado e que assina o nome de um general russo. Este último os convidou a se dirigirem aos espíritas de Troyes para obter instruções mais completas, o que fizeram. Desde então a moça é médium escrevente, e além disso obtém efeitos físicos muito notáveis. Formou-se um grupo espírita na aldeia, e eis como o Espiritismo vem, queiram ou não queiram, sem ser procurado.

A carta de nosso correspondente relatando este fato termina dizendo: "Não poderíamos dizer que quanto mais os trocistas se empenham em enganar a si próprios, tanto mais a Providência, como que para confundi-los, faz diariamente jorrarem as manifestações que desafiam todas as negações e todas a interpretações da incredulidade?"

A Sociedade de Paris recebeu, a respeito, a comunicação seguinte:

(Sociedade de Paris, 27 de novembro de 1865 –
Médium Sr. Morin)

O poder de Deus é infinito e se serve de todos os meios para fazer triunfar uma doutrina que está em tudo. Passou-se aqui um duplo fenômeno cuja explicação tentarei dar-vos.

A jovem camponesa foi subitamente envolvida por um fluido poderoso que a levou a abandonar momentaneamente as suas ocupações diárias. Antes da manifestação do fenômeno, houve a preparação da paciente, que foi magnetizada e trazida, pela vontade do Espírito, a procurar um instrumento que sabia que não existia em sua casa. Quando se curvava na lareira, para retirar um carvão que devia substituir o lápis ausente, ela apenas executava um movimento que lhe era suscitado pelo Espírito. Não era o seu instinto nem a sua inteligência que agia, mas o próprio Espírito que se servia da jovem como de um instrumento adequado ao seu fluido. Até aí ela não era, a bem dizer, médium; só depois do primeiro aviso escrito por ela é que ela tornou-se realmente médium, e não foi mais dominada pelo Espírito que a forçava a agir. A partir desse momento, a mediunidade tornou-se semi-mecânica, isto é, ela sabia e compreendia o que escrevia, mas não teria podido explicá-lo verbalmente. Além disto, os efeitos físicos se mostraram com tal força, que toda ideia de charlatanice devia ser afastada. Nada tinha vindo demonstrar essa aptidão para os efeitos físicos, antes dos primeiros fenômenos. Se esses efeitos tivessem sido os primeiros a revelar a mediunidade, poderiam ter sido desnaturados pela superstição. O homem que, como um espírita consumado, fazia as perguntas ao Espírito era, ele próprio, conduzido por uma força da mesma natureza daquela que impelia o médium a escrever. Essa força, cuja origem ele não podia compreender, duplicava o seu poder evocador, unindo ao seu desejo de saber a lembrança das baladas supersticiosas que faziam falar e aparecer as almas dos mortos. Só um estudo sério dos princípios da Doutrina pode dar a compreender a esses novos adeptos o lado real, positivo e natural da coisa, afastando o que aí pudessem ver de sobrenatural e maravilhoso.

Eis, pois, os dois principais atores desses fatos, que malgrado seu, representaram o seu papel. No que se passou, eles serviram de instrumentos tanto mais poderosos quanto mais ignorantes e mais isentos de ideias preconcebidas.

Vedes, meus amigos, que tudo concorre para fazer resplandecer a luz, e que os mais iletrados podem dar lições aos mais sábios.

O GUIA DO MÉDIUM

UM CAMPONÊS FILÓSOFO

Decididamente, o Espiritismo invade o campo. Os Espíritos querem provar sua existência tomando seus instrumentos em toda parte, mesmo fora do círculo dos adeptos, o que destrói toda suposição de conivência. Acabamos de ver a Doutrina implantada numa pequena aldeia de Aube, entre simples cultivadores, por uma manifestação espontânea. Eis um fato ainda mais admirável, sob outro ponto de vista. Nosso colega, Sr. Delanne, escreve-nos o que segue:

"...Durante as poucas horas que passei na aldeia onde educam o meu filho, um vinhateiro me deu duas brochuras que havia publicado sob este título: *Ideias filosóficas naturais e espontâneas sobre a existência em geral, a partir do princípio absoluto até o fim dos fins, da causa primeira até o infinito*, por Chevelle pai, de Joinville (Haute-Marne): A primeira tem por objeto *Deus, os anjos, a alma do homem, a alma animal ou instintiva*; a segunda: *as forças físicas, os elementos, a organização, o movimento*[1].

"Conforme esse título pomposo e os graves assuntos que abarca, pensareis tratar-se de um homem que se debruçou sobre os livros a vida inteira. Desenganai-vos, pois esse filósofo metafísico é um humilde artesão, um verdadeiro filósofo de tamancos, pois vai, pelas aldeias, vender legumes e outros produtos agrícolas."

Eis algumas passagens de seu prefácio:

"Empreendi esta obra porque pensei que seria de alguma utilidade para o público. O homem se deve aos seus semelhantes; sua condição não é viver isolado, e a Sociedade tem direito de reclamar de cada indivíduo o compartilhamento de seus conhecimentos; o egoísmo é um vício intolerável.

"A obra é inteiramente minha; não fui ajudado nem secundado por ninguém; nada copiei de ninguém; é o fruto das meditações de toda a minha vida... Numerosas dificuldades se opuseram à execução de meus propósitos, mas não as dissimulei. Para mim, a miséria era a pior de todas; ela me impedia de agir, não me deixando tempo livre; sempre a suportei sem me lamentar; eu tinha aprendido o segredo de viver feliz sem fortuna, e esse segredo é sempre meu maior recurso.

"...Dei a conhecer as minhas ideias, porque as escrevi à medida que me vieram, pela reflexão e pela meditação, naturalmente e espontaneamente.

"...Em filosofia não se demonstram todas as existências por cálculos matemáticos; não medimos os Espíritos com um metro e não os observamos no microscópio.

"...Não se deve esperar encontrar em meu livro um estilo elevado, extremamente brilhante. Não fiz cursos; apenas fui à escola de minha aldeia. Quando a gente tinha aprendido as preces em latim e recitava bem o catecismo, era considerado bastante instruído.

---

[1] Duas brochuras grandes in-12; preço 1 franco cada, com o autor, em Joinville (Haute-Marne); em Bar-le-Duc, com Numa Rolin. O autor anuncia que completará o trabalho com cinco outras brochuras, que farão, ao todo, um volume.

"...Naqueles tempos, éramos considerados extremamente sábios quando sabíamos fazer as quatro operações; vinham procurar-nos para medir os campos. Aos dez anos eu era o primeiro da escola e meu velho pai sentia-se glorioso ao ver que me vinham procurar para definir o lugar onde deviam plantar um marco, ou para escrever um bilhete ou um recibo.

"Tenho, pois, o direito de pedir desculpas aos leitores, pela trivialidade de minha linguagem. Não aprendi as regras de retórica e creio que o título que convém à minha obra é: *Ideias naturais*.

"Íamos à escola desde o dia de Todos os Santos até a Páscoa e ficávamos em férias da Páscoa até o dia de Todos os Santos. Mas como meu pai, por mais pobre que fosse, não tinha receio de gastar alguns vinténs para me comprar livros, eu aprendia muito mais com eles nas férias, e deles não me esquecia nos meses de aula."

Eis agora alguns fragmentos do capítulo sobre Deus:

"Deus é o único que pode dizer: Eu sou aquele que é. Ele é um e é tudo; tudo existe dele, nele e por ele, e nada pode existir sem ele e fora dele. Ele é uno e não obstante produziu o múltiplo e o divisível, um e outro ao infinito... Se eu pudesse bem definir Deus, eu seria deus, mas não pode haver dois.

"Deus é um todo infinito, indivisível, eterno, imutável; não tem limites no pequeno nem no grande... Um minuto e cem mil anos ou cem mil séculos são a mesma coisa para Deus; a eternidade não admite partilha; para ele não há passado nem futuro, *é um eterno presente; para Deus, o passado ainda é e o futuro já é*; ele vê todos os tempos de uma vez; *não há ontem nem amanhã*, e ele disse, falando de seu filho: Eu vos gerei hoje.

"A eternidade não se mede, como não se mede o infinito do espaço; são dois abismos onde só podemos chegar pela abstração e aí nos perderíamos se quiséssemos penetrá-los; são florestas virgens sem trilhas. Em lá chegando, somos forçados a parar.

"Deus não pode dispensar-se de criar. Ele seria apenas um Deus sem ação se não criasse, e sua glória seria apenas para si próprio. Monotonia impossível. Deus cria eternamente e o começo da criação, tomado no infinito, deve continuar ao infinito.

"...Era preciso que ele criasse inteligências livres, porque, qual seria a existência dos seres que pensam, se lhes não fosse permitido pensar livremente? Onde estaria a glória de Deus se suas criaturas não fossem livres para emitir uma opinião sobre ele? Seria o mesmo que ter ficado só; a adoração que elas lhe teriam rendido não teria passado de uma quimera, uma comédia dirigida por ele e para ele. Ele teria sido o único ator e o único espectador.

"Para a glória de Deus, então, era uma necessidade absoluta que as inteligências fossem criadas absolutamente livres, que tivessem o direito de julgar seu autor, de se conduzir, no bem ou no mal, como quisessem. Era preciso que o mal fosse permitido para que o bem existisse; é impossível que um seja conhecido sem que se veja o outro.

"Mas, ao mesmo tempo que Deus dá o livre-arbítrio às inteligências, também lhes dá esse foro íntimo, esse sentimento intelectual de sua liberdade de pensar, esse ato do espírito livre que chamamos de consciência, tribunal individual que adverte cada existência livre do valor de sua ação. Ninguém faz o mal sem o saber; só a vontade faz o pecado.

"Também temos razões para presumir que os Espíritos ou anjos têm qualquer participação no governo universal, pois foi recebido como dogma de fé que os homens são guardados pelos anjos e que cada um de nós tem seu anjo de guarda.

"As inteligências, ou Espíritos desprendidos da matéria, portanto, podem ter, às vezes, influência sobre o espírito do homem. Quantas pessoas tiveram revelações que se realizaram: testemunham Joana d'Arc e tantas outras de que falam os livros de história que li e que podemos encontrar. Mas a memória não me basta para lhes citar as passagens, e não necessito buscar alhures, senão em mim mesmo.

"Quando minha irmã mais velha morreu de cólera em Midrevay (Vosges), eu não tinha ouvido falar na existência da cólera naquele momento em parte alguma. Não tinha a menor ideia de que minha irmã estivesse doente; eu a tinha visto mais saudável que nunca e, assim, não tinha qualquer motivo para me preocupar com ela. Eu a vi em sonho vir dizer-me, em minha casa em Joinville: 'Nosso José, venho dizer-te que morri; sabes que sempre te amei muito e quis, eu mesma, trazer-te a notícia de minha volta ao outro mundo.' No dia seguinte o carteiro me trouxe uma carta anunciando a morte de minha irmã.

"Recebendo a carta tarjada de negro, eu disse a minha mulher: 'Sabes do sonho que te contei ontem, e talvez aqui esteja a realidade.' Eu não me enganava.

"Tive várias vezes, não dormindo, mas bem desperto, trabalhando, visões às quais não dei atenção senão quando se realizaram, mesmo muito tempo depois. Isto me aconteceu umas três ou quatro vezes no curso de minha vida; delas só me lembro vagamente, mas tenho certeza. Não sou o único que tive revelações mentais; outros provarão que tenho razão, e isso talvez já tenha sido provado.

"A alma animal não pode ser senão individual e, por consequência, indecomponível, portanto, a alma animal não morre. Já pensaram nela antes de mim, e foi isto que deu lugar à doutrina da metempsicose. Se existe a metempsicose, não poderia ser senão entre os indivíduos da mesma espécie: a alma vital ou animal de um mamífero não pode passar para uma árvore.

"Pelo que é a inteligência humana, é impossível que ela passe ao corpo animal. Ela aí não poderia agir. A constituição física do animal não pode servir de habitação à inteligência humana, embora tenham assegurado que demônios se uniram e possuíram animais. Não posso crer que em semelhantes organizações eles possam fazer algo de razoável; não lhes seria possível falar; eles não poderiam aniquilar o instinto, que agiria sempre, bom grado, mau grado; é uma das leis estabelecidas pelo Criador; elas seriam indignas dele se fosse possível derrogá-las, se fosse possível mudá-las. Os feixes de nervos, ou, como dissemos acima, as estações telegráficas dessa espécie, não podem ser dirigidas pela inteligência.

"Nestes últimos tempos tem-se falado muito do Espiritismo; algumas pessoas me dizem que este capítulo tem muitas relações com ele, mas se assim é, é por puro acaso, pois é uma obra que jamais li e da qual jamais ouvi dizer uma só frase."

Eis agora as reflexões do autor sobre a Criação:

"Todos os geólogos, todos os naturalistas estão de acordo que os dias de Deus não eram como os nossos, que são regulados pelo Sol. Com efeito, os dias de Deus na Criação não podiam ser regulados pelo Sol, porque, segundo os textos das Escrituras Sagradas, o Sol ainda não tinha sido criado, ou não aparecia; daí a palavra que nas Santas Escrituras, na linguagem em que elas foram escritas, significa dias como significa tempo. Assim, o erro bem pode ser dos tradutores, que poderiam ter dito em seis tempos, em vez de em seis dias; além disto, por que quereríamos fazer os dias de Deus tão curtos quanto os nossos, se ele é eterno?

"Não que eu queira dizer que Deus não pudesse ter criado o mundo em seis dias de vinte e quatro horas cada um, quando cada um desses dias valesse centenas de milhares dos nossos anos. Se eu quisesse entendê-lo assim, estaria em contradição comigo mesmo, porque, em meu primeiro volume, eu disse que um minuto, cem mil anos ou cem mil séculos são a mesma coisa para Deus.

"Mesmo que Deus não tivesse utilizado senão um dia para cada criação indicada na Gênese, entre cada um desses dias talvez houvesse milhões de anos e mesmo séculos.

"Quando examinamos as camadas da Terra e como foram formadas, chamamos essas diferentes revoluções de épocas. As provas físicas aí estão, pois esses depósitos não ocorreram em vinte e quatro horas.

"Querem tomar muito ao pé da letra o texto das Sagradas Escrituras; elas são verdadeiras, mas é preciso saber compreendê-las. Não se trata de fazer como aqueles israelitas que se deixariam enforcar, não ousando defender-se porque era dia de sábado; se me quisessem matar num domingo, eu não esperaria a segunda-feira para me defender. É apenas para nós que a semana tem sete dias; Deus não tem senão um dia, e esse dia não tem começo nem fim. Para o nosso bem, ele quer que repousemos um dia por semana, mas ele não repousa, ele nunca não dorme, sua ação é incessante.

"Nossos dias não passam do aparecimento e do desaparecimento do outro que nos ilumina. Quando o Sol se põe para nós, levanta-se para outros povos. Em todas as horas do dia ou da noite ele se levanta, brilha no seu zênite ou se deita. E quando as neves, os gelos e a garoa nos fazem ficar ao pé do fogo, há outros povos que colhem flores e frutas. E depois, não existe apenas um mundo, apenas um Sol[2]; todas as estrelas que vemos são sóis que clareiam mundos como o nosso, *e talvez mais perfeitos que o nosso*. Deus é o autor de todos esses mundos e de muitos outros que não vemos; portanto, os seis dias da criação são seis épocas que duraram mais ou menos tempo, e que foram chamados dias para se porem ao alcance de nossa maneira de ver."

---

[2] Na versão francesa: *Só existe um mundo, um Sol*, evidente falha no texto original. (Nota do Revisor Boschiroli)

Lemos com atenção as duas brochuras do pai Chevelle, e certamente deveríamos contradizê-lo em vários pontos, mas as citações que acabamos de fazer não deixam de revelar ideias de alto alcance filosófico e que não são desprovidas de um certo caráter de originalidade. Sua obra é uma pequena enciclopédia, porque ele ali trata um pouco de tudo, mesmo de coisas usuais.

Ele anuncia para mais tarde um *Manual do Herborista Médico*, ou *Tratamento das doenças pelo emprego de plantas medicinais indígenas*.

De onde lhe vêm todas essas ideias? Sem dúvida ele leu: isto é evidente, mas sua posição não lhe permitia ler muito e, aliás, era-lhe necessária uma aptidão especial para aproveitar essas leituras e tratar de assuntos tão abstratos. Vimos poetas naturais saírem da classe operária, mas é mais raro vermos saírem metafísicos sem estudos prévios, e ainda menos da classe dos camponeses. O pai Chevelle apresenta, no seu gênero, um fenômeno análogo ao desses pastores calculistas que venceram a Ciência. Não está aí um sério assunto de estudo? São fatos. Ora, como todo efeito tem uma causa, os sábios procuraram esta causa? Não, porque teria sido preciso sondar as profundezas da alma. Mas, e os filósofos espiritualistas? Falta-lhes a única chave que lhes podia dar a solução.

A esta pergunta, o ceticismo responde: Bizarria da Natureza; resultado da organização cerebral. O Espiritismo diz: Inteligências largamente desenvolvidas em existências anteriores e que, nada tendo perdido do que aprenderam, se refletem na existência atual, servindo essa aquisição de base a novas aquisições. Mas, por que essas inteligências, que devem ter brilhado numa esfera social elevada, estão hoje relegadas às classes mais inferiores? Outro problema não menos insolúvel sem a chave fornecida pelo Espiritismo. Ele diz que são provas ou expiações voluntárias escolhidas por essas mesmas inteligências que, em vista de seu adiantamento moral, quiseram nascer num meio ínfimo, seja por humildade, seja para adquirir conhecimentos práticos que lhes serão proveitosos em outra existência. A Providência permite que assim seja para sua própria instrução e para a dos homens, pondo estes no caminho da origem das faculdades pela pluralidade das existências.

Tendo sido relatados estes fatos na Sociedade Espírita de Paris, deram lugar à seguinte comunicação:

(Sociedade de Paris, 10 de novembro de 1865.
– Médium: Sra. Breul.

Meus caros amigos, na leitura feita por vosso presidente, de diversos fatos relatados por vosso irmão Delanne, vistes que um notável trabalho filosófico foi posto à luz por um simples campônio dos Vosges. Não é aqui o lugar para constatar quantos prodígios se realizam neste momento para chocar os incrédulos e os sábios do mundo; para confundir esses homens que julgam ter o monopólio da Ciência e nada querem admitir fora de suas estreitas concepções, limitadas pela matéria?

Sim, neste tempo de preparação para a revolução humanitária que os Espíritos do Senhor devem realizar, pode-se, cada vez mais, reconhecer a verdade destas palavras do Cristo, que os homens pouco compreenderam: *"Eu vos dou graças, meu Pai, por terdes ocultado essas coisas aos sábios e poderosos e por tê-las revelado aos humildes e aos pobres de Espírito."*

Quando digo sábios, não falo desses homens modestos que, infatigáveis pioneiros da Ciência, fazem a Humanidade avançar, desvelando-lhe as maravilhas que revelam a bondade e o poder do Criador, mas falo daqueles que, enfatuados de seu saber, acreditam simplesmente que não pode existir aquilo que eles não descobriram, patrocinaram e publicaram. Esses serão castigados em seu orgulho, e Deus já permite que sejam confundidos pela superioridade dos trabalhos intelectuais que saem da pena de homens que estão longe de usar o barrete de doutor.

Como ao tempo do Cristo, que quis honrar e erguer o trabalhador escolhendo nascer entre artífices, os anjos do Senhor agora recrutam seus auxiliares entre os corações simples e honestos e entre os homens de boa vontade que exercem as mais humildes profissões.

Compreendei, pois, amigos, que o orgulho é o maior inimigo do vosso adiantamento, e que a humildade e a caridade são as únicas virtudes que agradam a Deus e atraem para o homem esses divinos eflúvios que o ajudam a progredir e a dele aproximar-se.

LUÍS DE FRANÇA

ESPÍRITOS DE DOIS SÁBIOS INCRÉDULOS A SEUS ANTIGOS AMIGOS DA TERRA

Quando os mais incrédulos e obstinados transpõem o sólio da vida corporal, são forçados a reconhecer que continuam vivos; que são Espíritos, porquanto não são mais carnais e que, consequentemente, há Espíritos; que esses se comunicam com os homens, pois eles mesmos o fazem. Mas a sua apreciação do mundo espiritual varia em razão de seu desenvolvimento moral, de seu saber ou sua ignorância, da elevação ou abjeção de sua alma. Os dois Espíritos de que falamos, em vida pertenciam à classe dos homens de ciência e de alta inteligência. Ambos eram fundamentalmente incrédulos, mas, homens esclarecidos, sua incredulidade tinha como contrapartida eminentes qualidades morais. Assim, uma vez no mundo dos Espíritos, prontamente encararam as coisas em seu verdadeiro ponto de vista e reconheceram o seu erro. Sem dúvida, nisto nada há de extraordinário e que não vejamos todos os dias, e se publicamos suas primeiras impressões, é em razão do seu lado eminentemente instrutivo. Um e outro morreram há pouco tempo. O primeiro, o Sr. M. L..., era cirurgião do Hospital B... e cunhado do Sr. A. Véron, membro da Sociedade Espírita de Paris. O segundo, Sr. Gui..., era um sábio economista, intimamente conhecido do Sr. Colliez, outro membro da Sociedade.

Inutilmente o Sr. Véron havia tentado trazer seu cunhado às ideias espiritualistas; depois de morto, ele foi mais acessível às suas instruções, e eis uma das primeiras comunicações dele recebidas.

(Paris, 5 de outubro de 1865 – Médium: Sr. Desliens)

Meu caro cunhado, considerando-se que estamos, por assim dizer, na intimidade, e que não temo tomar o lugar de alguém que vos pudesse ser mais útil do que eu, pois me solicitastes, atendo com prazer ao vosso apelo.

Não espereis, desde hoje, ver-me desdobrar todas as minhas faculdades espirituais. Sem dúvida eu poderia tentá-lo, e talvez com mais sucesso do que quando era vivo, mas a minha presunção orgulhosa está muito longe de mim, e se eu me julgava uma *sumidade* na Terra, aqui sou muito pequeno. Quanta gente que eu desdenhava e cuja proteção e ensinamentos me sinto feliz por encontrar hoje! Os ignorantes daqui de baixo são muitas vezes os sábios lá do alto, e quanto à nossa Ciência, que julga tudo saber e nada quer admitir fora de suas decisões, é ilusória e limitada!

Ó orgulho humano! Por quanto tempo ainda, por força do hábito, permanecerás nesta Terra, onde, depois de tantos séculos, o espírito de rotina entrava o progresso em sua marcha incessante? "Não conheço um fato; ele está fora de meus conhecimentos, portanto não existe." Tal é o nosso raciocínio aqui embaixo. É que, se o admitíssemos, ou se pelo menos estudássemos esse fato, resultado de leis desconhecidas, teríamos que renunciar a sistemas errôneos apoiados em grandes nomes que constituem nossa glória e, ainda pior, teríamos que concordar que estávamos enganados.

Não, nós, outros negadores, encontramos um Galileu universal que nos vem dizer: Eu sou Espírito, estou vivo, fui homem, e, homens vós mesmos, fostes Espíritos e vos tornareis como eu, até que, por uma série de encarnações, vos tereis depurado para subir outros degraus da escada infinita dos mundos... E nós negamos!

Mas, como dizia Galileu, após suas retratações: "E contudo ela se move!", o Espiritismo nos vem dizer: "E contudo os Espíritos aí estão; eles se manifestam, e nenhuma negação poderia derrubar um fato." O fato brutal existe; nada se pode contra ele. O tempo, esse grande instrutor, fará justiça de tudo, varrendo uns, instruindo os outros. Sede dos que se instruem.

Eu fui ceifado na idade madura do meu orgulho e sofri a pena de minhas negações. Evitai minha queda, e que minhas faltas sejam proveitosas aos que imitam meu raciocínio passado, para evitar o abismo das trevas de onde vossos cuidados me retiraram.

Vede, ainda há perturbação em minha linguagem. Mais tarde poderei falar-vos com mais lógica. Sede indulgentes para com a minha juventude espiritual.

M... L...

Antes de ser lida esta comunicação na Sociedade de Paris, o Espírito comunicou-se espontaneamente, ditando o que segue.

(Sociedade de Paris, 20 de outubro de 1865.
– Médium: Sr. Desliens)

Caro senhor Allan Kardec, permiti que um Espírito que os vossos estudos levaram a considerar a existência, o ser e Deus sob seu verdadeiro ponto de vista vos testemunhe o seu reconhecimento. Nesta Terra, ignorei vosso nome e vossos trabalhos. Talvez se me tivessem falado de um e dos outros, eu tivesse exercido a seu respeito a minha veia trocista, como costumava, em todas as coisas tendentes a provar a existência de um espírito distinto do corpo. Então eu era cego. Perdoai-me. Hoje, graças a vós, graças aos ensinamentos que os Espíritos espalharam e vulgarizaram por vossa mão, sou um outro ser, tenho consciência de mim mesmo, e vejo o meu destino. Quanto reconhecimento não vos devo, a vós e ao Espiritismo!!! – Quem quer que me tenha conhecido e leia hoje o que é a expressão do meu pensamento exclamará: "Este não pode ser aquele que conhecemos, aquele materialista radical que nada admitia fora dos fenômenos brutos da Natureza." Sem dúvida; entretanto, sou eu mesmo.

Meu caro cunhado, a quem devo sinceros agradecimentos, diz que cheguei a bons sentimentos em pouco tempo. Agradeço-lhe a amenidade a meu respeito, mas, sem dúvida ele ignora quão longas são as horas de sofrimento resultantes da inconsciência da própria existência!!! Eu acreditava no nada e fui punido por um nada fictício. Sentir-se e não poder manifestar-se; *julgar-se disseminado em todos os restos esparsos da matéria que forma o corpo*, tal foi minha posição durante mais de dois meses!... dois séculos!... Ah! As horas do sofrimento são longas e se não se tivessem ocupado em me tirar dessa má atmosfera de niilismo, se não me tivessem constrangido a vir a estas reuniões de paz e de amor, onde eu não compreendia, não via e nada entendia, mas onde fluidos simpáticos agiam sobre mim e me despertavam pouco a pouco de meu pesado torpor espiritual, onde estaria eu ainda? Meu Deus!... Deus!... Que doce nome a pronunciar por quem foi por tanto tempo obstinado em negar esse pai tão grande e tão bom! Ah! meus amigos, moderai-me, porque hoje só uma coisa temo: é tornar-me fanático dessas crenças que eu teria repelido como vis engodos, se outrora tivessem vindo ao meu conhecimento!...

Nada direi hoje sobre os trabalhos de que vos ocupais; ainda estou muito novo, muito ignorante para ousar aventurar-me em vossas sábias dissertações. Já o sinto, mas ainda não sei. Dir-vos-ei apenas isto, porque isto eu sei: Sim, os fluidos têm uma influência enorme como ação curadora, se não corporal, de que nada sei, pelo menos espiritual, porque experimentei a sua ação. Eu vos disse e repito com felicidade e reconhecimento: eu ia, constrangido por uma força invencível, sem dúvida a de meu guia, às reuniões espíritas. Eu nada via, eu nada entendia, entretanto, uma ação fluídica que eu não podia compreender, curou-me espiritualmente.

Agradeço penhoradamente a todos aqueles que adquiriram direitos eternos ao meu reconhecimento, tirando-me do caos onde eu havia caído, e vos peço, meus amigos, a bondade de me permitir vir assistir em silêncio às vossas sábias assembleias, mais tarde pondo minhas fracas luzes científicas à vossa disposição.

M... L...

Pergunta. – Poderíeis dizer-nos, com a assistência do vosso guia, como tão prontamente pudestes reconhecer vossos erros terrenos, ao passo que bom número de Espíritos, a que não se poupa assistência espiritual, ficam tanto tempo sem compreender os conselhos que lhes são dados?

Resposta. – Caro senhor, agradeço-vos a pergunta que tivestes a bondade de me dirigir, e que julgo poder resolver eu mesmo, com a assistência de meu guia.

Sem dúvida podeis ver uma anomalia em minha transformação, pois que, como dizeis, há seres que, malgrado todos os sentimentos que agem em seu favor, levam muito tempo sem permitir que se abram seus olhos. Não querendo abusar de vossa benevolência, dir-vos-ei em poucas palavras:

O Espírito que resiste à ação dos que agem sobre ele, é *novo em relação às noções morais*. Pode ser um indivíduo instruído, mas completamente ignorante em relação à caridade e à fraternidade, numa palavra, despido de espiritualidade. *É-lhe necessário compreender a vida da alma que, mesmo no estado de Espírito, era rudimentar, para ele.* Para mim foi completamente diferente. Digo-vos que sou velho, em relação à vossa vida, embora muito novo na eternidade. Eu tive noções de moral; eu acreditava na espiritualidade, que em mim ficou latente, porque um de meus pecados capitais, o orgulho, necessitava dessa punição.

Eu, que tinha conhecimento da vida da alma numa existência anterior, fui condenado a deixar-me dominar pelo orgulho e a esquecer Deus e o princípio eterno que residia em mim... Ah! crede-o, só há uma espécie de cretinismo, e o idiota que, conservando sua alma, não pode manifestar sua inteligência, é talvez menos lamentável que aquele que, possuindo toda a sua inteligência, cientificamente falando, perdeu sua alma por algum tempo. É um idiotismo truncado, mas muito penoso.

M... L.

O outro Espírito, Sr. Gui..., manifestou-se espontaneamente à Sociedade no dia da sessão especial comemorativa dos mortos. O Sr. Colliez, que o havia conhecido pessoalmente, como dissemos, tinha-se limitado a inscrevê-lo na lista dos Espíritos recomendados às preces. Se bem que suas opiniões fossem completamente diversas das que tinha em vida, o Sr. Colliez o reconheceu pela forma da sua linguagem e antes que fosse lida a sua assinatura, ele tinha dito que deveria ser o Sr. Gui...

(Sociedade de Paris, 1º de novembro de 1865
Médium: Sr. Leymarie)

Senhores... Permiti-me empregar esta expressão comum, mas pouco fraterna. Sou um recém-chegado, um recruta não esperado, e sem dúvida meu nome jamais feriu ouvidos espíritas fervorosos. Não obstante, nunca é tarde demais, e quando cada família chora um ausente amado, venho a vós para vos exprimir meu arrependimento muito sincero.

Cercado de voltairianos, vivendo e pensando como eles, trazendo conforme a necessidade o meu óbolo e o meu trabalho para a propagação das ideias liberais e progressistas, acreditei agir corretamente, porque todo mundo fala, mas nem todos agem. Eu, portanto, agi, e vos peço que não esqueçais os homens de ação. Em sua esfera, eles sacudiram esse torpor de tantos séculos, que por assim dizer tinha velado o futuro. Rasgando o véu, nós também tínhamos enxotado a noite, o que é muito, quando o inimigo intolerante está à porta e busca pintar de preto cada raio de luz. Quantas vezes procuramos em nós mesmos a solução desta questão: "Ah! Se os mortos pudessem falar!" Reflexão profunda, absorvente, que nos matava na idade das desilusões, quando todo homem marcado por um acaso aparente se torna uma luz na multidão.

A família está aí!... Jovens frontes cândidas demandam nossos beijos de esperança, e nada podemos dar, porque essa esperança nós a selamos sob uma grande pedra muito fria, que chamamos *incredulidade*. Mas hoje creio e venho a vós, cheio de esperança e fé, dizer-vos: "Espero no futuro, creio em Deus, e os Espíritos de Béranger, de Royer-Collard, de Casimir Perrier... não me desmentirão."

A vós que desejais o progresso, que quereis a luz, direi: Os mortos falam, eles falam todos os dias, entretanto, cegos que sois – que éramos! – pressentis a verdade sem afirmá-la abertamente. Como Galileu, vós vos dizeis todas as noites: "Entretanto, ela se move!" mas baixais os olhos ante o ridículo, ante o respeito à coisa julgada!

Vós todos que éreis meus fiéis, que semanalmente me concedíeis vossa tarde, sabeis em que me tornei.

Sábios que perscrutais os segredos da Natureza, perguntastes à folha morta, ao broto de erva, ao inseto, à matéria, em que se transformavam no grande concerto dos mortos terrenos? Perguntaste-lhes suas funções de mortos? Pudestes escrever em vossas fichas esta grande lei da Natureza que parece destruir-se anualmente para reviver esplêndida e soberba lançando o desafio da imortalidade aos vossos pensamentos passageiros e mortais?

Doutor sábio que diariamente inclinais a fronte preocupada sobre as doenças misteriosas que destroem os corpos humanos de maneira múltipla, por que tantos suores pelo futuro, tanto amor pela família, tanta previdência para assegurar a honorabilidade de um nome, pela fortuna e pela moralidade de vossos filhos, tanto respeito pela virtude de vossas companheiras?

Homens de progresso, que trabalhais constantemente para transformar as ideias e torná-las mais belas, por que tantos cuidados, vigílias e decepções, se essa lei eterna do progresso absorve todas as vossas faculdades e as decuplica, a fim de prestar homenagem ao movimento geral de harmonia e de amor, ante o qual vos inclinais?

Ah! meus amigos, quem quer que sejais na Terra, mecânicos, legisladores profundos, políticos, artistas, ou vós todos que inscreveis em vossa bandeira: *Economia Política*, crede-me, vossos trabalhos desafiam a morte; todas as vossas aspirações a rejeitam como uma negação, e quando, por vossas descobertas e vossa inteligência, deixastes um traço, uma lembrança, uma honorabilidade sem manchas, desafiastes a morte, como tudo o que vos cerca! Oferecestes um sacrifício ao poder criador e, como a Natureza, a matéria, como tudo o que vive e quer viver, vencestes a morte. Como eu outrora, como tantos outros, vos retemperais nesse aniquilamento do corpo que é a vida, ides para o Eterno, para vencer a eternidade!...

Mas não a vencereis, porque ela é vossa amiga. O Espírito é a eternidade, o eterno, e eu repito: Tudo o que morre fala de vida e de luz. A morte fala ao vivo; os mortos vêm falar. Só eles têm a chave de tudo, e é por eles que vos prometo outras explicações.

Gui...

(Sociedade Espírita de Paris, 17 de novembro de 1865
Médium: Sr. Leymarie)

Eles fugiram da epidemia e, neste pânico singular, quantas falências morais, quantas defecções vergonhosas! É que a morte se torna a mais violenta expiação para todos os que violam as leis da mais estrita equidade. A morte é o desconhecido para a fé vacilante. As religiões diversas, com o paraíso e o inferno, não puderam firmar-se naqueles que possuem a abnegação pelos bens terrenos, em vão ensinada; nenhum ponto de referência, nenhuma base certa. Difusão no ensino divino: isto não é a certeza. Assim, salvo algumas exceções, que pavor, que falta de caridade, que egoísmo no salve-se--quem-puder geral dos satisfeitos! Crer em Deus, estudar sua vontade nas afirmações inteligentes, estar certo de que as leis da existência estão subordinadas a leis superiores divinas que tudo medem com justiça, que dispensam a todos, em diversas existências, o sofrimento, a alegria, o trabalho, a miséria e a fortuna, mas é, parece-me, o que buscam todas as sábias pesquisas, todas as interrogações da Humanidade. Ter a sua certeza não é a verdadeira força em tudo? Se o corpo esgotado dá liberdade ao espírito, a fim de que este viva segundo as aptidões fluídicas que são a sua essência, se, digo eu, esta verdade se torna palpável, evidente como um raio de sol; se as leis que encadeiam matematicamente as diversas fases da existência terrena e extraterrena, ou da erraticidade, tornam-se para nós tão claramente demonstradas quanto um problema algébrico, então não tendes em mãos o tão procurado segredo; o porquê de todas as vossas objeções; a explicação racional da fraqueza dos vossos profundos estudos de economia política, fraqueza terrificante para a teoria, porquanto a prática destrói em um dia o trabalho da vida de um homem?

 É por isto, amigos, que venho suplicar-vos leiais o *Livro dos Espíritos*. Não vos detenhais na letra, mas possuí-lhe o espírito. Pesquisadores inteligentes, encontrareis novos elementos para modificar vosso ponto de vista e o dos homens que vos estudam. Convictos da pluralidade das existências, encarareis a vida melhor; definindo-a melhor, sereis fortes. Homens de letras, plêiade pobre e bendita, dareis à Humanidade uma semente tanto mais séria quão verdadeira. E quando forem vistos os fortes, os sábios, acreditando e ensinando as máximas fortes e consoladoras, amar-se-ão mais e não mais fugirão do suposto mal invisível; a vontade de todos, homogeneidade poderosa, destruirá todas essas fermentações gasosas envenenadas, única fonte das epidemias.

 O estudo dos fluidos, feito sob outro ponto de vista, transformará a Ciência; vistas novas iluminarão a estrada fecunda de nossos jovens estudantes, que não mais irão, orgulhosos, mostrar no estrangeiro a sua intolerância de linguagem e a sua ignorância; não serão mais a irrisão da Europa, porque os mortos amados lhes terão dado a fé e essa religião do Espírito que moraliza a princípio para elevar em seguida a encarnação às regiões serenas do saber e da caridade.

GUI...

DISSERTAÇÕES ESPÍRITAS

ESTADO SOCIAL DA MULHER

(Sociedade de Paris, 20 de outubro de 1865
Médium: Sr. Leymarie)

Na época em que eu vivia entre vós, meus amigos, acontecia-me, muitas vezes, fazer sérias reflexões sobre a sorte da mulher. Meus numerosos e laboriosos estudos sempre deixavam um momento para esses seres amados. Cada noite, antes do sono, eu orava por essas pobres irmãs tão infelizes e muito desconhecidas, implorando a Deus por dias melhores, e pedindo às ideias um meio qualquer de fazer progredirem as desclassificadas. Por vezes, em sonho, eu as via livres, amadas, estimadas, tendo uma existência legal e moral na Sociedade, na família, cercadas de respeito e de cuidados; eu as via transfiguradas, e esse espetáculo era tão consolador, que despertava chorando. Mas ah! A triste realidade então me aparecia em sua lúgubre verdade e eu às vezes perdia a esperança de que chegassem melhores dias.

Esses dias chegaram, meus amigos. Há poucos entre vós que não sentem intuitivamente o direito da mulher; muitos o negam de fato, embora o reconheçam mentalmente, mas não é menos verdade que há para ela a esperança e a alegria em meio a misérias profundas e desilusões espantosas.

Há alguns dias eu ouvia uma roda de senhoras distintas pela posição, pela beleza e pela fortuna, e me dizia: Estas são todas perfume; foram amadas e aduladas. Como devem amar! Como devem ser boas mães, esposas encantadoras, filhas respeitosas! Elas sabem muito, amam e dão muito. Que estranho erro!... Todos esses rostos frescos mentiam, sob sorrisos estereotipados; elas palravam, falavam de tecidos, de corridas, de moda. Com uma graça encantadora, elas falavam mal da ausente, mas não se ocupavam dos filhos, nem dos maridos, nem de questões literárias, dos nossos gênios, de seu país, da liberdade! Ah! Belas cabeças, mas cérebro... nenhum. Pássaros encantadores, de boa vontade ergueram o vosso porte, a vossa atitude: é a etiqueta; vossa pretensão: agradar, tocar em tudo e nada conhecer. O vento leva a vossa tagarelice e não deixais traços; não sois filhas, nem esposas, nem mães. Ignorais a vossa terra, o seu passado, os seus sofrimentos, a sua grandeza. O vosso filho, confiastes a uma mercenária! A felicidade interior é uma ficção. Brilhantes borboletas, tendes bonitas asas... mas depois...

Eu também tinha ouvido um grupo de jovens e vivas operárias. Que sabiam elas? Nada... como as outras... nada da vida, nada do dever, nada da realidade! Elas invejavam, eis tudo. Deram-lhes o direito de se compreender, de se estimar, de se respeitar? Fizeram-nas compreender Deus, sua grandeza, sua vontade? Não, mil vezes não!... A Igreja lhes ensina o luxo; elas trabalham para o luxo, e é o luxo que bate à sua mansarda, dizendo: Abre-me! Eu sou a fita, a renda, a seda, os bons pratos, os vinhos delicados. Abre-me, e serás bela, terás todas as fantasias, todos os deslumbramentos!... Eis por que tantas entre elas são a vergonha da sua família!...

Cérebros amáveis que vos divertis com o problema do Espiritismo, poderíeis dizer-me qual a panaceia que inventastes para purificar a família, para lhe dar vida? Eu sei que em questões de moral sois indulgentes; muitas frases, gemidos pelos povos que caem, pela falta de educação das massas; mas para levantar moralmente a mulher, que fizestes? Nada... Grãos senhores da literatura, quantas vezes espezinhastes as santas leis do respeito à mulher, que tanto ergueis! Ah! Ignorais Deus e desprezais profundamente a mulher, isto é, a família e o futuro da nação!

E é nela e por ela que se deverão elaborar os graves problemas sociais do futuro! O que sois incapazes de fazer, bem o sabeis, o Espiritismo fará, e dará à mulher essa fé robusta que levanta montanhas, fé que lhes mostra o seu poder e o seu valor, tudo quanto Deus promete por sua doçura, sua inteligência, sua vontade poderosa. Compreendendo as leis magníficas desenvolvidas pelo *Livro dos Espíritos*, nenhuma entre elas quererá entregar seu corpo e sua alma; filha de Deus, ela amará em seus filhos a visita do Espírito criador; ela quererá saber para ensinar aos seus; ela amará a sua terra e saberá a sua história, a fim de iniciar seus filhos nas grandes ideias progressistas. Elas serão mães e médicas, conselheiras e dirigentes; numa palavra, serão mulheres segundo o Espiritismo, isto é, o futuro, o progresso e a grandeza da pátria na mais larga expressão.

BALUZE

(Continuação – 27 de outubro de 1865)

Em minha última comunicação, meus amigos, eu vos tinha mostrado as mulheres sob dois aspectos e tinha acrescentado que a instrução numas e a ignorância noutras tinham produzido resultados negativos. Não obstante, há sérias exceções, que parecem desafiar a regra. Há moças que sabem estudar e tirar proveito do que ensinam os mestres. Estas não são vãs nem levianas; sua constante distração não é um adorno ou uma fita! – Alimentadas por lições fortes e sérias, gostam do que engrandece o espírito, o que lhes dá a calma íntima, essa calma dos fortes e das naturezas generosas.

No casamento, elas preveem a família; chamam com todos os votos o filho bem-amado, o bem-vindo, não para abandoná-lo e atirá-lo aos cuidados interesseiros, mas para sacrificar-lhe suas vidas inteiras. O recém-nascido é o centro de tudo; para ele, o primeiro pensamento; para ele, as carícias e as preces ardentes, as noites sem sono, os dias muito curtos, nos quais se preparam os mil e um detalhes que serão o bem-estar do novo encarnado. A criança é o estudo, é o amor sob suas mil formas. O esposo torna-se amável; ele esquece o rude labor do dia ou as distrações mundanas, para amparar os primeiros passos da criança e dar uma forma às suas primeiras sílabas. Respeito, pois, essas exceções exemplares que sabem desafiar a tentação e fugir dos prazeres para se devotar e viver como mães divinamente inteligentes.

Humildes e pobres operárias; corações ulcerados que amais a vossa única esperança, vosso filho, haveria muito a dizer de vossa abnegação, do vosso profundo sentimento do dever, da vossa mansuetude ante os aborrecimentos de cada dia!

Nada vos desanima para consolar o anjinho; ele é para vós a força e o trabalho, e esse sublime egoísmo que vos faz sacrificar noite e dia.

Mas se a religião, ou antes, os diversos cultos unidos à instrução, não puderam destruir no rico e no pobre essa tendência geral para mal viver e ignorar o objetivo da vida, é que nem os cultos nem a instrução souberam, até hoje, impressionar vivamente a infância. Falam-lhe constantemente de interesses inimigos. Os pais que lutam contra as necessidades da vida se mostram ante esses corações jovens com uma crueza cínica. Apenas têm eles a percepção das primeiras palavras, já sabem que podem ser coléricos, arrebatados, e que o interesse pessoal é o centro em torno do qual gira cada indivíduo. Essas primeiras impressões os exploram largamente... Religião e instrução serão, daí em diante, palavras vãs, se eles não tenderem, a despeito de tudo, a aumentar o bem-estar e a fortuna!

E quando proclamamos a plenos pulmões o pensamento espírita, pensamento que desperta todas as paixões generosas, pensamento que dá uma certeza como um problema de matemática, riem-nos na cara! Pretensos liberais montam em suas pernas de pau para nos achar ridículos e ignorantes. Nós não sabemos escrever... não temos estilo!... Somos modelos de inépcia, loucos... bons para meter num hospício. E os apóstolos da liberdade de pensamento, de boa vontade instigariam a autoridade, auxiliada pelo Código Penal, a perseguir esses iluminados que rebaixam o bom senso público!

Felizmente a opinião das massas não pertence nem a uma família nem a um escritor; ninguém tem direito de ter mais espírito e bom senso que todo mundo, e nestes tempos em que simples folhetinistas pretendem rachar de alto a baixo os teólogos, os filósofos, o gênio sob todas as formas, o bom senso na sua mais alta expressão, acontece que cada um quer saber por si mesmo. Correm sempre aos homens e às coisas dos quais pior se fala, e depois de haver lido e ouvido, põem de lado todos os panfletos insolentes, todas as insinuações malévolas, para render homenagem à verdade que toca a todos os espíritos.

É por isto que o Espiritismo se engrandece sob os vossos golpes. As famílias nos aceitam e nos bendizem. Um pai laborioso, se tiver um filho realmente espírita, não o verá, como no passado, desertar de casa para ser vagabundo. Não será ele quem arruinará sua família, venderá sua consciência ou renegará as leis sagradas do respeito devido à mulher e à criança. Ele sabe que Deus existe; ele conhece as leis fluídicas do Espírito e a existência da alma com todas as suas consequências admiráveis. É um homem sério, probo, fraterno, caridoso, e não um palhaço bem educado, traidor da vida, de Deus, dos amigos, dos pais e de si mesmo.

    As mães serão realmente mães; penetradas do espírito espírita, serão a salvaguarda das filhas amadas. Ensinando-lhes o papel magnífico que estão chamadas a desempenhar, dar-lhes-ão a consciência de seu valor. O destino do homem lhes pertence de direito, e para cumprir o dever, terão que instruir-se a fim de orientar dignamente o filho que Deus envia. Saber não será mais o corolário dos desejos desenfreados e de vontades vergonhosas, mas, ao contrário, complemento da dignidade e do respeito à sua pessoa. Contra tais mulheres, que poderão as tentações e as paixões desregradas? Para égide, terão Deus e o direito e, além disso, essa aquisição superior que vem das coisas superiores.

    Ora, que é a mulher, senão a família; e que é a família senão a nação? Tais mulheres, tal povo. – Queremos, pois, criar o que destruístes pelos extremos. A Idade Média tinha rebaixado a mulher pela superstição. Vós, senhores livres-pensadores, pelo ceticismo!... Nem uma nem outro são bons! Nós inicialmente moralizamos; alforriamos a mulher para depois instruí-la. Vós quereis instruí-la sem moralizá-la!

    E é por isto que a geração atual vos escapa, e as mães de família em breve não serão mais uma exceção.

BALUZE
ALLAN KARDEC

SUMÁRIO

OITAVO VOLUME – ANO DE 1865

JANEIRO

Aos assinantes da Revista 7
Um olhar sobre o Espiritismo em 1864 7
Nova cura de uma jovem obsedada de Marmande 11
Evocação de um surdo-mudo encarnado 27
Variedades:
   O Perispírito Descrito em 1805 30
   Um novo ovo de Saumur 31
Notícias bibliográficas:
   A pluralidade das existências da alma 33
   O médium evangélico – Novo Jornal Espírita de Toulouse 36
Alfabeto espírita – Para ensinar a ser feliz 37
Instruções dos Espíritos: Sociedade Espírita de Antuérpia 38

FEVEREIRO

Temor da morte 42
Da perpetuidade do Espiritismo 47
Os Espíritos instrutores da infância – Criança afetada de mutismo 51
Mediunidade da infância 54
Perguntas e problemas: Obras primas por via mediúnica 55
O ramanenjana 62
Poesia espírita: Inspiração de um ex incrédulo a propósito do Livro dos Espíritos 68
Discurso de Victor Hugo ao pé do túmulo de uma jovem 71
Notícias bibliográficas:
   La Luce, Jornal do Espiritismo em Bolonha (Itália) 76
   O mundo musical, Jornal da Literatura e Belas-Artes 77

MARÇO

Onde é o Céu? 79

Necrologia:
    Senhora viúva Foulon 88
    O doutor Demeure – Falecido em Albi, Tarn 97
O processo Hillaire 101
Notícias bibliográficas: Um anjo do Céu na Terra 110

ABRIL

Destruição recíproca dos seres vivos 114
Sermão sobre o progresso 117
Golpe de vista sobre o Espiritismo e suas consequências: Extraído do Journal de Saint-Jean d'Angély 119
Correspondência de Além-Túmulo: Estudo mediúnico 124
Poder curativo do magnetismo espiritual – Espírito do Dr. Demeure
.... 131
Conversas familiares de Além-Túmulo: Pierre Legay, dito Grande Pierrot (continuação) 135
Manifestações espontâneas em Marselha 140
Poesias espíritas:
    O Espiritismo (Marie-Caroline Quillet) 142
    Aos poetas 144
    Enterro espírita 145
Notícias bibliográficas:
    Confusão no Império de Satã 148
    L'Echo d'Outre-Tombe (O Eco de Além-Túmulo) 148
    Concordância da fé e da razão – Pelo Sr. J. -B 149

MAIO

Questões e problemas: Manifestação do espírito dos animais 150
Considerações sobre os ruídos de Poitiers 155
Conversas de Além-Túmulo: O doutor Vignal 159
Correspondência: Cartas do Sr. Salgues, de Angers 162
Manifestações diversas: Curas; chuvas de drágeas - Carta do Sr. Delanne 165
Variedades: O fumo e a loucura 169
Dissertações espíritas:
    I – As ideias preconcebidas 172
    II – Deus não se vinga 174
    III – A verdade 176
Estudo sobre a mediunidade 178

Processo intelectual 180
Da seriedade nas reuniões 182
Imigração de Espíritos superiores na Terra 184
Sobre as criações fluídicas 185

JUNHO

Relatório da caixa do Espiritismo 187
O Espiritismo do alto abaixo da escala 195
Os Espíritos na Espanha - Cura de uma obsedada em Barcelona 198
Os dois espiões 206
Nova tática dos adversários do Espiritismo 216
Variedades: Carta de Dante ao Sr. Thiers 221

JULHO

Música e letra de Henrique III 223
Gontran, vencedor das corridas de Chantilly 233
Teoria dos sonhos 238
Questões e problemas:
    Cura moral dos encarnados 241
    Sobre a morte dos espíritas 244
Estudos morais: A Comuna de Koenigsfeld, mundo futuro em miniatura 246
Variedades: Manifestações espontâneas diversas 248
Dissertações Espíritas: O Cardeal Wiseman 251
Notícias bibliográficas:
    O que é o Espiritismo? 255
    O Céu e o Inferno 256
    Vie de Germaine Cousin 257
    União Espírita Bordalesa 257
    Música e letra compostas pelo Rei Henrique III 258

AGOSTO

O que o Espiritismo ensina 259
Padre Dégenettes, médium – Antigo cura de Notre-Dame des Victoires, em Paris 265
Manifestações de Fives, perto de Lilie (Norte) 272

Problema psicológico: Dois irmãos idiotas 275
Variedades: Epitáfio de Benjamin Franklin 279
Notícias bibliográficas: O Manual de Xéfolius 280
Dissertações espíritas:
    A chave do Céu 287
    A fé 291

SETEMBRO

Da mediunidade curadora 293
Cura de uma fratura, pela magnetização espiritual 300
Alucinação nos animais – Nos sintomas da raiva 306
Uma explicação a propósito da revelação do Sr. Bach 313
Um egoísta - Estudo espírita moral 319
Notícias bibliográficas: O Céu e o Inferno 322
Conversas familiares sobre o Espiritismo 325

OUTUBRO

Novos estudos sobre os espelhos mágicos ou psíquicos 327
Partida de um adversário do Espiritismo para o mundo dos Espíritos
.... 336
Os irmãos Davenport 350
Exéquias de um espírita 361
Variedades: Vossos filhos e vossas filhas profetizarão 363

NOVEMBRO

Da Sociedade Espírita de Paris aos espíritas da França e do estrangeiro 366
Alocução, na reabertura das sessões da Sociedade Espírita de Paris
.... 367
Da crítica a propósito dos irmãos Davenport (2º artigo) 371
Poesia espírita: Um fenômeno 374
O Espiritismo no Brasil. Extraído do Diário da Bahia 376
O Espiritismo e a cólera 378
Um novo Nabucodonosor 385
O patriarca José e o vidente de Zimmerwald 394
Dissertações espíritas: O repouso eterno 397

Notícias bibliográficas:
  O Evangelho segundo o Espiritismo (3ª edição) 399
  A "Gazette du Midi" ante o Espiritismo. A propósito dos Irmãos Davenport 399
  Aviso 400

DEZEMBRO

Abri-me! Apelo de Cárita 401
Subscrição em benefício dos pobres de Lyon e das vítimas da Cólera 403
Os romances espíritas 404
Modo de protesto de um espírita contra os ataques de certos jornais 411
Como o Espiritismo vem sem ser procurado 414
Um camponês filósofo 417
Espíritos de dois sábios incrédulos a seus antigos amigos da Terra 425
Dissertações espíritas: Estado social da mulher 433

COLEÇÃO
REVISTA ESPÍRITA

www.boanova.net

O Evangelho Segundo o Espiritismo

Autor: Allan Kardec | Tradução de J. Herculano Pires

Os Espíritos Superiores que acompanharam a elaboração das obras codificadas por Allan Kardec, assim se manifestaram a respeito de O Evangelho Segundo o Espiritismo: "Este livro de doutrina terá influência considerável, porque explana questões de interesse capital. Não somente o mundo religioso encontrará nele as máximas de que necessita, como as nações, em sua vida prática, dele haurirão instruções excelentes". Conforme palavras do Codificador "as instruções dos Espíritos são verdadeiramente as vozes do Céu que vêm esclarecer os homens e convidá-los à prática do Evangelho".

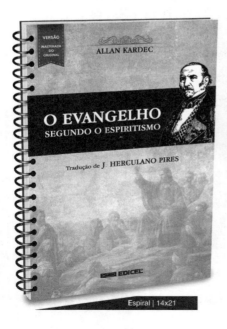

Espiral | 14x21

Brochura | 14x21

PEDI E OBTEREIS

Allan Kardec | Tradução de J. Herculano Pires

Esta obra não é um formulário absoluto, mas sim uma variedade entre as instruções que dão os Espíritos. É uma aplicação dos princípios da moral evangélica, um complemento aos seus ditados sobre os deveres para com Deus e o próximo, onde são lembrados todos os princípios da Doutrina.

12x18 cm | 96 páginas
Preces Espíritas

Entre em contato com nossos vendedores
e confira as condições:

Catanduva-SP 17 3531.4444
boanova@boanova.net | www.boanova.net

NO INVISÍVEL
Léon Denis

Filosófico
Formato: 16x23cm
Páginas: 464

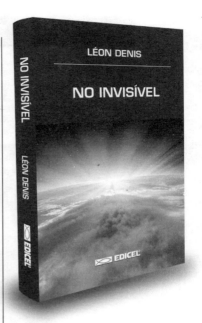

A mediunidade, desde épocas imemoriais, tem se mostrado um componente sempre presente na experiência humana. Sua manifestação, cada vez mais, ajuda o homem a compreender seu lugar no universo e a buscar respostas sobre o chamado mundo invisível, aquele que nos aguarda após a experiência física. Léon Denis, um dos autores clássicos do Espiritismo, utiliza a presente obra para tratar de questões relacionadas ao Espiritismo experimental, à mediunidade, a aparições de espíritos, além de muitos outros temas que despertam o interesse daqueles que querem estudar e entender as experiências mediúnicas.

 www.boanova.net

 www.facebook.com/boanovaed

 www.instagram.com/boanovaed

 www.youtube.com/boanovaeditora

Entre em contato com nossos consultores e confira as condições
Catanduva-SP 17 3531.4444 | boanova@boanova.net

DEPOIS DA MORTE
Léon Denis

Vida no além
Formato: 16x23cm
Páginas: 304

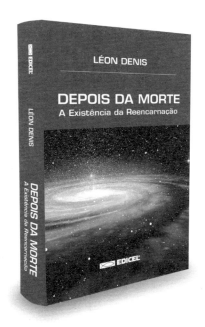

Quem de nós, em algum momento da vida, não teve a curiosidade de se perguntar qual seria seu destino após a morte do corpo físico? Existe realmente um mundo invisível para onde iremos?

O grande pensador Léon Denis responde a essas e a muitas outras perguntas relativas à vida e à morte nesta obra. Para apresentar suas conclusões, o autor retorna no tempo e pesquisa a Grécia, a Índia, o Egito, além de várias outras culturas, em busca de respostas. Aprofundando-se em temas complexos como a existência de Deus, a reencarnação e a vida moral, trata ainda dos caminhos que temos à disposição para chegarmos ao "outro mundo" com segurança e o senso de dever cumprido.

 www.boanova.net

 www.facebook.com/boanovaed

 www.instagram.com/boanovaed

 www.youtube.com/boanovaeditora

Entre em contato com nossos consultores e confira as condições
Catanduva-SP 17 3531.4444 | boanova@boanova.net

Levamos o livro espírita cada vez mais longe!

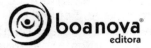 

 Av. Porto Ferreira, 1031 | Parque Iracema
CEP 15809-020 | Catanduva-SP

 www.**boanova**.net

 boanova@boanova.net

 17 3531.4444

 17 99777.7413

Siga-nos em nossas redes sociais.

@boanovaed   boanovaeditora

CURTA, COMENTE, COMPARTILHE E SALVE.
utilize #boanovaeditora

Acesse nossa loja

Fale pelo whatsapp